FÉDÉRATION NATIONALE

DES

Coopératives de Consommation

13, Rue de l'Entrepôt, 13

PARIS

SIXIÈME CONGRÈS

TENU A PARIS

Maison de la Coopération

29, Boulevard du Temple

les 27, 28 et 29 Septembre 1919

PRIX : 3 FR. 50

PARIS
L'ÉMANCIPATRICE (Imprimerie coopérative)
3, Rue de Pondichéry, 3

1920

FÉDÉRATION NATIONALE

DES

COOPÉRATIVES DE CONSOMMATION

13, Rue de l'Entrepôt, 13

PARIS

SIXIÈME CONGRÈS

Tenu à Paris

MAISON DE LA COOPÉRATION

29, Boulevard du Temple

les 27, 28 et 29 Septembre 1919

PRIX : 3 fr. 50

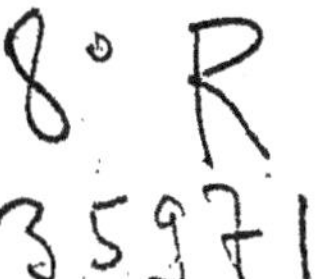

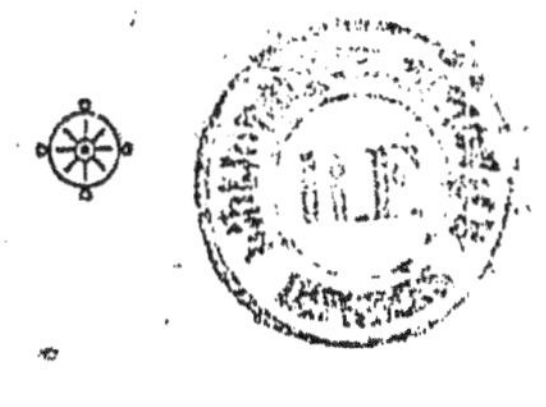

PARIS

L'ÉMANCIPATRICE (IMPRIMERIE COOPÉRATIVE)

3, rue de Pondichéry, 3

—

1920

Fédération Nationale des Coopératives de Consommation

13, Rue de l'Entrepôt, PARIS

SIXIÈME CONGRÈS

SÉANCE DU SAMEDI 27 SEPTEMBRE 1919

(Matin)

La séance est ouverte à 10 heures, par Poisson, Secrétaire fédéral.

POISSON. — Au nom du Conseil Central, je déclare ouvert le sixième Congrès de la Fédération Nationale des Coopératives de Consommation.

Le Conseil Central vous propose, comme Bureau, pour cette première séance : à la présidence, notre ami Charles Gide; comme assesseurs, nos camarades Rhiel, Secrétaire de la Fédération des Coopératives d'Alsace, et Samson, Secrétaire de la Fédération des Coopératives du département du Nord.

Il n'y a pas d'objection?

Je prie nos camarades de prendre place à la tribune.

Discours de M. Charles GIDE, Président

L'honneur que vous me faites en m'appelant à la présidence m'impose l'agréable devoir de vous souhaiter la bienvenue dans ce magnifique Palais des Coopératives, que vous inaugurez par le Congrès d'aujourd'hui.

Nous avions la crainte que cette salle, de vastes dimensions, ne fût trop grande pour la circonstance. Elle ne l'est pas. Vous la remplissez entièrement avec vos 700 délégués. Cette affluence des délégués nous montre qu'il y a quelque chose de nouveau dans la Coopération. On voit que c'est le Congrès de la Victoire. Au Congrès de l'année dernière, à pareille époque, nous étions bien près de la fin de la guerre et, cependant, l'angoisse n'était pas dissipée. Elle l'est aujourd'hui.

Mais à voir dans quelle détresse économique et financière nous laisse la victoire, vous pouvez mesurer quelle est celle où nous aurait laissés la défaite. Nous devons donc exprimer ici un hommage de reconnaissance à ceux qui, au prix de leur vie, nous l'ont évitée.

Et ce n'est pas seulement la victoire du pays, c'est une victoire de la Coopération que nous célébrons aujourd'hui. On peut dire vraiment que cette guerre, que par un paradoxe singulier, les coopérateurs avaient tant haïe et tout fait pour éviter, a exalté la Coopération au delà de ce que pouvaient espérer les plus vieux coopérateurs d'entre nous.

De tous les côtés : du front, où les soldats étaient exploités par les mercantis; des régions libérées, où les habitants étaient sans ressources; de l'immense foule des coopérateurs à l'arrière, affolés par la hausse des prix; du gouvernement lui-même, exploité par les fournisseurs, de partout on s'est tourné vers la Coopération. Et on a eu beau essayer de toutes choses : taxations, réquisitions, rationnement, mise en cartes, baraques Vilgrain, action par les ligues de consommateurs, pénalités draconiennes contre les mercantis, y compris même la menace de les pendre, finalement il a fallu avouer qu'il n'y avait encore que la Coopération et que c'était ce qu'on avait inventé de mieux — je ne dis pas pour procurer le bon marché, qui n'est pas en notre pouvoir — mais tout au moins pour assurer le juste prix.

On peut même dire que ce succès de la Coopération est devenu presque un péril pour elle. En effet, elle a vu venir à elle tant de concours nouveaux, que les vieux coopérateurs peuvent craindre d'être submergés par l'invasion de ces nouvelles classes. Il y a eu, depuis la guerre, quelque 600.000 coopérateurs de plus qui sont venus à la Coopération, cherchant uniquement le bon marché et ne se souciant guère de l'idéal coopératif. C'est à vous, camarades, que revient la mission, la tâche de faire leur éducation pour maintenir intacte la tradition du mouvement coopératif.

D'autre part, on a vu surgir de partout des coopératives nouvelles : coopératives militaires, coopératives de démobilisés, coopératives d'employés des administrations publiques qui, toutes, font plus ou moins concurrence aux sociétés coopératives déjà établies.

Certes, nous ne demandons pas mieux que de voir l'armée et l'administration se coopératiser; mais nous aurions quelques craintes à voir la Coopération se bureaucratiser ou se militariser. C'est là un danger sur lequel les vieux coopérateurs doivent avoir l'œil ouvert.

Et ne croyez pas, chers camarades, que la Coopération n'ait maintenant qu'à se laisser porter par le courant. Elle va avoir à traverser une période beaucoup plus critique que n'a été celle de la guerre elle-même. Vous connaissez la crise économique qui sévit et les crises sociales qui se préparent ou sont déjà déchaînées dans plusieurs pays. Cet hiver, il y aura en Europe des centaines de millions d'hommes qui n'auront pas de pain et qui manqueront de charbon. Notre pays ne sera pas, espérons-le, parmi les plus déshérités; mais tout de même il faut s'attendre à voir s'imposer la nécessité de discipliner la consommation.

Il n'est malheureusement pas au pouvoir des Sociétés de consommation d'atténuer la crise en augmentant la production, car leur organisation et leurs ressources ne sont pas suffisantes présentement. Cette tâche nous la laissons aux camarades des Syndicats ouvriers et la leur mettons sur la conscience. Mais, néanmoins, les Sociétés de consommation ont un rôle important à jouer en faisant l'éducation, non seulement de leurs membres, mais de tout le monde par l'exemple qu'elles donnent en apprenant au public à ne pas faire surenchère pour les prix, à s'imposer volontairement des restrictions de la consommation toutes les fois que les denrées sont en quantité insuffisante et où il fallait laisser la part de chacun, et aussi en s'abstenant de réclamations qui, en face des nécessités économiques, sont puériles et sans portée. Vous vous abstiendrez, si vous voyez le pain monter à 0 fr. 75 ou 1 franc le kilo, de vous en prendre à vos administrateurs ou au Magasin de Gros, ou même au gouvernement.

Quant à la crise sociale, il me faudrait, pour vous en parler, plus de temps que celui dont je dispose. Je dirai seulement que j'ai remarqué dans le discours prononcé, au Congrès de la C. G. T. de Lyon, par le secrétaire-adjoint Laurent, ces paroles qui, du reste, ont été répétées à peu près dans les mêmes termes, par le secrétaire général Jouhaux. Il déclarait que, maintenant, l'heure de la politique était passée et que c'était l'heure du Syndicat et de la Coopération réunis pour constituer la société nouvelle.

Eh bien, je remercie les camarades des Syndicats ouvriers d'avoir mis la Coopération sur le même rang que le Syndicat comme facteur de reconstitution économique du pays. Je voudrais que ce ne fût pas là simplement un compliment à des camarades, un coup de chapeau, mais que ce fût le sentiment profond que réellement, le mouvement coopératif tient dans l'ordre économique une place d'une importance égale à celle du mouvement syndical, quoique, assurément, son action et ses moyens d'action ne soient pas les mêmes. Il faut se représenter l'édifice économique comme une voûte dont les deux montants, les deux voussoirs, sont le Syndicalisme et la Coopération, et si l'un d'eux vient à fléchir c'est tout l'édifice qui croule.

Mais s'il faut être bien persuadé qu'il y a une solidarité étroite entre ces deux forces sociales, néanmoins il faut reconnaître aussi qu'il peut y avoir entre elles des intérêts différents et même opposés, et que ceux des consommateurs ne doivent pas être sacrifiés. Or, ils l'ont été souvent, dans ces derniers temps! Il ne faut pas se faire d'illusions à cet égard. Les syndicats s'épuisent dans une poursuite vaine pour faire augmenter indéfiniment les salaires, tâche aussi vaine que de remplir un tonneau sans fond, puisque cette augmentation des salaires se traduit aussitôt par une hausse des prix qui absorbe l'augmentation des salaires. Et on ne sort plus de ce cercle vicieux.

Aussi ceux qui dirigent le mouvement syndical reconnaissent-ils eux-mêmes que ce n'est pas dans cette hausse indéfinie des salaires qu'il faut chercher le remède, mais dans la diminution du coût de la vie.

Or, c'est là qu'est le domaine propre des Sociétés de consommation; c'est là qu'elles peuvent exercer leur rôle, c'est là qu'elles peuvent agir.

Rappelez-vous que les consommateurs représentent un intérêt d'un ordre supérieur aux intérêts professionnels, et même aux intérêts de classe, car ce qu'ils représentent dans toute sa plénitude, c'est ce qu'on appelle l'intérêt public, l'intérêt de tous, lequel jusqu'à présent n'avait point d'organe — car la presse et le Parlement sont des organes politiques plutôt qu'économiques. Que la pensée d'une si haute mission inspire vos délibérations!

Les Excuses

Le Président. — Notre camarade Poisson va vous donner lecture des lettres d'excuses qui lui ont été envoyées.

Poisson. — Voici la lettre qui nous a été adressée par le Secrétaire de l'Alliance Coopérative Internationale, notre ami Henry May :

Le 25 septembre 1919.

Mon Cher Poisson,

Comme vous le savez, le Président de l'Alliance fut désigné pour représenter l'Alliance à votre Congrès de Paris. Pourtant, Sir William Maxwell m'a écrit, regrettant qu'il faut qu'il renonce au plaisir d'y assister. Le devoir de le remplacer m'appartient, mais je suis tellement surchargé de travaux urgents pour l'Alliance, ainsi que pour le mouvement en général, qu'il m'est impossible de me rendre à votre Assemblée, quoique ce m'eût été un grand plaisir d'apporter les salutions de l'Alliance.

Vu ces circonstances, je vous écris en vous demandant de vouloir bien porter à la connaissance du Congrès le vif regret de l'exécutif que leur représentant ne puisse être des vôtres, et en même temps de lui exprimer les salutations les plus cordiales de l'Alliance et ses meilleurs souhaits pour le succès du Congrès et le développement de la Coopération française.

S'il m'avait été possible d'être des vôtres, j'aurais félicité vos Sociétés de la manière courageuse et admirable dans laquelle elles ont maintenu leur position et développé leur mouvement pendant la guerre.

Partout, la Coopération s'est fait sentir comme une force nationale, et actuellement, au point de vue financier, elle est l'organisation commerciale la plus saine, sinon la seule organisation commerciale saine à travers le monde. Pour atteindre cette position remarquable, le mouvement coopératif français a joué un rôle éclatant, et j'espère que l'enthousiasme augmentera et que l'influence morale et économique s'étendra, jusqu'à ce que le monde entier soit convaincu que la Coopération — et seule la Coopération — signifie la paix durable.

Dans la sphère de la Coopération internationale, vos organisations centrales ont joué un rôle d'une grande importance.

Pendant les années terribles du grand conflit, il n'est que juste d'affirmer que l'exécutif de l'Alliance a non seulement maintenu une attitude internationale en ce qui concerne toutes les affaires coopératives, mais elle a aussi réussi à maintenir la vie et les activités de l'Alliance, quoique à un degré limité.

Les conférences tenues à Paris en février et juin sous vos auspices, ont été d'une portée des plus importantes en préparant la voie pour la reprise des travaux de l'Alliance. Elles eurent lieu à une période critique dans notre histoire, à l'époque où le bruit de la paix et les conditions de l'armistice formaient une période de transition plus dangereuse pour l'avenir de l'Alliance que même les conditions de la guerre. La manière généreuse et zélée avec laquelle la Fédération Nationale, le Magasin de Gros et l'*Union des Coopératives* de Paris se sont mis à la tâche, évoque notre admiration et mérite nos remerciements. Ils ont mérité du mouvement coopératif international entier, quoiqu'il faut constater avec regret qu'ils ont été mal compris dans un ou deux cas.

Mais le soleil de la paix est bien au-dessus de l'horizon et sa chaleur chassera le brouillard qui s'est élevé dans la sphère de la Coopération, aussi sûrement qu'il effacera le miasme horrible de la guerre.

Je suis tout à fait d'accord avec votre vénérable et vénéré Président, le Professeur Gide, que, loin d'avoir établi la paix, nous n'avons pas encore assuré la cessation complète des hostilités.

J'ai la conviction que la paix internationale, la paix européenne, la paix durable, même entre les pays de l'Entente, ne sera réalisée avant que les coopérateurs et les travailleurs du monde l'auront forcée par une entente mutuelle, une sympathie mutuelle, le travail mutuel, ainsi que par les relations de la fraternité internationale et universelle.

Agréez, mon cher Poisson, mes salutations cordiales.

D'autre part, nous avons reçu la lettre suivante de l'Union Coopérative de Suède :

Stockholm Sô, le 15 septembre 1919.

A la Fédération Nationale des Coopératives de consommation, 13, rue de l'Entrepôt,

Chers Coopérateurs,

C'est avec un grand plaisir que le Conseil d'administration de *l'Union Coopérative Suédoise* a reçu votre aimable invitation au Congrès qui se tiendra à Paris, les 27, 28 et 29 de ce mois. Mais, par suite des difficultés que continue à présenter un voyage de Suède en France, le Conseil s'est vu dans l'obligation de renoncer à envoyer un délégué; il a chargé le soussigné de transmettre par écrit au Congrès le salut fraternel des coopérateurs suédois.

La Coopération de consommation, en Suède, a fait des progrès énormes depuis quelques années. Le nombre des Coopératives de consommation affiliées à *l'Union* est monté de 606 en 1914, à 845 au 31 décembre 1918. A la fin de l'année en cours, leur nombre aura probablement atteint 900. Le nombre des membres des Sociétés, de 106.583 en 1914, est passé à 203.600 en 1918. La vente par les Sociétés, de 40.850.840 couronnes en 1914, s'est élevée à 143.871.785 couronnes en 1918. En 1914, deux Sociétés d'assurances étaient affiliées à *l'Union*, quatre en 1918 (incendie, vie, responsabilité civile et accidents). Le nombre total des membres de ces Sociétés était, en 1914, de 46.971, et en 1918, de 120.108. Le capital assuré était, en 1918 : pour la Société d'assurances contre l'incendie, de 230.993.500 couronnes, et pour la Société d'assurances sur la vie, de 58.773.544 couronnes. L'*Union Coopérative* exerce une influence décisive sur la direction des Sociétés d'assurances, dont les fonds, se montant à environ 5 millions 1/2 de couronnes, sont, en leur majeure partie, placées en hypothèques sur les immeubles de la Coopération.

L'*Union Coopérative*, qui, créée en 1899, commença en 1904 la vente en gros aux coopératives affiliées, a pu enregistrer les chiffres de vente suivants :

1913	7.621.304	couronnes
1914	9.889.252	—
1915	16.497.640	—
1916	22.813.041	—
1917	21.802.603	—
1918	27.989.733	—

Et depuis que la grande disette des denrées alimentaires qui marqua les années 1917 et 1918 ayant cessé, la règlementation par l'Etat se fait moins lourdement sentir, le chiffre de la vente pour les huit premiers jours de l'année en cours, est sauté à 44.878.810 couronnes, et nous nous attendons à voir le chiffre atteindre, pour l'année entière, 70 millions environ, c'est-à-dire, avec le taux actuel du franc, 140.000.000 de francs, et ceci malgré une baisse de prix de plusieurs pour cent sur les prix de 1918. Une des causes de l'augmentation du chiffre des affaires est la réorganisation du service des marchandises, désormais réparti entre trois sections groupant les différentes catégories de marchandises et ayant chacune un directeur spécial à sa tête.

Il est hors de doute que la Coopération de consommation aurait fait des progrès encore plus sensibles, si elle avait disposé de capitaux plus élevés. A la fin de 1918, les Sociétés et l'*Union* possédaient en propre un capital de 14.777.377 couronnes, soit 3 millions 1/2 de plus qu'en 1917. Or, une augmentation de 7 à 8 millions aurait été désirable.

Le service financier de l'*Union* est en voie de se convertir en une véritable banque du mouvement coopératif, bien que, par suite de la législation suédoise, il n'ait pas le droit de faire usage de la désignation de « banque », ni de recevoir des dépôts de tierces personnes. Les coopératives, par l'intermédiaire des agences des sociétés de banque, versent leurs recettes journalières à la caisse de l'*Union* et ont le droit de tirer des chèques sur elle, jusqu'à concurrence d'une certaine somme pour chaque Société. Ces effets sont escomptés par toutes les banques privées. La caisse accepte directement des membres des coopératives affiliées versements en compte de dépôt-épargne. Le montant des dépôts de cette nature était, au 31 août, cette année, de 8.641.024 couronnes, pour 21.506 déposants. Les dépôts se font par l'intermédiaire de 200 des Sociétés affiliées, ayant assumé la charge de servir de succursales à la caisse d'épargne. L'*Union* est sur le point d'ouvrir des comptes de dépôts ordinaires et de capitalisation.

L'*Union* est actuellement en train de faire construire une usine de margarine munie de tous les perfectionnements modernes et d'un coût prévu de 2 millions 1/2 de couronnes, et elle a décidé la création d'une brûlerie de café, d'un moulin à épices, et d'entreprendre la manutention et la mise en paquets du thé, des épices, des produits pour le blanchissage, etc.

La Société d'achats de gros en commun, à Copenhague, qui a été créée par les organisations centrales des trois pays scandinaves, témoigne d'un développement riche en promesses et ne manquera pas de fournir un appui solide aux progrès des trois magasins de gros nationaux.

Nous n'avons pas besoin de rappeler que les chiffres ci-dessus ne peuvent pas être directement comparés aux chiffres absolus correspondants de la Coopération d'un grand pays comme la France. Au début de 1918, la population de la Suède n'était que de 5.800.847 habitants, répartis sur une superficie de 450.000 km. q. Pour qu'une comparaison entre la grande France et la Suède puisse être juste à l'égard de cette dernière, il faudrait plus que sextupler les chiffres suédois. Tels qu'ils sont, les chiffres suédois démontrent que la Coopération suédoise a pris son essor, pouvant ainsi oser de tenter la réalisation des nombreux plans d'extension de son activité, qui, jusqu'ici, n'ont existé qu'à l'état de vœux.

Tous les coopérateurs suédois me chargent de leurs meilleurs vœux pour votre Congrès, qui, nous en sommes convaincus, aura pour votre mouvement la signification d'encore un grand pas en avant.

Et pour finir, permettez-moi, en mon nom personnel, de vous exprimer ma vive reconnaissance de l'accueil bienveillant et cordial que me firent les coopérateurs français lors de ma visite à Paris, à l'occasion de la Conférence alliée et neutre. Ce que je pus alors voir, au cours d'une quinzaine passée dans la capitale de la France, m'a laissé une impression qui rendait encore plus profonde mon admiration pour l'esprit français, et qui restera ineffaçable.

Recevez, chers Coopérateurs, notre salut fraternel.

Poisson. — J'ai aussi à vous apporter les excuses de nos camarades finlandais, qui n'ont pas pu se rendre à ce Congrès, mais qui nous promettent d'y venir l'année prochaine et enfin je dois indiquer au Congrès que nos camarades tchéco-slovaques ont envoyé un télégramme d'excuses.

Discours de M^{ue} GASSON

Le Président. — La parole est à la déléguée de l'Union Coopérative anglaise, Mme Gasson.

C'est avec une profonde satisfaction que je me trouve au milieu de vous. Accoutumée depuis bien des années à participer à la vie du mouvement coopératif anglais, c'est une source de plaisir de me trouver au milieu d'une assemblée de coopérateurs de notre voisine et très estimée alliée la France. Les épreuves que nos deux nations ont subi côte à côte durant les cinq dernières années ont suffi à nous unir étroitement par des liens d'une estime et d'une affection impérissables. Mais ces liens ne peuvent être que fortifiés par la réalisation de nos mutuels principes coopératifs.

La Coopération ne cherche pas la guerre; elle abomine la guerre. La guerre est la plus haute apogée de la concurrence. Nous, coopérateurs, nous croyons que la compétition entre les hommes ou de pays à pays engendre seule la lutte et les mauvais sentiments, et que la Coopération, d'autre part, détermine et développe les plus délicats sentiments de la nature humaine, et prépare un régime dans lequel la réelle fraternité peut non seulement croître, mais prospérer.

Vous et nous désirons que notre mouvement coopératif se développe nationalement et internationalement, jusqu'à ce que toute l'industrie soit en notre pouvoir.

Nous avons regretté que la continuation de la guerre en Russie, nous ait séparés de 60 millions de coopérateurs de ce pays. Nous désirons que ces coopérateurs participent au commerce coopératif national et international, et nous désirons produire coopérativement les marchandises qui seraient échangées contre vos productions coopératives, avec celles de la Russie et de tous les autres pays.

Nous espérons que le temps viendra bientôt, où il y aura une Fédération de tous les Magasins de gros coopératifs qui agiront comme collecteurs et distributeurs de l'excédent de toutes les nations pour les besoins des autres. Ceci conduira non seulement au commerce international, mais à la propriété internationale, aux transports maritimes internationaux et au bon vouloir international. Par ces mutuels échanges, nous espérons arriver enfin à un régime universel dans lequel la guerre et la concurrence seront à jamais impossibles.

Durant la guerre, la Coopération britannique a été utile à ses adhérents. A la fin de 1914, nos sociétaires étaient à peine 3 millions. A la fin de 1917, ce nombre s'était accru jusqu'à environ 4 millions. Nos affaires, durant le même temps, ont passé de 3.450.000.000 de francs à environ 6.250.000.000 de francs, avec un trop-perçu net pour nos membres de 450.000.000. Les bénéfices de nos membres ne sont pas limités à des profits pécuniaires. Nos facilités d'éducation, notre système d'assistance aux convalescents et nos œuvres de solidarité sociale sont d'un bénéfice commun, au profit de tous.

Ce n'est pas douteux, au fur et à mesure que le public comprendra que nos méthodes sont les meilleures, notre influence s'étendra jusqu'à ce que nous ayons entièrement substitué un système coopératif au présent régime compétitif.

Nous avons suivi avec un profond intérêt, presque avec envie, la manière dont votre organisation a été utilisée par les pouvoirs publics, pour la vente de la viande frigorifiée et pour la vente jusque dans les tranchées.

Je note dans vos rapports que vous avez à discuter des problèmes semblables à ceux qui nous ont préoccupés durant la guerre. Apparemment, le coût de la vie s'est élevé dans votre pays comme il s'est élevé en Grande-Bretagne, et vous avez été soumis aux privations imposées à la masse par les interventions des mercantis. Il nous paraît malheureux et injuste que, dans la nation en guerre, il y ait eu des gens se disant patriotes qui n'hésitaient pas à échafauder de grandes fortunes sur les besoins et les nécessités vitales de leurs frères et sœurs et profitent, de plus, de ces avantages pour prêter ces fortunes à gros intérêts au gouvernement.

Le mouvement coopératif anglais a été debout toujours pour limiter le coût de la vie. Nous avons fait pour le mieux au milieu de grandes difficultés pour abaisser les prix; mais comme nous n'avons pas le plein contrôle des matières premières, de leur production et de leur manipulation à l'origine, jusqu'à ce qu'elles soient prêtes pour la consommation du grand public, nous restons à la merci de ceux qui sont encore les propriétaires de ces ressources. En conséquence, nos prix se sont élevés, en même temps que ceux des commerçants privés. Finalement, quand nous aurons enfin réussi à nous assurer le plein contrôle de ces ressources d'approvisionnement des matières premières, je crois que les prix descendront de la moitié des prix actuels, et même au-dessous. Ce grand problème est l'un de ceux qui appellent la préoccupation constante des militants coopérateurs de tous les pays. C'est la propriété privée et le profit sur le coût de la production qui est à la base de tous ces troubles extérieurs et du marasme de l'industrie. Accordons une plus grande attention à la solution de ce problème, et la communauté coopérative sera plus proche de nous.

Je termine en vous exprimant les bons et cordiaux vœux des coopérateurs de la Grande-Bretagne et de l'Irlande. Leurs sympathies ont été avec la France durant la dernière lutte; mais maintenant que la guerre est finie, nous sentons qu'il serait sage que les animosités et les haines soient une fois pour toutes enterrées, afin que toutes les nations puissent collaborer dans une vaste Coopération mondiale qui assurera la paix à jamais, et une réelle Ligue des Nations, coopérative et économique, pourra être établie qui résistera à tous les assauts de l'humaine faiblesse et des vicissitudes du temps.

La Coopération doit être le fondement d'une véritable Ligue des Nations si nous voulons une Ligue des peuples et pas seulement une Ligue des gouvernements. Le capitalisme et l'individualisme doivent être chassés des hautes sphères et le peuple doit prendre en mains les rênes et le contrôle du gouvernement. Alors, nous pourrons espérer l'amélioration du peuple. Une honnête considération du travail, — la vraie égalité des sexes, — l'extension de l'esprit de fraternité, — la véritable unité des nations, enfin une Ligue qui mettrait de côté la lutte et les convoitises, et qui soit le vrai moteur du bonheur universel.

Camarades, au nom de mes compatriotes des deux sexes, je vous salue, sachant que nous ne compterons pas en vain sur l'enthousiasme et l'aide de nos camarades français pour l'exécution de cette noble tâche. Le temps est venu. Joignons nos mains et travaillons de plein cœur pour la vraie Coopération internationale, en prenant comme mot d'ordre : Liberté, Egalité, Fraternité.

Un délégué. — Ne pourrait-on pas demander que ce discours fût imprimé *in-extenso*?

Poisson. — Tous les discours prononcés au Congrès seront publiés.

Le même. — Ne pourrait-on pas en faire la publication dans la presse?

Poisson. — Nous n'avons à notre disposition que notre presse.

Un autre congressiste. — Publiez-le dans l'*Action Coopérative*.

Un 3ᵉ congressiste. — Plutôt dans l'*Humanité*.

Discours de M. HOLT

Le Président. — Le bureau est saisi de la question. La parole est à M. Holt.

Daudé-Bancel. — Miss Holt va traduire directement en français le discours de son père.

Je regrette beaucoup de ne pouvoir vous parler dans votre propre langue, mais je désire vous offrir de la part de la Société anglaise de Coopération en gros, les meilleurs souhaits pour le succès de votre travail pour la Coopération en France.

Nous désirons vivement encourager et développer les rapports commerciaux entre les Sociétés coopératives des deux pays, et nous surveillons très attentivement le progrès de la Coopération parmi votre peuple.

Les principes de Coopération deviennent plus universels à cause des différentes Sociétés en gros, l'Alliance internationale coopérative et des autres agences, c'est pourquoi le monde dans tous les pays devrait se réunir intimement par les liaisons d'un intérêt mutuel. De cette manière (je crois) ce sera la meilleure garantie de la paix dans l'avenir.

La grande guerre, qui est heureusement terminée, a mis à l'épreuve les institutions et les organisations des hommes. L'action coopérative dans les différents pays a surmonté cette épreuve avec beaucoup d'honneur et une réputation accrue. Elle a contribué à maintenir à bas prix la marchandise, et si le Gouvrenement britannique avait suivi les conseils donnés par les coopérateurs, le grand scandale des prix élevés demandés pour la nourriture n'aurait pas eu lieu.

Le système de la Société anglaise de gros pendant la guerre était de vendre au prix le plus bas, tandis que le but du marchand privé était tout à fait opposé, c'est pourquoi le Gouvernement a été obligé de s'en mêler et de régler les prix.

Il y a des exemples innombrables où des marchandises de la coopérative ont été vendues à des prix considérablement moins élevés que celles qui ont été vendues ailleurs, mais peut-être le cas des marchandises en conserves suffira pour démontrer que nos prix étaient fréquemment inférieurs de cinquante pour cent à ceux des autres magasins.

Au début de la guerre, le Gouvernement britannique a fait très peu attention aux grandes possibilités du commerce coopératif; mais plus tard, il a reconnu sa valeur.

Pendant que le Gouvernement établissait les Comités, afin d'avoir le contrôle sur les marchandises variées, nous avons eu beaucoup de difficultés pour obtenir la représentation qui nous était due, mais finalement, après avoir fait valoir nos droits, nous avons obtenu satisfaction.

Nos représentants en Amérique et ailleurs ont agi de temps en temps comme acheteurs pour les besoins du Gouvernement et nos organisations et notre personnel ont été mis à la disposition du Gouvernement.

La Société anglaise de gros a beaucoup travaillé pour le Gouvernement pendant les premiers moments de la guerre. En moins d'un mois, au commencement des hostilités, nous faisions par jour dix mille uniformes pour l'armée. La liste des articles que nous avons fabriqués et fournis au Gouvernement serait trop formidable pour être renfermée dans ce discours, mais de plusieurs côtés, par exemple en ce qui concerne les bottines, les couvertures de laine, les brosses, etc., nous avons fourni notre quote-part de travail et contribué au ravitaillement de notre armée, ainsi qu'à celui des alliés, selon leurs besoins.

Aujourd'hui, toutes les agitations progressives travaillent à la reconstruction et à la réorganisation. Nous voulons que le commerce international coopératif soit solidement établi, si nous devons faire des progrès et nous emparer du commerce du monde.

Pendant la guerre, la Coopération en Angleterre a fait des progrès rapides en augmentant le nombre de ses membres, son capital et son commerce.

En 1914, le nombre des membres n'était pas de trois millions, aujourd'hui, nous en avons presque quatre.

Avant la guerre, nous avions quarante millions de livres sterlings comme capital, maintenant nous en avons cinquante.

Le commerce distributif a augmenté de quatre-vingt-trois millions de livres sterlings. Le commerce de la Société de gros est passé de quarante millions de livres en 1913, à plus de quatre-vingt millions en 1918 (1).

La Société anglaise de gros a environ soixante-dix manufactures et usines qui fabriquent toutes espèces de marchandises. Des progrès constants sont réalisés dans toutes les branches de la Coopération, et ce sera un encouragement pour nous tous quand nous jetterons un regard en arrière sur ce qui a été accompli.

Enfin, permettez-moi de vous prier de vous unir avec nous et de travailler pour l'extension de la Coopération et à son avantage dans le monde entier.

---

(1) La valeur des marchandises produites par les deux Sociétés en gros (anglaise et écossaise) a augmenté de 11 millions de livres en 1913 à 23 millions en 1918.

Discours de M. SHOTTON

Le Président. — La parole est à M. Shotton, délégué du M. D. G. anglais.

A l'occasion de la présente réunion avec les coopérateurs français, nous avons le très grand plaisir de vous présenter nos salutations fraternelles et nos sincères remerciements pour l'invitation qui nous a été adressée et nous sommes heureux de nous rencontrer avec vous après un intervalle durant lequel beaucoup de réunions ont été suspendues.

Il est superflu de notre part d'exprimer les sentiments de regret que nous avons éprouvés par la rupture forcée de nos relations personnelles durant la période de la guerre, et nous pouvons seulement croire qu'elle a servi les bons sentiments qui déjà existaient entre les coopérateurs français et anglais, et que maintenant nous nous hâtons de renouveler.

A tous les Français et à nos frères coopérateurs en particulier, nous sommes heureux d'apporter la plus profonde sympathie des coopérateurs anglais pour les souffrances et les pertes que vous avez subies durant la grande guerre européenne, et nous espérons ardemment que la paix qui a été conclue aura un caractère permanent, et que le monde ne subira plus jamais une douleur, comme celle que la France et son peuple ont endurée.

Maintenant qu'avons-nous à examiner? Il y a les possibilités sans bornes dans l'accomplissement des grands idéals inclus dans les principes de la Coopération, et dans nos tentatives vers cette fin; les liens d'amitié entre coopérateurs doivent être fortifiés par un effort constant et une unité des forces, afin qu'en temps voulu nous trouvions par ces grands principes la solution de tous les maux sous lesquels les ouvriers du monde souffrent aujourd'hui.

Nous profitons de la circonstance, comme dans le passé, pour étudier vos méthodes de travail, qui dans certains cas diffèrent des méthodes anglaises, afin que nous soyons aptes à utiliser les résultats des diverses expériences. Il est inutile de dire avec quel plaisir nous recevrons ceux d'entre vous qui nous rendraient visite en Angleterre.

En ce qui concerne le E. C. W. S., nous sommes heureux de vous informer que nos progrès pendant les dernières années — pendant la guerre — ont été tout à fait extraordinaires, ainsi que l'indiquent les chiffres suivants en francs :

	Année 1914	Année 1917
Revenu des primes d'assurances.	6.656.625	14.675.575
Affaires	997.770.325	1.624.190.000
Banque (retraits et dépôts)......	4.661.420.425	9.445.092.000
Production propre	223.791.200	439.910.000

En résumé, permettez-nous de déclarer que nous apprécions votre situation dans le mouvement coopératif; nous vous souhaitons beaucoup de succès et de prospérité, et nous espérons que les efforts qui sont faits pour promouvoir la constitution d'une alliance internationale entre les Coopératives de gros dans le mouvement coopératif du monde pourront obtenir du succès et seront fructueux pour le plus grand bien des générations à venir.

Discours de SERWY

Le Président. — La parole est à M. Serwy, délégué de la Fédération des Coopératives belges.

Nous sommes heureux de nous retrouver après cinq années de dure séparation au milieu d'un Congrès de coopérateurs français.

Au nom de la Fédération des Coopératives et de l'Office coopératif belges, nous vous apportons l'expression de nos sentiments de franche et sincère cordialité ainsi que ceux de notre profonde solidarité.

Nous tenons à vous exprimer toutes nos félicitations pour l'effort réalisé par la Coopération française pendant et depuis la guerre pour la faire considérer par les pouvoirs publics comme une institution d'utilité générale.

Vous n'avez pas seulement établi clairement, lumineusement, la doctrine coopérative, vous avez fait plus. Vous avez réalisé. Le Magasin de Gros est devenu une puissance coopérative en France. A Paris, vous avez substitué au localisme, le régionalisme. Vous avez apporté aux régions dévastées le concours de l'unité coopérative parisienne.

La doctrine coopérative sous votre inspiration a été exposée dans toute sa grandeur et dans ses finalités, à tel point qu'elle se dresse comme la charte de l'économie sociale de demain, élevant ses réalisations prochaines à l'égale du collectivisme et du communisme.

L'unité coopérative s'est fortifiée. Elle se dresse aujourd'hui à côté de l'unité syndicale, de l'unité socialiste pour concourir à l'instauration du régime social de demain. Si la Coopération doit encore être considérée dans l'état actuel des choses comme un moyen, elle apparaît de plus en plus comme un but de la démocratie, car la société qu'elle veut fonder est celle où le profit, le bénéfice, la rente, le dividende auront disparu pour être remplacé par « à chacun selon ses besoins. »

La Coopération a aussi grandi en Belgique par la guerre, par l'occupation. Elle a inspiré toutes les œuvres de soutien, d'aide, de secours, de ravitaillement créées par les Belges pendant quatre années. C'est dans ces principes que municipalités, Comité national, ont pris leurs inspirations.

Le mouvement coopératif belge s'est transformé. Au localisme d'avant-guerre s'est substitué la Coopération régionale. Le jour n'est pas loin où nous n'aurons plus pour tous le pays qu'une quinzaine de puissantes Sociétés groupées au sein de la Fédération nationale pour leurs achats. Peut-être n'est-ce qu'une étape vers la constitution d'une seule Coopérative nationale.

Ainsi se jettent les fondements d'une organisation coopérative internationale qui remplacera l'organisation capitaliste du commerce et de l'industrie.

Nos espérances sont grandes, parce que, de plus en plus, apparaissent à l'esprit des travailleurs la nécessité de l'unité ouvrière dans l'action. C'est par elle que nos aspirations deviendront réalités.

Nous saluons fraternellement les coopérateurs de France et nous souhaitons que les travaux du présent Congrès rendent plus puissante, plus féconde, l'idée coopérative.

Le Président. — La parole est au délégué des Coopératives de Moscou.

Une voix. — Absent.

Discours de M. Olaf BORKE

Le Président. — Je donne la parole au délégué de Norvège, M. Olaf Borke, délégué de la Fédération des Coopératives de Norvège.

Au nom de la Fédération nationale des Coopératives de Norvège, j'ai l'honneur, messieurs, de vous porter nos meilleurs remerciements pour l'aimable invitation que vous nous avez présentée. C'est avec très grand plaisir que nous nous sommes rendus à cette invitation. Je suis également chargé, messieurs, de vous porter les salutations les plus fraternelles des coopérateurs norvégiens, espérant que ce Congrès va donner les meilleurs résultats.

En peu de mots, je me permettrait de vous donner quelques chiffres sur la Coopération norvégienne.

La Coopération chez nous est encore assez jeune. La Fédération nationale a été formée en 1907 par 23 Sociétés et le Magasin de Gros s'est fondé en même temps avec un capital de 25.000 fr.

Le 1er janvier 1919, la Fédération nationale comptait 233 Sociétés avec 70.000 sociétaires. Depuis le commencement de cette année, le mouvement coopératif a fait des progrès assez considérables et environ 50 Sociétés nouvelles sont fondées.

La vente totale du Magasin de Gros s'éleva, la première année, à 800.000 francs. En l'année 1917, on avait une vente totale de 10 millions de francs, mais en 1918, la vente est tombée jusqu'à 8 millions, à cause du manque de marchandises. Le capital et les fonds étaient, le 1er janvier, de 1 million de francs.

Depuis le commencement de cette année, la vente a repris et elle va sans doute dépasser l'année passée de 100 à 150 0/0.

La banque coopérative qui était fondée en 1911 avait, le 1er janvier de cette année, un capital de 2 millions de francs.

Nous avons aussi une fabrique de tabac et une fabrique de margarine qui produisent pour nos besoins.

En vous rappelant que la population totale de Norvège ne s'élève qu'à la moitié de celle de la ville de Paris, nous espérons quand même pouvoir faire de notre mieux au point de vue de l'émancipation des ouvriers.

Je me permets, Messieurs, de vous souhaiter les meilleurs résultats pour votre Congrès.

Discours de M. SUTTER

Le Président. — Le parole est au délégué de l'*Union Coopérative suisse*, M. Sutter.

La Fédération Nationale des Coopératives de consommation française a bien voulu inviter à son Congrès l'*Union Suisse des Sociétés de Consommation*. Au nom de la Coopération suisse, je la remercie de son invitation et je suis heureux d'apporter ici le salut fraternel des coopérateurs suisses et de féliciter chaleureusement la Coopération française de son magnifique essor.

Les coopérateurs suisses n'oublieront jamais qu'au cours de ces années de guerre, les coopérateurs français se sont toujours fait représenter à nos assemblées, chaque fois que cela leur a été possible. Ils n'oublieront pas non plus que chaque fois qu'ils se sont trouvés en présence de difficultés de ravitaillement, l'appui des coopérateurs français ne leur a jamais manqué. Notre reconnaissance restera toujours vivante pour ces bienfaits.

Il est d'usage que les délégués étrangers donnent un aperçu des progrès de la coopération dans leurs pays. Je me conformerai à cette tradition le plus brièvement possible.

Si 1914 a été une année de désarroi, comme partout, les années 1915 à 1918 ont marqué un grand progrès de la coopération en Suisse, soit dans le domaine des idées, soit dans le domaine des faits.

Le nombre des Sociétés fédérées est passé de 396, en 1914, à 1.461 en 1918, malgré les fusions intervenues, qui marquent une concentration coopérative.

Le nombre des membres, qui était de 270.000 en 1914, a atteint 340.000 en 1918, représentant 40 0/0 des ménages suisses.

Le débit des Sociétés fédérées, du chiffre de 143 millions en 1914, est monté à 225 millions. Il faut, bien entendu, tenir compte du renchérissement des prix et de la consommation.

La Coopérative de gros a haussé son débit de 40 à 130 millions. La nécessité est un grand maître. Les difficultés de ravitaillement ont rapproché les Sociétés fédérées de leur magasin de gros.

L'Union Coopérative suisse a acheté six domaines, d'une surface de 360 Hectares, qui ont laissé, dans la dernière année, un bénéfice de 12.000 francs.

De même, la fabrique de chaussures a fabriqué pour plus de 10.000.000 de francs de chaussures.

Ces prix paraîtront minimes en comparaison des résultats, se chiffrant par milliards, de la Coopération britannique, et en comparaison également des progrès rapides de la Coopération française. Mais il ne faut pas oublier que la Suisse est un petit pays, dont la surface est, en grande partie, occupée par des roches, des glaciers et des lacs; et que, d'autre part, en regard du commerce britannique même, la Coopération britannique ne représente qu'une petite part de la vie économique du pays.

La Suisse est peut-être celui des pays où l'idée de la coopération a pénétré le plus avant dans les masses; et les difficultés de la période passée ont accentué cette pénétration.

Le Magasin de gros était un organe de la Société Suisse de Surveillance économique, qui devait donner des garanties à l'Entente contre l'importation de denrées dans les pays ennemis. On a pu constater que 1/10 des vivres importés en Suisse, l'était par le moyen des Sociétés de coopération. La proportion n'est certainement pas plus forte pour les denrées produites en Suisse. Si l'on rapproche ce rapport de 10 0/0 du rapport de 40 0/0 de ménages suisses qui faisaient partie des Sociétés coopératives, on constate qu'en Suisse, comme ailleurs, un bon nombre de membres de Sociétés coopératives ne sont coopérateurs que de nom.

Ceci pose le gros problème de l'éducation coopérative. Là aussi, la Coopération suisse a fait des efforts. Mais les résultats sont, hélas! encore insuffisants.

Pourtant, la presse coopérative de l'Union Suisse était répandue, en 1914, à 7 millions d'exemplaires; elle a atteint, en 1918, 8 millions 1/2 d'exemplaires.

Les œuvres coopératives, les œuvres sociales, que nous admirons dans le mouvement français, n'ont pas été oubliées en Suisse. La plupart des employés des Coopératives suisses sont assurés contre l'invalidité auprès de la Caisse d'assurance des Sociétés coopératives suisses, qui a une réserve de 4 millions. De même, on a fondé une Société d'assurance sur la vie, qui est autonome, mais qui a été fondée par l'Union Coopérative suisse, laquelle a fourni son capital de garantie (250.000) et de fondation (100.000).

Nous attendons beaucoup des coopérateurs français et de leur superbe mouvement pour le futur développement de la Coopération dans le monde.

Pouvons-nous lui offrir quelque chose en retour?

Quelquefois, on a besoin d'un plus petit que soi, le bon La Fontaine nous l'enseigne dans la fable : le Lion et le Souriceau. Il y a quelques grands projets en vue pour rendre plus étroites les relations entre la France et la Suisse, et où l'influence des coopérateurs suisses pourra peut-être se faire sentir.

Ainsi, le Rhône doit être rendu navigable, depuis le lac Léman jusqu'à la mer, réunissant Genève à Marseille.

En même temps, l'eau de notre lac doit fournir à Paris la force et la lumière électriques. Pour cela il faudra, paraît-il, élever quelque peu le niveau du lac Léman, condamnant à l'inondation une grande partie des cultures maraîchères de la plaine du Rhône, cultures auxquelles l'Union des Coopératives suisse est intéressée également. Cependant, nous sommes persuadés que les coopérateurs feront de leur mieux pour qu'on se conforme aux vœux et aux intérêts de la France dans cette question.

Il y a également une question de navigation du Rhône au Rhin et de libre navigation sur le Rhin, qui nous rapprocherait de nos anciens amis, les coopérateurs alsaciens, heureusement libérés à présent.

Quelle joie se serait pour nous de fournir de la lumière et de la force à la Ville Lumière, dont nous avons reçu des flots de lumière au point de vue scientifique, artistique et social.

C'est spécialement dans le domaine de la Coopération que nous regardons du côté de la France. Les grands coopérateurs français: Fourier, Godin, de Boyve, et le vénéré président de votre Congrès, Charles Gide, sont des noms chers à tous les coopérateurs suisses.

Nous sommes persuadés que la France, qui a sauvé l'humanité, dont la gloire est actuellement plus rayonnante que jamais, manifestera son influence dans le monde en faveur d'une paix durable, de la liberté des peuples et d'un idéal de fraternité largement humaine, conformément aux traditions généreuses et socialistes des coopérateurs français; — et nous formons les vœux les plus ardents pour le développement de la Coopération française.

Remerciements de M. Ch. GIDE, Président

LE PRÉSIDENT. — Messieurs les délégués étrangers,

Je vous remercie d'être venus une fois de plus à notre Congrès et d'avoir affronté un voyage qui — bien qu'il n'y ait plus aujourd'hui de torpillages à redouter — est toujurs fort ennuyeux, en raison des vexations sans nombre — passeports, pièces d'identité, interrogatoires à la douane et autres — que la survivance de l'esprit de guerre et la peur des bolchevistes dressent encore entre les peuples.

Des discours, instructifs et émouvants qui ont été prononcés ici, je ne retiendrai que l'appel adressé par la déléguée de l'Union Coopérative anglaise. Elle nous a dit que la Coopération avait, pendant cette guerre, maintenu l'esprit de fraternité entre les peuples et tâché d'abolir les haines. Et le délégué suisse nous a donné un exemple pratique de cet esprit de désintéressement, en nous apprenant que les coopérateurs du pays de Vaud étaient prêts à voir submerger leurs terrains riverains du Léman pour faire du Rhône un fleuve international.

C'est vrai que la Coopération, pendant cette guerre, par l'action parallèle des différents pays, a fait œuvre de fraternité. On peut dire qu'elle a été vraiment comme une sœur de la Croix-Rouge internationale. Et, tandis que celle-ci multipliait ses ambulances et pansait les blessés sur les champs de bataille, on peut dire que la Coopération internationale a multiplié, au front comme à l'arrière, ses magasins et ses œuvres de ravitaillement, et qu'elle aussi a accompli dans la modeste et insuffisante mesure de ses ressources, une œuvre de guérison et de salut.

La Coopération n'a pas reçu, comme certaines villes, comme d'autres institutions, la Croix de guerre. Elle n'en a pas besoin. Elle n'a pas d'armoiries auxquelles elle pût l'épingler, comme va faire la Ville de Paris. Elle se contente d'avoir, pour seules armes, son vieil emblème des deux mains jointes, dont l'éloquence est d'autant plus significative à ce jour, qu'il apparaît comme une invitation à tous les coopérateurs de tous les pays, sans exception, de travailler ensemble à l'œuvre de reconstitution de l'Europe.

POISSON. — Quelques camarades nous ont demandé d'insister auprès des représentants de la presse, et notamment des journaux ouvriers, pour qu'il fût tenu compte, dans la plus large mesure possible, des discours des délégués étrangers, particulièrement du discours prononcé par la déléguée anglaise.

Le Bureau fera le nécessaire.

J'ai maintenant plusieurs communications à vous faire.

Vous savez que nous aurons, après-demain soir, un banquet au Restaurant Coopératif, avenue Jean-Jaurès. Les cartes du banquet sont à votre disposition à la librairie. Je vous engage à les prendre aujourd'hui, car il faut que nous connaissions, avant ce soir, le nombre exact des convives.

J'indique, d'autre part, que l'*Union des Coopératives*, dans la maison de laquelle nous sommes, nous offre un vin d'honneur qui n'était pas prévu au programme, à l'issue de la séance de ce matin.

Nous informons les délégués au Congrès, qu'à côté de cette salle, la Maison de la Coopération a un restaurant et une brasserie. Les congressistes peuvent y prendre leurs repas dans différentes salles au premier étage, qui leur seront réservées pendant tout le Congrès.

Enfin, en ce qui concerne les congressistes qui ont l'intention d'aller visiter Reims mardi, ils sont priés de voir, à la librairie, le camarade chargé des inscriptions.

L'action de la Fédération Nationale

Pour la séance de ce matin, je propose au Congrès que nous prenions la suite de l'ordre du jour. Il comporte les rapports de la Fédération Nationale et, par conséquent, son activité pendant les années qui ont précédé, particulièrement pendant la dernière année.

Nous pourrons, ce matin, voir, d'une façon générale, l'attitude de la Fédération Nationale. Ensuite, cet après-midi, nous prendrons les rapports les uns après les autres.

LE PRÉSIDENT. — S'il n'y a pas d'objections, la parole est à POISSON, pour la suite de l'ordre du jour.

POISSON. — Camarades coopérateurs, nous sommes heureux que vous soyez venus aujourd'hui en aussi grand nombre de tous les coins du pays. Mais, au moment même où notre Président vient de remercier les nombreux délégués étrangers qui ont bien voulu venir assister à nos travaux, nous devons aussi saluer ceux qui, aujourd'hui, se retrouvent parmi nous. Pour la première fois depuis cinq ans, nous retrouvons dans ce Congrès les délégués des grandes organisations coopératives des régions envahies.

Nous avons à ce bureau le Secrétaire de la Fédération des Coopératives du département du Nord qui, comme vous le savez, après avoir tenu haut et ferme le drapeau de la Coopération pendant l'occupation, a fait deux ans de prison en Allemagne.

Nous saluons avec lui tous ceux qui, même pendant les quatre années où la botte de l'ennemi pesait sur eux, ont su défendre l'idée coopérative.

Egalement, au nom de la Fédération Nationale, nous voulons saluer aujourd'hui les nouveaux venus. Et vous savez qu'au cours de cette année, à la suite de l'armistice et de la paix, nous avons eu la joie de voir se joindre à nous une nouvelle et grande fédération coopérative, nombreuse, vigoureuse, pleine d'enthousiasme, de foi et d'idéal coopératif, je veux parler de la Fédération des Coopératives d'Alsace et de nos camarades de la Lorraine libérée, aujourd'hui à nos côtés.

Puisque, maintenant, toute la grande famille coopérative française est là, il est peut-être bon, au moment où nous allons, demain, reprendre notre activité, de jeter un regard en arrière et de nous demander ce que la Fédération Nationale a fait, ce qu'elle est aujourd'hui, et ce qu'elle entend faire demain.

Ah! certes, depuis cinq ans, le mouvement coopératif en France a singulièrement grandi, il a grandi en force numérique, il a grandi en puissance. En 1913-1914, au Congrès de Reims, nous avions autour de notre Fédération Nationale, 5 à 600 sociétés sur les 3.500 sociétés coopératives qui existaient. Aujourd'hui, notre Fédération Nationale groupe... je disais, dans un article de l'*Action Coopérative*, près de 2.000 sociétés, mais il y en a plus de 2.000 à la date d'aujourd'hui. Et ce n'est pas seulement l'organe de coordination qui, maintenant, a peu à peu réuni toutes les forces coopératives du pays, c'est le mouvement lui-même qui a prospéré. Dans l'*Action Coopérative* de ce matin, notre ami Gide commentait les statistiques officielles. Hélas! — hélas ou heureusement — ces statistiques sont bien au-dessous de la vérité, car il n'a pu être fait, au cours de la guerre, une statistique complète du développement du mouvement. Mais nous espérons que notre Fédération Nationale vous donnera, pour 1920, un annuaire complet comportant toute notre activité depuis 1914, et comprenant également une statistique complète du mouvement coopératif français.

En tout cas, ce que nous pouvons affirmer, c'est qu'aujourd'hui il y a près d'un million de familles groupées autour des sociétés coopératives et que ces sociétés, à elles toutes, atteignent maintenant un milliard de chiffre d'affaires.

En 1914, on comptait à peine 300 millions comme chiffre d'affaires et pas 500.000 familles. Nous osons donc dire que notre mouvement a pour ainsi dire triplé.

Voilà les résultats matériels, voilà l'état de notre Fédération Nationale.

Réjouissons-nous. Mais que ce ne soit pas une raison d'être trop satisfait. C'est plutôt dans les résultats obtenus que nous devons trouver le ressort nécessaire pour conduire notre mouvement plus loin et plus haut.

Nous sommes encore loin des organisations coopératives étrangères et surtout des grandes organisations anglaises. Nous sommes encore bien loin de la réalisation de notre idéal; et si nous sommes devenus une force, ne nous illusionnons pas trop sur elle.

Dans le pays, nous avons encore en face de nous un commerce privé singulièrement puissant qui, aujourd'hui, redresse d'autant plus la tête et essaie, par une calomnie de tous les jours, par une campagne de presse ardente, d'atteindre les organisations coopératives, dont il voit le développement avec autant de regret que d'amertume.

Ah! pour grandir, nous avons été fidèles, j'ose dire, au principe même qui, en 1912, nous a fait conclure l'unité coopérative; et je crois que c'est de cette unité que, pour une large part, est résulté le mouvement actuel. Nous sommes restés nous-mêmes.

En 1912, à la veille de la crise, nous avons enfin compris que les rivalités d'antan, que les anciennes oppositions des deux organisations centrales devaient s'évanouir et que, sur un terrain clairement défini, nous pouvions entreprendre une besogne commune.

A la place des poussières de sociétés, à la place de la division des organismes centraux, nous avons opposé l'unité d'en haut, l'unité des organes centraux, et nous avons passé à l'unité d'en bas par le développement des sociétés de fusion.

Voilà quelle a été notre politique coopérative pendant ces cinq années.

Oui, nous sommes restés fidèles au pacte d'unité, et dans la lettre et dans l'esprit. La Fédération Nationale a été largement ouverte à toutes les sociétés coopératives qui étaient constituées conformément aux principes mêmes de la Coopération tels qu'ils ont été définis par les tisserands, par les ouvriers de Rochdale, en 1844, principes qu'il est, du reste, facile de rappeler et de définir : souveraineté totale des Assemblées générales où un actionnaire ne peut disposer que d'une seule voix; répartition des trop-perçu au prorata des achats aux consommateurs ou aux réserves collectives non répartissables.

Il est bon de rappeler ces principes coopératifs, car de partout, de différents horizons, il y a une poussée vers la Coopération, une poussée telle que les néophytes oublient les bases mêmes de notre mouvement et tendent à s'en éloigner. Et nous avons le droit, nous, Fédération Nationale, sans esprit d'ostracisme et d'exclusivisme, nous avons le droit de dire que la Coopération est largement ouverte à tous, mais que nous la maintiendrons toujours dans les principes rochdaliens.

J'ai dit que notre organisation était largement ouverte. Ah! je sais que, quelquefois, des camarades coopérateurs, des militants, ont fait certaines critiques et nous ont dit : « Vous êtes trop largement ouverts, vous prétendez que, pour vous, la Coopération fermée doit un jour disparaître et que c'est le but que vous poursuivez, cependant vous acceptez encore dans votre sein des organisations qui limitent leur recrutement, particulièrement à des organisations professionnelles et corporatives. »

Nous pensons, en effet, que ces organisations ont grandement tort; que la Coopération fermée est un danger à la fois pour le développement matériel et pour le développement moral de l'idée coopérative à l'intérieur.

Mais, quand les principes rochdaliens sont respectés, nous pensons que ce serait une politique déplorable que de rejeter ces coopérateurs de bonne volonté. Et nous espérons de leur entrée dans nos organisations, de leur présence à nos congrès régionaux, de leur assistance à nos congrès nationaux, une adhésion à notre point de vue. Nous avons confiance dans notre programme, dans notre action, dans ce que nous écrirons et ce que nous dirons; et nous pensons qu'il vaut mieux avoir avec nous ces coopérateurs, quitte à transformer leur esprit et à les convertir à nos idées.

Nous voudrions que vous nous fissiez confiance pour continuer dans cette voie.

Nous maintenons toujours l'idée qui a fait notre force et qui nous a permis l'unité. Nous sommes la force et nous osons le proclamer au jour où une campagne se dresse contre nous, campagne stipendiée par les mercantis intéressés, par les adversaires de la Coopération, et qui consiste à dire : La Fédération Nationale des Coopératives, c'est un organe qui fait de la politique. Depuis trois mois, nous avons trouvé des articles de ce genre dans les journaux de province, nous en avons trouvé des échos dans des organes, dans des journaux que nous aurions cru plus favorables à notre mouvement.

D'où est-elle venue, cette campagne? D'un journal de nos adversaires, dans le journal l'*Epicier*.

Il est bon de remettre les choses au point et de dire tout haut que la Fédération Nationale entend et prétend avoir son indépendance. Elle est indépendante de tout parti politique, elle est indépendante de toute secte religieuse, de tout autre mouvement économique.

Oh! non pas que, pour notre part, nous prétendions que la Coopération suffit à tout. Nous prétendons nous suffire à nous-mêmes dans notre propre sphère d'action, et c'est sur ce terrain que nous nous plaçons.

Un mot, souvent mal interprété, est celui de neutralité coopérative. Cela ne signifie pas grand'chose, la neutralité coopérative. Nous ne sommes pas neutres, nous sommes indépendants : nous ne sommes attachés à personne, à aucun parti, à aucune religion, à aucun groupement économique. Nous voulons simplement marquer que si des observations nous sont adressées, elles viennent de ce fait que, très souvent, à la tête des organisations coopératives de consommation, on trouve, entre autres militants, surtout des hommes appartenant ou ayant appartenu à des organisations politiques avancées. Nous voudrions, quant à nous, voir dans la Coopération, des militants venus de toutes les sphères et de tous les horizons politiques. Ce n'est pas notre faute, s'il se trouve qu'à la tête de la Fédération Nationale, il y a un grand nombre de militants socialistes. Si, en dehors de la Coopération, ils entendent avoir toute leur liberté d'action pour poursuivre les buts politiques qui leur appartiennent, ils déclarent hautement que la Fédération Nationale, en aucune façon, ne fera un acte d'attachement quelconque à un parti politique.

Voilà le terrain où nous nous plaçons, voilà le terrain où nous avons agi.

Ah! au cours de la guerre, les difficultés étaient énormes. Je me souviens, pour ma part, des journées d'août 1914, où notre pauvre Fédération Nationale était réduite à une activité sommeillante, et comment peu à peu, aussi vite que nous avons pu, nous l'avons remise debout. Nous avons repris contact avec les sociétés reconstituées et avec nos fédérations régionales, aujourd'hui toutes remises debout, toutes présentes à ce Congrès, toutes vivantes et agissantes.

Pour cela, nous ne nous sommes pas contentés que du programme de recrutement intérieur. Nous nous sommes occupés d'extérioriser, autant que possible, le mouvement coopératif; nous avons mis sans compter, sans discuter, sans réserve, l'activité de la Fédération Nationale et de ses militants au service même de la Nation.

Si, au début, les difficultés économiques n'étaient pas encore insurmontables, elles le sont devenues peu à peu; mais nous n'avons rien négligé pour montrer que c'était dans l'esprit de la Coopération, que c'était dans les méthodes coopératives que se trouvaient toutes les solutions au problème qui s'est posé en matière économique.

Au début de la guerre, déséquilibre total par suite de la mobilisation; population ouvrière en chômage. Nous avons, à ce moment-là, fait appel aux coopératives, particulièrement à celles de la région parisienne, nous leur avons demandé — et elles nous ont écoutés — d'établir ces soupes populaires qui, pendant près de six mois, ont donné des résultats efficaces et heureux. Et, par l'intermédiaire du Secours National, où on avait bien voulu nous appeler, et à qui nous avons apporté notre expérience, nous pensons avoir rendu des services, non seulement au programme coopératif, mais à la Nation elle-même.

Depuis, à chaque occasion qui s'est présentée, nous avons répondu : présents. Nous avons même suscité, s'il était possible, les interventions de la Coopération.

Lorsqu'en 1916-1917 s'est posé le problème de l'accumulation des ouvriers dans les usines pour la défense nationale, c'est encore notre Fédération Nationale, répondant du reste à l'appel du Ministre de l'Armement d'alors, qui est redevenu le bon et brave camarade et militant coopérateur, aujourd'hui à notre Congrès, — c'est encore notre Fédération Nationale répondant, dis-je, à l'appel de notre ami Albert Thomas, qui est allée dans tous les coins de la France, et là, devant le commerce incapable, devant les industriels eux-mêmes submergés, nous avons dit : Nous allons essayer, avec nos sociétés existantes, avec de nouvelles sociétés à créer, de multiplier les boutiques coopératives, d'ouvrir des restaurants. Nous savions pourtant que de ce mouvement, ne résulterait pas peut-être immédiatement pour nos coopératives des avantages matériels. Nous savions qu'en certains cas les difficultés de gestion seraient considérables. Nous avons tout de même dit: Nous ferons l'effort. Nous nous en félicitons aujourd'hui, car si nous n'avons pas laissé partout des organisations permanentes, il y en a quelques-unes debout qui survivront.

Ailleurs, nous avons donné à la classe ouvrière, aux milliers de travailleurs, alors victimes de tous les mercantis, au point de vue restaurants et alimentation, l'exemple de ce qu'était la Coopération, et nous espérons que, maintenant, ils deviendront coopérateurs fidèles de nos sociétés.

Ce n'est pas tout. Le mouvement coopératif a pensé aussi que sa propagande devait agir sur les soldats eux-mêmes. Les soldats, victimes davantage encore des mercantis — des mercantis du front, car le nom est venu de là — se demandaient si on allait agir. Et le gouvernement semblait impuissant, par ses moyens ordinaires, par ses vivres de l'Intendance, à apporter aux soldats le peu de superflu qu'il était possible de leur donner. Eh bien, ce fut le Magasin de Gros des Coopératives de France qui, le premier, en réponse aux mercantis, accepta de livrer des marchandises par le système des camions-bazars, système que reprirent de grandes sociétés capitalistes, non plus au bénéfice des soldats, mais à leur profit particulier.

Il n'est pas une question de ravitaillement, pas une réforme qui n'ait, au cours de la guerre, été faite sans que nous essavions d'apporter nos solutions et d'y participer.

Malheureusement, nous n'avons pas toujours été écoutés, ou nous avons été écoutés trop tard, ou nous avons été écoutés insuffisamment.

Que dis-je! En général, quand nous avions affaire aux pouvoirs publics, aux gouvernements divers et successifs, quand nous apportions nos solutions, les solutions de la Coopération, je n'ai jamais rencontré quelqu'un qui m'ait dit : Nous ne sommes pas pour ce programme-là. J'ai toujours, au contraire, rencontré des hommes qui disaient : « Mais oui! C'est la solution, c'est ce qu'il faudrait faire. » Mais entre l'affirmation d'adhésion, de sympathie pour notre solution et la solution elle-même, de la coupe aux lèvres il y avait un monde, et bien souvent rien ne se réalisait.

Vous donnerai-je des exemples?

Nous avons dit à maintes reprises que le système d'action coercitive, que les lois draconiennes contre les mercantis, constituaient une action qui ne pouvait que donner des résultats insuffisants De deux choses l'une : ou ils passeraient à travers les lois draconiennes, ou seuls, les petits mercantis de petits envergure seraient touchés, pendant que les gros y échapperaient totalement. Nous avons dit que, non seulement les lois draconiennes ne donneraient pas les résultats attendus, mais que la politique de taxation ne pouvait pas être un moyen de remédier à la cherté de la vie, si elle n'était pas complétée par des mesures étroitement liées. La taxation toute seule, la taxation locale, la taxation par catégorie de marchandises, aboutit, dans certains cas, à la raréfaction des produits, et le jour où on lève la taxe, une hausse s'ensuit immédiatement. Nous avons dit : la taxation, si elle n'est pas généralisée et accompagnée de la réquisition, ne pourra donner que des résultats insignifiants.

Bien mieux : à certaines époques, nous voyions la situation qui empirait. Nous avons demandé que l'Etat, que la Nation se substituât à des initiatives privées et importât des denrées alimentaires. Le véritable moyen d'action sur les prix, c'est de jeter des denrées sur un marché. Mais si vous importez ces denrées par l'intermédiaire d'organisations privées, qu'arrivera-t-il? C'est que ces organisations recueilleront le plus grand avantage de cette importation et que les consommateurs n'en recueilleront que des bénéfices extrêmement réduits, sous une forme indirecte et incomplète.

Cette politique d'importation, c'était celle des Comités interalliés. Nous l'avons réclamée souvent avec Thomas. Combien de fois sommes-nous allés auprès des gouvernements pour faire connaître notre opinion commune! On a, sous prétexte de la liberté du commerce, supprimé, après l'armistice, les Comités interalliés. On a supprimé la fabrication de la chaussure nationale par les organismes de production sous le contrôle de la Nation. Dans les deux cas, qu'il s'agisse de la France ou des Comités interalliés, au bout de trois mois on a été obligé d'étudier à nouveau la question et de tenter, dans des conditions plus difficiles, de remettre debout les organismes qu'on avait fait disparaître.

Pendant ce temps, sous couleur de liberté du commerce, la liberté d'exploiter les consommateurs s'était affermie.

Aussi bien en matière de cartes que de mesures à prendre pour l'intensification de la production, vous pouvez relire les manifestes de la Fédération Nationale depuis cinq ans, et vous connaîtrez en détail les mille et mille démarches que nous avons faites pour aboutir.

Nous pensons que, quoi qu'il en soit, nous avons fait notre devoir totalement, en participant à toutes les œuvres utiles au pays, en indiquant les solutions des problèmes. Si nos solutions n'ont pas été toujours adoptées et si la situation s'est aggravée, nous n'en avons pas la responsabilité.

J'en arrive à vous dire quelques mots des relations de la Fédération Nationale avec les Pouvoirs publics. Pour cela, il faut que nous sachions bien si, comme je le pense, les uns et les autres nous sommes d'accord.

La Fédération Nationale ne fait pas de politique. La Fédération Nationale n'a donc pas à prendre parti pour tel ou tel gouvernement. A tous les gouvernements, quels qu'ils soient, d'hier ou de demain, le mouvement coopératif, du moment qu'on voudra le suivre, du moment qu'on voudra lui rendre justice, le mouvement coopératif donnera son concours.

Ah! ce n'est pas que nous attendions notre existence et notre développement de l'Etat et des Pouvoirs publics.

J'ai lu dans un grand journal qui fait autorité, j'ai lu dans un article spécialement destiné à la Fédération Nationale, j'ai lu dans un organe de nos adversaires et de nos ennemis, que nous nous jetions dans l'étatisme, n'attendant notre vie que de la vente des marchandises qui pouvaient nous être données par l'Etat, et que si on nous supprimait les avantages qu'on nous a accordés, nous n'aurions pas deux jours d'existence devant nous. Il est amusant d'entendre ceci, quand vous savez comme moi, vous, les représentants des Sociétés coopératives, qu'entre les avantages dont on parle, les avantages annoncés même dans les communiqués gouvernementaux, et l'aide que vous savez, il y a un abîme, et que, très souvent, cela se traduit par peu de chose.

N'exagérons pas. Pour être fort, il faut dire la vérité. Oui, nous avons trouvé quelque appui, quelque aide, mais ce n'est pas de cela dont nous vivons. Non, le mouvement coopératif n'entend pas vivre des libéralités de l'Etat. Le mouvement coopératif, c'est une institution qui n'aurait pas droit à l'existence si elle ne trouvait pas en elle les moyens de faire face à ses affaires.

Nous resterons sur ce terrain, qui a toujours été le terrain de la Coopération de consommation. Mais cela ne veut pas dire que nous n'avons pas le droit de réclamer des Pouvoirs publics, des moyens d'action, des moyens de développement. Quant nous avons obtenu une loi ouvrant un crédit au Ministère du Travail, et nous donnant en même temps un statut juridique, c'est bien là une loi de crédit et ce sont bien des prêts qu'elle permet; à intérêt, restreint sans doute, mais à capital remboursable. Nous sommes dans la situation d'une institution publique qui emprunte pour vivre, pour s'organiser, pour se développer. Nous n'entendons pas demander davantage.

Pour le ravitaillement, nous demandons des moyens de défense contre ceux qui, avec leurs pourboires, avec leurs pots de vin, avec leur argent, assurent leurs propres affaires, leur propre ravitaillement, et vendent très cher aux consommateurs. Nous demandons aux Pouvoirs publics une aide juste et équitable.

Pourquoi la lui demandons-nous?

Parce que si la Coopération est due à l'initiative privée, si elle est une œuvre volontaire des consommateurs, elle est apparue, au cours des événements, comme une véritable institution d'ordre public. Elle est, en effet, dans les périodes de crise comme celle que nous traversons, ou même en temps normal, la seule organisation qui soit capable de régulariser les prix. Ce ne sont pas les taxes, ce ne sont pas les rationnements qui peuvent résoudre le problème, c'est la Coopération, cette Coopération que nous faisons ouverte à tous, même à ceux qui la dénigrent, même à ceux qui la combattent. Le jour où il y a une coopérative dans une localité, si petite qu'elle soit, elle oblige les commerçants à vendre aux mêmes prix qu'elle. Ah! les consommateurs, trop souvent ne s'en aperçoivent guère, et ils disent :. « Mais la Coopérative vend aux mêmes prix que les commerçants. » Ce n'est pas exact. Ce qui est vrai, c'est que le jour où la coopérative est là, les commerçants vendent aux mêmes prix que la coopérative.

Eh bien, nous voulons, comme organe d'institution publique, avoir les avantages que cela peut comporter; et c'est sur ce terrain que nous nous plaçons pour avoir nos relations avec les Pouvoirs publics.

Nous ne nous illusionnons pas. Bien que souvent nos démarches successives ne donnent que de piètres résultats, nous ne nous découragerons jamais, nous les continuerons et nous essaierons de travailler au mieux pour notre mouvement. Ce n'est pas nous, en tous cas, qui aurons la responsabilité de n'avoir pas fait l'action nécessaire.

Voilà, sur deux points importants, quelle a été la politique de la Fédération Nationale.

Mais il y en a encore deux, que je me permets de vous signaler.

Il y a d'abord la politique de la Coopération française extériorisée.

Oui, le mouvement coopératif n'a pas hésité, l'armistice conclu, la paix sur le point de se rétablir, de se faire l'instigateur, l'organisateur des réunions de nos camarades des pays étrangers. C'est la Fédération Nationale qui a appelé à Paris, d'abord les coopérateurs des pays alliés et neutres; et à la réunion du mois de juin, vingt et quelques nations étaient représentées.

Nous savons, pour notre part, que l'Alliance Coopérative Internationale revivra avec tous les coopérateurs du monde entier. Nous savons que c'est les 15 et 16 décembre prochain que se réunira le Comité Central de l'Alliance, dont font partie nos amis Gide, Thomas, Cleuet et moi-même. Mais nous avons pensé que, justement, pour arriver à renouer ces relations dans des conditions possibles, il était nécessaire de procéder par le rite de conférences, d'abord alliées, interalliées-neutres, et nous avons eu la grande joie de voir la Coopération française acquérir parmi les coopérateurs du monde entier — la lettre de Henry May vous l'indique — une place acceptable, que nous n'avions peut-être pas encore avant la guerre.

A ces conférences, nous avons apporté nos suggestions; et, aussi bien sur la reprise de la vie de l'Alliance que sur les relations économiques entre les peuples, aussi bien pour les relations des magasins de gros entre eux que pour les principes coopératifs, il s'est trouvé, par un heureux hasard, que nos opinions ont été conformes à celles de tous les coopérateurs réunis, et que nos suggestions ont semblé plaire à tout le monde.

Félicitons-nous que la Fédération Nationale ait des pensées conformes aux traditions du passé, conformes au Congrès de Glasgow, où nous avons travaillé pour la paix. Nous continuerons à y travailler, avec tous ceux qui, comme à Glasgow, ont déclaré être prêts à essayer de combattre la guerre. Nous le ferons demain; et nous espérons que, dans cette Fédération, la Coopération française aura marqué sa place et pourra faire connaître ses principes et son caractère.

Voilà quelle a été notre action en ce qui concerne la politique extérieure de la Fédération Nationale.

Mais il y a un point aussi que je veux vous rappeler : c'est que nous n'avons jamais voulu — et nous croyons que vous êtes d'accord avec nous — nous n'avons jamais voulu que la Fédération Nationale soit simplement un organe d'associations privées. Ce n'est pas seulement la défense des sociétés coopératives que nous entendons prendre, c'est la défense de tous ceux qui composent les sociétés coopératives, c'est la défense des consommateurs en général.

Ah! permettez-moi de vous le dire, il semble qu'aujourd'hui on songe surtout à la défense d'intérêts, qui sont malgré tout limités, malgré tout particuliers, parce que intérêts de producteurs, intérêts corporatifs, et cela à tous les bouts de l'échelle sociale. Nous voyons que les grandes organisations industrielles, que les grandes organisations capitalistes tendent à faire passer les intérêts privés de leurs organisations de producteurs par dessus l'intérêt des consommateurs, qui paient les frais.

Et nous voyons, d'autre part, parmi nos camarades des organisations ouvrières, parmi nos amis des syndicats, le désir de constituer une société nouvelle, reposant sur des groupements de producteurs.

Mais, disons-nous, ce sont les consommateurs qui ont à se défendre. Comme le déclarait notre ami Gide, les coopératives de consommation n'ont pas d'intérêt particulier, leur intérêt particulier se confond avec l'intérêt général, et nous devons, nous Fédération Nationale, être l'organe naturel de la défense des consommateurs.

Je sais bien que dans les sphères gouvernementales on dit : « Pourquoi la Fédération des Coopératives parlerait-elle davantage au nom des consommateurs que, par exemple, les représentants du gouvernement? » Pardon! les consommateurs n'ont d'expression propre que lorsqu'ils s'associent pour l'exprimer, comme le font nos associations; et c'est nous qui allons défendre, dans toutes les questions, l'intérêt propre des consommateurs.

La Coopération est fidèle à l'idéal coopératif, et la Fédération Nationale rappelle — et rappelle toujours — qu'elle a, en effet, un idéal économique auquel elle reste attachée. Oh! elle sait que lorsque des coopérateurs viennent à vos magasins, ce n'est pas d'abord pour l'idéal coopératif; elle sait qu'ils y viennent pour des raisons d'ordre matériel, elle sait qu'ils y viennent pour payer moins cher les denrées dont ils ont besoin, qu'ils y viennent pour régulariser les prix, pour faire une économie sur leur force de consommation. Et ils peuvent y venir pour cela seulement. Mais si, au début, nous acceptons tous ceux qui viennent à nous pour ces seules raisons, nous avons un rôle d'éducation : c'est de montrer que la Coopération veut autre chose. La Coopération entend créer une société nouvelle, et cette société nouvelle se prépare graduellement, se constitue à l'intérieur même de la société actuelle. Oui, nos coopératives sont les embryons, les germes d'une organisation sociale nouvelle.

La coopérative de détail, elle, élimine le revenu sans travail du commerçant de détail, et lorsqu'elle grandit, elle tend à le supprimer. Elle s'associe, elle se groupe, elle forme son magasin de gros. Ce n'est plus alors le revenu sans travail du commerçant de détail, mais le revenu sans travail du grossiste qui est atteint. Et lorsque, avec son magasin de gros, la Coopération commence à établir ses propres usines, elle élimine le profit industriel aux dépens des intérêts privés et au profit de l'ensemble de la collectivité des consommateurs, organisant par eux-mêmes leur propre production des richesses. Et si elle continue son action, si elle forme des banques, c'est l'intérêt, c'est le revenu sans travail qu'elle touche. Enfin, si, comme nos amis anglais, elle va jusqu'à avoir des domaines, des fermes, c'est la rente foncière qu'elle élimine. Et ainsi, elle touche peu à peu, au sein de la société d'aujourd'hui, tous les revenus sans travail que, dans son effort grandissant, elle veut faire disparaître. Sans doute, elle a encore un long chemin à faire, mais elle est sur cette voie-là.

C'est une théorie nouvelle qui nous est propre, qu'aucun autre groupement dans notre pays ne défend, théorie suivant laquelle c'est la consommation qui est le but de l'organisation sociale, théorie qui tend à dire qu'il faut produire pour consommer et que c'est la consommation qui doit diriger la production. Non pas que nous ne sachions qu'il y a un grand problème à résoudre pour le mouvement coopératif : celui, à l'intérieur de la production lui appartenant, d'organiser le travail pour abolir le salariat.

Et alors, avec cette théorie, nous nous conformons au pacte d'unité de 1912, nous faisons appel pour les buts immédiats, aussi bien que pour le but de transformation sociale.

Voilà la politique de la Fédération Nationale. Voilà ce que nous avons tenté sur tous les terrains en matière de politique nationale, en matière de rapports avec les pays étrangers, voilà quelle a été notre politique de ravitaillement, notre politique intérieure pour la coordination des efforts, pour la fusion; voilà notre politique à l'égard des sociétés qui sont restées fermées; voilà notre politique à l'égard de l'intérêt général.

Nous voulons que les coopératives ne soient pas seulement les meilleurs organes pour répartir les richesses; nous voulons qu'elles soient en même temps des éléments de progrès économique et social dans notre pays.

Voilà pourquoi il n'est pas une question qui ne nous intéresse : viande frigorifiée, boulangeries industrielles, question du Rhône, etc... Dans toutes ces questions, au nom des consommateurs, nous apportons notre opinion.

Voilà pour demain, je l'espère, la politique dont vous demanderez la continuation. Vous avez à dire aujourd'hui, Camarades congressistes, au lendemain de la paix, après cinq ans, vous avez à dire si ceux à qui vous avez confié le soin de maintenir et de défendre votre Fédération Nationale, l'ont conduite conformément aux principes que vous aviez adoptés, conformément au pacte d'unité; et c'est cela qu'est le rapport de la Fédération Nationale.

Je pense que, sur ce terrain, le mouvement coopératif, presque seul de tous les mouvements sociaux, a une unité complète. Voilà pourquoi il serait nécessaire, pour ainsi dire, en ouvrant nos travaux, de montrer notre force et la puissance que nous sommes dans le pays. Dans cet ordre d'idées, n'y aurait-il pas lieu de montrer, et par la voix de la presse et par nous-mêmes, ce que nous pensons précisément de notre propre action et de notre politique? Si vous le pensez comme moi, je vous propose la résolution suivante, que je me permets de vous lire :

Le premier Congrès de la Fédération Nationale réuni après la signature de la paix, constate avec joie que les forces du mouvement coopératif ont triplé depuis 1914, et qu'aujourd'hui, un million de familles sont groupées autour de Sociétés de consommation qui font 1 milliard d'affaires.

Le Congrès sait que ce développement a été incité, préparé et largement influencé par l'action des organismes centraux de la Coopération, la Fédération Nationale, qui réunit aujourd'hui près de 2.000 Sociétés, le Magasin de Gros, qui atteint 100 millions d'affaires.

La Coopération française est dès maintenant une puissance sociale dans la vie du pays.

Le Congrès constate que pour obtenir ces résultats, la Fédération Nationale n'a eu qu'à rester fidèle à l'esprit et à la lettre du pacte qui, en 1912, scellait à Tous l'unité des anciennes organisations centrales et mettait fin à des rivalités devenues sans objet.

Organisation unique de coordination des efforts, la Fédération Nationale a rallié à elle tous les éléments vraiment coopératifs.

Le Congrès rappelle à ce sujet que la Fédération Nationale est largement ouverte à toutes les Sociétés coopératives de consommation fidèles aux principes essentiels définis déjà par les Pionniers de Rochdale en 1844, c'est-à-dire : souveraineté absolue des Assemblées générales où une seule voix est accordée à chaque sociétaire.

Attribution totale des bénéfices aux consommateurs, au prorata de leurs achats, et aux réserves collectives non répartissables.

La Fédération Nationale proclame également son entière indépendance à l'égard de tout parti politique, de toute secte religieuse et même de toutes autres organisations économiques. Elle n'a pas la prétention de suffire à tout. Mais elle se suffit à elle-même dans sa sphère d'action, et elle entend, sur tous problèmes, prendre la défense des intérêts coopératifs et parler au nom des consommateurs.

Sans rejeter les Sociétés qui limitent leur recrutement et particulièrement les Sociétés professionnelles ou corporatives, la Fédération Nationale engage ses Sociétés adhérentes à s'éloigner de toute coopération fermée; car si les travailleurs sont ceux dont la force de consommation est la plus restreinte et qui ont le plus d'intérêt à une sage économie de son emploi, les Coopératives, cependant, doivent être ouvertes à tous les consommateurs, puisqu'elles sont au sein même de la société actuelle, autant d'éléments qui constituent peu à peu une nouvelle société économique associant l'effort de tous au profit de tous.

Si les masses de consommateurs, toujours plus nombreux, viennent à la Coopération, si des sympathies grandissantes lui sont acquises de tous côtés en raison de ses buts immédiats, économie de la force de consommation de chacun, régularisation des prix, élimination de revenus sans travail, la Fédération Nationale sait aussi qu'elle a un grand rôle d'éducation à remplir auprès des masses de consommateurs associés.

Education sociale, car la Coopération, par ses fins naturelles, « tend à substituer au régime compétitif et capitaliste de la société actuelle, un régime de transformation sociale d'appropriation collective graduelle des moyens d'échange et de pro-

duction, régime organisé en vue de la collectivité des consommateurs, ceux-ci gardant dorénavant pour eux les richesses qu'ils auront créées ».

Education morale, car la Coopération est, par excellence, la mise en pratique de la morale de la solidarité, qui se résume en la devise : « Tous pour chacun, chacun pour tous. » Et c'est pourquoi, du reste, elle ne peut se désintéresser de toutes œuvres de prévoyance et de solidarité sociale.

Education individuelle, car trop souvent le consommateur ne connaît ni ses droits ni ses devoirs. De la connaissance des uns et des autres, doit résulter une plus juste compréhension de l'organisation sociale et une économie générale des richesses.

La Fédération Nationale est avant tout un organe de coordination des efforts. Elle pousse donc normalement à la concentration des forces coopératives au premier degré par la fusion et la création de grandes Sociétés de développement à succursales. Elle oriente les Sociétés vers la Coopération du deuxième degré, qui consiste dans la centralisation des achats, représentée par le Magasin de Gros avec lequel son unité d'action est assurée par un Conseil unique, Magasin de Gros dont le rôle, en grandissant, sera de régler et d'organiser dans l'intérêt de la collectivité des consommateurs, la production industrielle et agricole.

La Fédération Nationale, au cours de la guerre comme depuis l'armistice, a mis sans compter son activité et son expérience au service de la nation. Elle a participé à toutes les œuvres qui avaient pour but d'apporter un remède aux difficultés économiques : soupes populaires, magasins coopératifs et camions-bazars pour les soldats, organisation de l'alimentation des ouvriers travaillant pour la défense nationale, collaboration avec les municipalités, mesures contre la vie chère et institutions de ravitaillement pour le pays tout entier.

A maintes reprises, elle a formulé des solutions et préconisé des programmes d'action que, malheureusement, souvent on écoutait trop tard et insuffisamment ou qu'on approuvait sans entrer dans la voie des réalisations. N'en a-t-il pas été ainsi à propos des taxations non généralisées et sans réquisition des cartes de différentes espèces, de la constitution de stocks, de certaines importations de denrées alimentaires et des mesures d'intensification de la production?

La Fédération Nationale, ces dernières années, a peu à peu conquis la sympathie de l'opinion et même celle des Pouvoirs publics qui, jusqu'alors, lui avaient été peu favorables. Elle s'en félicite grandement. Ce n'est point que la Coopération entende davantage que dans le passé vivre des libéralités de l'Etat; car elle estime qu'une institution économique n'a droit à l'existence que si elle trouve en elle-même le moyen de vivre. Ce n'est point qu'elle abandonne une partie de sa liberté au profit de gouvernements qui lui rendraient justice et auxquels elle est prête à donner égal concours. Mais il est apparu que la Coopération économique, née spontanément de l'initiative des individus, tendait à devenir, à mesure qu'elle grandissait, une institution publique. Comme telle, elle prétend au concours des Pouvoirs publics pour lui procurer les moyens normaux d'activité et de développement, que ceux-ci n'ont pas ménagé à des organismes qui ne servaient que des intérêts privés.

La Fédération nationale a pensé que ce n'est pas seulement dans son pays que la Coopération française devait affirmer sa vitalité et qu'il était de son devoir de faire connaître son esprit, son caractère, les principes qui la guidaient, parmi les Coopérateurs des autres pays. A l'heure où la paix conclue, l'Alliance Coopérative Internationale devait revivre, la Fédération nationale a été l'initiatrice et l'organisatrice de Conférences interalliée, puis interalliée et neutre, et elle a eu la joie de voir ses suggestions accueillies par tous les pays qui s'étaient fait représenter, tant pour la reprise de l'activité de l'Alliance que pour l'établissement de rapports commerciaux entre les magasins de gros, tant pour les relations économiques entre les peuples que pour la fixaction d'un programme de la Coopération dans le monde.

Mais la Fédération nationale n'est pas seulement l'organe central d'un groupement d'associations privées.

Les Coopératives de consommation ont la prétention de n'être pas seulement des organismes de plus juste répartition des richesses, mais elles tiennent à s'affirmer également soucieuses du progrès économique parce que leur intérêt particulier se confond avec l'intérêt général. N'est-ce pas le consommateur qui peut le mieux représenter l'intérêt général? Mais son opinion ne peut se faire connaître que par les Associations qu'il constitue.

La Fédération nationale entend donc défendre l'intérêt général des consommateurs et les représenter partout où ceux-ci comme tels doivent être appelés. Ainsi, la Fédération nationale soutient que le but de l'économie sociale c'est la consommation et que la production doit être organisée par elle.

Les Coopératives de consommation contribuent ainsi à l'élaboration d'une nouvelle théorie économique et en constituent les premières réalisations.

A leur Fédération nationale dans l'avenir, comme elle l'a fait dans le passé, il appartient de donner au mouvement coopératif toute son ampleur matérielle, toute sa valeur sociale pour atteindre ses buts immédiats et préparer la réalisation de son idéal.

POISSON. — Je propose au Congrès cette motion qui serait, comme point de départ de nos travaux, une marque d'approbation de la politique suivie par la Fédération nationale et un programme d'action du mouvement coopératif.

LE PRÉSIDENT. — Quelqu'un demande-t-il la parole?

PECKSTADT. — Camarades, après avoir fait son éloquent discours, Poisson présente un rapport duquel je n'ai pas grand'chose à dire. Cependant il est une partie de ce rapport que moi et plusieurs camarades nous ne pouvons pas voter.

Poisson demande au Congrès que la Fédération déclare ne jamais vouloir s'associer ou prendre une décision d'un commun accord avec aucun mouvement économique.

Je considère que nous ne pouvons pas voter cette partie du rapport au moment où la C. G. T., qui vient de tenir son Congrès, s'appuie sur l'organisation coopérative.

Que nous ne nous affiliions à aucun parti politique, je l'admets. Nous ne savons pas ce qui se passera demain. Nous n'avons pas à nous lier. Mais qui empêcherait le mouvement coopératif de remplir son rôle pour réaliser ce qu'a dit Poisson: la Société nouvelle?

Rousseau. — Nous pourrions voter le principe de la motion proposée par Poisson, sous réserves de modifications dans le texte, de façon qu'il y ait collaboration entre le mouvement syndical et le mouvement coopératif. En ce moment réalisons l'unité en adoptant les principes de la résolution de Poisson.

Poisson. — Je réponds à Peckstadt, qui n'a pas tout à fait compris ce qui est dans mon rapport.

Je déclare que de même que nous sommes indépendants à l'égard de tout parti politique, nous entendons également être indépendants à l'égard de tout groupement économique. Et j'ose dire qu'il n'y a pas que le mouvement syndical ouvrier, il y a aussi le mouvement économique industriel des patrons. Eh bien, nous entendons garder notre entière indépendance.

Ceci ne veut pas dire que nous devons nous opposer à toutes relations avec des groupements syndicaux ou autres. J'ai indiqué que la Fédération coopérative n'était pas une tour d'ivoire et que nous pouvions, pour un objet déterminé et précis, avoir des rapports même avec des industriels — nous l'avons fait au cours de la guerre — même avec des partis politiques, peut-être des catholiques demain, peut-être des socialistes après-demain, peut-être des royalistes un jour, peut-être des bolchevistes. Du moment que nous trouverons des moyens de développement et de progrès, nous n'avons pas à hésiter à participer à des œuvres de collaboration. Mais je le répète, nous entendons proclamer notre indépendance entière; et je rappelle à Peckstadt le texte: « nous ne prétendons pas suffire à tout, mais suffire à nous-mêmes ».

Si nous nous félicitons grandement de ce que la C. G. T., par la grande voix de sa résolution de Lyon, parle des consommateurs associés, en même temps qu'elle n'hésite pas marquer dans sa conception sociale à elle, que ce sont les groupements de producteurs conformes à la résolution de 1906 à Amiens, qui, seuls, constituent les embryons de la société nouvelle, — nous opposons une autre théorie. Je me permets de dire que c'est l'expérience, l'activité et l'action qui peuvent nous mettre d'accord, mais nous prétendons que par la force des coopératives, c'est la consommation qui doit organiser la production.

Sauf modifications de détail, je crois que le Congrès pourrait accepter la résolution qui a pour but de marquer d'une façon générale notre politique coopérative.

Si Peckstadt insiste, je demanderai qu'on nomme une commission pour le détail du texte et que la question soit reportée au début de cet après-midi.

Henriet. — Il y a un point sur lequel je veux appeler l'attention du Congrès.

Je connais des Sociétés qui distribuent des dividendes aux actionnaires; j'en connais d'autres qui distribuent des trop-perçus aux actionnaires, prélevés sur les non adhérents. On a parlé des Coopératives professionnelles qui sont relativement fermées, mais il n'a pas été question de celles qui ont un caractère capitaliste.

J'ai à faire une autre observation.

La Fédération, comme toutes les Coopératives, veut la régularisation des prix. Or j'estime que si on examinait la gestion de chacune des coopératives on se rendrait compte qu'elles ne sont pas toutes dans cette voie-là. Si, pour certaines Sociétés, l'on prend d'une part le capital engagé, et, d'autre part, le bénéfice réparti, on constate qu'il existe une marge des bénéfices bruts de 15 à 20 0/0 et des bénéfices nets de 10 à 15 0/0, ce qui laisse une latitude aux mercantis. Il vous sera facile d'avoir, par la répartition des bénéfices aux consommateurs, la preuve que chaque coopérative fait un bénéfice net de 10 0/0 qui, réparti sur le capital, représente 25 à 30 0/0 de dividende. Ces coopératives ne rendent donc pas les services que l'on serait en droit d'attendre d'elles.

Je demande au Conseil d'administration d'appeler l'attention des Sociétés sur ce fait. Nous devons être des Sociétés pour les consommateurs; et si nous voulons régulariser les prix, il faut supprimer cet excédent de boni.

Un congressiste. — Je demande qu'on nomme une Commission pour examiner l'ordre du jour qu'on nous a présenté.

Daudé-Bancel. — On propose la nomination de la Commission.

Poisson. — Je me permets de vous dire que la Commission des résolutions est composée de trois membres. Il vaut mieux nommer une Commission de cinq à sept membres. Avant de la nommer, je tiens à dire ceci à nos camarades:

Il est stipulé dans nos rapports que le principe des Coopératives est que tous les bénéfices doivent aller aux consommateurs au prorata de leurs achats ou à des réserves collectives non répartissables. Si vous avez connaissance que des Sociétés ne soient pas dans ce cas, nous vous prions de les signaler à la Fédération nationale, et je vous promets qu'on agira.

En ce qui concerne le rôle de régularisation des prix, il est possible que sur deux Sociétés il y en ait une qui pratique une politique de trop grosse majoration ne permettant pas de jouer le rôle de régulateur des prix. Nous devons faire une propagande pour que cela ne soit pas. Mais j'indique que lorsqu'une société fait cela, elle le fait souvent pour d'autre profit que pour les coopérateurs eux-mêmes.

Daudé-Bancel. — Les camarades suivants sont proposés pour faire partie de la Commission:

Gentilhomme, Peckstadt, Rebeyrol, Poisson, Henriet, A. Thomas, Fauconnet.

Le Président. — Il n'y a pas d'opposition? La Commission est ainsi composée.

Poisson. — La Commission pourra se réunir tantôt à 1 h. 1/2. A la même heure, se tiendra la réunion de la Commission de vérification des mandats.

En ce qui concerne la Commission chargée de préparer la liste des candidats au Conseil central, je vous rappelle que chaque Fédération doit nommer le nombre de délégués auxquels elle a droit, ce qui résulte des papiers remis à chaque secrétaire fédéral, c'est-à-dire un délégué par 30 voix. Par conséquent, vous voudrez bien me remettre, avec le nombre de vos voix, le nombre des délégués, afin que nous puissions réunir la Commission demain.

Je demande au Président de faire nommer la Commission de vérification des mandats, qui doit se réunir à 1 h. 1/2.

Une voix. — Thomas (de *La Bellevilloise*), G. Lévy, Martin.
La séance est levée.

SÉANCE DU SAMEDI 27 SEPTEMBRE

(Soir)

. . La séance est ouverte à 14 h. 50, sous la présidence de Cleuet, ayant comme assesseurs Ponard et Chiousse.

Le Président. — La parole est au camarade Poisson.

Poisson. — La Commission que vous aviez nommée ce matin pour examiner le projet de résolution que j'avais soumis au Congrès, a, paragraphe par paragraphe, lu pour une mise au point le texte qui lui était soumis. Elle a tenu compte des observations qui avaient été faites à cette tribune afin que notre manifestation coopérative pût être aussi unanime que possible.

. Nous avons donc ainsi introduit dans la motion quelques' modifications afin de représenter l'opinion du mouvement coopératif tout entier.

Le meilleur moyen d'aboutir est, je crois, de lire cette motion telle qu'elle est rédigée. Et j'espère que dans le but de répondre à nos adversaires et en même temps d'affirmer notre programme et notre position, ce sera à l'unanimité de ce Congrès que vous voterez notre affirmation du principe de la politique de la Fédération et notre action dans l'avenir.

On m'a demandé de vous donner une deuxième lecture. Je vais le faire. J'espère qu'après nous tomberons d'accord pour voter un texte unanime. .

Le premier Congrès de la Fédération Nationale réuni après la signature de la paix constate avec joie que les forces du mouvement coopératif ont triplé depuis 1914 et qu'aujourd'hui, un million de familles sont groupées autour de Sociétés de consommation qui font 1 milliard d'affaires.

Le Congrès sait que ce développement a été incité, préparé et largement influencé par l'action des organismes centraux de la Coopération, la Fédération nationale qui réunit aujourd'hui près de 2.000 Sociétés, le Magasin de Gros qui atteint 100 millions d'affaires annuelles.

La Coopération française est dès maintenant une puissance sociale dans la vie du pays.

Le Congrès constate que pour obtenir ces résultats, la Fédération nationale n'a eu qu'à rester fidèle à l'esprit et à la lettre du pacte qui, en 1912, scellait à Tours l'unité des anciennes organisations centrales et mettait fin à des rivalités devenues sans objet.

Organisation unique de coordination des efforts, la Fédération nationale a rallié à elle tous les éléments vraiment coopératifs.

Le Congrès rappelle à ce sujet que la Fédération nationale est largement ouverte à toutes les Sociétés coopératives de consommation fidèles aux principes essentiels définis déjà par les « Pionniers de Rochdale » en 1844, c'est-à-dire: souveraineté

*absolue des Assemblées générales où une seule voix est accordée
à chaque sociétaire.*

*Attribution totale des bénéfices aux consommateurs au prorata
de leurs achats, et aux réserves collectives non répartissables.*

Quelques commentaires à ce sujet :

Il est bien entendu que si dans la Fédération il existe des
sociétés qui font des répartitions aux actionnaires ou qui donnent
des dividendes, leur place ne serait pas parmi nous, à
moins qu'elles ne prennent l'engagement de changer leurs statuts.

A ce propos, les coopératives sont invitées à soumettre à
l'examen du Conseil juridique, les 2.000 statuts des Sociétés que,
naturellement, il est impossible de connaître totalement, d'autant
plus qu'il y en a qui existent depuis quinze ou vingt ans.

Nous sommes tous d'accord sur ce point.

Je continue la lecture :

*La Fédération Nationale proclame également son entière indé-
pendance à l'égard de tout parti politique, de toute secte religieuse et même de toutes autres organisations économiques. Elle
n'a pas la prétention de suffire à tout. Mais elle se suffit à elle-
même dans sa sphère d'action et elle entend, sur tous problèmes,
prendre la défense des intérêts coopératifs et parler au nom des
consommateurs, et dans ce sens collaborer avec toutes les organisations sociales pour des buts déterminés qui serviraient des
fins coopératives.*

*Sans rejeter les Sociétés qui limitent leur recrutement et parti-
culièrement les Sociétés professionnelles ou corporatives, la
Fédération nationale engage ses Sociétés adhérentes à s'éloigner
de toute coopération fermée; car si les travailleurs sont ceux
dont la force de consommation est la plus restreinte et qui ont
le plus d'intérêt à une sage économie de son emploi, les Coopératives, cependant, doivent être ouvertes à tous les consommateurs, puisqu'elles sont, au sein même de la société actuelle, autant d'éléments qui constituent peu à peu une nouvelle société
économique associant l'effort de tous au profit de tous.*

*Si les masses de consommateurs toujours plus nombreux vien-
nent à la Coopération, si des sympathies grandissantes lui sont
acquises de tous côtés en raison de ses buts immédiats, économie de la force de consommation de chacun, régularisation des
prix, élimination de revenus sans travail, la Fédération nationale
sait aussi qu'elle a un grand rôle d'éducation à remplir auprès
des masses de consommateurs associés :*

Education sociale, *car la Coopération, par ses fins naturelles,
« tend à substituer au régime compétitif et capitaliste de la
société actuelle, un régime de transformation sociale d'appropriation collective graduelle des moyens d'échange et de production, régime organisé en vue de la collectivité des consommateurs, ceux-ci gardant dorénavant pour eux les richesses qu'ils
auront créées ».*

Education morale, *car la Coopération est par excellence la
mise en pratique de la morale de la solidarité qui se résume en
la devise: « Tous pour chacun, chacun pour tous ». Et c'est
pourquoi du reste elle ne peut se désintéresser de toutes œuvres
de prévoyance et de solidarité sociale.*

Education individuelle, *car trop souvent le consommateur ne
connaît ni ses droits ni ses devoirs. De la connaissance des uns*

et des autres, doit résulter une plus juste compréhension de
l'organisation sociale et une économie générale des richesses.

La Fédération Nationale est avant tout un organe de coordination des efforts. Elle pousse donc normalement à la concentration des forces coopératives au premier degré par la fusion
et la création de grandes Sociétés de développement à succursales. Elle oriente les Sociétés vers la Coopération du deuxième
degré qui consiste dans la centralisation des achats, représentée
par le Magasin de Gros avec lequel son unité d'action est assurée
par un Conseil unique, Magasin de Gros dont le rôle en grandissant sera de régler et d'organiser dans l'intérêt de la collectivité des consommateurs, la production industrielle et agricole.

La Fédération Nationale, au cours de la guerre comme depuis
l'armistice, a mis sans compter son activité et son expérience au
service de la nation. Elle a participé à toutes les œuvres qui
avaient pour but d'apporter un remède aux difficultés écono-
ques: soupes populaires, magasins coopératifs et camions-bazars
pour les soldats, organisation de l'alimentation des ouvriers travaillant pour la défense nationale, collaboration avec les municipalités, mesures contre la vie chère et institutions de ravitaillement pour le pays tout entier.

A maintes reprises, elle a formulé des solutions et préconisé
des programmes d'action que malheureusement souvent on écoutait trop tard et insuffisamment ou qu'on approuvait sans entrer
dans la voie des réalisations. N'en a-t-il pas été ainsi à propos
des taxations non généralisées et sans réquisition, des cartes de
différentes espèces, de la constitution de stocks, de certaines
importations de denrées alimentaires et des mesures d'intensification de la production?

La Fédération Nationale, ces dernières années, a peu à peu
conquis la sympathie de l'opinion et même celle des Pouvoirs
publics qui, jusqu'alors lui avaient été peu favorables. Elle s'en
félicite grandement. Ce n'est point que la Coopération entende
davantage que dans le passé vivre des libéralités de l'Etat; car
elle estime qu'une institution économique n'a droit à l'existence
que si elle trouve en elle-même le moyen de vivre. Ce n'est point
qu'elle abandonne une partie de sa liberté au profit de gouvernements qui lui rendraient justice et auxquels elle est prête à
donner égal concours. Mais il est apparu que la Coopération
économique, née spontanément de l'initiative des individus, tendait à devenir, à mesure qu'elle grandissait, une institution publique. Comme telle, elle prétend au concours des Pouvoirs publics pour lui procurer les moyens normaux d'activité et de
développement que ceux-ci n'ont pas ménagé à des organismes
qui ne servaient que des intérêts privés.

La Fédération Nationale a pensé que ce n'est pas seulement
dans son pays que la Coopération française devait affirmer sa
vitalité et qu'il était de son devoir de faire connaître son esprit,
son caractère, les principes qui la guidaient, parmi les coopérateurs des autres pays. A l'heure où, la paix conclue, l'Alliance
Coopérative Internationale devait revivre, la Fédération Nationale a été l'initiatrice et l'organisatrice de Conférences interalliée
et neutre, et elle a eu la joie de voir ses suggestions accueillies
par tous les pays qui s'étaient fait représenter, tant pour la
reprise de l'activité de l'Alliance que pour l'établissement de
rapports commerciaux entre les magasins de gros, tant pour les

relations économiques entre les peuples que pour la fixation d'un programme de la Coopération dans le monde.

Mais la Fédération Nationale n'est pas seulement l'organe central d'un groupement d'associations privées.

Les Coopératives de consommation ont la prétention de n'être pas seulement des organismes de plus juste répartition des richesses, mais elles tiennent à s'affirmer également soucieuses du progrès économique parce que leur intérêt particulier se confond avec l'intérêt général. N'est-ce pas le consommateur qui peut le mieux représenter l'intérêt général? Mais son opinion ne peut se faire connaître que par les Associations qu'il constitue.

La Fédération nationale entend donc défendre l'intérêt général des consommateurs et les représenter partout où ceux-ci comme tels doivent être appelés. Ainsi, la Fédération Nationale soutient que le but de l'économie sociale c'est la consommation et que la production doit être organisée par elle.

Les Coopératives de consommation contribuent ainsi à l'élaboration d'une nouvelle théorie économique et en constituent les premières réalisations.

A leur Fédération Nationale dans l'avenir, comme elle l'a fait dans le passé, il appartient de donner au mouvement coopératif toute son ampleur matérielle, toute sa valeur sociale pour atteindre ses buts immédiats et préparer la réalisation de son idéal.

LE PRÉSIDENT. — Personne ne demande la parole? Je mets la résolution aux voix.

LAJOIE. — Est-ce que l'adoption de cette résolution entraîne la suppression de la discussion des différents rapports mentionnés?

POISSON. — Pas du tout! On va discuter chacun des rapports.

LAJOIE. — Je prends note de cet engagement.

LASVERGNAS. — Je demandera au camarade Poisson et au Congrès s'il serait possible d'ajouter à la motion qu'il vient de lire, l'adjonction suivante :

Le Congrès:

Rappelle la décison prise au Congrès de 1916 en ce qui concerne les impôts de consommation;

Proteste énergiquement contre les mesures adoptées par le gouvernement en matière fiscale et regrette que jusqu'à ce jour il n'ait pas trouvé d'autre moyen pour faire face aux nécessités budgétaires créées par la guerre, que de frapper lourdement les denrées de première nécessité;

Compte sur les délégués de la Fédération Nationale des Coopératives pour engager l'action nécessaire afin d'éviter par la suite tout impôt de consommation nouveau.

Ceux qui ont assisté au Congrès de 1916 savent que cette question fut l'objet d'un débat très long, à la suite duquel la motion fut votée à l'unanimité.

POISSON. — J'accepte l'adjonction de notre camarade. Mais pour mieux nous conformer à la résolution de 1916, je lui demande de s'en tenir à protester avec énergie contre tout impôt sur des denrées de première nécessité. Si nous voulons avoir un action efficace, c'est sur ce point que nous devons porter notre effort. Si nous portions notre effort sur tous les impôts de consommation, nous n'obtiendrions pas de résultats pratiques. Je propose donc que vous ajoutiez :

... tout impôt nouveau de consommation portant sur des denrées de première nécessité.

Le Président. — Que ceux qui sont partisans de la motion et de l'adjonction telle qu'elle vient d'être présentée, veuillent bien lever la main.

Adopté.

Poisson. — Considérant l'importance de cette résolution, je demande qu'on en fasse un tirage à part pour qu'elle soit jointe à toutes les demandes de statuts.

Le Président. — Renvoyé au Conseil central pour application.

L'ordre du jour appelle l'étude des rapports des différents services de la Fédération Nationale et de son activité depuis le dernier Congrès. Le premier paragraphe a trait au fonctionnement du secrétariat.

Un congressiste. — On a mis la résolution du camarade Poisson aux voix, sans demander l'avis contraire. Il faudrait plus d'ordre dans les votes.

Le Président. — Y a-t-il des camarades qui se prononcent contre la résolution mise aux voix?

Je constate qu'il n'y a aucune opposition.

Calzan. — Je voudrais demander de l'attention pour revenir sur la séance de ce matin.

Avec moi, l'unanimité du Congrès a été frappée de l'élévation des pensées exprimées par les différents délégués des nations représentées ici. Les paroles qui ont été prononcées méritent qu'on leur fasse un sort digne d'elles.

Or, vous savez à quoi je fais allusion? Surtout à l'expression si heureuse de notre camarade la déléguée de la Coopération anglaise qui, en quelques lignes, a exprimé tout l'idéal coopératif et présenté l'organisation rationnelle de la société de demain.

Quand notre camarade Poisson a demandé à la presse de bien vouloir mettre le plus possible de ces paroles dans les journaux de demain, je crois qu'il a fait un appel platonique : Ou bien ce sont des journaux d'extrême-gauche qui s'adresseront à un public convaincu, ou bien ce sont des journaux bourgeois qui exprimeront la pensée de notre camarade d'une façon insuffisante.

Comme ce matin, notre éminent Président rappelait avec raison que les nouveaux coopérateurs, venus poussés par les nécessités, ne sont pas éduqués, il se trouve que nous aurions une excellente occasion tout de suite de faire leur éducation en leur présentant, *in extenso*, le texte de notre camarade anglaise.

Au nom de la Fédération lyonnaise et de plusieurs camarades, je demande au Congrès de décider :

1° Que ce discours sera reproduit dans le prochain numéro de l'*Action Coopérative;*

2° Qu'il soit tiré en tracts spéciaux et envoyé en nombre suffisant à toutes les coopératives, pour leur permettre de faire l'éducation indispensable des nouveaux coopérateurs.

Poisson. — Camarades, pour ma part, je suis tout à fait heureux de la proposition qui nous est soumise, étant bien entendu que nous n'avons pas à faire de distinction entre les délégués étrangers présents à ce Congrès, et que, par conséquent, il s'agit de publier les discours de tous les représentants des pays étrangers qui sont ici.

En ce qui concerne la publication, voici ce que je propose : Nous demanderons à nos sociétés quel est le nombre d'exemplaires qu'elles sont disposées à prendre. Nous ferons ensuite la publication suivant les indications qui nous auront été fournies et les exemplaires seront mis à la disposition des coopératives suivant les commandes que nous aurons reçues.

J'ajoute que nous avons l'habitude de publier le compte rendu complet des séances du Congrès; et puisque nous avons eu la bonne fortune que des discours prononcés ici, ainsi que le programme de la Fédération, ont pu satisfaire l'Assemblée, j'espère que les organisations représentées achèteront les livres contenant cette besogne d'éducation. Je dis « j'espère », car je ne peux pas oublier que pour 1.000 comptes rendus, l'année dernière, il en est resté 200.

Le Président. — L'ordre du jour appelle l' « Etude des rapports des différents services de la F. N. C. C. et de son activité depuis le dernier Congrès ».

Un Congressiste. — Pardon! Je demande la parole. La question n'est pas réglée.

Il s'agit en ce moment de la publication d'un tract. Reste à savoir si cela plaît au Congrès. Nous estimons que la meilleure propagande, quoi qu'on veille en dire, ce n'est pas toujours le livre, c'est le tract. Je demande qu'on mette aux voix la proposition de faire des tracts reproduisant le discours de ce matin, en particulier le discours de la déléguée anglaise, parce que c'est celui qui a recueilli l'assentiment général. Et ces tracts devraient être mis à la disposition de toutes les sections françaises.

Poisson. — Je regrette que notre camarade n'ait pas compris. J'ai dit que la Fédération Nationale éditerait, sous forme de tracts ou de brochures, les discours prononcés par les délégués étrangers. J'espère que notre camarade, au nom de sa section, prendra un certain nombre de ces tracts pour que la Fédération n'ait pas de perte. Car je ne voudrais pas que la Fédération fît de mauvaises affaires, et j'inscris le camarade pour plusieurs milliers de brochures.

Le même congressiste. — Je n'accepte pas l'ironie. Je demande que le Congrès soit consulté sur cette question.

Le Président. — Ne prolongeons pas le débat pour une question comme celle-là. Nous sommes tous d'accord pour faire la propagande demandée. Le Conseil Central la fera.

Un congressiste. — Je demande la parole sur la question.

Le Président. — Elle est réglée.

Le même. — Non, elle ne l'est pas!

Calzan. — Je n'ai pas voulu causer une émotion pareille, ni surtout soulever des passions. Je vous demanderai de bien vouloir prendre ma proposition comme je l'ai faite, sans parti-pris. Je la répète et je l'explique en quelques mots.

Tous nos délégués ont exprimé la même pensée, c'est ce qu'il y a d'admirable. Cela a été souligné par notre Président qui, lui-même, avec un bonheur d'expression extraordinaire, a marqué le caractère pacifique de toutes ces déclarations.

Eh bien, qu'y aurait-il à faire?

Il y aurait à reconnaître, sans blesser la susceptibilité d'aucun délégué, que c'est notre camarade anglaise qui a exprimé, avec le plus de bonheur et de simplicité, ce que nous pensons.

Il s'agirait donc de reproduire son discours — non, c'est plus beau qu'un discours — de reproduire ses paroles dans un tract spécial...

Un délégué. — Non, non! Tous les discours!

Calzan. — ...Dans un tract d'éducation... je ne dis pas pacifique, mais d'éducation coopérative.

Je demande au camarade Poisson de comprendre ce que nous voulons. Il est entendu qu'il publiera, comme il doit le faire pour les archives, le compte rendu sténographique du Congrès. Mais en plus, il voudra bien publier ce discours *in extenso*, dans le prochain numéro de l'*Action Coopérative*, et, ensuite, en tirer un tract. On n'attendrait pas que les sections réclament ce tract. On ferait, comme pour les manifestes importants, tirer de nombreux exemplaires, en tenant compte des ressources de la Fédération, et on les enverrait gratuitement aux sections.

Poisson. — Je dis que nous publierons, non pas un discours...

Plusieurs voix. — Si! si!...

Poisson. — ...Mais tous les discours des délégués étrangers et du Président, sans cela je me permettrais de dire que ce n'est pas ce que vous cherchez, et ce serait désagréable pour d'autres délégués étrangers, qui ont exprimé l'opinion des coopérateurs étrangers. Nous avons à les connaître toutes. Nous avons à faire une propagande, nous la ferons, c'est notre rôle, c'est notre programme. En dehors du compte rendu sténographique, nous publierons ces discours sous forme de tracts.

Mais, d'autre part, il ne faudrait pas, dans l'emballement du Congrès, livrer les finances de la Fédération. Par conséquent, nous écrirons aux Sociétés en les priant de prendre un certain nombre de tracts ou de brochures...

Plusieurs voix. — Non! Non!...

Poisson. — Il ne faudrait pas s'illusionner. Ou alors, avez-vous une autre intention que celle de faire de la propagande coopérative?

Désirez-vous mettre chaque chose à sa place? Vous avez un Congrès de la Coopération. Des délégués étrangers sont venus assister à vos travaux. Ils ont prononcé des discours qui vous ont plu, tant mieux. Mais vous devez publier tous ces discours. Et pour en connaître le tirage, il faut bien que nous nous adressions aux Sociétés.

En ce qui concerne l'*Action Coopérative*, je dirai nettement que, malheureusement, ce n'est pas un grand format, et que nous devons donner dans l'*Action Coopérative*, un compte rendu, non pas d'une chose, mais de l'ensemble du Congrès. Nous donnerons la plus large part aux déclarations faites par le Président et par les délégués, particulièrement la déléguée anglaise. De deux choses l'une : ou nous faisons rentrer la publication dans le cadre de la Fédération, ou nous la faisons avec une préoccupation qui n'est pas celle de notre camarade Calzan.

Nous écrirons aux Sociétés et nous mettrons à leur disposition, au plus bas prix possible, cette publication.

Plusieurs voix. — La clôture! La clôture!

Le Président. — Après les trois orateurs inscrits.

Un Congressiste. — Il faut publier une brochure telle que la propose le camarade Poisson, brochure reproduisant les discours des délégués étrangers; et, d'un autre côté, publier aussi le tract que demande le camarade lyonnais.

Un autre Congressiste. — Je suis partisan de faire publier en tract le discours des délégués qui étaient ici ce matin, étant donné que cela ne coûtera pas plus cher qu'une chaire au Collège de France.

Berland. — Je veux faire une proposition différente.

Nous avons entendu, ce matin, un certain nombre de discours, qui peuvent paraître comme une préface à notre Congrès. Ce Congrès se tient après cinq années de guerre. Je suis de l'avis de Calzan et d'autres camarades qui estiment qu'il ne faut pas attendre le compte rendu sténographique pour connaître l'action de la Fédération.

Je demande de modifier la proposition de Calzan et de dire que nous allons publier dans une brochure, et les discours des délégués étrangers et celui de notre Président, qui, lui aussi, a traduit la pensée de la Coopération, mais également le discours de notre camarade Poisson, ainsi que la résolution, parce que le discours de Poisson et la résolution donnent le résumé de ce que nous avons fait pendant la guerre.

Et j'ajoute que, par exception à la pratique employée d'habitude par la Fédération, qui demande aux Sociétés le nombre de brochures qu'elles désirent, — on en fasse imprimer un certain nombre sans consulter les fédérations. Je suppose que chaque fédération aura à cœur de répandre cette brochure, parce qu'elle contiendra quelques discours qui ont plu aux camarades.

Poisson. — Comme le demande Berland, nous publierons une brochure comprenant les discours des délégués, la résolution qui a été votée, même mon discours; et, en plus, un tract, qui sera à la disposition des Sociétés coopératives.

Le Président. — Nous sommes d'accord? Alors, nous passons à l'ordre du jour.

Des voix. — Non! Non! Aux voix!

Le Président. — Je résume : une brochure contenant le discours du Président, les discours des délégués étrangers, celui de Poisson et la résolution, ce qui forme le compte rendu de la première séance du Congrès et l'analyse de notre action depuis cinq ans. De plus, publication de tracts spéciaux sur les discours prononcés par les délégués étrangers.

Les Sociétés auront la faculté de souscrire aux unes et aux autres de ces éditions.

Que ceux qui sont partisans de cette manière de faire, veuillent bien le manifester en levant la main.

Des Voix. — Non! Non!

Le Président. — Voyons! camarades, je voudrais que nous gagnions du temps, c'est mon rôle. La proposition qui est faite me paraît claire. Faisant état de tout ce qui a été dit sur la question, il s'agit de donner, sous forme de brochure d'une vingtaine de pages, la substance de ce que nous avons fait ce matin. C'est important au point de vue du programme de la Coopération. De plus, il y aura une édition spéciale de tracts de 2, 3 ou 4 pages, je ne me rends pas bien compte des discours prononcés ce matin par les délégués étrangers.

Imbert. — Je demande la parole.

Poisson. — Camarades, je croyais — et je pense que c'était l'opinion de Calzan — qu'il s'agissait d'une question de propagande. S'il y a des camarades qui veulent autre chose, il faut le dire.

Je pose la question.

Si vous voulez faire de la propagande pour des discours qui vous ont plu parce qu'ils constituent la pensée coopérative, et en matière de paix et en matière d'action coopérative, nous sommes d'accord.

Lui donnez-vous un autre sens?

Qu'est-ce que cela signifie de vouloir détacher, spécialiser le discours de la camarade anglaise! Des camarades d'autres pays ont exprimé des sentiments semblables. Nous n'avons pas le droit de détacher l'un de ces discours, ou la proposition aurait une raison d'être, où elle aurait un caractère différent. Est-ce qu'elle a un caractère politique? Si oui, c'est autre chose. Nous discuterons. Si ça n'a pas d'autre sens que celui de faire de la propagande, la proposition de Berland pouvait rallier tout le monde.

Je ne crois pas que ce que je dis est contraire au sentiment exprimé par Calzan. Je demande la clôture de l'incident par une chose simple. Nous ferons la publication comme on vient de vous le dire. On a déjà édité des tracts à la disposition des fédérations, avant la guerre. Nous souhaitons que, pour les tracts dont il est question, ceux qui en veulent le plus en commandent le plus.

Un Congressiste. — Nous demandons des tracts gratuits.

Le Président. — Je mets la clôture aux voix. (*Protestations.*)

Le Président. — Camarades, il n'est pas possible de présider dans des conditions pareilles. Je m'efforce pourtant de me faire comprendre. Il s'agit, en somme, d'une question où la passion du Congrès n'a pas lieu de se manifester à ce point.

La clôture a été votée tout à l'heure...

Des Délégués. — Non! Non! Non! elle n'a pas été mise aux voix.

Le Président. — On m'a redemandé la parole, je suis prêt à la donner à d'autres délégués qui la demanderont, mais je veux que le Congrès prenne la responsabilité de rester aussi longtemps sur cette question.

Voulez-vous entendre d'autres orateurs?

Plusieurs voix. — Non! Non!

Le Président. — Je mets la clôture aux voix. (*Protestations.*)

Le Président. — La parole est à Rebeyrol.

Rebeyrol. — Je voudrais surtout m'adresser à ceux de nos camarades qui, j'en suis sûr, partagent mon sentiment sur le fond même de la question et sur la valeur de l'intervention de notre camarade anglaise.

J'estime, pour mon compte, sans vouloir froisser la susceptibilité des autres délégués des nations voisines, que notre camarade anglaise a parlé, en termes magnifiques, de la Coopération. Mais je m'adresse aux camarades qui font la proposition d'éditer un tract spécial du discours de notre camarade anglaise, et je les prie de ne pas insister. Je leur demande de faire cet effort, pour que nous obtenions un vote unanime du Congrès.

Il y a un intérêt de tout premier ordre à ce que les Coopérateurs de la campagne prennent connaissance des paroles admirables prononcées ici ce matin. Je veux parler à la fois des paroles prononcées par les délégués étrangers et tout particulièrement — pour qu'on ne se méprenne pas sur le fond de ma pensée — par la déléguée anglaise, entendez-vous!

Mais il y a aussi les paroles admirables de notre maître Charles Gide. Il y en a une que je voudrais voir graver en lettres d'or sur nos Coopératives, cette parole répudiant, en quelque sorte certains concours, sous le prétexte de la crainte puérile ou stupide des révolutionnaires, parole profonde et d'une grande portée dans la bouche d'un homme comme Gide, qui ne passe pas pour un écervelé.

Faites donc cet effort, je vous en supplie, faites que nous réunissions dans une même brochure, à la fois le discours de Gide, sa réponse aux camarades étrangers, et les discours de nos camarades, de tous nos camarades étrangers. Car la Coopération française se doit à elle-même de donner un exemple de courtoisie; en second lieu, parce que j'ai la certitude que le discours de notre camarade anglaise, par comparaison, aura tout son relief et toute sa valeur. Et qu'est-ce qui vous empêchera, lorsque vous distribuerez votre tract, de dire à vos camarades : je vous recommande la lecture du discours prononcé par la déléguée anglaise? Et vous direz si, vraiment, la Coopération a devant elle un avenir magnifique.

Ainsi, tombons d'accord et décidons qu'il sera édité une brochure spéciale contenant les discours de tous les délégués étrangers.

Plusieurs voix. — Aux voix! Aux voix!

Le Président. — Je mets aux voix la proposition que j'ai faite tout à l'heure.
La proposition est adoptée.

Imbert. — Je proteste!

Le Président. — Vous votez contre?

Imbert. — Oui.

Le Président. — Adoptée à l'unanimité moins une voix.

Une voix. — C'est un escamotage.

Le Président. — Je fais appel au Congrès pour la bonne tenue de ses travaux; et, pour tirer de ses travaux le plus de bienfaits possible, il faut que nous exercions mutuellement la plus grande discipline. Des camarades peuvent penser que le Président est plus ou moins autoritaire, c'est une question d'appréciation. Je ne m'intéresse pas, moi, quand je préside, à ces appréciations. J'estime que je suis impartial, je m'efforce de tirer, le plus rapidement possible et le plus clairement possible la pensée du Congrès. Nous l'avons tirée par cette magnifique envolée de Rebeyrol, qui a rallié l'unanimité.
Que voulez-vous de plus? Que demandez-vous? Quelle proposition avez-vous à faire?
Quelqu'un demande-t-il la parole sur une motion d'ordre?
La parole est à Imbert.

Imbert. — Camarades, je félicite notre Président d'avoir trouvé le chemin qui lui permettait de me donner la parole, après me l'avoir refusée. Je me demande pourquoi il me l'a refusée.
Vais-je parler sur une motion d'ordre ou sur le fond du débat? Je vais parler sur la question qui vous intéresse. Il n'y a pas de motif, à moins que ce ne soit pour des raisons que je devine et que je ne dis pas, il n'y a pas de motif pour qu'on m'empêche de dire quelques mots.
Je tenais, dans une question qui nous divise et qui n'est qu'une question de forme, à apporter ici une appréciation presque professionnelle, pour donner à notre camarade Poisson, qui le sait, des indications qui l'auraient rassuré.
Pourquoi Poisson ne veut-il pas que l'on publie un tract spécial du discours de la camarade anglaise?

Le Président. — C'est réglé!

Imbert. — Il ne veut pas, pour des raisons d'économie.

Un Congressiste. — Et pour des questions de convenances.

Imbert. — Tous les discours, depuis celui de notre éminent Président, Gide, jusqu'à celui de mon vieux camarade Poisson, seront édités et imprimés dans une brochure, que Poisson se plaint qu'on n'achète pas assez.

Mais est-ce que cela sera le moyen de propagande que demandait le camarade que je ne connais pas? Non. Le moyen de propagande que nous voulons, c'est d'envoyer partout la forte substance que contenait le discours de la camarade anglaise, qui nous a si complètement séduits aujourd'hui. Il n'y a pas de question de priorité ou de courtoisie qui tienne...

Des Délégués. — Si! Si! Si!

Imbert. — Allons donc! Ce n'est pas parce que tous les discours des camarades étrangers ne seraient pas sur le tract qu'il y aurait une question de courtoisie en jeu. Il faut que vous fassiez un tract spécial et que vous décidiez qu'il sera imprimé à un grand nombre d'exemplaires et envoyé gratuitement à toutes les fédérations. Là, vous aurez un excellent moyen de propagande. Autrement, si vous faites une brochure, elle paraîtra dans dix mois, elle coûtera cher, vous ne la réclamerez pas, et l'admirable discours de notre camarade anglaise ne sera pas connu. Nous voulons, nous, le connaître. Qu'on en fasse un tirage à 100.000 exemplaires et qu'on l'envoie partout!

Un congressiste. — Je demande la parole pour une motion d'ordre.

Les Rapports au Congrès [1]

Poisson. — Moi, je vais poser aussi une motion d'ordre: je vais demander au Congrès s'il veut aborder son ordre du jour ou s'étendre sur une question qui, malgré tout, n'est pas primordiale pour la vie de la Fédération.

Vous parliez de tracts. Notre camarade Lucas vient de me dire: « nous l'éditerons ». Par conséquent la Fédération Nationale se tiendra à la disposition des Sociétés pour leur fournir des exemplaires suivant leurs commandes.

Je vous demande maintenant de bien vouloir commencer l'étude des rapports. Je vous propose, comme dans nos Congrès précédents, de procéder de la façon la plus facile au point de vue méthodique afin de ne pas perdre de temps et que le mouvement coopératif donne l'impression qu'il possède un esprit d'organisation et de méthode.

Vous avez entre les mains les différents rapports de la Fédération Nationale. Je propose qu'on prenne article par article et qu'on écoute les observations portant sur des points déterminés.

Le Président. — La parole est à Buguet.

Buguet. — Au nom de l'*Union des Coopérateurs Parisiens*, je crois devoir, avant d'aborder la discussion des rapports, vous soumettre quelques observations au sujet de la méthode qui préside à la Fédération Nationale.

En effet, la Fédération Nationale nous rappelle souvent qu'il faut de la méthode, de l'organisation, et elle semble elle-même en manquer.

---

(1) Le texte des rapports est publié en « Annexe » à la fin du volume.

Vous avez en mains les rapports. Mais vous n'avez pas en mains le rapport de vos mandants.

Je m'explique.

Nous avons élu l'année dernière au Congrès, un Conseil; et ce Conseil (ce n'est pas une exception cette année, il en est de même tous les ans) ne vous fournit pas un rapport sur son activité. Nous avons donc les rapports des secrétaires fédéraux, mais pas de rapports de nos mandants, ce qui fait dire souvent que la politique suivie par la Fédération est la politique de tel ou tel camarade, mais pas la politique de la Fédération Nationale elle-même.

Il me semble que, devant le Congrès, le Conseil d'administration devrait se rendre solidaire de la politique suivie par la Fédération. Ce serait faire preuve d'une excellente méthode. Nos camarades secrétaires fédéraux présenteraient chacun un rapport au Conseil; et le Conseil, lui, présenterait son rapport au Congrès. Ainsi chacun prendrait la responsabilité de ses actes, et on ne ferait pas porter la responsabilité sur des individus alors qu'elle doit incomber à une collectivité.

Voilà la sugegstion de nos camarades de l'*Union des Coopérateurs Parisiens*. J'espère qu'il en sera tenu compte et que, l'année prochaine, nous aurons un rapport du Conseil d'administration. On pourra dire alors que la Fédération Nationale a de la méthode et de l'organisation.

POISSON. — Je veux répondre à notre camarade Buguet qu'il est mal renseigné. Le rapport, préparé par les secrétaires fédéraux, a été soumis au Conseil central, qui l'a admis; en réalité, il est devenu le rapport du Conseil central.

BUGUET. — Camarades, je n'ai pas voulu dire que les rapports des secrétaires fédéraux n'avaient pas été présentés au Conseil d'administration. J'entends bien, camarades, qu'ils ont été présentés au Conseil d'administration et au Conseil fédéral. Mais — et je m'adresse particulièrement aux camarades qui pourraient ne pas avoir l'habitude de nos Congrès, et qui ne sont pas au courant des méthodes pratiquées à la Fédération Nationale, — je leur demande s'ils ont l'impression, à la lecture des rapports, que c'est bien le Conseil d'administration qui prend la responsabilité de la politique de la Fédération?

Je ne le pense pas.

Vous avez des rapports signés par la Fédération, par le secrétariat, par Poisson, mais vous n'avez pas de rapport du Conseil d'administration qui indique que la politique suivie par la Fédération est la politique de tel ou tel camarade, la politique de Poisson, ou de celui-ci, ou de celui-là. Et moi, justement, je suis persuadé du contraire: je veux croire que la politique suivie est celle indiquée par le Conseil d'administration, mais cela ne ressort pas clairement des documents que vous avez en mains.

POITRENAUD. — J'exprime le désir qu'à l'avenir les Fédérations régionales indiquent dans leurs statistiques le nombre de sociétés groupées par chaque Fédération, et, en regard, le chiffre d'affaires de chacune de ces Fédérations. C'est un renseignement qui doit nous intéresser tous. Nous avons besoin de connaître l'importance du développement coopératif dans chaque région.

Poisson. — Je voudrais que vous ne mélangiez pas les questions.

En ce qui concerne la question posée par Buguet, je dirai que les choses se sont passées régulièrement et normalement. Les secrétaires préparent un rapport, ils le soumettent au Conseil central, le Conseil central l'approuve et le présente sous ce titre: « Rapport des différents services de la F. N. C. C. et de son activité depuis le dernier Congrès ».

Je sais bien qu'elle est l'origine de ce petit incident. Je voudrais le réduire.

Autrefois, les secrétaires de la Fédération faisaient partie du Conseil. Alors on mettait en titre: « Rapport du Secrétariat ». Cette année, nous avons repris dans les premiers textes ce qui y était mis les années précédentes, sans rien changer. Mais l'année prochaine, si vous le désirez, au lieu de mettre: « Rapport des différents services... », on ajoutera: « ... présentés par la Fédération Nationale » et tout le monde sera content.

Je vous demande de bien vouloir prendre chacun des chapitres. D'abord: « Secrétariat ».

Le Président. — Quelqu'un demande-t-il la parole?

Un congressiste. — Je voudrais parler des comptes rendus du Congrès, au sujet des publications.

Poisson. — Cette question est à la rubrique « Librairie ».

Le même. — Je pensais qu'elle pouvait trouver sa place au moment où l'on parle de publication et de brochure.

Poisson. — Au sous-titre « Librairie », vous représenterez votre question.

Le même. — Je veux faire une observation.

Poisson. — Je vous demande d'attendre dix minutes: Conseil central..., Commission permanente..., Fédérations régionales...

Ici vient la question de notre ami Poitrenaud.

Notre ami Poitrenaud a demandé qu'à côté du nombre des sociétés, on indique le chiffre d'affaires de l'ensemble des sociétés de chaque Fédération.

Conformément à une décision du Congrès de l'année dernière, j'ai remis à la Commission de vérification des mandats, une liste, par Fédération, du chiffre total des sociétés adhérentes. Par conséquent elle pourra vous en donner le compte. Je vous signale cependant que cela me paraît une proposition heureuse mais difficile à appliquer. Il y a certaines Fédérations — il n'y a pas à leur en vouloir — qui n'arrivent que difficilement à connaître le chiffre des sociétés. Je ne dis pas que les coopératives ne mettent pas de bonne volonté à donner leur chiffre d'affaires, mais certaines peuvent avoir peur de faire connaître ces renseignements. En tout cas, il y a des difficultés. Nous ferons tous nos efforts pour donner, aussi exactement que possible le chiffre d'affaires de ces Fédérations, comme je l'ai fait aujourd'hui, comme la Commission de vérification l'a fait.

Poitrenaud. — Je vous demande de nous indiquer le chiffre d'affaires sur lequel vous avez perçu des cotisations.

Poisson. — On peut vous le donner d'une façon certaine pour l'année précédente. En ce qui concerne l'année en cours, on peut vous donner une approximation, car à l'heure actuelle je ne connais pas encore le chiffre exact de certaines Fédérations. En rapprochant les deux chiffres, nous obtiendrons un total qui sera près de la vérité. Quand nos statistiques seront mieux organisées, nous pourrons plus facilement y arriver, et j'ajoute que notre travail sera plus simplifié aussi le jour où les sociétés mettront plus de complaisance à nous envoyer leur chiffre d'affaires.

Berland. — Il y a un renseignement qu'il est facile de nous donner, et que je demande à Poisson de nous donner.

On nous indique le nombre de sociétés. J'ai déjà dit que cela ne signifiait rien étant donné que la politique de la Fédération Nationale et des Fédérations régionales tend à la fusion des sociétés et au développement des Sociétés de fusion. Mais on peut nous faire connaître le nombre de magasins ouverts. Je suis d'accord avec Poisson pour dire qu'il est difficile de donner le chiffre d'affaires fait par les sociétés, mais il n'en est pas de même pour le nombre de magasins ouverts.

Poisson. — Nous ferons le nécessaire — c'est d'ailleurs prévu dans nos statistiques — pour que les renseignements demandés par Berland vous soient fournis pour l'année précédente.

Un congressiste. — Vous donnerez le chiffre d'affaires de l'exercice clos? Vous l'indiquerez dans l'*Action Coopérative*?

Poisson. — C'est entendu: « Cotisations »....

Nous arrivons au « Comité confédéral ». Nous pourrions savoir si nous avons des observations à faire, et mettre à part trois questions sur lesquelles quelques mots doivent être dits:

La question d'augmentation des cotisations;

La question de la chaire au Collège de France;

La question du programme des revendications coopératives lors des élections prochaines.

Voulez-vous que nous détachions ces trois questions?

Si des camarades avaient des questions à poser sur le Comité confédéral, je les prierais de les poser avant.

En ce qui concerne l'augmentation des cotisations, c'est notre camarade Gaillard, rapporteur, qui pourra vous donner les explications nécessaires.

L'augmentation de la cotisation fédérale

Le Président. — Gaillard a été chargé, par le Conseil central, de faire un rapport sur la question d'augmentation des cotisations.

Gaillard. — Vous n'attendez pas de moi que je vous relise le rapport. Je me bornerai à vous indiquer dans quelles circonstances la Commission des Finances a été appelée à fonctionner.

Tout à l'heure Buguet parlait de la méthode du Conseil central, qui était insuffisante. Il a pu apprendre qu'à certaines époques il n'y a pas eu un contact suffisant.

Je demande de ne pas confondre la Commission des Finances et la Commission de Contrôle.

Il y a une Commission de Contrôle qui fera son rapport et pourra attester la sincérité des écritures. Ce n'est pas le but de la Commission des Finances.

La Commission des Finances, elle, avait pour objet de rechercher les ressources de la Fédération, de voir dans quelle mesure elles étaient suffisantes au fonctionnement des services, et d'aménager les différents crédits au mieux des besoins de la Coopération.

Elle eut l'occasion de constater, après avoir établi un budget, que si la Fédération voulait rendre aux sociétés les services qu'elles attendaient d'elle, elle ne pourrait le faire qu'avec des ressources plus élevées que celles dont elle a disposé jusqu'ici.

A l'époque où la Fédération a été constituée, on peut dire que ses services existaient à l'état rudimentaire, et l'on pouvait penser que les 2 centimes proposés étaient suffisants.

Aujourd'hui, l'organisation s'est développée, la Fédération a créé de nombreux services, qui ne donnent pas entièrement satisfaction, c'est certain, mais qui, suivant l'avis de la Commission des Finances, ne donnent pas satisfaction précisément parce que ces services n'ont pas assez de crédits, parce que la Fédération manque d'argent.

Eh bien, il est apparu que la seule solution à vous proposer était l'augmentation de la cotisation, laquelle serait, à l'avenir, portée de 0,02 à 0,03.

Si nous considérons l'état du chiffre d'affaires des sociétés pour 1918, qui sert de base à la cotisation de 1919, nous pourrons aboutir à une cotisation (qui n'est, d'ailleurs, pas complètement versée parce que les sociétés n'ont pas toutes fait connaître le montant de leur chiffre d'affaires) de 85 à 90.000 francs. Or, lorsque nous examinons les différents chapitres, nous voyons qu'il faudrait arriver au chiffre de 130 à 140.000 francs, indépendamment de la cotisation du Magasin de Gros.

Vous estimez que cette augmentation que nous vous demandons est de minime importance et qu'elle n'a qu'une répercussion infime sur chaque coopérateur. Avec ces nouvelles ressources, la Fédération pourra assurer des services stables, qui ne fonctionneront pas suivant la bonne volonté et le dévouement de quelques camarades: elles permettront d'avoir des fonctionnaires payés comme ils doivent l'être et desquels on pourra exiger des services.

Vous aurez l'occasion de demander des engagements de dépenses. Or, si vous n'acceptiez pas l'augmentation de la cotisation, il ne faudrait pas vous étonner qu'il y eût de la résistance aux dépenses que vous proposeriez, car ceux qui ont pour mission de donner la sanction nécessaire aux décisions, ne possèdent pas de ressources suffisantes.

Il est possible que, parmi vous, des camarades aient des explications à me demander. C'est plutôt en réponse à vos demandes qu'il sera utile que j'intervienne.

Gentilhomme. — J'ai une question précise à poser au camarade Gaillard.

Vous demandez une cotisation de 3 centimes. Cette proposition va entraîner des modifications à l'article 5 des statuts de la Fédération. article ainsi conçu :

« Pour faire partie de la Fédération Nationale, les Sociétés devront remplir les obligations suivantes: Verser une cotisation, fixée, à chaque Congrès annuel, etc... »

Nous dirons donc: Cette cotisation est fixée à 0,04 0/0 du chiffre d'affaires pour 1919.

Le Congrès est donc d'accord pour augmenter la cotisation de 1 centime.

J'ai maintenant à apporter au Congrès les observations faites par la Fédération régionale de Touraine.

J'ai été un des promoteurs de l'augmentation de la cotisation; mais j'estime que si nous devons donner à l'organisme national toutes les ressources nécessaires pour mener à bien notre œuvre, la Fédération Nationale, de son côté, devra prendre toutes mesures indispensables au bon fonctionnement de ses services. Et je m'explique.

Vous avez pu constater comme moi, en effet, que le service du Secrétariat n'est pas assez bien organisé pour répondre rapidement à toutes les questions que nous lui posons. Je tiens à rendre hommage à nos secrétaires fédéraux, à leur dévouement et à leur talent, ainsi qu'à leur bonne volonté, mais je déplore nettement que nos services ne puissent nous donner satisfaction dans les délais voulus.

Je dis que nous n'avons pas à savoir, nous, si nous nous trompons d'adresse quand nous posons une question juridique ou technique. Garbado nous le fait connaître dans son rapport. Garbado dit: « Je vous réponds trop tard parce que vous vous trompez d'adresse ». Or j'estime que nous devons, nous, nous adresser à la Fédération Nationale et que c'est à elle de répartir le travail à nous fournir.

Je voudrais voir à notre Secrétariat un chef du service administratif qui serait dans l'obligation de répartir le courrier à tous les services; il devrait, en outre, suivre la besogne donnée à tous ces services, et, le cas échéant, rappeler à l'ordre le personnel. On ne met pas assez de diligence à répondre aux demandes qu nous formulons.

Je ne m'étends pas davantage, j'espère que vous m'avez compris et que nos camarades prendront en considération les observations que je viens de présenter au nom de la Fédération de Touraine.

Poisson. — Nous sommes complètement d'accord.

Le Président. — Quelqu'un demande-t-il encore la parole?

Rousseau. — J'insiste pour que vous votiez une augmentation suffisante, raisonnable, car nous ne devons pas être ridiculisés par nos adversaires.

Quand des camarades qui ont tant de peine à vivre consentent à donner personnellement 36 francs de cotisation, quand nos camarades anglais donnent plus pour leurs syndicats, nous avons le devoir de faire un effort.

Nous sommes à l'époque la plus favorable pour développer la Coopération. Dans tous les milieux on veut être instruit, on demande des documents; il faudrait, par millions, imprimer le manifeste, la déclaration, la charte de la Coopération que vous avez adoptée tout à l'heure; il faudrait fournir des statuts, avoir des délégués régionaux, des propagandistes; en un mot, il faudrait des ressources.

Etant donnée l'importance du mouvement coopératif et pour que nous ayons un budget raisonnable, je vous propose 10 centimes pour la Fédération et pour l'organisme central.

Il y a un article des statuts qui stipule que la cotisation sera fixée chaque année par le Congrès. Nous sommes donc souverains. 10 centimes par 100 francs d'affaires à répartir..., car les Fédérations n'ont pas toutes les mêmes besoins, il y en a des riches et il y en a des pauvres, — 10 centimes par 100 francs pris sur le chiffre d'affaires, c'est encore très peu.

Votez ce chiffre, je vous en supplie, et vous verrez alors le magnifique essor que prendra la Coopération française.

Le Président. — La parole est au rapporteur.

Gaillard. — Gentilhomme a apporté ici un certain nombre de critiques sur le fonctionnement des services de la Fédération Nationale. C'est précisément parce que nous avons reconnu que des améliorations étaient nécessaires que nous nous sommes dit enfin un jour: il faut savoir comment nous allons en sortir. Il ne faut plus que des sociétés qui ont eu à se plaindre de ne pas recevoir, en temps utile, de réponse à leurs lettres, puissent, dans l'avenir, présenter les mêmes griefs. Il faut que chaque fois qu'une coopérative s'adressera à la Fédération Nationale, elle soit certaine d'obtenir une réponse et de recevoir les renseignements et les documents qu'elle aura réclamés. C'est parce que nous savons qu'il y a quelque chose à faire, c'est parce que nous savons que la cotisation n'est pas suffisante, que la question ne peut pas rester en suspens plus longtemps et que nous avons pris la responsabilité, que nous avons eu je dirai le courage de vous demander des ressources supplémentaires pour la Fédération Nationale.

Vous vous plaignez du fonctionnement de la Fédération. Je ne veux pas citer des chiffres, mais si vous voyiez de quelle façon le budget a été établi, et quels salaires pour le personnel il a été nécessaire de prévoir, vous en seriez scandalisés. Nous le sommes nous-mêmes et nous pensons que cela ne peut pas continuer.

Tous les jours, nombre de questions se posent pour accomplir le travail qui se présente. La Fédération a besoin d'un personnel compétent et ce personnel il faudra qu'elle le paie davantage. C'est parce que nous sentons que nous ne pouvons pas continuer à travailler comme nous l'avons fait jusqu'ici, que nous vous disons: il faut que nous augmentions la cotisation.

Si je m'en rapporte à ce qu'a dit le camarade Rousseau, il y a ici un sentiment très favorable à notre proposition.

Je dis simplement que, en dehors des insuffisances dont parlait Gentilhomme, insuffisance de personnel, il y a aussi ce fait que la Fédération n'a pas le service de publication qui est nécessaire. Quand des camarades prennent l'initiative de la constitution d'une coopérative dans une région, on n'a pas toujours le moyen de leur envoyer des brochures, des documents et des renseignements de tout ordre pour leur permettre d'entreprendre leur action.

Nous avons autre chose. La Fédération publie un journal. On a reconnu qu'il était indispensable. Eh bien, ce journal coûte de plus en plus cher; et nous voyons que lorsque nous avons fait des prévisions de dépenses pour le journal, elles sont dépassées.

Eh bien, camarades, je n'insiste pas davantage; et je suis, pour ma part, heureux de voir que le sentiment du Congrès va au devant de notre désir. Je demande de ne pas aller à l'exagération, et Rousseau exagère en proposant 10 centimes. Porter la cotisation à un chiffre très élevé (et 10 centimes c'est très élevé), c'est facile à faire dans un Congrès où on est prêt à faire des sacrifices généreux, mais quand il s'agit de faire rentrer la cotisation, c'est autre chose. Nous préférons nous en tenir à une mesure modeste, ne comportant aucune exagération, mais présentant la possibilité d'être réalisée. Alors je dis: 1 centime en plus, c'est quelque chose qui, déjà, augmentera d'une manière sensible les ressources de la Fédération.

Si, par la suite, il apparait que d'autres services doivent être créés, qu'il y a autre chose à faire, que des ressources supplémentaires sont indispensables, nous reviendrons devant vous, nous vous indiquerons les raisons d'une nouvelle demande, et nous espérons qu'à ce moment-là vous vous rappellerez le geste généreux de notre camarade Rousseau.

Et maintenant, je signale ceci à votre attention: Si notre proposition a votre approbation, la cotisation pour la Fédération Nationale va se trouver élevée à 3 centimes. Mais les Fédérations régionales qui, à l'heure actuelle, aux termes des statuts, reçoivent 1 centime, auront le droit, si elles ont des obligations particulières, si elles ont dans leur sein à créer des services qui entraînent des dépenses élevées, les Fédérations régionales, dis-je, auront le droit de demander à leurs sociétés une cotisation de 5 centimes au lieu de 4 centimes.

Jusqu'ici un certain nombre de Fédérations l'ont fait. On pouvait considérer que même dans l'intérieur de la Fédération, une pareille mesure n'avait pas un caractère obligatoire. Nous demandons au Congrès de décider que les Fédérations qui la jugeront utile, auront le droit de porter de 4 centimes à 5 centimes la cotisation perçue pour l'ensemble. Il y aura 3 centimes pour la Fédération Nationale et 2 centimes pour la Fédération régionale.

Je vous demande, camarades, d'adopter la proposition qui vous est soumise.

DESHAYES. — Non seulement j'accepte la proposition de Rousseau, mais il va me permettre de la préciser devant le Congrès.

Nous sommes en matière fiscale. Nous sommes en train de nous voter à nous-mêmes une contribution. En matière de contribution, il y a un principe auquel je suis attaché, c'est le système de l'impôt global, proportionnel et progressif. Je vais vous demander d'adopter le principe de la progressivité dans la contribution coopérative et proposer les chiffres suivants :

Jusqu'à 500.000 francs d'affaires: les chiffres proposés par le rapporteur.

De 500.000 à 2 millions: 7 centimes.

De 2 à 5 millions: 10 centimes.

Au-dessus de 5 millions: 12 centimes.

Nous resterons dans la vérité coopérative et nous resterons dans la vérité démocratique.

SABATIER. — L'*Union des Coopérateurs Parisiens*, par l'organe de son Cercle, a mandaté ses délégués pour voter la cotisation telle qu'elle est proposée.

Je ne viens pas combattre la proposition du délégué de l'Oise, mais cette proposition ne pourrait être étudiée que si elle avait été portée à l'ordre du jour du Congrès. A l'heure actuelle, les délégués des grosses sociétés n'ont pas mandat pour accepter ou refuser cette proposition que, d'ailleurs, j'en suis convaincu, le Conseil central repousse.

Si notre Société a accepté l'augmentation de la cotisation, elle ne l'a pas fait sans certaines réserves, et ces réserves je vais les formuler.

On nous a d'abord indiqué, à nous, sociétés, que le rapport financier de la Fédération était insuffisant. Je ne m'adresse pas à Poisson, qui me regarde de travers, mais à la Commission des Finances. Nous espérons que la Commission des Finances va sortir de son « activité sommeillante », suivant le mot de Poisson. Alors j'appuie la proposition de Gaillard.

Poisson a dit qu'il était difficile de connaître le chiffre d'affaires. Si on le publiait, les secrétaires fédéraux pourraient dire, je suppose: voilà une société qui a fait un chiffre d'affaires plus élevé que celui indiqué. Par conséquent, publiez les chiffres que vous connaissez, vrais ou faux.

Le rapport de la Commission des Finances est pessimiste. En effet, le rapporteur nous dit que nous arrivons à des ressources de 135 à 140.000 francs. Or, ce matin, j'ai entendu Gide dire, et Poisson confirmer, que les sociétés fédérées auraient contrôlé un chiffre de 1 milliard.

POISSON. — Pas fédérées.

SABATIER. — J'avais compris que les sociétés fédérées auraient contrôlé un milliard d'affaires, ce qui représentait 200.000 francs de revenu avec la cotisation actuelle, et 300.000 avec la cotisation proposée, c'est-à-dire le budget d'une petite ville de province.

En disant que nous sommes décidés à voter la cotisation, nous déclarons ne pas pouvoir nous associer à la proposition du délégué de l'Oise, parce que non statutairement prévue, et nous vous invitons tous à voter la cotisation demandée par la Commission des Finances.

GAILLARD. — Le camarade Sabatier a fait à la Commission des Finances le reproche d'avoir établi un rapport trop sommaire. C'est un reproche que, pour ma part, j'accepte; et si je suis élu à nouveau membre du Conseil central et que le Conseil central me fasse l'honneur de me désigner membre de la Commission des Finances, nous essaierons de tenir un peu mieux nos ressources. Ah! ce ne sera pas toujours réjouissant. Nous arriverons à dire ce qu'il faudra dire sur la manière dont certaines sociétés de la Fédération agissent à l'égard de la Fédération Nationale.

En ce qui concerne le chiffre d'affaires, je ne sais si c'est être pessimiste que de prendre les chiffres tels qu'ils sont. J'aboutis à un chiffre de 450 millions qui, si je ne me trompe, font bien les 85 à 90.000 francs dont j'ai parlé tout à l'heure.

LE PRÉSIDENT. — Avez-vous l'impression que ce chiffre de 450 millions est exact?

GAILLARD. — C'est le chiffre déclaré par les Fédérations.

Poisson. — Je réponds nettement que oui. Je fais appel aux camarades des Fédérations régionales qui peuvent vérifier. J'estime que sur les 35 Fédérations, il n'y a pas deux sociétés qui trichent sur le chiffre d'affaires.

Gaillard. — Vous ne vous rendez pas compte de la difficulté qu'il y a à exercer un contrôle. N'oubliez pas qu'il y a une complication assez sérieuse qui fait qu'il est difficile de suivre le chiffre d'affaires des sociétés: c'est que vous avez des sociétés qui commencent leurs comptes le 1ᵉʳ janvier et les terminent le 31 décembre; d'autres qui commencent le 1ᵉʳ février, d'autres le 1ᵉʳ mars; il y en a qui font des exercices annuels, d'autres des exercices trimestriels, d'autres des exercices semestriels.

Nous pensons bien qu'avec l'augmentation, nous pourrons avoir un personnel comptable qui pourra mieux exercer une surveillance, et qui pourra insister pour que les sociétés qui font des bilans (parce que toutes ne font pas des bilans) les envoient, et que celles qui n'en font pas en fassent à l'avenir.

Je veux maintenant répondre au camarade Deshayes. Je lui reproche de ne pas avoir assez oublié qu'il était un parlementaire. Lorsqu'il parle de cotisation progressive, il se rappelle trop l'impôt progressif, qui avait sa justification. On pouvait dire que celui qui avait un revenu élevé pouvait progressivement payer plus que celui qui avait un revenu moins élevé. Mais dans la coopération, ce n'est pas la même chose. Si une forte société fait un gros chiffre d'affaires, cela ne veut pas dire qu'elle a un revenu plus élevé qu'une société faisant un chiffre moindre. Il serait injuste d'imposer à certains coopérateurs, à ceux qui ont développé leur organisation: « puisque vous avez réalisé les aspirations coopératives, vous allez maintenant payer plus cher ». Nous risquerions de ne pas être reçus aussi bien que nous voudrions l'être; et bien souvent cela pourrait, pour de grosses sociétés, être un motif pour refuser une cotisation qui atteindrait un chiffre très élevé.

Je vous demande de vous en tenir à la proposition qui vous a été faite.

Poisson. — Je répète ce que j'ai dit au Congrès, notre ami Sabatier n'était peut-être pas là à ce moment.

J'ai remis à la Commission de vérification des mandats, le chiffre d'affaires des sociétés, sur lequel j'ai pris les cotisations. Sur 2.036 sociétés, ce chiffre est fixé pour environ 1.900. Il peut y avoir un certain nombre d'erreurs portant sur 40 ou 50 sociétés, mais il ne faut pas compter, en fait, sur davantage.

Le chiffre de 1 milliard donné, est celui de toutes les sociétés françaises. Je tenais à dire cela parce que, quelles que soient les mesures que vous preniez, il sera difficile d'obtenir des sociétés qu'elles mettent plus de soin à envoyer, non seulement leurs bilans, mais même leurs chiffres d'affaires.

Le Président. — Quelqu'un demande-t-il encore la parole?

Un congressiste. — Je voudrais attirer votre attention sur les difficultés que l'on rencontrera dans l'application d'une augmentation.

La propagande coopérative n'est pas aussi facile à faire que paraît le croire le Congrès. Dans certaines régions, dans les centres métallurgistes principalement, elle est difficile du fait que le Magasin de Gros n'a pas apporté les moyens nécessaires de développer la Coopération et que les patrons, eux, apportent des résultats immédiats aux consommateurs. Dans toutes les usines de la région dans laquelle je suis, il y a des économats et ces économats attirent les consommateurs. Tant que nous n'arriverons pas à combattre ces économats, la tâche sera difficile. Les tracts que vous pourrez distribuer reproduisant le beau discours de la camarade anglaise ne feront pas diminuer d'un sou le litre de vin que nous, coopératives, nous sommes obligés de vendre 1 fr. 60.

C'est pourquoi je dis que lorsque vous demanderez une augmentation, on vous répondra: augmentation dans les coopératives, augmentation dans les syndicats, et jamais aucune diminution.

Je demande au Congrès national s'il n'y aurait pas moyen de faire rétablir, dans la mesure du possible, la loi de 1910 qui abolissait les économats. C'est là qu'il faut frapper, c'est là qu'il faut faire de la propagande. Tant que nous n'aurons pas une action efficace pour abolir ces institutions patronales, nous serons mal placés pour réclamer une augmentation de cotisation.

Le Président. — La question viendra dans le compte rendu du Conseil supérieur de la Coopération.

Calzan. — Nous ne pouvons pas refuser l'augmentation de 1 centime demandée par le Comité. Mais la question aurait gagné à être exposée explicitement dans l'ordre du jour du Congrès.

Lorsque nous avons tenu notre Congrès régional, nous avions à notre ordre du jour l'augmentation de la cotisation. Si à ce moment-là nous avions pu y ajouter l'augmentation de cotisation pour la Fédération Nationale, nous aurions gagné la partie sur les deux points. Maintenant que nous avons fait voter cette augmentation de 1 centime, par la Fédération régionale, après le vote du Congrès, c'est 2 centimes de plus que nous allons demander. Nous nous trouvons dans une situation fâcheuse près de l'organisation centrale qui ne nous a pas prévenus assez tôt. Il faudrait éviter ces choses là; et, pour cela, quand on propose des augmentations, les faire connaître aux Fédérations régionales avant qu'elles tiennent leurs assises régionales.

Je voudrais faire une deuxième observation.

Nous allons voter sur l'augmentation les yeux fermés. J'aurais voulu que notre camarade Gaillard appuyât sa proposition sur des chiffres et surtout sur un projet prévisionnel de budget. Nous aurions vu quels sont les services à créer, les ressources qu'il est nécessaire de trouver, et nous serions revenus devant nos mandants avec des arguments tellement frappants qu'ils auraient été obligés de s'incliner.

Gentilhomme. — J'estime que nous savions tous, avant de venir au Congrès, que cette question de cotisation devait être discutée. Dans l'*Action Coopérative*, vous avez lu la décision du Comité à ce sujet.

Le Président. — Quelqu'un demande-t-il la parole sur la question?

Poitrenaud. — Le système proposé par le camarade de l'Oise aboutirait à l'arbitraire. Prenons, par exemple, un département où il existe vingt sociétés qui font chacune 100.000 francs d'affaires. Actuellement, elles vont payer 4 centimes. Demain, elles fusionneront et leur chiffre d'affaires passera à 2 millions. Vous les augmenterez? Ce n'est pas possible. Vous voyez l'arbitraire auquel vous aboutiriez.

J'ai posé la question sans savoir si, aujourd'hui, elle était recevable. Je l'ai présentée en cours de discussion, pour vous suggérer une idée. J'estime que la progressivité est bonne. Ce n'est pas l'argument qu'on m'a apporté en dernière heure qui va me convertir. A l'argument que vous présentez en prenant comme exemple vingt sociétés faisant chacune 100.000 francs d'affaires et fusionnant en une société faisant alors 2 millions, je répondrai: ces sociétés auront réduit leurs frais généraux dans de telles proportions, que le supplément qu'on leur demandera sera pour elles un soulagement et non pas une charge nouvelle.

Svob. — Notre ami Deshayes pose bien la question en disant qu'elle n'est pas soluble aujourd'hui. Mais la tournure que le débat a pris m'engage à faire des réflexions qui me sont suggérées par la discussion.

Nous sommes partisans, dans l'ensemble, de l'impôt progressif sur le revenu; mais frapper les coopératives sur le chiffre d'affaires n'est pas les frapper sur le revenu. Il ne faudrait pas, à la lecture de notre compte rendu, qu'il se dégage cette opinion pour les profanes que nous, qui réclamons l'impôt progressif, nous voulions y échapper dans nos coopératives.

Mais c'est une erreur de dire qu'une société qui fait un million d'affaires gagne plus qu'une société qui fait 100.000 francs. Je dirai presque que c'est le contraire, car on s'attache, au fur et à mesure qu'on grandit, à pratiquer des bas prix, et le bénéfice est plus réduit. Je répète que nous ne sommes pas hostiles à l'impôt progressif sur le revenu, mais j'estime qu'en matière de coopération ce serait frapper à côté.

Le Président. — Quelqu'un demande-t-il la parole sur le rapport de Gaillard?

Dosmond (St-Etienne). — Je suis partisan d'augmenter la cotisation parce que cela est nécessaire. Mais je voudrais que la Fédération Nationale prît à sa charge toutes les dépenses d'ordre général. Or on a demandé à toutes les coopératives une cotisation, suivant leur générosité, pour créer une chaire au Collège de France. C'est une dépense qui doit concerner toutes les coopératives ou, si vous voulez, toute la France. Mais il me semble que c'est le budget de la Fédération qui devrait assurer le traitement de cette chaire. On fait appel à toutes les coopératives. Les unes seront généreuses, les autres donneront peu; on peut donner le double de ce qu'il faut, on peut donner la moitié de ce qu'il faudrait.

Qu'on augmente la cotisation de manière à subvenir à tous les besoins de la Coopération et qu'on ne fasse pas appel en particulier à chacune des coopératives.

Le Président. — Nous sommes en présence de trois propositions. Il y en a deux qui, *a priori*, doivent être écartées. Comment voulez-vous que nous votions sur des propositions pour lesquelles nous n'avons pas de mandat? Je demande, pour simplifier, que les deux propositions sur lesquelles nous n'avons aucune qualité pour voter, soient envoyées à une Commission d'études, et que nous votions sur le rapport tendant à une augmentation de 1 centime parce que cette question a été discutée dans les coopératives, alors que les autres n'ont pas été étudiées du tout.

La proposition de notre camarade Rousseau a été amendée par lui-même. Elle tendait d'abord à fixer la cotisation à 10 centimes; et le papier que Rousseau vient de me passer indique que cette cotisation serait de 5 centimes. Il a donc réduit de moitié sa générosité.

La proposition Deshayes, l'auteur la renvoie lui-même pour étude au Conseil.

Enfin vient la proposition du rapporteur.

On m'a demandé de mettre aux voix d'abord la proposition du rapporteur tendant, je le répète, à une augmentation de 1 centime sur 100 francs du chiffre d'affaires.

Que ceux qui sont partisans de cette augmentation veuillent bien le manifester en levant la main.

La proposition est adoptée à l'unanimité.

Par conséquent, la proposition de Rousseau n'a pas lieu d'être mise aux voix.

La parole est au secrétaire général, pour la suite de l'ordre du jour.

La chaire au Collège de France

Poisson. — Camarades, je me permets de donner quelques explications au Congrès, car des malentendus peuvent exister.

Je réponds à notre camarade Dosmond, qu'en effet, si la Fédération Nationale était assez riche, il vaudrait mieux qu'elle prît à sa charge la totalité des frais d'une organisation de ce genre. Mais j'ajoute que, même avec l'augmentation votée, bien que mieux placée pour faire beaucoup plus facilement œuvre générale, la Fédération devra continuer à procéder, ainsi qu'elle l'a fait déjà pour les questions actuellement engagées.

Le Conseil Central a accepté l'idée d'organiser à son compte une chaire de la Coopération au Collège de France. Je crois que pour beaucoup de nos camarades, il y a une méconnaissance de ce qu'est le Collège de France.

Le Collège de France est une institution d'enseignement supérieur où, précisément, la liberté des professeurs est totale pour faire leur cours et développer leur enseignement. Or, nous pensons qu'il y a grande utilité à ce que le mouvement coopératif puisse être propagé, non pas seulement pas nos propres efforts, qui sont en réalité assez minimes, mais par d'autres plus puissants; et nous pensons vous demander, à un Congrès prochain, s'il n'y aurait pas lieu de réclamer que dans les programmes scolaires, on introduise des articles pour propager les principes de la Coopération.

Nos camarades disent : Nous avons nos œuvres sociales pour cela, — et là, j'ai confiance en la générosité de quelques sociétés de notre mouvement dans son ensemble. Malgré tout, je ne me fais pas d'illusion. Les sommes que l'on pourra mettre à notre disposition seront minimes, elles nous permettraient d'aider à des œuvres particulières, mais nous n'atteindrions pas les millions de consommateurs que nous voudrions gagner à notre cause et que nous voudrions éduquer.

Nous n'avons pas commencé par les programmes scolaires d'en bas. Nous y viendrons l'année prochaine. Mais je crois que la constitution d'une chaire au Collège de France a un but scientifique extrêmement utile, non pas seulement pour faire connaître nos idées, mais pour servir à des travaux intellectuels, pour étudier certains problèmes qui, à l'heure actuelle, ne sont pas examinés, je dirai, avec le souci scientifique et l'esprit critique nécessaires.

Nous n'avons aucun intérêt, du reste, à ce que l'on dise que, marchands de chandelles, nous faisons de la propagande dans un but de marchands de chandelles. Et nous croyons que la Coopération, qui a ses principes, peut être exposée dans ses connaissances, dans son expérience, suivant les méthodes scientifiques; qu'il y a intérêt à ce que les recherches scientifiques sur le mouvement coopératif, sur ses origines, sur son fondement, soient faites en dehors de toute préoccupation de propagande active.

C'est pourquoi nous nous rallions à l'idée d'une chaire au Collège de France, où la liberté des professeurs est entière, où nous espérons voir les plus éminents des nôtres y défendre nos idées coopératives, tel qu'ils l'ont fait, suivant leur expérience et suivant leur passé. Voilà pourquoi nous avons accepté de grand cœur cette idée.

Nous nous permettons de dire que, trop souvent, nos œuvres d'éducation ont l'air d'être des œuvres particulières, à caractère collectif sans doute, mais faites dans le but de ramener à la coopérative et au moulin coopératif de nouveaux consommateurs.

Il n'y a rien de plus utile qu'une œuvre de ce genre et voilà pourquoi le Conseil central s'y est rallié.

Il faudra que la Fédération Nationale y contribue pour compléter l'effort.

Je me permets de profiter de la circonstance pour faire appel à toutes les coopératives, pour qu'elles montrent comment elles entendent le mouvement coopératif, non pas seulement pour leur développement à elles, mais dans l'intérêt général de la Coopération.

Un Congressiste (de la *Ruche Nazairienne*). — En ce qui concerne la proposition de la constitution d'une chaire au Collège de France, la Société dont je suis le délégué, c'est-à-dire la *Ruche Nazairienne*, a répondu au camarade Poisson, lorsqu'il a fait appel à notre générosité.

En créant cette chaire, je pourrais dire que vous commencez la maison par le toit, car vous allez faire de la propagande coopérative pendant les heures de travail de la classe ouvrière.

Et alors, que se produira-t-il?

Il se produira que ce sont les personnes qui n'ont aucun intérêt, ou tout au moins qui ont la possibilité de payer cher, qui viendront suivre ces cours du Collège de France, non pas pour prendre l'idée de coopération, mais simplement comme passe-temps.

Cette chaire au Collège de France coûtera 20.000 francs.

Si, au lieu d'engager cette dépense pour cet objet, vous entrepreniez une propagande dans les campagnes, et non pas dans les grosses agglomérations, comme cela a été fait jusqu'ici; si, dans chaque fédération régionale, vous faisiez, par vos dé-

légués, par vos représentants, une propagande qui touche, non
pas seulement la classe ouvrière, mais la classe paysanne, vous
arriveriez à des résultats plus efficaces, plus probants que ceux
que vous pensez pouvoir obtenir par la création de cette chaire
au Collège de France.

Et, à titre d'exemple, je vous citerai les résultats que nous
avons obtenus dans la région nazairienne, sans de grands efforts : dans l'espace de trois mois, deux nouvelles sociétés coopératives ont été formées, sans faire appel au Conseil Central,
même sans faire appel au Conseil régional, tout simplement par
nos propres moyens.

D'après ce que j'ai relevé dans les diverses réunions, la propagande à travers la France, en partant de chaque centre, coû-
terait seulement la somme de 12 à 15.000 francs. Par conséquent, avec une dépense inférieure de 5.000 francs, la Fédération Nationale obtiendrait des résultats plus efficaces.

C'est pourquoi, mandaté par ma Société, je ne pourrai pas
voter le principe d'une chaire au Collège de France. car nous
estimons qu'il y a un travail plus efficace à faire: celui de toucher les campagnes en formant des coopératives, et de saper
les familistères, les docks et les économats qui, actuellement,
créent des magasins.

REBEYROL. — Il me semble que, devant un Congrès de coopérateurs, il ne peut pas se poser de questions plus nobles, plus
élevées, plus hautes, plus réellement et plus fortement utiles,
que celle de la création d'une chaire de la Coopération au Collège de France.

Notre camarade de Saint-Nazaire parlait tout à l'heure d'une
propagande qui, pour le même prix, donnerait des résultats
plus décisifs. Mais vous vous placez à un point de vue positif,
à un point de vue de résultats concrets et immédiats, tandis
que la Fédération Nationale se place à un point de vue scientifique qui, lui, ne se préoccupe pas précisément des résultats
concrets et immédiats; il se préoccupe surtout du développement intellectuel du pays dans le domaine de la Coopération.

Le fait coopératif, c'est évidemment la base de la propagande
coopérative. Et tout à l'heure, vous disiez que nous commen-
cions la maison par le toit. Permettez-moi de vous dire que ce
n'est exact. Les fondations de la Coopération sont jetées, à
l'heure actuelle, dans tout le pays. Lorsque nous disons qu'il y
a plus de 2.000 sociétés adhérentes; lorsque nous disons que,
de plus en plus, les coopératives autonomes et isolées tendent
à s'agglomérer et à fonder des sociétés à succursales multiples;
lorsque nous disons que le Magasin de Gros passe, de 1913 à
1918, du chiffre de 13 millions au chiffre de 80 millions, et
probablement, pour 1918/19, au chiffre de 120 à 150 millions,
— je vous demande : Ne pensez-vous pas que ce sont des fondations solides, qui permettent d'envisager, dès maintenant, de
mettre une toiture à l'édifice?

Eh bien, nous pensons qu'il est nécessaire, à l'heure actuelle,
de doubler, de compléter le fait coopératif par la théorie, l'enseignement de la doctrine coopérative, au fur et à mesure que
les événements se développent. Et pourquoi comprenions-nous
si bien, ce matin, les paroles de la déléguée anglaise ? C'est
parce que, sous l'influence extérieure des faits, petit à petit,
notre conscience s'est élevée du fait, qu'est l'existence d'une coo-

pérative, à la généralisation, qu'est la théorie, qu'est la doctrine de la Coopération.

Mais, camarades, cette doctrine, quel est donc celui de nous qui peut dire qu'il la possède dans toute son ampleur et dans toute sa magnificence? Quel est celui de nous qui peut affirmer — à part peut-être quelques personnalités éminentes comme notre maître et ami Charles Gide — quel est celui qui peut dire: je possède cette doctrine de la Coopération! Pour moi compte j'avoue que s'il me fallait édifier la doctrine coopérative, je serais embarrassé pour le faire. Pourquoi? C'est parce que la Coopération est arrivée à un point de développement tel qu'aujourd'hui, dès maintenant, elle peut être soumise à la discipline scientifique, elle peut être soumise à toutes les règles de l'appareil scientifique; comme vous le disait tout à l'heure notre camarade Poisson, dès maintenant il est possible de rechercher les origines profondes de la Coopération; dès maintenant, il est possible de rechercher et de savoir sous l'influence de quels événements elle a jailli et surgi comme un éclat de génie de la conscience ouvrière; dès maintenant, il est possible de dire quelles sont les forces concrètes et mystérieuses qui l'ont poussée vers les voies de l'avenir; dès maintenant, il est possible de la soumettre à un engagement scientifique.

Et vous dites que cela est négligeable, alors qu'il s'agit de mettre la Coopération au rang élevé de la science! Mais je dis que le Congrès ne peut pas proclamer cette faillite de la Coopération; qu'il a le devoir de la dresser au-dessus de nos têtes aujourd'hui même, puisque la question se pose, comme l'étoile dont parlait Charles Gide, cette étoile qui guide, non pas à condition que nous puissions la voir et qu'elle ne soit pas dérobée à nos regards par les nuages de notre nuage. Et lorsque la science veut bien jouer ce rôle de dissiper ces nuages, lorsque nous avons la bonne fortune de confier cet enseignement à un maître comme Charles Gide, nous nous ferions à nous-mêmes l'injure de dire : Non! cela n'a pas d'importance : Camarades, vous ne le ferez pas.

Je parlais de l'étoile. « Le laboureur — dit le poète antique — lorsqu'il veut tracer son sillon droit devant lui, accroche sa charrue à l'étoile. » Le coopérateur qui veut tracer également son sillon coopératif bien droit devant lui, doit accrocher sa charrue à l'étoile de la Coopération. Mais l'étoile de la Coopération, il faut qu'elle apparaisse à nos yeux. Et je vous demande de permettre à notre camarade Charles Gide, demain peut-être — car Charles Gide est sujet comme nous tous à ces accidents qui chassent les hommes de la planète qu'ils habitent —, demain peut-être, dis-je, à notre camarade Albert Thomas, universitaire éminent lui aussi.... de faire entendre leur voix autorisée! Je vous demande de décider que la création d'une chaire au Collège de France est une nécessité coopérative de tout premier ordre, et de la voter à l'unanimité.

DESHAYES. — Je renonce à la parole, après les paroles éloquentes que vous venez d'entendre. La Coopération n'est pas seulement la satisfaction d'un ventre, c'est l'éducation d'un cerveau.

LE PRÉSIDENT. — Il y a un orateur d'inscrit : Albert Thomas.

ALBERT THOMAS. — Maintenant, je renonce à la parole.

Le Délégué de la Ruche Nazairienne. — La Coopération intéresse qui?... Tout le monde! Il y a certaines catégories d'individus qu'elle intéresse : la classe ouvrière et la classe paysanne. Nous avons comme principe, tous autant que nous sommes, de faire nos affaires nous-mêmes. Or, il y a parmi les cerveaux ouvriers, des gens capables de s'assimiler les questions coopératives. Au lieu d'enfermer votre étoile au Collège de France, où personne de la campagne ne la verra, si vous la placiez dans les campagnes, vous obtiendriez un meilleur résultat.

LE PRÉSIDENT. — Je mets aux voix la partie du rapport du Secrétariat, relative à la création d'une chaire de la Coopération au Collège de France.

La proposition est adoptée à l'unanimité moins 6 voix.

Le Mouvement coopératif et les Elections

LE PRÉSIDENT. — Nous arrivons maintenant à la question du manifeste de la Coopération, à l'occasion des élections.

La parole est à Gaumont, rapporteur...

Le camarade Gaumont étant absent, la parole est à Albert Thomas.

ALBERT THOMAS. — Je n'ai vraiment pas de chance, avec les interventions à la tribune de ce Congrès.

Lorsque mon camarade Poisson m'avait demandé de faire un rapport sur le manifeste que la Coopération pouvait lancer au moment des élections et sur le questionnaire qu'elle pouvait soumettre aux candidats, j'ai dit : Entre nous, de toi à moi, ou entre les membres du Conseil central et de l'Office technique, il n'y a pas d'équivoque — et la parole prononcée ce matin, qu'il n'y a pas de politique au sein de la Fédération et que chacun est bon coopérateur tout en étant libre au dehors de son action politique, est une parole qui ne soulève aucun doute, mais si tu me fais parler sur ce sujet à la séance du Congrès, on dira encore que c'est un député socialiste qui est venu parler ici des élections.

Voici que Gaumont se dérobe, que Poisson n'a plus le questionnaire, et que l'on me dit : « Viens à la tribune. »

J'étais plus à l'aise au sujet de la chaire au Collège de France, mais l'intervention de notre camarade évoquant des misères électorales, m'a gêné.

Il est évident que, ni au dehors, ni en dedans, il ne pourra y avoir d'équivoque et que chaque coopérateur devra se mettre en face du problème qui se pose. Il est simple et il est grand. Dans un mois, dans deux mois, ou plus tard — on ne sait au juste — il y aura une consultation électorale, dont on sait tout au moins qu'elle sera, dans ce pays, une des plus considérables qui aient jamais été. Car, quelle que soit l'opinion que tel ou tel puisse avoir sur l'action parlementaire elle-même, quelles que soient les formes avec lesquelles on ira aux élections, on n'empêchera pas que dans ce pays, qui reste, à travers de toutes les agitations, un pays de démocratie, le suffrage universel, à l'heure actuelle, demeure un moyen d'expression.

Est-ce que, à une heure comme celle-là, la Coopération se taira?

Il a paru aux camarades que, sans violer en rien la neutralité coopérative, son indépendance entière, comme Poisson disait ce matin, il y a lieu, pour la Coopération, d'affirmer nettement son idéal et ses principes.

C'est dans cet esprit, en dehors de toute idée politique, que nous avons travaillé pour que la grande force sociale qu'est la Coopération, s'affirme dans la lutte des idées. Et, d'autre part, il nous a paru que, grande force sociale qu'elle est aujourd'hui, la Coopération devait désormais imposer le respect de ses principes à tous les candidats, quels qu'ils soient.

Vous vous souvenez des luttes d'hier. Parfois, mais rarement, les coopérateurs intervenaient. Si eux n'intervenaient pas, les fédérations de débitants, d'épiciers, de petits détaillants intervenaient. Ils avaient, depuis longtemps, la méthode du questionnaire. Ils posaient des questions. Et là, je ne ferai pas non plus de politique, pas même contre mon parti, mais je demande aux coopérateurs qui sont ici si les députés socialistes ou candidats socialistes eux-mêmes ont eu souvent, en pleine bataille électorale, le courage d'opposer la Coopération au commerce parasitaire.

Aujourd'hui l'heure est venue, aujourd'hui on ne doit plus pouvoir se contenter d'équivoque: aujourd'hui, si la Coopération sait, si elle veut, elle peut opposer son idéal, ses principes, sa politique immédiate en présence de la vie chère et contre la fausse liberté du commerce, — la liberté d'exploitation des consommateurs; — elle peut opposer son idéal et demander à chacun, à quelque parti qu'il appartienne, si c'est cet idéal qu'il veut servir ou, si c'est l'idéal des autres.

C'est ainsi que le problème va se poser. Et ce que nous demandons à la Coopération, ce que nous demandons à la Fédération Nationale, aux fédérations régionales, c'est, d'une part, que dans la propagande électorale ou à l'occasion de la propagande électorale, l'idéal coopératif soit affirmé, défini, propagé de toutes les manières. Il faut que, par affiches, par réunions, la propagande coopérative soit faite au moment et à l'occasion des élections.

Et alors, aux côtés de la propagande, il faudra savoir ce que pensent les hommes, ce qu'ils veulent, même quelquefois ce qu'ils savent. A cet effet, nous avons établi les termes d'un questionnaire où aucune question politique ne se trouve soulevée, mais où on oppose les méthodes de la Coopération sur des points déterminés, aux méthodes ou des partis ou des formations économiques diverses ; où, sur certains points précis qui intéressent immédiatement l'avenir de nos sociétés, nous demandons aux candidats, aux élus de demain de prendre position.

Il y a des projets déjà déposés, étudiés par le Conseil supérieur de la Coopération, soutenus même quelquefois par le gouvernement.

Que fera-t-on en face de ces projets?

Il y en a un, sorti de vos délibérations, il y a le projet sorti des précédents congrès, accepté, discuté par le Conseil supérieur de la Coopération, le projet des offices publics de ravitaillement communaux et départementaux.

Ah! singulière histoire:

Un jour, quand il a été muni de tous les sacrements, il arrive à la Chambre des députés. Je vous dirai, à une autre occasion, comment la Coopération a commencé à travailler méthodiquement à l'intérieur de la Chambre. Mais, pour l'instant, je rappelle le fait.

Le projet est rapporté .Il subit la première étape. Rapport de la Commission. Deuxième étape, grâce à Deshayes. Commission de ravitaillement. Puis il est inscrit à l'ordre du jour. Nous insistons. Il disparaît de l'ordre du jour. Plus de séances du matin. Nous insistons à nouveau. Il revient à l'ordre du jour. Un moment de crise. Boret est interpellé. On est sur le point d'aboutir. Le lendemain, Boret disparaît. Noulens arrive. On ne parle plus des Offices de ravitaillement.

Pendant ce temps-là, l'*Épicier*, dont parlait Poisson, commence sa campagne. Dans les régions libérées, on multiplie les ordres du jour pour indiquer qu'il sera néfaste pour le commerce d'avoir des Offices publics. De tous côtés, la campagne est faite. Les députés prennent peur. On hésite, maintenant, à la conférence des Présidents, à remettre la question à l'ordre du jour.

Demain, les candidats vont se présenter devant vous. Les hommes de partis divers vont venir. Je demande si les coopérateurs ne vont pas poser à tous le problème de l'organisation publique du ravitaillement en France, et si à tous ils ne demanderont pas : oui ou non, acceptez-vous cette proposition de loi?

Si la Coopération ne le fait pas, après la bataille engagée, après les campagnes de presse, après les campagnes de sociétés ou même de réunions publiques, je dis que la Coopération abdique devant la force de l'adversaire, et je ne pense pas que le Congrès le souffrira.

C'est pour cela qu'il y a sur des points précis qui n'ont rien à voir avec la politique, une dizaine de questions de façon qu'on ne puisse pas les ignorer. Vous avez lu le questionnaire. Nous vous demandons de l'adopter tel qu'il a été discuté au Comité confédéral, et nous compléterons par les explications et la propagande.

Voilà comment se présente le problème. Je regrette d'avoir eu à l'exposer. J'aurai tout de même montré que c'est en pleine liberté d'esprit et en pleine indépendance à l'égard des partis politiques que je l'ai développé devant vous.

Un Congressiste. — Il y a une question à poser aux différents candidats : c'est la question des économats patronaux. Il me semble qu'elle a été oubliée dans le questionnaire et qu'il est nécessaire qu'elle soit posée.

Bellino. — Si je prends la parole après notre camarade, c'est pour appuyer son intervention et demander au Congrès, d'abord, ensuite à l'organisation créée à l'occasion de la période électorale, de poser la question sur les ravitaillements patronaux qui, pendant la guerre, ont malheureusement été tolérés et qui, souvent, ont été dirigés contre des sociétés coopératives qui avaient commis le crime de vouloir être indépendantes, — ravitaillements patronaux qui sont en train de causer un préjudice énorme à l'idéal coopératif.

En même temps, je voudrais attirer votre attention sur une autre catégorie de ravitaillements patronaux, c'est-à-dire sur le ravitaillement fait par les coopératives dites « Coopératives Militaires ». C'est une question qui se pose à l'heure actuelle d'une façon véritablement angoissante.

Je vous lirai à ce sujet l'ordre du jour que la Fédération de la Franche-Comté a voté dans son Congrès du 10 août, en vous priant de le confier à une Commission de résolutions, l'amender si c'est nécessaire, mais d'en faire un vœu accepté par le Congrès, et ainsi conçu :

« Le Congrès,

« Considérant que les Sociétés coopératives groupant les consommateurs de toutes classes, sans aucune distinction, ont été à l'avant-garde du mouvement de lutte contre le renchérissement du prix de la vie;

« Considérant que, pendant la guerre, les Sociétés coopératives, œuvrant souvent par leurs seuls moyens, ont cependant largement démontré le rôle spécial qu'elles sont susceptibles de jouer dans l'œuvre de réorganisation d'après-guerre;

« Considérant que les Sociétés pseudo-coopératives qui se sont constituées ou se constituent encore — soit dans certaines usines dont elles n'acceptent que les seuls ouvriers, soit dans certaines villes sous le nom de Coopératives Militaires, ne peuvent jouer un rôle efficace et certain dans la lutte pour la stabilisation du prix de la vie, puisqu'elles ne sont réservées qu'à des catégories spéciales de consommateurs;

« Considérant que ces organisations qui, par des artifices exclusivement provisoires et anormaux — vente à perte, cession des stocks de l'Etat aux prix de réquisition, emploi de main-d'œuvre militaire non rétribuée, occupation de locaux militaires, etc... — réussissent à vendre à leurs adhérents des denrées à des prix non en rapport avec les cours commerciaux et réguliers, risquent de jeter le discrédit et la défaveur sur les coopératives véritables;

« Considérant que par l'intermédiaire des coopératives dites militaires, des stocks de marchandises ont pu même passer entre les mains de mercantis notoires, sans aucun bénéfice pour la consommation, ni répercussion sur le prix des denrées;

« Considérant que tous les consommateurs ont un droit absolu à profiter des avantages qu'a donnés à l'autorité militaire le droit de réquisition dont elle a bénéficié et dont elle bénéficie encore;

« Considérant que les coopératives dites militaires continuent à être en dehors de la législation qui régit les sociétés coopératives de consommation, notamment celle du 7 mai 1917;

« Emet le vœu :

« Que tant que l'Etat n'aura pas décidé de devenir le seul organisme de répartition des denrées de consommation, toutes les coopératives ouvertes à tous les consommateurs aient un droit absolu à la répartition des stocks alimentaires faits par les pouvoirs publics ou militaires;

« Que, pour compenser les avantages dont bénéficient les coopératives militaires — main-d'œuvre et locaux gratuits, dispense d'impôts — des subventions ou prêts soient accordés aux sociétés coopératives ordinaires;

« Et invite tous les consommateurs à se grouper sous la bannière coopérative dans les sociétés affiliées à la F. N. C. C. »

ALBERT THOMAS. — Deux questions sont soulevées : la première, c'est la question de la loi de 1910 sur les économats; la seconde, la question des coopératives militaires.

Nous vous demandons de procéder de la manière suivante :

Sur la loi de 1910, nous sommes d'accord, et nous pensons que le Congrès estimera comme nous qu'il y a intérêt à poser la question dans le questionnaire que nous avons préparé.

J'indique tout de suite que les organismes centraux se sont préoccupés du problème; que, par nos soins, le ministère du Travail a été remis en mouvement; que le Conseil supérieur s'en est occupé, et que c'est une action de tous les jours pour laquelle il faudra être appuyé par le Parlement, pour obtenir les résultats consacrés par la loi. Nous demanderons l'application de la loi de 1910, portant suppression des économats.

Deuxième question : coopératives militaires. C'est une des plus graves à l'heure actuelle pour notre mouvement. C'est, à côté de notre ami Bellino, les camarades atteints dans leurs efforts; et de presque toutes les fédérations régionales nous arriveraient les plaintes.

Dès maintenant, une action est engagée. A trois ou quatre reprises, nous avons vu le ministre, M. Abrami, qui nous a donné un certain nombre d'engagements. Nous avons tenu à voir l'extension du mouvement. Nous avons reçu des indications, des chiffres. Toutes les critiques apportées ici sont fondées. Mais en insérant cela dans le questionnaire, sans apporter les observations nécessaires, nous craindrions de créer une équivoque. Ce que nous combattons, c'est le groupement par l'organisation militaire, contre la Coopération, de gens qui, sous prétexte de démobilisés, de veuves, d'orphelins, entrent dans la coopérative et sont de pseudo-sociétaires. C'est cela qui nous amène à observer l'action dans son ensemble et à vous demander de surseoir à l'insertion dans le questionnaire.

CALZAN. — Notre camarade rapporteur a-t-il défini la Coopération dans la première question de son questionnaire. Il y est dit ceci :

« Les Sociétés coopératives de consommation croient avoir prouvé qu'elles étaient un organe de lutte efficace contre la vie chère en régularisant les prix et en répartissant équitablement les denrées. »

Je trouve que c'est insuffisant et que vous ravalez l'idéal coopératif à quelque chose de secondaire. Nous ne sommes pas seulement un organe de lutte contre la vie chère; nous sommes un organe de transformation sociale. Nous n'avons pas à poser aux candidats cette question fondamentale : Etes-vous coopérateur ou ne l'êtes-vous pas? Etes-vous simplement coopérateur du bout des lèvres, ou voulez-vous, avec nous, avec tous les coopérateurs français, la transformation sociale telle que doit l'amener le régime coopératif généralisé?

D'autre part, ne pensez-vous pas qu'il n'est pas seulement nécessaire de poser ce questionnaire aux candidats; et n'estimez-vous pas qu'il faudrait aussi l'envoyer aux partis?

Notre camarade Thomas a fait une allusion transparente à ces transfuges de la Coopération, dans des partis même très avancés, aux approches de la campagne électorale. Nous le voyons partout. Nous voyons des hommes qui ont stipulé dans la charte de leur parti que la Coopération était un remède efficace contre le régime capitaliste, et qui se défilent au moment des élections, parce qu'ils se trouvent en présence de ligues des commerçants. N'allons-nous pas les forcer, par leur parti même, à se déclarer coopérateurs ?

G. Richard. — On est quelque peu embarrassé en suivant l'ordre du jour du Congrès.

Tout à l'heure, on nous parlait d'une chaire au Collège de France; et justement j'allais intervenir dans la discussion, parce que je croyais que nous étions arrivés au Comité d'éducation, et je ne sais au juste où nous en sommes. Mais, en tout cas, puisqu'il est question d'éducation, puisqu'il est question de créer au Collège de France une chaire d'où sera répandue justement l'idée de la Coopération, il m'a semblé qu'il était urgent aussi d'inscrire à notre programme coopératif autre chose, quelque chose qui vînt de plus bas.

Nous avons constaté, et l'histoire nous l'apprend, que c'est au milieu de la classe ouvrière, que c'est au milieu de la classe prolétarienne, que sont sortis des génies. Que nous nous reportions aussi loin que nous le voulions, que nous allions même jusqu'au Moyen-Age, lorsque Charlemagne, dans son palais, constatait que les foules avaient bien fait leur devoir et que les riches les avaient négligés; que nous nous reportions aux découvertes des grands savants tels que Bernard Palissy, Jacquard et tant d'autres, qui ont marqué de si grands progrès dans la science et dans le monde, — nous constatons que tous ces gens-là sont issus de la classe ouvrière.

Et j'en arrive à dire que la Coopération devrait fournir aux enfants du peuple qu'elle reconnaîtrait capables, des bourses pour leur permettre de continuer leurs études.

Et puis, on parlait tout à l'heure du discours prononcé par la déléguée anglaise. Eh bien, là encore, les Anglais sont supérieurs à nous, car ils ont créé chez eux des collèges où les enfants des ouvriers peuvent s'instruire.

Ce que je voudrais demander, c'est qu'on ajoutât au questionnaire — et là je crois être dans la question — que les candidats aux élections devraient demander que toutes les écoles fussent ouvertes aux enfants des coopérateurs, que toutes les écoles fussent ouvertes aux enfants du peuple; et que l'on inscrivît à l'ordre du jour du prochain Congrès une résolution tendant à ce que la Fédération Nationale créât elle-même, non pas une chaire au Collège de France, mais à côté de cette chaire, un collège où tous les enfants des coopérateurs pourraient aller chercher l'instruction dont ils ont besoin.

Rousseau. — Je demande la parole pour un amendement.

Lorsqu'il s'agit d'adresser un questionnaire à des milliers de candidats, il faut que toutes les questions soient bien précisées. Or, quelle que soit l'admirable compétence de notre ami Thomas, il y a une légère erreur. On dit : « Les Sociétés coopératives de consommation ne réclament ni subvention, ni faveur... »

Là, nous sommes tous d'accord.

« ...Mais elles se considèrent, à juste titre, comme des institutions publiques... »

Non! ce n'est pas exact. Je voudrais qu'on mette : « ...comme des institutions de solidarité... » O na l'air de demander des subventions comme des sociétés philanthropiques. Nous sommes une institution analogue, je dirai, au Crédit mutuel pour le commerce et les démobilisés. Est-ce votre pensée?

ALBERT THOMAS. — Oui.

ROUSSEAU. — Alors, nous sommes d'accord. Mais alors il faut que le texte soit révisé.

IMBERT. — On a signalé le danger que présentaient pour les coopératives, les économats patronaux. On a signalé également le danger que présentaient les coopératives militaires. Il y a un troisième danger aussi grave : ce sont les coopératives municipales.

Dans une commune du département de la Seine, on a constitué une Commission mixte d'alimentation et d'approvisionnement qui, sous le couvert de son étiquette, fait des affaires et essaie — sans y parvenir d'ailleurs — de tuer une coopérative. On y vend, dans des baraques que l'on appelle Vilgrain, des denrées que l'on se procure facilement au ravitaillement, alors que la Coopération en question n'en trouve ni au ravitaillement ni au Magasin de gros, — on y vend des marchandises à un prix maximum taxé pour les débitants et non pas pour les demi-grossistes, — on y fait des affaires et on empoche des bénéfices. Où iront-ils? L'avenir nous l'apprendra peut-être. En tout cas, il y a un danger considérable et il ne faudrait pas qu'on laissât supposer que les Offices municipaux, qui sont sortis de la pensée de notre camarade Albert Thomas et qui pourraient être d'indispensables organes de distribution, — pussent se livrer à un commerce quelconque, faire des affaires d'une nature quelconque, et surtout essayer de tuer des coopératives.

Je voudrais que notre camarade Albert Thomas nous rassurât sur cette question.

LUCAS. — Je demande à intervenir dans la question sur les coopératives militaires et les économats, car certains points n'ont pas été examinés.

On nous fait valoir que la loi de 1910 sera appliquée en ce qui concerne les économats. Mais ce n'est pas ce qu'il y a de plus dangereux pour les sociétés coopératives. Ce sont les sociétés coopératives constituées légalement par les industriels au profit de leurs ouvriers, qui sont les plus dangereuses pour nous. Au point de vue légal, nous ne pouvons pas les atteindre. Nous ne pourrions les atteindre que par la propagande coopérative, en faisant remarquer aux consommateurs et aux ouvriers en particulier, le danger qu'il y a à laisser ces coopératives patronales s'introduire sous cette forme.

Il est évident que lorsque les sociétés coopératives patronales auront installé des magasins, comme elles le font actuellement, à la porte de chacune de nos succursales, avec des moyens plus importants que ceux dont nous pouvons disposer, il est évident que la Coopération sera en mauvaise posture.

Et puis, les bénéfices réalisés par les industriels pendant la guerre leur ont permis d'envisager une autre branche à appliquer à la Coopération: Ne trouvant pas les logements nécessaires pour les ouvriers, les industriels ont décidé de faire construire des habitations. Ils sont les seuls actuellement à pouvoir le faire, à cause de la cherté des matériaux.

Par conséquent, l'ouvrier, à un moment donné, se trouvera dans cette situation : il tiendra son travail de son patron, ses aliments de son patron, son logement de son patron. Je me demande quelle sera la différence entre sa situation et celle du serf du moyen-âge.

La Coopération se doit de lutter contre cette situation. Ce n'est pas l'intervention législative qu'il faut employer, car les patrons ne font qu'appliquer la loi qui permet à tout le monde de s'associer. Nous ne pouvons les empêcher de se servir de la loi, comme nous nous en servons nous-mêmes. C'est donc uniquement par notre propagande que nous devons agir. C'est pour cela que la Fédération Nationale devrait faire des tracts sérieux et bien conçus de façon à lutter contre les économats patronaux déguisés sous la forme de sociétés coopératives.

Poisson. — Même pas coopératives.

Lucas. — Rien dans la loi ne signifie que ce sont des coopérateurs associés. Pour nous, cela le signifie. Le mot « coopérative » signifie tout simplement pour des individus, le droit de se réunir et de s'associer dans un but commun. Ces gens-là font de la coopération à leur façon; et les ouvriers, après avoir été à l'armée, se laissent entraîner par les bénéfices qu'ils peuvent tirer des coopératives patronales.

Un autre danger, ce sont les coopératives militaires, qui s'installent dans tous les endroits où il y a une garnison. Il y a, dans les statuts de ces coopératives, des clauses absolument illégales. D'abord, les coopératives militaires n'ont pas de frais de transport, on leur donne des camions, des soldats pour les conduire, pour manutentionner la marchandise, pour la répartir. Mais le plus dangereux, c'est qu'on permet à ces sociétés d'accepter des adhérents qui ne participent pas aux bénéfices. Il y a donc, de ce fait, des bénéfices réalisés. Ces bénéfices sont accumulés. Ce n'est pas même l'Assemblée générale des adhérents de la coopérative militaire qui a le droit d'en disposer, c'est le général commandant le corps d'armée ou le ministre de la Guerre, qui n'est même pas membre de la Société.

Je demande que la Fédération Nationale examine cette situation, relève les irrégularités de ces organisations, de façon à lutter et demander que le ravitaillement soit égal pour tous, de façon à empêcher que les coopératives militaires ne reçoivent, à titre d'adhérents, des personnes qui ne peuvent jamais, à aucun moment, par l'accumulation de leur boni ou par des versements volontaires, devenir actionnaires de la Société. C'est une spéculation, ce n'est pas de la coopération.

Le Président. — Y a-t-il encore des camarades qui demandent la parole?

Un Congressiste. — On a dit tout à l'heure que nous devions soumettre des questions précises à tous les candidats. Je vous prie de croire que j'ai déjà posé des questions de ce genre à des candidats appartenant à des partis divers. Presque tous font les mêmes promesses, et lorsqu'ils sont élus, ils ne les tiennent pas. Quelles sanctions aurons-nous contre les candidats qui n'auront pas tenu leurs promesses?

Il serait plus profitable, je crois, de nous adresser aux organisations qui patronnent les candidatures, de leur soumettre notre programme et de leur demander de soutenir nos revendications coopératives. Nous aurions ainsi un engagement moral des organisations centrales.

Si nous avons un parti ouvrier qui a une certaine force vis-à-vis de ses élus, s'il y a une discipline, c'est parce que nous avons un ascendant sur eux. Il en est de même des organisations auxquelles je faisais allusion et c'est pourquoi je dis qu'il serait bon de leur présenter nos revendications.

Le Président. — On a demandé la clôture, sommes-nous d'accord?

La parole est au rapporteur.

Albert Thomas. — Les philosophes disent que tout est dans tout. Toutes les questions sont dans le questionnaire.

L'effort que vous demandez, c'est de classer les questions et de voir quelles solutions nous pouvons apporter et à quel moment les apporter.

Je vais, dans cet esprit et dans un certain ordre, essayer de faire le tour des différentes questions posées.

D'abord, je répondrai à Lucas, comme j'ai répondu tout à l'heure à Bellino: question de coopératives militaires, question de fausses coopératives, nous réservons cela pour un autre moment. Lucas lui-même a indiqué que c'était une question de propagande, qui convenait bien moins à un questionnaire qu'à une application quotidienne, qui réclame l'attention et la vigilance de chacun des militants coopérateurs.

Sur le questionnaire lui-même, je relève deux questions. D'abord celle d'Imbert. Il a soulevé un problème qui est général : c'est celui des baraques Vilgrain ou prétendues telles, c'est celui de tous les organes municipaux ou prétendus tels, par lesquels on combat et concurrence les coopératives.

Là-dessus, la Fédération Nationale a pris position, et dans la discussion générale sur la vie chère, nous aurons à nous en expliquer.

Mais je retiens ceci : lorsque nous avons rédigé, d'après les indications du mouvement coopératif, le projet sur les Offices publics de ravitaillement — c'est une des choses qu'on nous reprochait — nous avons mis au premier plan la préoccupation coopérative. Nous avons indiqué que c'était pour promouvoir le mouvement coopératif — que nous considérons comme forme sociale de la répartition — que nous demandions la création des Offices, — en indiquant que pour les frais, la propagande, la répartition, c'était aux coopératives qu'il fallait recourir. C'est en dernier lieu, et alors que ça n'était pas dans le projet primitif, qu'on nous a demandé, dans le cas où il n'aurait pas été possible de créer une coopérative dans une région déterminée, d'envisager une organisation communale, chose que nous n'avions pas nous-mêmes envisagée.

Pour répondre à notre camarade du Pas-de-Calais, je crois
que nous ne pouvons pas inscrire dans le questionnaire sa
suggestion tendant à la création de collèges, pour y recevoir
les enfants des coopérateurs, comme, pour les fins déterminées,
le grand mouvement anglais en a créés. Cela regarde la Coopération. Ou il s'agit d'inscrire la grande réforme, vers laquelle
s'orientent aujourd'hui les démocrates de tous les partis, à
savoir l'égalité de l'enseignement pour tous les enfants; mais
alors je dis que cela sort du cadre que nous nous sommes tracé
et que nous pourrions être accusés d'aborder, même par ce
point, le côté politique. Le jour où nous poserons ce problème,
la question de laïcité se posera presque immédiatement. Dans
ces conditions, il y aura lieu d'examiner si la Coopération ne
sort pas de sa neutralité et de son indépendance. Tous les coopérateurs sont d'accord sur le fait même de la réforme, mais
nous commettrions une faute en l'inscrivant dans le questionnaire.

Sur le questionnaire lui-même, je réponds aussi à Calzan.

Il a trouvé que dans la première formule nous abandonnions
l'idéal coopératif. Je prie Calzan de croire que nous n'en
faisons rien. Mais là encore — sous réserve de revoir les formules — je crains qu'en introduisant la formule de l'idéal coopératif et capitaliste, nous abordions là encore un point que
nous avons voulu éviter... Nous avons voulu précisément que
la Coopération ne fût pas soupçonnée de servir à un parti quelconque. Je dis donc à Calzan : dans le manifeste, nous nous
efforcerons, peut-être en modifiant les formules actuelles, de
répondre à sa préoccupation, et je le prie de me faire le crédit
que Rebeyrol me faisait en disant qu'un imparfait sera remplacé
par un présent de l'indicatif.

Je demande à Rousseau de me faire confiance, en ce qui
concerne la pensée générale qu'il exprimait. Il a raison, quand
nous disons institutions d'intérêt public, cela regarde les lois
d'intérêt public. Ce n'est pas ce que nous voulons dire. Rousseau a eu raison de marquer que ce à quoi nous faisons allusion, c'est le crédit, à des taux déterminés, pour des institutions d'intérêt public, comme, par exemple, le Crédit Mutuel
pour le Commerce, dont il parlait.

Je ne veux pas, à la manière de quelques orateurs, éveiller
ou réveiller des discussions qui sont déjà passées. Mais ce qui
ressort du discours de Poisson, de tous nos débats, c'est le
caractère nouveau de la Coopération française d'aujourd'hui,
ce sont les idées nouvelles et les principes nouveaux qu'elle a
fait valoir auprès des coopérateurs étrangers. Cela, pour l'affirmer d'une manière nette, il faut des mots nouveaux, des principes nouveaux, les mouvements ne les trouvent pas en un jour.
Il y a de grands mouvements ouvriers qui, tout en affirmant
des idées nouvelles, sont obligés de recourir aux formules d'hier.
Pour prouver, nous aussi, nos formules nouvelles disant exactement toute la réalité coopérative qu'elles veulent exprimer,
il faut un effort de recherche, un grand effort de science. C'est,
d'un côté, la propagande, de l'autre ce sont les deux forces du
mouvement coopératif, celles par lesquelles, dans le domaine
des idées, la Coopération exprime toute sa puissance morale
équivalente à la puissance matérielle qu'elle a dès maintenant
acquise.

Sous réserves de ces observations, je vous demande d'adopter le questionnaire.

CALZAŃ. — Le camarade Thomas n'a répondu qu'à une des deux questions que je lui ai posées.

En ce qui concerne la définition de la Coopération, j'insiste à nouveau pour déclarer que telle que vous l'avez faite, elle est insuffisante. Pour la deuxième question, celle qui a trait à l'envoi du questionnaire aux Partis, je persiste à croire que ce serait là une méthode plus efficace, qui permettrait des sanctions.

ALBERT THOMAS. — Je crois que vous voudrez laisser à la Fédération Nationale le soin de voir dans quelle mesure elle opérera. Soyez persuadé qu'elle le fera avec beaucoup de doigté et d'habileté pour ne pas sortir de son indépendance coopérative.

Je crois qu'il y a là une question qu'il importe de retenir et qui, dans la consultation de demain, peut aider au développement de l'idée coopérative.

L'observation de Calzan me permet de répondre à une question que j'avais négligée : c'est la question des sanctions. Au Comité confédéral, on se l'était posée, on s'était demandé comment, après les consultations et après quatre ans, on verrait dans quelles conditions les élus ont tenu leurs engagements. Il y a là surtout une question de conscience et d'honneur. On dit que cela ne compte pas en matière politique, mais quand un mouvement est aussi continu que le mouvement coopératif, cela peut se traduire par quelques conséquences matérielles.

Nous avions décidé de laisser, en ce qui concerne le résultat du questionnaire, ce qu'on appelle l'autonomie des fédérations ou même des sociétés. Chaque société, une fois le questionnaire rempli, aura à voir, dans sa région, l'usage immédiat qui en est fait. Il y a là, selon les circonstances, un certain nombre de considérations qui peuvent conduire telle ou telle société ou bien à afficher que le questionnaire a été adopté, ou à prendre une autre forme pour annoncer dans quelles conditions le problème se pose.

Il y a là une certaine habileté, une certaine prudence tactique. En s'en remettant aux différentes fédérations, la Fédération Nationale agira bien.

Ce qui importe, c'est que le questionnaire soit arrêté, accepté, sous réserve de quelques modifications de forme, par le Congrès, et qu'ainsi l'ensemble du mouvement coopératif ait une base pour affirmer les idées essentielles qu'il tient à faire valoir au moment de la consultation électorale, et pour indiquer les réformes immédiates où se mesure la sympathie ou l'adhésion coopérative de chacun des candidats.

Voilà les quelques observations que je présente en terminant : fermeté sur le questionnaire arrêté, et une certaine souplesse, une certaine liberté en ce qui concerne l'effort de chacune des fédérations régionales.

LE PRÉSIDENT. — Sous réserve des rectifications apportés au projet de manifeste, y a-t-il d'autres observations? On a demandé la clôture.

Un Congressiste. — Dans la première partie du questionnaire, on demandera aux candidats s'ils sont partisans de patronner ou de reconnaître la nécessité de la forme coopérative; mais on ne spécifie pas ce qu'on appelle « coopératives ». S'agira-t-il des coopératives qui, comme les nôtres, sont adhérentes à la Fédération Nationale et qui donnent une voix aux Assemblées générales, des coopératives qui permettent, également, la répartition des trop-perçus entre les sociétaires, — ou s'agira-t-il des coopératives tout court?

Je demande que l'on précise ce point-là, et voici pourquoi.

Les candidats promettent aux électeurs tout ce qu'on leur demande. Ils diront: Mais oui, mon cher citoyen, je suis partisan de la Coopération autant que vous, je l'ai défendue partout, à la Chambre des députés, dans les Commissions, je suis partisan de toutes les coopératives parce qu'elles servent à faire baisser le coût de la vie et qu'elles augmentent la capacité de consommation des individus, je suis partisan de vos coopératives, des coopératives militaires, des coopératives municipales, des coopératives catholiques, des coopératives patronales. Alors, il faudra engager une discussion sur la forme de coopération que nous voulons faire accepter. C'est notre devoir, c'est notre rôle, nous devons le faire dans l'intérêt de la Coopération, c'est entendu.

Tout à l'heure, on a parlé d'une chaire au Collège de France? Je ne veux pas y revenir. Mais il y a un endroit où l'on fait de la meilleure propagande coopérative : c'est dans les réunions populaires, électorales ou syndicales, c'est dans les réunions de grévistes, — c'est là surtout que l'on trouve la masse à qui parler. Il appartiendra de dire à cette masse ce que nous entendons par le mot « coopératives ».

Albert Thomas. — Le camarade a dit que c'était notre rôle de définir dans les discussions ce qu'est la Coopérative. C'est dans notre esprit à tous. Deshayes ne me démentira pas, si je dis que les députés mêmes seraient bien embarrassés si vous leur posiez la question. Ils ne le savent pas. Les trois quarts et demi de vos candidats n'en sauront rien. Le questionnaire, c'est un moyen d'action. Si nous demandons qu'il soit posé, c'est pour dire ce qu'est la vraie Coopérative et ce que nous voulons faire aboutir lorsque nous demandons au mouvement coopératif d'être actif à une pareille heure.

Le Président. — Je mets aux voix le manifeste, avec les modifications acceptées par le Rapporteur.

Adopté à l'unanimité.

La Vérification des Mandats

Le Président. — La parole est au Rapporteur de la Commission de vérification des mandats, G. Lévy.

Gaston Lévy. — La Commission a constaté qu'il y avait 38 fédérations régionales de représentées à ce Congrès, plus les sociétés coloniales, au nombre de 4, qui ne font partie d'aucune fédération. Ces fédérations départementales constituent, en tout : 2.036 sociétés coopératives de consommation repré-

— 73 —

sentées, 51 cercles de coopérateurs, 12 sociétés de production, ce qui représente 2.713 mandats pour le vote.

Pour le Conseil unique de la Fédération et du Magasin de Gros, il y a, en additionnant les mandats de la Fédération et du Magasin de Gros, 5.110 mandats.

La Commission s'est également préoccupée des cotisations perçues.

A l'heure actuelle, les fédérations régionales représentées à ce Congrès, ont versé pour les sociétés, ou la Fédération Nationale a encaissé elle-même, une somme de 106.516 fr. 85, dont 71.011 fr. 25 pour la Fédération Nationale. Il y a, en cours de recouvrement 6.998 fr. 60, dont 4.532 fr. 40 pour la Fédération Nationale.

Il y a encore une ou deux fédérations qui n'avaient pas donné, au moment où le compte avait été remis par le secrétaire, les états de cotisations à recouvrer, et qui l'ont fait depuis.

La Commission a eu également à se préoccuper de questions litigieuses.

D'abord, en ce qui concerne une société : la Société coopérative ouvrière *La Fraternelle de la Marine*, à Rouen, qui avait été, d'après sa lettre, refusée par la Fédération régionale. La Commission, après avoir entendu le secrétaire de la Fédération régionale, a confirmé la décision prise par le Congrès régional, le 24 août, qui a constitué une Commission d'arbitrage pour examiner dans quelles conditions cette société pourrait être admise, et elle vous propose de charger le Conseil Central d'apprécier la décision qui interviendra à cet égard de la Fédération régionale.

Le Président. — Personne ne demande la parole sur ce point?

G. Lévy. — Une société coopérative de Bergerac, *Le Foyer*, a été refusée par la Fédération régionale du Sud-Ouest. La Commission, après avoir entendu le secrétaire de la Fédération régionale, a constaté qu'il y avait à Bergerac, constituée et installée avant que *Le Foyer* y soit, une succursale: l'*Avenir du Centre-Ouest*, et qu'il n'y avait pas lieu d'admettre la coopérative *Le Foyer*, vous propose de confirmer la décison du Conseil central en ce qui concerne la non admission de cette Société.

Un congressiste. — Je ne suis pas de la région, mais je pose une question. Si c'était l'inverse? S'il y avait eu d'abord une Coopérative et que la Fédération régionale voulût établir une succursale, quelle serait la solution?

G. Lévy. — Le secrétaire nous a indiqué qu'à aucun moment il n'avait eu l'intention de laisser constituer, par une société régionale, une succursale de cette société, là où il existe une coopérative.

Le même congressiste. — Alors, c'est la doctrine de la Fédération?

Le Président. — La question ne peut pas se poser à propos de la vérification des mandats.

G. Lévy. — Je vous réponds qu'en ce qui concerne la Fédération régionale qui est en cause, c'est sa méthode. C'est tout.

Une autre société: l'*Association coopérative Vosgienne* avait protesté contre le refus d'admission par la Fédération coopérative de Lorraine de sa société constituée à Epinal. Nous avons avons eu entre mains les statuts de cette société, qui n'indiquent pas les conditions dans lesquelles les bénéfices sont répartis. On stipule bien qu'un intérêt sera réservé, mais on n'indique pas le taux de l'intérêt. Dans ces conditions, et après enquête sur la non nécessité de faire un effort pour avoir une coopérative à Epinal, étant donné qu'il y en a déjà une, — le Conseil central vous propose de ne pas admettre cette société, dont le caractère coopératif n'a pas pu être déterminé ni défini.

Le Président. — Il n'y a pas d'observations?

G. Lévy. — Un conflit semblait s'être élevé entre la Fédération lyonnaise et une société de Givors. Le secrétaire de la Fédération lyonnaise a pris l'engagement de faire cesser le conflit et de faire rentrer la coopérative de Givors dans le sein de la coopération.

Un dernier conflit a été réglé par la Commission: c'est un conflit entre une société du département de la Meuse, l'*Union Lorraine* et l'*Union Ouvrière coopérative*, de Trouville-en-Barrois. Une solution a été prise qui permettra à l'*Union Ouvrière*, de Trouville-en-Barrois, de continuer à vivre. En ce qui concerne les autres points litigieux, la Commission a demandé à la Fédération régionale de Lorraine de vouloir bien s'occuper de la question.

Voilà le rapport de la Commission de vérification des mandats.

Le Président. — Je mets ce rapport aux voix... Il est adopté à l'unanimité.

La séance est levée à 6 h. 10.

SÉANCE DU DIMANCHE 28 SEPTEMBRE 1919

(Matin)

La séance est ouverte à 9 h. 20, sous la présidence du camarade Gaston Lévy, assisté des camarades Dosmond, de l'*Union des Travailleurs*, de Saint-Etienne, et Bour, de Dombasle, assesseurs.

Le Service Juridique

LE PRÉSIDENT. — Sur la question du Comité confédéral, personne n'a plus de questions à poser?

La suite de l'ordre du jour appelle le compte rendu du service juridique. La parole est au camarade Ramadier.

RAMADIER. — Camarades, vous avez lu, dans l'*Action Coopérative*, le rapport du service juridique. Vous savez que le Service juridique n'a pas à s'occuper de questions d'ordre général, il résout seulement les points spéciaux qui lui sont soumis. Je suis à votre disposition si vous avez des questions à poser.

LE PRÉSIDENT. — Quelqu'un demande-t-il la parole?

Personne ne demandant la parole, nous passons au Service des renseignements administratifs et commerciaux.

Quelqu'un demande-t-il la parole sur ce service?...

Personne ne demandant la parole, nous passons au Comité d'éducation.

Pour discuter cette question, nous vous demandons d'attendre la citoyenne Jouenne.

Sur le rapport de l'*Action Coopérative*, quelqu'un demande-t-il la parole?...

Sur le journal?...

Sur le rapport financier?...

Nous arrivons au rapport de la Commission de contrôle. Le secrétaire de la Commission de contrôle est-il présent?...

POISSON. — Il faut adopter le rapport de la Commission de contrôle.

LE PRÉSIDENT. — Si personne ne demande la parole, c'est inutile.

GENTILHOMME. — J'estime que vous devez mettre aux voix le rapport de la Commission de contrôle; il est d'usage d'en soumettre au Congrès l'approbation.

LE PRÉSIDENT. — Eh bien, je mets aux voix le rapport ed la Commission de contrôle.

Le rapport de la Commission de contrôle est adopté.

LE PRÉSIDENT. — L'ordre du jour appelle le rapport sur l'Office Technique. La parole est au camarade Poisson.

L'Office Technique

Poisson. — Camarades, vous avez lu le rapport sur l'Office Technique de la Fédération Nationale. Je rappelle d'un mot, non pas pour les vieux coopérateurs, mais pour les nouvelles sociétés, qui sont nombreuses, l'importance de cet Office technique.

L'Office technique n'a pas de pouvoirs par lui-même, il n'a que la possibilité d'étudier et de soumettre des projets au Conseil central, et par lui au Comité confédéral; cependant ces dernières années, il a rendu d'importants services au mouvement coopératif. Je tiens à le dire, car les membres de l'Office technique, choisis par le Conseil central, sont des hommes d'un grand dévouement, que personne de vous ne peut remercier ni individuellement ni collectivement, puisque vous ne les connaissez pas. Ils n'apparaissent pas à la tribune; ce ne sont pas des orateurs, ce sont des gens d'études, mais il est de notre devoir de nous souvenir qu'il y a une quinzaine d'hommes qui travaillent là pour nous, et auxquels le mouvement coopératif doit être extrêmement reconnaissant.

Je tiens à leur rendre cet hommage.

L'Office technique, au cours de cette année, a opéré une transformation intéressante: il ne constituait jusqu'alors qu'un seul organisme; il a cru, pour pouvoir perfectionner ses travaux, utile de se diviser en trois sections: une section financière, une section économique, une section juridique. Chacune de ces sections a, au cours de l'année, fait d'importants travaux. La section juridique s'est occupée de toutes les questions qui sont venues au Conseil supérieur de la Coopération dont vous parlait Ramadier. C'est ainsi que l'Office technique s'est préoccupé de la question de la législation nouvelle applicable aux sociétés coopératives en Alsace-Lorraine, et qu'elle a longuement étudié la clause de dévolution en cas de liquidation des sociétés, pour pouvoir défendre les principes mêmes de la coopération. Il a actuellement à l'étude une question qui vous intéressera, c'est le droit de propriété du mot Coopérative. On a indiqué hier combien il était dangereux pour nous de voir des organismes comme ceux que désignait Lucas, qui ne sont que des sociétés anonymes, se prévaloir du titre de « Coopérative »; ils en abusent près de l'opinion, près des consommateurs, et font une concurrence déloyale à notre mouvement. Nous avons l'intention de préparer un projet de loi pour que le mot « Coopérative » soit la propriété des sociétés qui sont constituées conformément à la loi et n'appartienne qu'aux sociétés coopératives de consommation.

Voilà quelques-uns des travaux de la section juridique.

La section financière a mis au point un bilan type qui serait déjà publié si on ne voulait y joindre un compte d'exploitation type. Nous espérons que ces deux travaux seront d'une grande utilité pour nos sociétés.

Ce n'est pas mon rôle de dire du mal des sociétés coopératives, mais il faut nous rendre compte de nos imperfections. Dans beaucoup de nos coopératives, les comptabilités, quelque exactes qu'elles soient, ne sont pas conformes aux règles de la comptabilité coopérative, et les bilans qu'on nous envoie à la fin de l'année sont faits de la façon la plus diverse et parfois renferment des erreurs. Le jour où les sociétés auront en mains des

-comptes-types, cela servira beaucoup et fera en même temps l'éducation des coopérateurs, qui pourront se rendre compte de la véritable situation de leur société et éviter toutes erreurs.

De plus, l'Office technique est en train d'étudier la création de reviseurs de comptabilité. C'est notre président Lévy qui a mis à l'étude cette question. Nous vous demanderons s'il ne serait pas utile de constituer une sorte d'association entre toutes les coopératives de France pour la revision de leur comptabilité, suivant un exemple que nous avons vu dans les coopératives d'Alsace et de Lorraine et qui a donné d'excellents résultats.

Les travaux les plus importants ont été faits par la section économique.

La Fédération Nationale s'occupe de la défense des consommateurs. L'un des rôles les plus importants de l'Office technique est d'étudier certains problèmes qui peuvent déterminer une amélioration de l'alimentation française et un progrès économique, afin que les coopératives apparaissent au premier plan comme soucieuses de tout ce qui peut diminuer le coût de la vie.

Ainsi l'Office technique a été appelé à diviser son travail, à le sérier en un certain nombre de questions que vous pouvez trouver dans le rapport qui est entre vos mains.

Deux de ces questions ont été spécialement détachées, et l'Office technique a prié le Conseil central de demander au Congrès de les trancher par un ordre du jour.

Ces deux questions sont celles de la boulangerie industrielle et de la viande, tant au point de vue de la production de la viande à l'intérieur du pays qu'à celui de l'introduction de la viande frigorifiée.

L'ordre du jour que nous avons à vous proposer sur les boulangeries industrielles est ainsi conçu :

Le Congrès,

Considérant que la trop grande multiplication des boulangeries privées actuellement exploitées dans des formes vicieuses et routinières et selon des usages archaïques, particulièrement dans les grands centres de consommation, constitue, en raison de l'énorme déperdition des forces et la surcharge de frais généraux qu'elle entraine, une organisation inférieure et des plus notoirement insuffisantes pour une des plus importantes industries d'alimentation générale.

Adoptant les suggestions de l'Office technique de la F. N. C. C., dans l'intérêt de l'hygiène et du progrès économique;

Recommande la création dans les agglomérations populeuses d'entreprises de panification industrialisées à grand rendement, jumelées avec des meuneries elles-mêmes industrialisées;

Demande en outre aux pouvoirs gouvernementaux et aux municipalités des grandes villes de prévoir et d'étudier dans les plus brefs délais la création de ces entreprises soustraites à l'exploitation du capitalisme privé et dont la gestion, dans la forme coopérative, serait confiée aux grandes sociétés coopératives régionales à succursales, considérées aussi comme instruments de distribution rapide et à frais généraux réduits.

A défaut de l'intervention rapide des pouvoirs responsables pour la constitution de cet important service public de l'alimentation.

Invite les sociétés coopératives régionales de développement à

*rechercher les moyens d'organiser elles-mêmes et par leurs pro-
pres forces les services industriels de meunerie et de boulangerie nécessités par les besoins d'hygiène et le progrès économique moderne.*

D'ailleurs, le camarade Bailly, qui s'occupe de la question, est
à votre disposition si vous avez des questions à lui poser, ici ou
en dehors de la salle.

Voici maintenant l'ordre du jour relatif à la viande :

Le Congrès,

Adoptant les conclusions de l'Office technique de la F. N. C. C.,

*Considérant que le problème de l'alimentation carnée des
consommateurs se pose:*

*1° Dans la nécessité de donner satisfaction aux besoins crois-
sants de la consommation;*

*2° En ce qui concerne les viandes de bœuf et de mouton, dans
une augmentation considérable des introductions de viande
congelée et l'effort des éleveurs pour constituer avant tout un
cheptel de reproduction;*

*3° En ce qui concerne le porc également dans l'augmentation
d'une production déficitaire, même dans notre pays;*

*Demande aux pouvoirs publics de négocier tous traités de
commerce permettant l'introduction en franchise des quantités
suffisantes de viandes abattues et congelées, en provenance des
colonies ou des pays étrangers, et de prévoir, en conséquence,
la création des moyens de transport et de conservation appropriés, tels que navires, wagons et entrepôts frigorifiques;*

*Leur demande de plus d'organiser sur le territoire de la mé-
tropole, et sous la forme coopérative, les abattoirs industriels
nécessaires, en particulier pour la viande de porc, au traitement
rationnel, hygiénique et scientifique des animaux destinés à la
consommation nationale.*

*L'Office technique devra constituer une commission spéciale
de techniciens et de praticiens pouvant donner toutes indications utiles sur les réalisations qui pourraient être envisagées.*

Voilà le résumé des travaux de l'Office technique.

J'ajoute que dans ces derniers mois, nous avons constitué une
section nouvelle d'hygiène sociale, où nous avons appelé des
médecins. Le programme de cette section est longuement développé dans le rapport, et le Conseil central a cru nécessaire
d'établir sinon une permanence, du moins une sorte de secrétariat où des médecins sont à la disposition des sociétés pour leur
donner tous renseignements nécessaires sur l'hygiène sociale,
l'hygiène alimentaire et tout ce qui touche à ces questions.

Je tenais à signaler au Congrès, au risque de retenir quelques
instants son attention, l'importance de cet organe, qui rendra au
mouvement coopératif les plus grands services.

Le Président. — Quelqu'un demande-t-il la parole?

Parfait. — Camarades, voici près d'un an que les boulangeries industrielles sont à l'ordre du jour. J'ai écrit moi-même à la
Fédération pour collaborer à cette question des boulangeries
industrielles. Jusqu'à ce jour je n'en ai jamais eu de nouvelles et
n'ai su où en était cette question que par la voix de Poisson. Or

m'étant occupé de la question depuis quinze ou dix-sept ans, j'ai la prétention d'avoir quelques connaissances techniques, et je ne voudrais pas, pour le bien des coopératives, qu'il soit pris de décisions sur ce point dans l'Office technique sans que je sois entendu.

Le Président. — Le mieux sera que le camarade Parfait entre en relations avec le camarade Bailly, rapporteur de la question, pour lui donner des renseignements.

La parole est au camarade Rousseau.

Rousseau. — Je voudrais appeler votre attention de militants avisés, toujours soucieux de l'extension à donner à notre mouvement, sur les efforts qu'il faut faire partout où il n'y a pas de pharmacies et de dispensaires, pour en créer.

Vous connaissez les ravages de la tuberculose; plus de 200.000 à 300.000 démobilisés en sont atteints. La plupart d'entre eux ne connaissent pas le moyen de se bien soigner et de préserver leur femme et leurs enfants. Comme les taudis subsistent, ainsi que les mauvaises conditions d'alimentation, le manque d'hygiène dans les ateliers, la tuberculose fait des ravages effrayants. C'est aux travailleurs à utiliser les lois qui existent; il y en a une, de 1916, qui permet aux collectivités de créer des dispensaires de préservation anti-tuberculeuse et d'hygiène sociale. C'est facile, je vous prie simplement d'étudier la loi de 1916, de vous mettre en rapports avec des mutualistes et d'agir rapidement.

Cette loi dispose de fonds considérables provenant de la Croix-Rouge: des dizaines de millions...

Vous connaissez les avantages des pharmacies mutualistes, depuis la guerre il n'en a pas été créé de nouvelles. Il faut faire une entente entre les mutualistes et les coopérateurs, afin qu'une part de nos bonis qui ne sont pas répartis soient employés à cette œuvre de solidarité sociale. Cela, c'est prévu dans la loi de 1917, ainsi nous éviterons les critiques de nos adversaires.

Gentilhomme. — Le rapport de Bailly m'a beaucoup intéressé, parce que j'ai travaillé surtout la meunerie et la boulangerie. Ce rapport est très développé, il est magnifique, mais je ne le crois pas pratique. On pourra le mettre en pratique à Paris, mais ailleurs, je n'en vois pas la possibilité. On nous demande d'abord trois millions pour construire un moulin et une boulangerie, on vous demandera peut-être encore deux millions pour en assurer le développement. Ce sont des capitaux considérables à engager et surtout à administrer. Si n'importe qui peut administrer une épicerie, il faudra des techniciens pour exploiter une meunerie et des boulangeries assez considérables. En un mot, le rapport m'effraie, car je ne vois pas comment le réaliser en défendant les capitaux engagés.

Depuis la guerre, la main-d'œuvre a augmenté considérablement, dans la boulangerie comme dans les autres corps d'état. Les petites boulangeries qui faisaient deux à trois fournées par jour, pouvaient vivre avec 15 francs de frais, aujourd'hui c'est 35 à 40 francs. C'est surtout le portage du pain qui occasionne ces frais.

En province nous avons l'habitude de ne pas aller chercher le pain, parce que les boulangeries sont assez espacées et qu'il faut manger du pain tous les jours. On se déplace deux ou trois fois par semaine pour aller à l'épicerie, mais on a l'habitude de voir apporter son pain.

Les succursales sont un remède, mais il ne pourra y en avoir assez pour satisfaire tous les consommateurs. Nous aurons des frais considérables de portage et nous ne pourrons lutter avec les boulangeries actuelles, qui n'ont plus de portage, étant donné leur multiplicité. Les boulangeries coopératives n'ont plus les moyens de faire concurrence aux boulangeries de province.

Pour ce motif, je ne serais pas d'avis d'encourager la construction, en dehors de Paris, de ces grosses minoteries et de ces grandes boulangeries, comme le camarade Bailly le propose.

LE PRÉSIDENT. — En somme, Gentilhomme propose le renvoi du rapport à l'Office technique, pour étude complémentaire.

GENTILHOMME. — Vous pouvez admettre en principe la construction de boulangeries et de minoteries à Paris, mais je ne crois pas ce projet pratique en province.

LE PRÉSIDENT. — Nous sommes en présence d'une proposition de l'Office technique, dont le Conseil Central a fait siennes les conclusions, qui engage les sociétés coopératives à faire un effort pour l'organisation, dans les grandes villes, de boulangeries industrielles. Le camarade Gentilhomme entend faire des réserves pour l'installation de boulangeries dans les villes de province, d'un autre côté, le camarade Parfait a parlé sur la question. Le Congrès est-il d'avis de continuer la discussion ou de renvoyer la question à l'Office technique pour une étude supplémentaire?

La parole est à Daudé-Bancel.

DAUDÉ-BANCEL. — En somme, Gentilhomme déclare que les petites boulangeries coopératives ne pourront, à l'avenir, pas plus que les petites boulangeries privées, continuer à fournir le pain à bon compte. Or, nous sommes menacés, si nous continuons la petite production, de payer le pain 1 franc le kilogramme. Donc, il faut en réduire le prix le plus tôt possible, et, pour cela, il faut produire en grand, de manière à donner une satisfaction légitime au consommateur.

D'ailleurs, Gentilhomme ne s'élève pas contre le principe de la création des boulangeries, il dit simplement : je retiens le rapport de Bailly pour une application dans Paris, mais pas pour des agglomérations de moyenne importance.

Eh bien, il y a des quantités de boulangeries industrielles dans de nombreux pays. Les coopérateurs qui sont allés en Angleterre, en Hollande, en Belgique, en Suisse, en Allemagne en on vu; ceux qui sont allés à Strasbourg ont vu des installations magnifiques de boulangeries mécaniques; ce qui a été réalisé dans une ville de moyenne importance comme Strasbourg, je ne vois pas pourquoi nous ne pourrions pas le réaliser dans nos grands centres régionaux.

Gentilhomme dit avec raison : le portage du pain est un grand obstacle. Oui, mais il suffit de constituer de petits dépôts au siège des succursales des épiceries coopératives, et ainsi on pourra rendre aux consommateurs les services qu'ils attendent de nous.

Quant à moi, je ne ferai pas de réserves sur l'application du projet de Bailly aux villes de moyenne importance et même aux petites agglomérations, pourvu que les coopératives sachent se discipliner et devenir les succursales de nos boulangeries.

Je voudrais cependant attirer l'attention sur ce point que je viens de mettre en lumière.

A l'heure actuelle, il faut utiliser au mieux le blé dont nous avons besoin, et la meilleure manière, c'est d'extraire du blé le maximum de farine. Je ne dis pas la totalité, mais si nous en extrayions 90 0/0... (*Exclamations*), nous aurions un pain excellent, hygiénique, et qui serait extrêmement nourrissant.

Un Membre. — Personne n'en voudra, de ce pain-là!

DAUDÉ-BANCEL. — Je ne dis pas, comme certains, qu'il faut imposer au consommateur un pain auquel il n'est pas habitué; en France, comme à l'étranger, il faut opérer par transition. Dans les boulangeries coopératives, il faudra lui donner le pain blanc, extra-blanc, qui le nourrira mal; mais à côté de ce pain, qui n'est pas nutritif, il faudra fabriquer du pain avec de la farine à 90 0/0. Et afin qu'il n'y ait pas de contradictions comme j'en ai entendu, qu'on ne me dise pas que ce pain ressemblera à celui que les minotiers et les boulangers, pendant la guerre, nous ont fait avaler, sous le nom de pain complet. Ils ont fait exprès de faire avaler au consommateur du pain fabriqué avec de la farine qui contenait de la terre, du son, des balayures de magasin, des crottes de rats, de manière à dégoûter le consommateur du pain normal. Moi, je vous propose du pain hygiénique, fait avec du blé nettoyé, brossé et renfermant le maximum de qualités alimentaires.

LE PRÉSIDENT. — La parole est au camarade de Montataire. J'ai encore cinq orateurs inscrits, voulez-vous prononcer la clôture?

Plusieurs voix. — Oui, oui,

LE PRÉSIDENT. — Eh bien, je mets aux voix la clôture après les orateurs inscrits.

La clôture est prononcée.

Le Délégué de Montataire. — Un camarade a fait remarquer les difficultés du portage. Or, à Montataire, nous avons une boulangerie qui fonctionne bien, nous sommes obligés de faire la livraison à domicile et nous avons encore des bénéfices.

Je ne m'oppose pas à l'industrialisation de la boulangerie et de la meunerie, au contraire, je la réclame, parce que, actuellement, nous réalisons des bénéfices en nous adressant à des intermédiaires, tandis que lorsqu'on aura créé ces grandes industries, au lieu de s'adresser aux intermédiaires, nous nous adresserons au fabricant, ce sera un bénéfice.

Puis, nous pourrions multiplier nos succursales et arriver à diviser le portage, parce qu'on profiterait de la multiplication de nos boulangeries pour multiplier les épiceries, ce qui nous donnerait de nouveaux coopérateurs. A Montataire, il y a une grande société coopérative, mais à côté il y a trop d'économats, de phalanstères, etc... S'il y avait des succursales appartenant à la Fédération Nationale, on pourrait faire des dépôts de pain.

De même pour la boucherie. J'avais étudié, à Montataire, la création d'une boucherie coopérative, mais si on arrive à industrialiser les boulangeries et les boucheries, le travail sera presque fait.

Pour les boucheries, on livre, dans les campagnes, à domicile, est-ce que la vente n'est pas faite comme celle d'un marchand de quatre-saisons? On ne va pas chercher, dans les campagnes, la viande, on attend qu'on vienne la chercher. On va dire que le coopérateur ne se dérangera pas, c'est une erreur; le coopérateur se dérangera quand on lui donnera le meilleur marché.

C'est en étendant les moyens de production en viande, en pain, qu'on arrivera à faire de la véritable production, c'est pourquoi je demande qu'on tâche d'industrialiser la boulangerie et la boucherie.

BERTHAUT (de la *Bellevilloise*). — Camarades, la question que nous discutons, et qui est assurément d'une grande importance, a été étudiée à la *Bellevilloise*. J'ai, pour ma part, fait des études en Belgique et en Angleterre sur la façon de procéder des camarades de ces deux pays.

Il est incontestable que leurs méthodes ont pour résultat de réduire le prix de revient du pain dans une grande proportion. Mais à côté de cela, il y a la façon de présenter le pain, qui n'est pas la même qu'en France, et je crains — c'est peut-être un peu terre-à-terre — que nous n'ayons en face de nous la routine.

La ménagère, ici, à Paris, a l'habitude d'avoir le petit pain long, fendu, et, dans la boulangerie industrialisée, cette fabrication n'est pas possible. Dans les deux pays dont je parle, on a le pain rond, c'est le seul qu'on puisse produire si l'on industrialise la fabrication du pain. Ici, vous serez en face de cette routine; c'est gros de conséquences, surtout pour le début. La ménagère exigera que son pain lui soit présenté de la même manière, et ce n'est pas possible jusqu'à présent.

Néanmoins, la question est d'une si grande importance qu'on devrait, tout au moins pour la région parisienne, étudier la constitution d'une meunerie jointe à une boulangerie. La meunerie surtout doit donner des résultats.

A la *Bellevilloise*, nous avons exploité un moulin pendant trois ans, avec toutes les difficultés résultant de la guerre. Nous n'avons pas pu continuer, parce que le moulin a été vendu, mais nous aurions continué à en faire l'exploitation, si la question ne s'était pas présentée d'une façon aussi défavorable. Or, nous avons eu des résultats. Dans l'agglomération parisienne, si on trouvait le moyen de joindre au moulin une panification par un procédé qui permettrait de porter le pain comme il l'est maintenant, le succès serait assuré.

Je propose de renvoyer la question à une étude plus approfondie plutôt que de prendre une décision aujourd'hui.

SVOB. — Il est difficile de penser et de raisonner tous de même; je m'en aperçois par les réflexions du camarade Berthaut, qui a précisé une partie de la difficulté de l'industrialisation en France, où presque seul, l'ouvrier, qui connaît les goûts de sa clientèle, peut lui donner satisfaction en faisant dans une même fournée plusieurs sortes de pains, ce à quoi l'industrialisation se prête mal. Mais, dans le Nord de la France il est possible de faire ce qu'on ne réussira jamais à Paris, jusqu'au jour où les clients s'habitueront à manger un pain uniforme.

DAUDÉ-BANCEL. — Permettez-moi une observation. J'ai parlé de la Maison du Peuple à Bruxelles; le directeur m'a déclaré qu'il ferait toutes les formes de pain qu'on voudrait.

Un Congressiste. — C'est matériellement impossible!

SVOB. — Il y a des questions de température, de durée de cuisson, qui ne peuvent convenir à des pains de genres différents. Permettez-moi de me présenter : je suis le directeur du Moulin coopératif de Lorient, et sur la question meunerie, j'ai le droit de parler. J'ai souvent causé avec des camarades de province, qui voulaient étudier la constitution de meuneries coopératives. J'ai toujours envoyé une douche à ces camarades. Il faut avoir le courage de dire ce qu'on sait : on a dit de la meunerie capitaliste plus de mal qu'elle n'en mérite. En ce qui concerne sa manière de travailler, il en est qui ont mis du talc et d'autres produits, mais toutes les corporations ont leurs fraudeurs et leurs mercantis. Dans son ensemble, la meunerie n'emploie pas le talc et les succédanés comme on le croit.

En ce qui concerne aussi les bénéfices — je ne parle pas de la période de guerre, où tous les commerçants ont fait de l'or, — la meunerie française ne gagne pas d'argent et en perd le plus souvent. Bien entendu, je reste sur le terrain industriel et j'écarte la spéculation, qui était le plus clair des bénéfices de la meunerie : les coopérateurs sont des industriels et non des spéculateurs. Je dis que la meunerie française a plutôt perdu de l'argent qu'elle n'en a gagné, et les meuneries coopératives qui existent en France ont subi des crises assez graves pour venir à l'appui de mes affirmations.

Je ne veux pas aller à l'extrême, ni déconseiller l'étude de la meunerie coopérative, mais je ne voudrais pas qu'on s'y jette, en croyant qu'il suffit d'édifier une usine, d'acheter un outillage et de le mettre en train pour gagner de l'argent.

La meunerie la plus facile à exploiter, c'est encore la meunerie moyenne, traitant 200 à 250 quintaux de blé par 24 heures. Le petit moulin est défavorisé, le gros est obligé de spéculer. Je conseille donc le moulin d'importance moyenne; il lui faut moins de capitaux et de clientèle, il est suffisant pour nos efforts et nos moyens.

J'ajouterai un mot pour appuyer en partie la théorie du camarade Daudé-Bancel. La farine entière, quand elle est faite de façon rationnelle, présente de gros avantages, et la meunerie française s'est, en effet, appliquée à la discréditer. J'ai eu l'occasion d'être mis en rapports avec le docteur Monteuuis, qui travaille la question; je lui ai demandé des farines, elles étaient plus présentables que celles qu'aurait pu faire un moulin comme le nôtre. Il faut un outillage spécial, et le docteur Monteuuis a mis au point un pain présentable, avec de la farine blutée à 85 0/0. Il s'agit simplement d'avoir un outillage spécial, de la bonne volonté, et de ne pas vouloir discréditer le pain complet.

Conclusion : la boulangerie ne doit pas être pour nous un mirage. Etudions-la, démontrons que nous sommes disposés à travailler d'une façon moderne, il y aura quelques avantages matériels pour nos coopérateurs, mais il n'y aura pas de bénéfices pour les sociétés qui l'entreprendront.

Le projet de Bailly est trop grandiose, il serait téméraire de débuter par quelque chose d'aussi vaste, Je préférerais débuter par quelque chose plus modeste, et, après quelques années d'expérience, faire une deuxième étape. Je demande donc le renvoi du projet pour une étude plus approfondie.

GENTILHOMME. — Svob est d'accord avec moi, je vais maintenant répondre à Daudé-Bancel.

Avec Daudé-Bancel j'ai traité la question du pain fabriqué avec des farines entières. Le meilleur pain n'est pas fait avec de la farine blutée à 90 0/0, parce que le consommateur ne veut pas manger de son. Le son est destiné aux animaux, et le pain bluté à 90 0/0, renferme au moins 7 à 8 0/0 de son. Nous avons, à Tours, bluté nos blés à 77 et 78 0/0, alors que les décrets ministériels nous mettaient dans l'obligation de bluter à 80 0/0, vous savez qu'à un certain moment les meuniers étaient dans l'obligation de faire rendre au blé 80 0/0 de farine. Nous avons appliqué les instructions ministérielles à nos dépens. Le consommateur coopérateur veut, avant tout, manger de bons produits; il est coopérateur, mais il veut d'abord des produits de première qualité. Lorsqu'on lui donne du pain bis qui n'est pas aussi agréable au goût que le pain blanc, il abandonne la coopérative pour aller à côté.

Il faut d'abord éduquer le consommateur, et vous n'y arriverez pas. Quand le pain est blanc, on le préfère au bon pain nutritif, d'un goût moins agréable.

Un Congressiste. — Si, il est agréable.

GENTILHOMME. — Il est possible qu'à Tours on ne soit pas de cet avis, mais à Tours nous avons vu la clientèle baisser de 50 0/0. J'estime que pendant la guerre il était difficile de lutter contre les prix pratiqués. Les boulangers sont une catégorie de commerçants qui n'ont pas réalisé de bénéfices pendant la guerre, en province tout au moins. Nous donnons, en Touraine, du pain avec une différence de 5 centimes par kilo, on préfère payer 5 centimes de plus et manger du pain blanc. J'estime donc que nous ne pouvons pas mettre en pratique les théories de Bailly.

Nous avons fait l'essai à nos dépens ; il y a encore quinze jours à peine, une importante boulangerie a mis en demeure le moulin coopératif de ne pas respecter les intructions ministérielles et de bluter à 60 0/0 pour avoir du pain blanc.

Il ne faut pas prendre de suite les théories de Daudé-Bancel, le meilleur pain n'est pas fait avec des farines à 70 ou 80, mais à 65 0/0, alors que la boulangerie le fait à 62, 63, 65 0/0 tout au plus. Ne cherchez pas pour la farine le gros rendement, mais le rendement moyen, et n'allez pas de suite mettre en pratique les théories de Daudé-Bancel, vous ne pourriez plus vendre de pain.

POISSON. — Un mot de réponse à Rousseau d'abord.

Son intervention peut avoir une conclusion : c'est que l'Office technique s'occupera dans l'année des dispensaires et des pharmacies, et que l'année prochaine la question pourra être examinée avec le Congrès. Précisément, l'*Union des Coopératives* de Paris a prévu l'installation de pharmacies et de dispensaires, au cours de cette année on va faire quelques expériences qui serviront de base à un premier examen pour l'année prochaine. Je demande, par conséquent, que le Congrès donne mandat à l'Office technique d'étudier la question avec l'*Union des Coopératives*, pour faire un rapport l'année prochaine.

Je prends maintenant la question du pain, car je remarque que personne n'a parlé de l'ordre du jour sur la viande et je suppose donc que nous sommes d'accord.

Nous demandons tout à la fois l'industrialisation de la boulangerie et de la boucherie, mais surtout, chose très importante, la continuation des importations de viande frigorifiée. Il faut, croyons-nous, que le Congrès manifeste son opinion, nous défendons là l'intérêt des consommateurs.

Vous n'ignorez pas que, malgré que le cheptel français soit extrêmement diminué, nous allons avoir une ruée pour essayer de rétablir les droits de douane et ne permettre l'importation des viandes frigorifiées que par l'intermédiaire des sociétés privées, sans bénéfice pour les consommateurs.

Il est donc utile que le Congrès dise son sentiment. N'oublions pas que le Sénat et la Chambre, au cours même de la guerre, ont reculé devant les protestations des producteurs et que nous devons défendre l'intérêt général des consommateurs français. Nous vous demandons de voter notre ordre du jour pour marquer que la Fédération Nationale fait tous ses efforts et ne se désintéresse pas non plus d'un problème qui concerne aussi les producteurs agricoles: il s'agit des abattoirs industriels.

On a toujours parlé soit d'abattoirs industriels appartenant à des producteurs, soit d'abattoirs appartenant à des intermédiaires ou à des sociétés privées, alors que l'idée à faire prévaloir est celle d'abattoirs industriels contrôlés, mais coopératifs, sous la dépendance des consommateurs. Voilà ce que vous demande l'Office technique et ce que vous ratifierez, j'espère.

En ce qui concerne les boulangeries industrielles, je comprends les réserves que font les camarades Gentilhomme, Svob, qui ayant été à la tâche en ont vu les difficultés. Mais les difficultés ne sont pas une raison de ne pas agir. Svob a bien indiqué qu'il ne s'oppose pas à une campagne en faveur des boulangeries industrielles: s'il en existe peu en France, il en existe beaucoup à l'étranger, il n'y a pas de raison péremptoire pour que nous ne fassions pas chez nous ce qui se fait à l'étranger.

Gentilhomme fera bien d'aller en Belgique, notre ami Serwy disait que la Maison du Peuple, en Belgique, arrive à faire différentes sortes de pains.

Nous n'avons pas que les exemples de l'étranger, il y a l'*Union*, de Lille, et la grande organisation de Strasbourg. Du reste, une des choses les plus utiles que nous pourrions faire l'année prochaine serait que le Congrès aille à Strasbourg, ce serait le moyen de voir l'installation. La Fédération pourrait organiser un voyage à Strasbourg, même un autre à Bruxelles, et là vous pourriez voir ces boulangeries.

Je ne voudrais pas que le renvoi du projet fût je ne dis pas un enterrement, mais un recul: s'il y a des difficultés, nous devons les surmonter. Je vous demande de voter l'ordre du jour, ajoutant que l'Office technique a présenté un projet qui peut-être vous paraît trop grandiose, mais il serait entendu que, pour la campagne engagée en faveur des boulangeries industrielles, nous allons joindre à l'Office technique un Comité spécial, dans lequel nous appellerons les camarades Gentilhomme, Svob, Berthaut, ainsi que des camarades de Lille et de Strasbourg. Nous répondrions ainsi à la nécessité, pour l'Office technique, de s'entourer des conseils des gens qui sont compétents dans la question.

Le Président. — Le camarade Bailly, qui a rapporté la question, demande la parole. Mais auparavant, si vous voulez bien, puisque les autres questions mises en évidence par le rapport de l'Office technique n'ont pas soulevé de contestations, je vais le mettre aux voix.

D'une part, la proposition de Poisson de demander à l'Office technique de présenter l'année prochaine un rapport sur l'hygiène sociale et alimentaire, réclamée par Rousseau.

D'autre part, l'adoption du rapport de l'Office technique sur la nourriture carnée.

Puis, nous donnerons la parole à Bailly sur la boulangerie, pour voir comment nous allons régler la question par l'adoption ou le renvoi, comme l'ont demandé plusieurs collègues.

Gentilhomme. — Je n'ai pas demandé le renvoi, j'ai dit: pour Paris seulement.

Le Président. — Mais les camarades de Paris qui seraient les premiers à tenter l'entreprise ne désirent sans doute la tenter qu'après s'être entourés de renseignements.

J'invite le Congrès à adopter d'abord la proposition de Poisson demandant pour l'année prochaine un rapport sur l'hygiène sociale.

Poisson. — Je ne le demande pas au Congrès.

Le Président. — Non, nous demandons à l'Office technique de présenter un rapport.

Poisson. — Un rapport sur la question des dispensaires et des pharmacies, pas sur l'hygiène sociale.

Le Président. — Le Congrès est d'accord?... La proposition est adoptée.

2° En ce qui concerne la partie du rapport sur la nourriture carnée, c'est-à-dire la viande frigorifiée et les abattoirs industriels, il n'y a pas d'opposition?...

La proposition est adoptée.

En ce qui concerne la boulangerie, la parole est au camarade Bailly.

Bailly. — Je désire vous mettre au courant d'expériences faites dernièrement, afin de répondre à l'objection qu'on ne pourra faire toutes sortes de pains.

Quand nous avons étudié, à Paris, la question de savoir si on pourrait faire d'autres pains que ceux qu'on fait avec des méthodes même anciennes, nous avons envoyé des boulangers, ayant l'habitude du pain parisien, en Angleterre, pour y faire du pain tel qu'ils le font actuellement. Ils ont fait la pâte qu'ils font habituellement; on a bien voulu, dans une maison anglaise, la seule qui ait des fours récents, nous laisser faire notre expérience au moment de la grève des boulangers anglais. Eh bien, ces boulangers, qui étaient peut-être un peu prévenus contre un four qu'ils ne connaissaient pas ont fait le pain par la méthode habituelle et se sont trouvés étonnés d'avoir du pain fait à la façon parisienne. Ces expériences sont du mois d'août; ainsi nous répondons à l'objection qu'on ne peut pas, dans une boulangerie industrielle, faire tous les pains qu'on veut. Peut-être dans certaines machines y a-t-il des perfectionnements à faire; peut-être sera-t-on obligé de faire non la boulangerie automatique, où l'on met d'un côté la pâte pour voir le pain sortir de l'autre côté du four, comme on fait en Angleterre, mais de faire intervenir un ouvrier expérimenté pour donner au pain la forme ou l'allongement nécessaire.

Puis on a dit: le projet est un projet énorme. Naturellement on m'a demandé de faire un projet de boulangerie industrielle important; c'est pourquoi j'ai parlé de Paris, dont je connais mieux les goûts et la façon de faire.

J'ai même été à la *Bellevilloise* demander à Lamothe des renseignements pour savoir si vraiment la nouvelle méthode employée déjà à Lille serait préférable à celle de la *Bellevilloise*. Or j'ai remarqué, par des calculs un peu vagues, étant donné la différence de prix des matières premières, j'ai constaté, avec l'expérience faite en Angleterre et les renseignements obtenus dans des coopératives anglaises très bien installées pour fabriquer du pain, des différences assez grandes. Si le coût de la boulangerie industrielle paraît peut-être exagéré au point de vue établissement, au point de vue exploitation elle est très rémunératrice, autant, comme disaient les camarades qui font de la boulangerie et de la meunerie, qui sont taxées, dont le bénéfice est minime. Mais je crois cet effort utile pour développer notre mouvement et augmenter le nombre des coopérateurs.

Des coopérateurs ayant l'habitude d'aller à la coopérative acheter telle ou telle denrée seront heureux d'y trouver du pain. Il est difficile d'aller chercher telle marchandise à la coopérative, puis d'aller en chercher d'autres chez le commerçant voisin. Et ce n'est pas encore tout. Si nous ne créons pas nous-mêmes la boulangerie industrielle, les boulangers la créeront eux-mêmes. Je suis certain qu'à Paris elle se créera par les boulangers. Si vous ne voulez pas vous trouver en face du fait accompli, et il sera difficile de remonter le courant, il faut que la Coopération fasse elle-même la boulangerie industrielle. Nous avons des exemples en Angleterre et je proposerai aux camarades qui voudront étudier la question d'aller non seulement en Belgique et à Strasbourg, mais en Angleterre voir des coopératives qui ont des méthodes appliquées seulement depuis la guerre, avec des fours nouveaux et des installations perfectionnées.

Ceux qui veulent créer des boulangeries doivent aller en Angleterre. Là, en étudiant avec nos camarades anglais, ils trouveront des avantages certains à cette main-d'œuvre diminuée et à ces installations mécaniques.

Voici le calcul d'une coopérative à Lille: pour 18.000 kilos de pain, ils trouvent 20 centimes aux 100 kilos. Je n'ai pas de renseignements pour la main-d'œuvre, mais elle est diminuée.

On a dit: il n'y a pas de bénéfices dans la meunerie, sauf ceux des spéculateurs. Mais sur qui sont-ils faits? Certainement sur les consommateurs; donc si la meunerie ne fait pas de bénéfices, vous aurez tout au moins les bénéfices des intermédiaires.

Un congressiste. — C'est une grosse erreur!

BAILLY. — Je n'entre pas dans la discussion des hygiénistes comme Daudé-Bancel, ceci n'est pas mon rôle.

Ce que je veux surtout, c'est répondre à l'objection de la forme du pain, qui n'est pas réelle, et à celle de l'absence de bénéfices, en vous expliquant pourquoi la meunerie et la boulangerie n'ont pas besoin de bénéfices, mais seulement de procurer aux coopératives la vente du pain qui leur manque actuellement.

LE PRÉSIDENT. — Nous sommes en présence de la proposition faite au nom de l'Office technique, invitant les sociétés à construire de grandes boulangeries et de grandes meuneries.

Gentilhomme a indiqué qu'à son sens cela ne pouvait être fait que pour la région parisienne. Svob a demandé que la question soit réservée et renvoyée à l'Office technique. Poisson propose qu'on adopte le rapport avec une adjonction qui pourrait être celle-ci: « L'Office technique devra constituer une Commission spéciale de techniciens, pouvant donner tous renseignements utiles sur les réalisations pratiques à envisager ». Ce qui voudrait dire qu'on se prononce en principe pour la boulangerie industrielle, mais qu'on recommande aux sociétés de ne pas s'engager dans les réalisations sans renseignements pour lesquels l'Office technique constituera une Commission de praticiens.

PARFAIT. — Il n'y a que cela qui manque. J'ai écrit à la Commission et je n'ai pas été convoqué.

LE PRÉSIDENT. — J'ajoute le nom du camarade Parfait à ceux de Berthaut, Gentilhomme et Svob.

Sous cette réserve, je pense qu'il n'y a plus d'opposition? Je mets donc aux voix les conclusions du rapport avec l'adjonction de Poisson. Les conclusions sont adoptées.

Le Comité coopératif des Régions envahies

LE PRÉSIDENT. — Nous passons au Comité des régions envahies. Quelqu'un demande-t-il la parole sur ce point.

POISSON. — Il n'est pas possible que le Congrès de la Fédération Nationale ne consacre pas quelques instants à l'œuvre du Comité coopératif des régions envahies. Il est le résultat de vos propres délibérations dans des Congrès précédents et nous sommes arrivés à l'époque heureuse des réalisations.

Notre Comité coopératif des régions envahies a trouvé des concours moraux; notre appel de fonds a donné un résultat intéressant, puisque, à l'heure actuelle, le Comité a réuni un demi-million : c'est un effort intéressant fait par les Sociétés coopératives françaises. Je ne dirai pas que c'est un effort maximum, car on aurait pu faire encore davantage, mais rien n'est perdu. Beaucoup ont attendu l'heure de la paix, et il y a, à l'heure actuelle, beaucoup de besogne à accomplir. Les 500.000

francs sont employés; et je fais appel à tous les délégués pour
que, rentrés dans leurs sociétés, ils fassent un nouvel appel en-
faveur du Comité des régions envahies.

En Angleterre, on a fait un appel également pour les coopératives des régions envahies, il a donné des sommes plus faibles
qu'en France. Nous avons d'ailleurs décidé, à la Commission
chargée de répartir les fonds, qu'en ce qui concerne la Belgique
nous ne voulions pas participer à la part des sociétés anglaises,
dont les souscriptions sont uniquement consacrées aux camarades belges.

Mais le Comité ne s'est pas contenté seulement de rechercher
ses ressources parmi vous, il a cherché ailleurs. Ses efforts ont
été couronnés de succès. Notre camarade Albert Thomas a, sur
le demande qui nous en avions faite, déposé à la Chambre, —
avec plusieurs autres députés parmi lesquels Deshayes, Cadot,
Basly, etc. — et avec beaucoup de bonne volonté, un amendement ajoutant au compte coopératif du Ministère du Travail, qui
s'élevait à 2 millions pour toutes les sociétés, — ce qui était bien
peu de chose, — une somme supérieure pour les coopératives chargées des reconstitutions des régions envahies, et, à la
suite de cette intervention 10 millions ont été mis à la disposition du ministre du travail. Huit millions et demi, avec les dernières résolutions prises il y a deux jours, sont attribués — ils
ne sont pas encore touchés, car la bureaucratie est longue dans
les administrations publiques, — à cette œuvre.

Nous avons obtenu aussi du Secours National, où je repré-
sentais le mouvement coopératif, des prêts pour quelques grandes Sociétés.

Nous continuons cette besogne, et nous pouvons dire que le
mouvement coopératif dans les régions dévastées est en pleine
voie de progrès. Vous pouvez lire dans le rapport les résultats
obtenus après un effort de cinq à six mois. Dans toutes les régions nous nous sommes occupés de donner des renseignements
pour la réparation des dommages, et le Comité des régions
envahies a institué un service de renseignements pour toutes les
sociétés coopératives. Nous avons même des employés spéciaux.
Voilà un ensemble de travaux qui permet de dire que le Comité
a bien rempli son rôle.

Comme résultats, nous avons beaucoup de sociétés anciennes
qui ont recommencé à fonctionner, mais aussi d'autres vont se
créer. De grandes sociétés, au nombre de dix à douze, prennent
un développement formidable, même parfois trop rapide, car
obligées de faire face à des besoins énormes, elles ne le peuvent
pas avec la méthode et la sécurité que nous voudrions. Elles sont
obligées d'ouvrir vingt, trente succursales, il faut une organisation considérable dans des pays où les habitants sont rentrés
dans des conditions pénibles, sans compter le ravitaillement
plus difficile encore là-bas que partout.

Vous pouvez lire dans le rapport l'état de toutes les sociétés
à ce point de vue: Société du Pas-de-Calais, Société de Château-
Thierry, Société de Saint-Quentin, Société du Nord de l'Aisne,
Société de l'Oise, où l'*Union des Coopératives*, de Paris, a pris
sous sa protection la partie du département envahi, dans laquelle
elle a établi 30 à 35 succursales, — l'*Union des Coopérateurs de
la Marne*, — dans la Meuse une grande coopérative qui fait
2 millions d'affaires par mois, — dans la région de Lorraine,

l'*Union des Coopérateurs de Lorraine* est en plein développe-
pement.

Nous avons fait un effort spécial pour l'Alsace et la Lorraine.
Aussi bien les sociétés de Strasbourg, Mulhouse, Colmar développent des sociétés à succursales. Nous avons pris la partie de
la Lorraine où il n'y avait pas un grand développement, nous
avons constitué une société spéciale qui a son siège à Metz et
dont nous attendons de grands résultats.

Le Gouvernement de l'Alsace et de la Lorraine a mis à notre
disposition une somme de 5 millions sous forme de fonds de
crédit, comme pour les coopératives françaises.

Voilà, brièvement exposés, les résultats de notre Comité des
régions envahies. Je crois que je serai l'interprète du Congrès en
remerciant les membres du Comité qui n'appartiennent pas directement à notre mouvement, qui nous ont apporté leur influence morale et leurs noms pour aboutir aux résultats qui sont
aujourd'hui acquis.

Le Président. — Personne ne demande la parole sur la
question.

Lajoie. — Au début de la discussion des rapports, nous avons
demandé si le rapport du Comité d'éducation viendrait. Tout à
l'heure on l'a encore demandé, la citoyenne Jouenne n'était pas
là. Maintenant on discute des choses qui viennent après. Nous
ne voulons pas que la question soit escamotée, nous demandons
qu'elle vienne en discussion, parce qu'il y a une question morale
d'éducation de la Coopération où nous tenons à dire notre mot.

Le Président. — Je n'ai pas l'intention, camarade Lajoie,
d'escamoter le débat, mais quand on a appelé la discussion de
ce rapport, la citoyenne Jouenne n'était pas là, nous avons voulu
l'attendre.

Lajoie. — Mais elle est là, nous pouvons prendre maintenant son rapport.

Le Président. — Je n'y vois pas d'inconvénient, mais nous
avons encore deux questions: le Conseil supérieur et le Comité
d'action parlementaire que nous pourrions prendre immédiatement, pour terminer la séance par la question du Comité d'éducation.

Lajoie. — Comme vous avez appelé le rapport du Comité
d'éducation au commencement de la séance, je demande qu'il
vienne immédiatement.

Le Président. — Je vais consulter le Congrès.

Plusieurs membres. — Tout de suite!

Le Président. — Je proposais de finir les deux questions à
l'ordre du jour et de prendre ensuite la question du Comité
d'éducation. Lajoie demande qu'on laisse de côté le Conseil
supérieur pour prendre immédiatement le Comité d'éducation.
Seulement la discussion sur le Comité d'éducation sera plus
longue.

Lajoie. — C'est justement pour cela que je demande qu'elle
vienne de suite.

Le Président. — Si nous prenons le Comité d'éducation, nous risquons de ne pas terminer les deux questions qui restent.

Plusieurs membres. — Donnez-lui satisfaction.

Le Comité d'Education

Le Président. — Je vais donner satisfaction au camarade Lajoie. J'ai appelé les rapports dans l'ordre, je n'ai rien à escamoter.

La parole est à la citoyenne Jouenne sur le Comité d'éducation.

Alice Jouenne. — Je suis presque intimidée de prendre la parole sur la question d'éducation. L'éducation semble actuellement si peu de chose que je suis tout à fait confuse, et cependant, à mon sens, la Coopération, qui a une véritable vertu d'émancipation, ne pourra donner l'émancipation que si elle est basée sur l'éducation.

Poisson a dit que la Coopération arrivait à donner aux coopérateurs toutes les mesures d'assistance les plus grandes possible, mais si vous ne basez pas cette solidarité sur l'éducation, des questions techniques arriveront à être en dehors des questions commerciales. Alors il faut que celles-ci reposent sur le développement de l'éducation.

Albert Thomas a dit que la Coopération doit servir de base à la société nouvelle, si vous ne changez pas la mentalité des individus, vous n'aurez rien fait de durable.

Si vous jetez un coup d'œil autour de vous, vous verrez que nos ennemis, les militaristes, qui sont nos rivaux économiques, font des œuvres d'éducation. Je vous citerai la Conférence au Village, dont nos camarades de province doivent savoir quelque chose; il y a une propagande intense, ignoble, faite chez le paysan pour le dresser contre l'ouvrier des villes.

J'estime que c'est la Coopération qui doit être un centre d'éducation, qui doit lutter contre ces maux.

On nous a dit que la guerre qui vient de se terminer était la dernière des guerres. Nous sommes contre la guerre, nous bâtissons des principes constructifs, nous ne pouvons pas être pour la destruction, nous devons construire, et construire par l'éducation.

Vous avez lu le rapport du Comité d'éducation, et vous avez vu que nous avons commencé de grandes choses, sous l'impulsion de Poisson. Nous avons essayé de donner à la Coopération son essor de développement commercial prodigieux et aussi une sorte d'intérêt pour tous les consommateurs à se grouper, avec l'arrière-pensée que si des consommateurs viennent à la Coopération, non pas comme coopérateurs, mais comme consommateurs désirant se garantir un intérêt, alors il arrivera que dans les coopératives, vous aurez une agglomération de sociétaires qui ne seront pas des coopérateurs. Le mouvement aura été provoqué par des coopérateurs, mais quand l'Assemblée générale nommera un Conseil d'administration, ce ne seront que des administrateurs, ce ne seront pas des coopérateurs. A la base, vous n'aurez plus rien; on laissera vos groupes de pupilles, vos cercles, et vous aurez une maison commerciale.

J'engage les camarades de province à faire un travail d'éducation des plus intenses. Nous avons, avec le camarade Ramadier, qui en est le promoteur, essayé de créer une école coopérative. Cette école a pour but de donner aux employés des notions de la Coopération.

Il y a, dans la Coopération, des employés qui ne sont pas des coopérateurs; il y a même des gérants qui n'aiment pas les coopérateurs. Et je vais vous dire pourquoi : c'est qu'un sociétaire, qui n'est pas coopérateur, accepte la marchandise telle qu'elle est, tandis qu'un coopérateur qui a sa conscience de coopérateur, arrive avec une critique juste, parfois motivée, que n'accepte pas le gérant. Celui-ci se considère comme un épicier, un mercanti, dans sa maison de commerce.

Cette école, sous la direction de la Fédération Nationale, a pour but de donner à ses élèves des notions commerciales d'arithmétique et, de plus, des notions de la Coopération sur les achats, la valeur des denrées, la valeur sociale de la Coopération. Car, notre mouvement ne doit pas s'arrêter à l'estomac ni au porte-monnaie, mais avoir des ramifications dans l'univers tout entier. Voilà pourquoi nous sommes entrés dans le mouvement coopératif, sans quoi nous serions allés chez Potin ou au Bon Marché.

Vous avez vu que, cette année, nous avons donné des conférences de propagande, mais il faudrait faire davantage, mettre des affiches partout. La *Démocratie Nouvelle* en met bien.

Notre camarade Rebeyrol, dans une image spirituelle, disait l'autre jour à Millau que, dans une pièce qu'il avait vu jouer, *la Chaste Suzy*, arrive en scène un homme qui trébuche dans les escaliers et dit : Il y a des escaliers partout, dans cette maison! De même la Maison du peuple doit avoir des maisons d'éducation partout.

Vous avez à prévoir le loisir des ouvriers; si l'ouvrier n'a que huit heures de travail et que vous n'organisiez rien pour lui, où ira-t-il? Chez les marchands de vin, et quand il sera alcoolisé chez les marchands de vin, où sera sa force de résistance? Le patronat sait bien que l'ouvrier qui s'alcoolise n'est pas celui qui ira revendiquer.

Il n'y a qu'un mouvement social, la Coopération, qui soit capable de créer la véritable maison du peuple. C'est surtout à la Coopération, qui est une maison familiale, que vous devez créer la famille pour tous. Que là l'ouvrier trouve des journaux, des revues, et, quand vous serez riches, des choses d'art, un petit atelier, des cours techniques, une salle de gardiennage où les enfants iront jouer, des cours d'hygiène, voilà la Maison du peuple de demain. Si vous oubliez de la créer, ce n'est pas le parti socialiste qui la créera, mais la Conférence au Village, la Bonne Presse de la rue François I⁵ʳ. Ouvrez les yeux et vous aurez la conscience de votre rôle.

Avec l'école coopérative, nous voulons créer des employés ayant vraiment l'esprit coopératif. Mais ce n'est pas suffisant, il ne faut pas négliger vos enfants, qui iraient dans la maison d'à côté, qui est votre rivale; il faut, dans chaque coopérative, créer le foyer où iront les enfants. Déjà, les camarades du Nord essaient de les reconstituer en ce moment. Vos petits viendront à la Coopérative, ils amèneront leurs mamans, les amis des mamans, et vous organiserez vos fêtes vous-mêmes.

Et j'irai plus loin, soumettant l'idée de Poisson, — qui est d'une intelligence remarquable. — Je ne le dis pas par ironie, mais parce que je le pense et qu'à chaque instant il nous donne des aperçus merveilleux, il a des aperçus splendides sur tout ce qui est la force coopérative; il veut créer une sorte de théâtre coopératif. Il faut transformer l'art escamoté par le capitalisme. Hier, un camarade disait ici que c'est dans le milieu ouvrier qu'on prend le génie et le talent. Qu'en a fait le capitalisme? Il l'a non seulement acheté, mais prostitué. Il faut, dans la Coopération, qui maintenant englobe tout, créer l'art populaire, comme au Moyen-Age, l'art populaire qui s'appelle les cathédrales, que les prêtres vous ont volées.

La Coopération a un beau rôle à remplir, c'est de créer un centre d'informations pour tous les centres de province qui voudront créer des groupes de pupilles. Déjà à Paris, cinq à dix coopératives essaient de reconstituer leurs groupes d'enfants, mais il faut que ce soit ouvert largement aux groupes sportifs, aux jeunes gens, aux jeunes filles, que vous preniez la direction de l'éducation, non seulement sociale, mais physique; il faut que ce soit dans la classe ouvrière que nous trouvions des êtres sains et beaux, il faut que nous laissions la prostitution, la syphilis, la tuberculose à nos ennemis.

Vous avez vu aussi que dans le programme du Comité d'éducation, nous avons mis les vacances d'enfants.

Pendant la guerre, vous savez combien de milliers d'enfants nous avons soustraits aux Gothas et aux Berthas, nous en avons envoyé 7 à 8.000 en province. Cette année, la Fédération a continué son œuvre, elle va la continuer encore plus largement. Il faut créer des vacances pour les enfants, mais sur une base presque scientifique; il ne suffit pas d'envoyer les enfants au village sans les surveiller. Parfois, ils mangent de la soupe, ils sont gonflés, ils reviennent en apparence bien portants. Des petits garçons couchent dans la même chambre que des petites filles, il faut une surveillance méthodique.

Puis, vous avez les échanges d'enfants entre les coopérateurs. Quand un coopérateur aura lui-même l'enfant d'une famille où est le sien, les enfants seront mieux soignés.

Puis, il faut organiser les voyages coopératifs, comme ceux d'après-demain, où vous allez faire le douloureux pèlerinage de Reims.

Je conjure les camarades, ici, qui sont délégués aux Pupilles de la Nation, de lutter contre les lois sociales iniques actuelles, surtout celles qui empêchent de prendre un enfant à une mère qui se conduit de la façon la plus crapuleuse. J'ai signalé deux enfants dont la mère vivait de prostitution : ces deux enfants sont livrés à la misère physique et morale la plus odieuse. On m'a répondu que c'était une question très grave, que la loi garantissait la famille et qu'on ne pouvait enlever les enfants à la mère sans la déchoir de la puissance maternelle.

J'ai dit : Vous n'enlèverez pas les enfants à ce centre de prostitution? — Pas du tout, c'est contre la loi.

J'ai cité l'exemple de Francfort, en Allemagne, où on enlève d'abord les enfants sans prononcer la déchéance. C'est dans le milieu coopératif que nous devons nous élever contre toutes ces choses.

Je termine en vous suppliant de créer des organes d'éducation, des cercles où vous appellerez des femmes, car c'est la femme qui est la force de la Coopération, comme le mouvement de l'avenir est un mouvement coopératif. Comme les femmes veulent leur bulletin de vote et auront surtout à travailler pour l'enfant, la protection ouvrière, les œuvres de mutualité, de solidarité, la Coopération sera le marchepied le plus naturel par lequel la femme arrivera au pouvoir politique.

Puis, je vous en supplie, occupez-vous de vos enfants, non pas pour faire une doublure de l'école, mais pour leur apprendre les choses sociales. Est-ce que nous ne devrions pas avoir un journal coopératif d'enfants, comme les Anglais?

Je le répète : nous avons fait au Comité d'éducation un programme d'éducation pour les groupes de pupilles : il est à la disposition des camarades qui veulent s'occuper de ces choses. Vous avez dans tous nos milieux des femmes de cœur, qui s'occuperont volontiers de ces questions.

N'oubliez pas les cercles éducatifs. Il est évident qu'il faut une base commerciale à la Coopération, mais ce n'est pas suffisant. Danton a dit à la Révolution : La première chose à donner au peuple après le pain, c'est l'éducation. Il ne faut pas que vous quittiez ce Congrès avec simplement cette seule idée que la Coopération est une chose merveilleuse parce que, comme sous la baguette d'une fée merveilleuse, elle a multiplié ses succursales, ses boulangeries, ses épiceries, toutes ces maisons qui sont un témoignage de sa richesse; il faut qu'en quittant cette maison vous compreniez qu'il faut créer une Maison du peuple où il y aura un cercle, des réunions familiales, le cinéma, qui devra être le cinéma éducateur et pas le cinéma bourgeois qui va détruire le bon sens.

Que mettez-vous sur votre journal l'*Action Coopérative*? Organe d'émancipation des travailleurs. Savez-vous quelle est la plus grande chaîne qui nous lie. C'est la chaîne de l'ignorance. C'est celle-là qu'il faut briser la première, vous la briserez quand vous aurez chassé l'ignorance.

LAJOIE. — Après avoir entendu la citoyenne Jouenne, je vous demanderai de l'indulgence, car je fais partie des anciens coopérateurs d'origine modeste qu'on appelait dans le temps les gueules noires. Donc, je n'ai pas la prétention de faire un discours à la hauteur des camarades précédents; j'ai l'intention de vous soumettre des idées qui sont les nôtres, à nous, Bellevillois, et vous verrez ce qu'il y a de bon à y prendre.

Nous tenons d'abord à donner notre opinion sur l'orientation de la Coopération, qui nous paraît être en contradiction avec celle que nous avons préconisée depuis longtemps.

Je suis forcé de revenir un peu en arrière et de rappeler qu'au moment du pacte d'unité, des discussions au sujet des théories coopératives, nous avions trois théories en présence : la théorie socialiste, la théorie neutre, la théorie nouvelle.

La théorie socialiste, ayant comme directeurs les camarades qui ont donné des idées sur ce point.

La coopérative neutre, représentée par Gide.

La coopérative nouvelle, représentée à ce moment-là par Fournière, Héliès, Thomas, Poisson.

Nous sommes obligés de revenir en arrière, pour constater la disparition des anciennes théories et le pacte d'unité.

Il est certain que lorsqu'on examine actuellement la direction de la Coopération, on est forcé de reconnaître que, dans les œuvres sociales indiquées par l'*Union des Coopératives*, qui représente en quelque sorte la mentalité générale, on constate que les œuvres sociales ont plutôt un caractère commercial d'où l'idéalisme d'antan tend à disparaître.

Ce qu'on constate aussi, c'est que même dans le rapport du Comité d'éducation il en est de même. Nous avons des œuvres de solidarité qui sont intéressantes, que nous ne pouvons qu'approuver, mais cette flamme que nous avions antérieurement dans les différents groupements coopératifs, disparaît peu à peu, et l'on arrive, après avoir fait des concessions les uns et les autres, après s'être entendus sur ce point que la Coopération ayant une valeur sociale, il était de bonne tactique de faire disparaître le mot socialiste du fronton de la Coopération et d'accepter la théorie de la Coopération nouvelle, — on arrive peu à peu à préconiser la Coopération neutre et à ignorer les organismes qui sont à côté. On ne les combat pas encore, on est neutre; on arrive presque à dire que la Coopération se suffit à elle-même.

Or, quand nous avons adopté la théorie de la Coopération nouvelle, l'éducation que nous faisions n'était pas l'éducation que nous avons actuellement.

Je vais rappeler, si vous voulez bien, l'opinion de ces camarades. Héliès, Thomas, soutiennent que la Coopération a, par elle-même, une valeur sociale, prépare les hommes pour la société future, élimine la classe intermédiaire des commerçants travaillant à leur seul profit. Le coopérateur montre qu'il est socialiste par nature, il veut, au fur et à mesure, socialiser tout ce qui est à sa portée.

Voilà l'opinion des camarades qui, à l'époque, préconisaient la Coopération nouvelle. Nous voudrions rester sur le terrain du pacte d'unité, c'est-à-dire sur ces théories, admises par tous les camarades.

La confirmation d'utiliser la Coopération comme un moyen de transformer la Société est la nécessité de maintenir un idéal social. Or, au fur et à mesure que se développe commercialement la Coopération, et nous en sommes heureux, nous trouvons que l'idéal social disparaît, et c'est ce que nous ne voulons pas. Quand on constate que sur 2.036 sociétés adhérentes au Congrès, il n'y a que 51 cercles, c'est-à-dire de petits groupements où on discute au point de vue moral de la Coopération, nous disons que plus la fusion arrive à s'opérer au point de vue commercial, plus les petits noyaux d'émancipation où la Coopération luttait pour l'émancipation, disparaissent, et c'est ce que nous ne voulons pas.

Dans les coopératives d'autrefois, chaque société avait un petit noyau avec un groupe de pupilles, un groupe théâtral où la mentalité coopérative arrivait à être influencée, et, au fur et à mesure, le milieu arrivait à se transformer au point de vue social. Tout cela disparaît, et nous constatons, d'après les années passées, qu'au point de vue commercial il y a des résultats merveilleux, mais qu'au point de vue éducation on a systématiquement abandonné cette question... et que les œuvres sociales...

Un Congressiste. — Vous ne pouvez pas dire cela. Ce sont des exceptions.

Le Président. — On répondra tout à l'heure au camarade Lajoie sur les indications qu'il donne, je me suis fait inscrire exprès.

Lajoie. — Je reconnais que dans le rapport du Comité d'éducation, théoriquement c'est indiqué, mais au point de vue pratique on est obligé de reconnaître qu'il y a un pas en arrière, qu'autrefois il y avait plus de mouvement; on est obligé de constater aussi qu'au point de vue des œuvres sociales, les œuvres sont plutôt des œuvres de solidarité.

Maintenant, ce qui fait que nous sommes forcés de vous indiquer cela, c'est que la *Bellevilloise* compte un peu. Nous avons de l'expérience, si sur certains points nous ne sommes pas d'accord avec vous, il est bon que vous sachiez pourquoi. Nous cherchons la conciliation, nous voulons marcher d'accord avec l'ensemble du mouvement coopératif, mais s'il y a des réticences, des objections, nous voulons vous les signaler.

Nous n'avons pas attendu qu'ailleurs on arrive à faire quelque chose. Nous sommes arrivés, au point de vue de la gymnastique, à avoir des cours qui ont donné des résultats : on peut constater que les enfants qui ont suivi ces cours obtiennent des résultats merveilleux.

Autrefois, on faisait des tournées en province, qui sont aujourd'hui abandonnées.

Plusieurs Membres. — C'est la guerre!

Lajoie. — Nous voudrions qu'elles soient reprises. Je vais vous donner un résultat d'une des tournées que nous avons faites, vous n'en regretterez pas la lecture. C'est le résultat d'une tournée d'éducation, consigné par un enfant. La rédaction a été faite et surveillée dans notre local.

« *Impressions de tournée.* — Depuis déjà de longues semaines, les pupilles de la *Bellevilloise* attendaient avec impatience un jour encore lointain, celui du départ pour la tournée des Vosges. Enfin, le jour arrive, hélas! le temps n'était pas si radieux que l'an dernier, et le ciel gris faisait entrevoir un jour bien mauvais. Tant pis pour les retardataires, on part, mais la pluie nous prend en route et l'on fut bien content de pouvoir prendre le métro. Nous voici à la gare de l'Est : Hop! en wagon, et aussitôt les têtes se penchent aux portières pour envoyer de derniers adieux. La locomotive siffle, le train s'en va, et nous voilà en route jusqu'à 11 h. 30. Après un changement à Vitry-le-François, nous débarquons à Saint-Dizier, mais par suite d'un malentendu, nos amis bragards ne nous attendaient que pour midi... »

Je suis forcé de vous le lire entièrement, parce que vous verrez qu'à côté de détails peu intéressants il y a des idées de fraternité et des observations d'enfant qui démontrent, qu'au point de vue moral, on arrive à des résultats au moins aussi positifs que par la création d'une chaire au Collège de France...

Plusieurs Congressistes. — Il faut l'un et l'autre.

Lajoie. — Evidemment, la preuve, c'est qu'à notre Société, nous avons voté la création de cette chaire.

« Par cette occasion, nous avons eu le temps de nous passer un peu d'eau sur le visage et de relever les cheveux qui dépassent.. Nos camarades arrivent et nous nous mêlons aux pupilles pour gagner, en chantant, l'*Abeille Bragarde*, qui, à l'effet de notre réception, avait dressé une tente provisoire, ornée de banderolles et de fleurs. Mais il est tard et les estomacs crient famine. Nous allons déjeuner, et nos camarades avaient bien fait les choses, car, en général, nous fûmes tous bien reçus... »

Le Président. — J'invite le camarade Lajoie à résumer plutôt que de donner lecture de choses, intéressantes, mais qui absorbent trop le temps du Congrès.

Lajoie. — J'abrège, je vais simplement signaler la suite de cette rédaction d'un enfant de 13 ans, en ce qui concerne la France.

« Nous nous rendons à l'*Alliance*, de Bussang, nous déposons nos bagages et faisons une ascension dans la montagne. Nous montons jusqu'à plus de 1.100 mètres, toujours accompagnés de la pluie... »

Plusieurs Délégués. — Abrégez!

Lajoie. — Il n'y a plus que cinq lignes.

Le Président. — Lisez-les.

Lajoie. — « L'après-midi, après s'être séchés de notre mieux, nous allons au tunnel de Bussang, qui limite la frontière franco-allemande, et là, ainsi qu'on nous l'avait annoncé auparavant, nous pouvons nous rendre compte qu'en Allemagne les fleurs, les oiseaux, les gens et aussi la pluie, sont les mêmes qu'en France. La seule différence que j'ai trouvée, est que le tunnel est plus propre du côté allemand que du côté français, et que le paysage est plus pittoresque. Nous repartons à notre grand regret... »

Si j'ai tenu à vous lire ceci, c'est pour vous faire voir qu'au point de vue des enfants, les tournées sont un moyen pratique et qu'avec peu d'argent on peut arriver à des résultats.

Je ne continuerai pas, pour ne pas fatiguer les camarades, mais j'insisterai sur ce qu'a dit la citoyenne Jouenne : il faut réaliser les anciens projets sur les pupilles : les bibliothèques, le cinéma et la langue internationale.

Lorsque la citoyenne Jouenne nous dit que le Comité d'éducation a des projets à l'étude, je me permets de rappeler qu'avant la guerre toutes ces questions avaient été étudiées, puisque déjà des rapports avaient été déposés; donc, ce dont il s'agit, ce n'est pas d'une mise à l'étude, mais d'une mise en pratique.

Nous avons à vous signaler les raisons d'hostilité de quelques-uns. Au fur et à mesure du développement commercial de la Coopération... nous demandons le développement des œuvres d'éducation artistique, parallèlement au développement commercial.

Le Président. — Nous avons cinq orateurs inscrits sur la question. Je vous propose de voter la clôture avec les orateurs inscrits.

Le Président. — La parole est au camarade Rousseau.

Rousseau. — L'idéal qui a été présenté par la citoyenne Jouenne fait grand honneur au corps enseignant. Elle a admirablement développé son rapport, je vous demande de décider immédiatement que son discours sténographié, comprenant le programme d'éducation des femmes, des enfants et même des adultes, soit tiré à part, et qu'on puisse l'avoir pour le répandre dans toute la France. Les instituteurs, les institutrices, les inspecteurs d'Académie, les recteurs s'intéressent de plus en plus à la Coopération, mais beaucoup demandent des tracts pour les répandre.

J'appelle votre attention sur la nécessité d'obtenir, cette année, du Parlement, la modification de la loi sur les Pupilles de la Nation.

L'année dernière, Poisson, qui, comme l'a rappelé la camarade Jouenne, se préoccupe de tout ce que la Coopération peut faire de bien pour le peuple français, a démontré comment les enfants du peuple pouvaient être sacrifiés, parce que la loi n'avait pas pris les précautions nécessaires pour que les représentants des syndicats ouvriers aient leur place dans les offices départementaux. Bien des imperfections sont apparues depuis. Les représentants des associations de mutilés, de veuves, réclament avec énergie une place dans ces offices départementaux; des modifications sérieuses sont demandées, elles sont au point. Il y a deux jours, dans un autre Congrès, un député promettait d'étudier la question. Albert Thomas peut s'entendre avec le Parti et même avec les radicaux pour mettre sur le chantier, de suite, un projet de modifications, et, quand nos amis seront d'accord avec quelques sénateurs comme Strauss et Bourgeois, cette proposition de loi sera votée sans discussion.

Il en a été de même de deux lois, la loi dite Astier, qui rend obligatoire en France, comme en Angleterre, en Allemagne et dans d'autres pays les cours obligatoires, pendant la journée, pour les jeunes gens et les jeunes filles. Cette loi est votée, elle est inconnue. Même des députés, à qui j'en ai parlé, ne se sont pas rappelés l'avoir votée.

Elle est excellente. Avec nos fonds, avec la bonne volonté des coopérateurs, les ouvriers et les employés pourront collaborer à ces cours. Il y a des dévouements à trouver, en un mot, il faut collaborer avec les universitaires à l'application de cette loi.

De toutes les lois nouvelles, il faut tirer le maximum d'avantages pour la classe ouvrière organisée, avec une indépendance absolue. Nous serions des poires de ne pas en profiter. S'il y a des fonds, de la bonne volonté et de la compétence, utilisez ces lois.

Je termine en disant que les jeunes gens, devenus coopérateurs, vous en seront reconnaissants, que les femmes que vous amènerez dans ces réunions familiales arriveront à pratiquer la devise : Aimons-nous les uns les autres, et à côté de la coopérative commerciale, nous aurons l'idéalisme qui transformera la société, non pas par la révolution violente, mais par l'évolution pacifique, qui aura les mêmes avantages. Faites-le par l'éducation.

Le Président. — Je prie Dosmond de me remplacer comme président, pendant que je vais parler.

Gaston Lévy. — Je ne serais pas intervenu si Lajoie n'avait mis en cause, en même temps que les sociétés de développement coopératif, l'*Union des Coopératives* elle-même et ses œuvres sociales. Je dois faire remarquer que je ne comprends pas très bien comment il peut y avoir la moindre discussion entre nous, si on s'en réfère aux conclusions du rapport de Lajoie, à moins que Lajoie ne pense, et la *Bellevilloise* avec lui, que l'*Union des Coopératives* ne pratique pas, en ce qui concerne les œuvres sociales, ce qui a été inscrit par elle, non seulement dans ses statuts, mais dans la réalité des faits.

Je veux examiner avec vous comment doit se concilier le développement des affaires commerciales avec le maintien de l'idéalisme coopératif et le développement des œuvres sociales parallèlement au développement des œuvres commerciales.

Il est évident qu'on est obligé d'employer des formes et des méthodes un peu différentes, en raison même du développement des organisations. Par exemple, s'il s'agissait d'un développement local, qu'importe qu'une société coopérative fasse dans une commune ou dans un quartier, autrefois 200.000 francs, aujourd'hui 2 millions d'affaires, si les œuvres sociales peuvent se poursuivre dans les mêmes conditions, avec un développement correspondant au développement du chiffre d'affaires? Mais notre Société ne se développe pas localement, mais régionalement, et en se développant régionalement, nous groupons, dans différentes communes, dans différents quartiers, des populations qui peuvent être différentes, et ce qui est intéressant comme œuvre sociale à Belleville, peut l'être moins dans une section de campagne. Si à Belleville ou dans le 15ᵉ arrondissement de Paris, on doit pratiquer comme œuvre sociale l'idée d'emmener les enfants à la campagne, dans une section locale de l'O'se ou de Seine-et-Oise on comprendrait moins qu'on accorde une contribution pour l'envoi des enfants à la campagne. La question, évidemment, ne se pose pas dans les mêmes conditions.

Lajoie. — C'est au point de vue éducation.

Gaston Lévy. — Donc, nous avons réussi, par la fusion de différentes Sociétés, des agglomérations assez grandes, dans ce qui était le domaine d'existence d'une Société comme l'*Union des Coopératives*; mais, si nous demandons une centralisation très forte au point de vue administratif et commercial, nous devons laisser une grande liberté aux sections de coopérateurs, pour qu'ils s'efforcent de faire vivre les œuvres sociales qui intéressent le plus le milieu dans lequel ils sont.

Nous avons, à côté, constitué des œuvres sociales générales. Elles doivent être encouragées, et nous n'y manquons pas.

Quand Lajoie vient, dans un Congrès, parler des œuvres sociales de la *Bellevilloise*, cela lui est facile, car la *Bellevilloise* a près de 50 années d'existence; elle a mis debout une force considérable au point de vue commercial et sa force d'idéalisme lui a permis de créer des œuvres sociales considérables. Nos Sociétés de développement, qui ont été faites pendant la guerre, grâce à la guerre, peut-être à cause des difficultés engendrées par la guerre, en tous cas ont, à l'heure actuelle, trois à quatre années d'existence. Vous ne pouvez pas leur demander de mettre en parallèle leurs œuvres naissantes avec les œuvres sociales de vieilles sociétés, qui ont une situation assise et prospère. Ce n'est pas vous, camarades de la *Bellevilloise*, qui pouvez faire des reproches aux Sociétés qui, suivant votre exemple, veulent, avant tout, assurer solidement, sérieusement les fondements et les bases de leur organisation, et utilisant seulement, comme vous le faites vous-mêmes, les résultats acquis pour en donner une part aux œuvres sociales de la Coopération, qui ne peuvent être durables que si elles sont basées sur une situation commerciale solide et véritablement forte.

Voici ce que nous avons tenté de faire.

Lajoie dit que pour les œuvres d'éducation, l'*Union des Coopératives* est en quelque sorte le type; Lajoie n'a pas voulu, je pense, attacher une importance plus grande à l'*Union*. Qu'avons-nous fait?

Dans nos statuts, il est dit que les Sociétés de développement doivent prélever sur les trop-perçus distribués et sur les ventes au public les sommes nécessaires pour la constitution de ces œuvres sociales. C'est un fait, déjà, que la centralisation des organisations coopératives, en mettant sur la tête de quelques hommes toute la charge administrative d'une grande Société, libère la masse des coopérateurs, qui peuvent se consacrer uniquement à la propagande et aux œuvres sociales, si on leur procure l'argent nécessaire.

Quand une Société comme la nôtre a consacré une somme de 532.000 francs pour les œuvres sociales, si ces fonds sont mal employés, c'est uniquement aux coopérateurs eux-mêmes, groupés dans leurs sections locales, dans leurs organisations de Comité général ou autres qu'il faudrait s'en prendre.

Mais, est-ce le cas? Je réponds très nettement : Non, ce n'est pas le cas.

Lajoie. — Mais nous sommes d'accord, nous demandons qu'on n'abandonne pas l'ancien programme.

Gaston Lévy. — C'est entendu, nous le demandons et nous le pratiquons ensemble, et c'est pourquoi je suis obligé d'indiquer ce que nous avons fait au Congrès, qui aurait pu être surpris de vos paroles, s'il avait pu croire qu'il y avait dans votre bouche des reproches sur l'action d'une Société puissante, souvent citée comme exemple et qui, pour cette raison, tient à montrer que son exemple peut être suivi, non seulement au point de vue des opérations commerciales, mais au point de vue de l'éducation qu'elle répand et du développement des œuvres sociales qu'elle crée. Voilà pourquoi je suis obligé de montrer au Congrès que je suis complètement d'accord avec vous et qu'on peut développer commercialement les Sociétés coopératives sans, pour cela, abandonner ni l'idéal coopératif ni les œuvres sociales de la Coopération. Permettez-moi donc d'indiquer brièvement ce que nous avons tenté.

D'abord, l'éducation au premier rang. Nous disons que les premières sommes doivent être employées à l'édition d'un bulletin hebdomadaire, qui comprend les trois pages de l'*Action Coopérative* et une page spéciale que nous envoyons gratuitement à tous les sociétaires de l'*Union*.

En deuxième lieu, vient la solidarité : assurance en cas de décès, assurance en cas de naissance. Tous nos sociétaires de l'*Union*, à condition, naturellement, qu'ils ne soient pas seulement des sociétaires de nom, mais de fait, qu'ils appartiennent à la Coopérative depuis un certain temps et fassent la consommation qu'ils doivent faire, sont assurés, en cas de décès ou de naissance d'un enfant, de toucher un secours.

Puis, nous avons voulu, cette année, consacrer 150.000 francs à la création de ces maisons du peuple locales, que nous tenons à voir se répandre partout, et je dis à Lajoie, aux camarades de la *Bellevilloise* et à tout le Congrès : C'est une grande joie pour l'*Union des Coopératives* de montrer aux camarades que l'effort d'idées qu'on montrait comme un exemple mauvais, parce qu'on disait souvent que les Parisiens parlent beaucoup dans les Congrès, mais ne réalisent pas fréquemment de grandes choses, est réalisé par quelque chose de tangible, — c'est une grande joie pour nous de montrer aux camarades qui viennent de tous les côtés de la province, en même temps qu'à ceux qui viennent de l'étranger, que nous avons réalisé quelque chose, et, quelles que soient les imperfections du local où nous sommes, la création de la Maison de la Coopération est comme le drapeau de la Coopération flottant en plein cœur de Paris : c'est une œuvre sociale générale de l'*Union des Coopératives*.

Mais, en même temps, nous avons partout, dans la banlieue parisienne, essayé de créer ces foyers que réclamait la camarade Jouenne. Nous voulons créer partout ces foyers, parce que vous aurez, dans les cercles de coopérateurs, des camarades actifs et agissants quand ils sauront où aller se réunir, sans être obligés de se réunir autour de la table des bistrots, dont nous voulons les chasser.

Nous voulons avoir des maisons locales où nous ferons en même temps les œuvres d'hygiène sociale dont parlait Rousseau. Pour la lutte contre la tuberculose, nous ferons quelque chose, non seulement par nous-mêmes, mais avec les organisations spécialement créées à cet effet. Un Office départemental a été créé dans le département de la Seine, pour centraliser les efforts. Nous sommes avec lui, et, dans quelque temps, dans un des quartiers les plus populeux de Paris, dans le 18e arrondissement, un dispensaire antituberculeux, créé avec les fonds de l'*Union des Coopératives*, va s'ouvrir.

Notre Commission de propagande a demandé à toutes les sections locales de grouper la jeunesse sportive, nous en avons besoin, non seulement pour nous aider, mais pour répandre les idées que la Coopération veut répandre.

Quant aux cercles de coopérateurs qui ont besoin de locaux, qu'avons-nous fait? Nous essayons de leur en donner. Nous sommes bien obligés de nous rendre compte qu'avec le développement même de notre Société ou de Sociétés analogues, si nous demandons, dans nos Congrès, que la Fédération Nationale ouvre ses portes à toutes les coopératives qui acceptent nos principes coopératifs, c'est notre devoir de dire partout : les portes de la Société sont ouvertes à tous ceux qui acceptent les principes coopératifs. Nous ne demandons pas aux gens s'ils appartiennent à un parti politique ou à une religion, nous leur demandons seulement de participer aux travaux d'une association qui s'est constitué un idéal. La table de la Coopération est une table où il y a toujours assez de place et tout le monde peut s'asseoir autour.

C'est cette politique, consistant à grouper tous les consommateurs sans exception, en leur demandant seulement d'accepter les principes de l'organisation coopérative, qui est la répartition des bénéfices réalisés entre les consommateurs, au prorata de leur consommation, et de consacrer une part du boni pour le développement des œuvres sociales et de solidarité qui a été suivie et qui continuera à l'être par notre organisation.

C'est ainsi que nous croyons que les Sociétés coopératives se développant commercialement, ont un devoir d'autant plus grand qu'elles ont des ressources plus considérables à mettre à la disposition de l'éducation. Nous l'avons fait à Paris, et nous sommes heureux que l'intervention de Lajoie nous ait permis de montrer au Congrès que l'exemple de l'*Union des Coopératives*, souvent cité au point de vue commercial, peut être cité comme exemple de participation à la propagande morale.

Un Congressiste. — Je demande la parole, au nom de l'*Union*, de Boulogne.

Le Président. — Il est trop tard, la clôture est prononcée.
La parole est au camarade Albert Thomas.

Albert Thomas. — Après les explications si complètes que Lévy vient de donner, ma tâche sera simple.

Il y a deux ans, lorsque je suis revenu prendre ma place de collaborateur quotidien avec vous, lorsque j'ai examiné et étudié ce qu'était devenu notre mouvement, à Paris en particulier, j'avoue nettement, et je tiens à le dire au Congrès, que j'ai eu un peu de l'inquiétude qu'exprimait Lajoie, et je me suis demandé si, en réalité, l'action morale et sociale de la Coopération s'était développée parallèlement à sa force matérielle. Il y a deux ans, je tiens à le dire et le reconnaître après Lévy, et j'ai plus de facilité pour le dire que lui-même, j'ai reconnu que l'*Union des Coopératives* de Paris et le mouvement coopératif en général, ont développé ce mouvement social et d'éducation de telle manière que tous aujourd'hui peuvent être rassurés.

Est-ce à dire que dans le sens indiqué par les uns et par les autres, il n'y ait pas encore à compléter notre effort? Qui donc le pense?

La citoyenne Jouenne, tout à l'heure, en termes pénétrants, a convaincu le Congrès de l'œuvre qui reste à accomplir au point de vue coopératif.

J'ai compris quel était le sentiment de nos camarades de la *Bellevilloise*. Ils avaient vu porter à la perfection, pour ainsi dire, avec la puissance dont ils disposaient, ce qui avait été, dans toute société coopérative, notre premier effort de groupement moral, d'éducation, de réflexion entre nous et d'éducation pour les enfants.

J'ai devant moi le camarade Brossier. Il y a quelque quinze ans, nous étions ensemble dans notre *Travailleuse*, de Champigny. C'était une toute petite société. Cependant, grâce à

Brossier et à quelques amis, nous avons pu réaliser dans ce petit cercle l'œuvre d'éducation que toute société coopérative est capable d'accomplir. Petite section de pupilles, œuvres d'éducation, conférences, propagande proprement dite, c'était, au jour le jour, en ce sens que nous nous organisions. Et quand nous avons fusionné, quand l'*Union des Coopératives* a substitué sa section à notre œuvre, les vieux coopérateurs ont eu un moment d'inquiétude. Ils se sont dit, comme les Bellevillois : est-ce que le petit noyau de mouvement social que nous sommes dans l'immense Société ne va pas disparaître- C'était le problème, celui que Lajoie est venu poser ici.

Reprenons ce que Lévy nous a dit.

D'une part, les sociétés de développement, l'organisation centrale de la Fédération, vont permettre de compléter, de rectifier même quelquefois ce qu'il pouvait y avoir d'incomplet et d'erroné dans notre premier effort. Dans tous les domaines, la grande organisation de développement, l'organisation centrale, sont capables de compléter l'effort.

Pour les colonies de vacances, la citoyenne Jouenne a signalé les dangers du placement sans contrôle. Je racontais, l'autre jour, comment des grandes municipalités de Suisse organisaient des chalets de vacances, où les enfants sont inspectés médicalement, éduqués par les instituteurs ou les amis qui sont là avec cette colonie de vacances : contrôle permanent, strict, contrôle quotidien. C'est une chose que, seules, de grandes unions peuvent faire. Le châlet coûte 100.000 francs, l'entretien coûte 13.000 francs tous les ans.

Autre chose : les cercles.

Hier vous avez complété, par l'organisation centrale, en adhérant à la création de la chaire du Collège de France, l'expérience des cercles. Désormais, va être formulée scientifiquement la théorie, rectifiée, au jour le jour, et magnifiquement exprimée, de la Coopération nouvelle. S'il pouvait avoir une inquiétude, je pourrais rassurer Lajoie. Il nous a placé en face de certaines formules d'hier, en raison de notre expérience, je puis dire que les divisions d'hier ont bien disparu. J'ai le droit de rappeler l'émotion avec laquelle, à la fin de notre première conférence interalliée, j'ai pris la parole pour célébrer l'accord doctrinal de tous les coopérateurs qui étaient là, montrant comment le socialisme de Jaurès et le coopératisme de Gide se joignaient, et comment leur idéal était identique. Dans l'organisation d'aujourd'hui, dans l'effort d'aujourd'hui, les vieilles écoles ne reparaissent pas; il n'y a pas de neutralité, il y a le même effort chez tous vers l'émancipation sociale.

Maintenant, un dernier mot. Une grande organisation comme les Sociétés de développement, comme la Fédération, peut créer ce qui manquait dans notre domaine : colonies scolaires, doctrine philosophique, théâtre même, éducation coopérative.

On a fait deux petites tentatives cette année. Une, tout d'abord, avec un artiste de grand talent, soucieux de son art, préoccupé de l'éducation populaire, avec Gémier. Nous avions l'insuffisance de nos petites réunions, de nos matinées de propagande, il va falloir les diriger, les purifier de toutes ces chansons de café-concert, de ces absurdités que l'ignorance des camarades laisse glisser dans la constitution de nos programmes. C'est dans de grandes associations comme l'*Union des Coopératives* que nous pourrons organiser ces représentations de grande portée morale, pour lesquelles Gémier nous prête son concours, avec l'espoir d'avoir tous les coopérateurs de tel ou tel quartier de Paris.

Dans tous les domaines, possibilité d'aller plus loin, de compléter notre effort.

Mais, et c'est là que je veux en venir, loin d'avoir empêché le développement de notre vie particulière, c'est l'*Union des Coopératives* qui permet de la réaliser plus complète. Lévy parlait de la Maison de la Coopération, de la grande maison centrale, mais les autres?...

Je reviens au village natal, à Champigny. Le rêve de nos vieux coopérateurs d'avoir une maison indépendante du bistrot, un foyer pour se réunir, il est aujourd'hui réalisé, grâce à un prêt de 27.000 francs de l'*Union des Coopératives*. Aujourd'hui, tous nos groupes se trouvent réunis, le cercle pourra vivre. Il a accueilli autour de lui d'autres organes, il y a la petite université populaire qui se crée. J'ai ouvert les cours, il y a trois jours, grâce à la grande organisation centrale.

De quoi s'agit-il maintenant? Cette grande organisation qui nous permet de faire tout ce qu'on ne pouvait pas créer : le théâtre, la grande maison du peuple, le cinéma, qui sera le spectacle éducateur et coopératif, la chaire au Collège de France, dominant, dirigeant l'activité de tous les cercles, coordonnant leurs efforts d'éducation et de propagande. Depuis deux ans les progrès ont été grands, unissons tout ce que nous pouvons apporter d'activité. Nous sommes en bon chemin avec des camarades comme la citoyenne Jouenne, avec le camarade Lajoie, avec ceux de la *Bellevilloise* comme ceux de l'*Union des Coopératives*, tous ensemble au travail, et nous sommes sûrs de remplir l'idéal éducatif de la Coopération.

Le Président. — La parole est au camarade Clamamus.

Clamamus. — Je reconnais qu'il est difficile en ce moment de faire un discours, mais c'est parce que j'ai, comme le camarade Lajoie, quelques craintes que je considère comme légitimes, que j'ai voulu dire quelques mots à la suite des substantiels discours de la citoyenne Jouenne, de Lévy et d'Albert Thomas.

Je crains aussi, comme Lajoie, que le mouvement nouveau de la Fédération ne voie pas d'un œil suffisamment attentif le rôle éducateur de la Coopération, et c'est précisément parce que j'y attache, avec la citoyenne Jouenne, avec Albert Thomas et avec les autres un rôle prépondérant que je me suis permis d'abuser de quelques-uns de vos instants pour dire en quelques mots ma façon de penser.

Ce qui fait encore la faiblesse de la Coopération, c'est le manque d'éducation, c'est la chaîne d'ignorance à laquelle faisait allusion la camarade Jouenne, et le jour où la Coopération, imbue de son véritable rôle social, aura ouvert les yeux aux hommes futurs, le jour où la Coopération aura réussi à imposer dans les écoles primaires des cours qui expliqueront ce qu'elle est, j'estime qu'elle aura fait un grand pas, un pas aussi large et avancé que celui qui consiste à faire de la propagande dans les différents milieux. Et alors, je signale aux coopérateurs, au Comité d'éducation qu'ils doivent diriger leurs efforts vers l'éducation de l'enfance.

Vous dites que la Coopération est la cellule qui doit émanciper la classe ouvrière; il n'est pas d'émancipation possible si l'obscurantisme, l'ignorance est à sa base.

Notre grand idéal à tous, l'émancipation des travailleurs, sera l'œuvre des travailleurs eux-mêmes. Commencez par instruire les enfants de ces travailleurs sur leur véritable rôle de réformateurs par la Coopération, vous aurez atteint le but et la Coopération ira plus vite vers son but : l'émancipation du monde tout entier.

Le Président. — La parole est au camarade Caron.

Caron. — Après les discours des camarades, je veux surtout faire remarquer qu'au fur et à mesure que s'étendent sur le territoire national les sociétés de développement, il est nécessaire qu'on établisse des cercles d'action éducatrice. Et je prétends qu'à côté de l'action qu'on peut faire au point de vue propagande sur le personnel — propagande nécessaire, car comme on l'a dit, les employés des coopératives ne savent pas ce qu'on fait dans la Coopération, — d'autre part, il y a la besogne des cercles, qui, jusqu'à présent, a été du ressort des camarades parisiens et que je voudrais voir s'étendre aux camarades de province.

Pourtant, il est nécessaire de tenir en haleine les camarades coopérateurs, et pour obtenir le maximum de résultats dans nos sociétés, il faut un contact permanent et quotidien avec tous les coopérateurs. Or la plupart du temps, le reproche qu'on fait aux coopérateurs, c'est que, précisément, au fur et à mesure que nous étendons l'essor commercial, on ne le complète pas par une besogne d'organisation sociale.

Je demande aux camarades d'émettre un vœu pour compléter celui de la camarade Jouenne, de façon que les coopératives à succursales établissent, en même temps que leurs succursales, des cercles et des groupes de pupilles.

Deux mots encore sur la question des pupilles. Je voudrais attirer l'attention des camarades sur un point, en priant notre camarade Jouenne de donner son avis.

J'estime qu'il ne faudrait pas agir en ordre dispersé. Trop souvent, dans nos sociétés, on a fait ce que faisaient nos adversaires religieux et dans nos groupes on a voulu employer le rigorisme de nos adversaires.

Il faut d'abord faire leur éducation, provoquer leur examen, former leur jugement, et c'est seulement par la suite que nous pourrons arriver à composer successivement tous les éléments nécessaires pour nos coopératives.

C'est dans ce sens que je vous demande d'adopter le vœu de la camarade Jouenne.

Le Président. — Il n'y a plus d'orateurs inscrits.

Je mets aux voix le rapport du Comité d'éducation.

Le rapport, mis aux voix, est adopté.

La séance est levée à 12 h. 5.

SÉANCE DU DIMANCHE 28 SEPTEMBRE 1919

(Soir)

La séance est ouverte à 14 h. 45. Le camarade Gaillard est nommé président; les camarades Rousseau et Galipaux, assesseurs.

Le Conseil supérieur de la Coopération

LE PRÉSIDENT. — La parole est à Ramadier sur le Rapport du Conseil supérieur de la Coopération.

RAMADIER. — Je suis chargé de vous expliquer quels ont été, pendant le cours de cette année, les travaux du Conseil supérieur de la Coopération.

Vous vous rappelez la constitution de cet organisme. L'an dernier, le rapport du secrétariat vous a mis au courant de ses traits généraux.

Le Conseil supérieur est composé pour une partie, de représentants de l'État, pour une partie des représentants des coopératives de production élus par elles, pour une partie, de représentants des coopératives de consommation.

Vos délégués se réunissent tantôt en sessions plénières avec les représentants des coopératives de production, tantôt les sections se divisent et délibèrent chacune séparément pour étudier les questions qui leur sont propres.

Au cours de l'année passée, nous avons eu deux sessions, bien que normalement il ne doive y en avoir qu'une; car, par suite de l'époque tardive des élections, la première session n'a pu avoir lieu que depuis le Congrès national dernier.

Nous avons eu déjà l'occasion de délibérer sur des questions extrêmement intéressantes au point de vue coopératif.

En premier lieu, nous avons examiné la proposition de loi déposée par notre camarade Albert Thomas, sur l'organisation des institutions municipales et départementales de ravitaillement et les offices publics de ravitaillement.

Vous vous rappelez en quoi consiste ce projet: il donne la possibilité aux départements et aux communes d'organiser, sur le modèle des offices publics d'habitations à bon marché, des organismes chargés de surveiller toutes les questions de ravitaillement et d'aider au développement de la Coopération dans le ressort de la commune ou du département.

Cette proposition a fait l'objet d'une étude extrêmement attentive et a été approuvée à l'unanimité par le Conseil supérieur, avec quelques modifications de détail.

Thomas vous a expliqué la lamentable histoire de cette proposition. Le Gouvernement l'a appuyée, il a promis de la faire sienne devant les Commissions de la Chambre et, en effet, les Commissions ont déposé des rapports favorables. Mais les défenseurs du petit commerce sont peut-être moins audacieux qu'autrefois, mais ils veillent dans l'ombre et ils ont étranglé la proposition au moment où elle venait à l'ordre du jour.

Le Conseil supérieur, dans cette occasion, lui avait donné son appui.

Une deuxième question, qui a été élaborée par le Conseil supérieur et qui a fait l'objet d'un projet d'initiative gouvernementale est relative à la révision de plusieurs points concernant le régime juridique des sociétés de consommation.

Vous savez que dans la vieille loi de 1867 se trouve une disposition qui n'était pas inacceptable pour les coopératives de cette époque, mais qui, par suite de la dépréciation de la valeur de l'argent, est devenue une entrave pour nous.

La loi de 1867 interdit aux sociétés coopératives de se constituer avec un capital supérieur à 200.000 francs et d'émettre dans une époque plus de 200.000 francs de parts sociales ou d'actions. C'est limiter à un chiffre très réduit le développement auquel peuvent prétendre les coopératives, et la législation conserve cette trace d'une époque où 200.000 francs représentaient beaucoup plus qu'aujourd'hui.

Cela est devenu, avec la politique de la création des grandes sociétés une entrave telle qu'il a fallu négliger la loi, au risque de rencontrer des difficultés. Songez qu'avec ce système, avec l'application de la loi une société comme l'*Union des Coopératives* ne pouvait pas avoir un capital supérieur à 400.000 francs. Et le bilan du Magasin de Gros vous montre qu'il en est de même pour cet organisme comme pour tous les organismes qui possèdent une certaine vitalité.

Le Conseil supérieur a préparé un projet de loi abolissant pour les coopératives de consommation cette limitation à 200.000 fr. Là encore, il a été unanime, et le gouvernement a décidé d'appuyer sa proposition.

Le projet, après avoir reçu la sanction de trois ou quatre ministres et de cinq ou six conseils supérieurs, après s'être promené de ministère en ministère, a fini par être déposé sur le bureau du Sénat en avril dernier par le gouvernement. Depuis cette époque, il a été renvoyé à une Commission et n'a pas encore abouti.

Il serait cependant nécessaire qu'il aboutît, parce que sans lui la régularisation d'un grand nombre de sociétés reste impossible, et je crois que le Congrès devrait émettre le vœu que le vote de cette proposition fût hâté et que le Sénat le prît à son ordre du jour, si possible, avant les élections prochaines.

Voilà les deux principales questions que nous avons discutées lors de la première session du Conseil supérieur.

A la deuxième session, nous avons examiné quatre sujets principaux.

D'abord, nous avons entendu un rapport d'Albert Thomas sur l'organisation d'un service de statistique et d'observation des prix. Ce rapport, adopté à l'unanimité, est devenu, je crois, l'objet de décisions administratives créant l'organisation du service d'observation des prix qui fonctionne au Ministère du Travail d'une manière embryonnaire.

Puis nous avons examiné une proposition de loi d'initiative parlementaire votée par la Chambre, qui soumet à des formalités nouvelles la constitution des sociétés anonymes.

Evidemment, il y a là, pour nos sociétés, une complication assez sérieuse, et nous avons été unanimes à penser que cette proposition de loi, qui a pour objet d'établir une publicité de la nationalité des membres de chaque société serait gênante et sans utilité. Néanmoins nous sommes peut-être intervenus un peu trop tard, la proposition était déjà votée par la Chambre et je ne sais pas si le Sénat ne passera pas outre.

Puis nous avons examiné la question des économats, qui avait fait l'objet d'un débat lors de notre dernier Congrès et qui a été portée à l'ordre du jour du Conseil supérieur.

Nous avons examiné la loi. Nous avons examiné sous tous ses aspects la loi de 1910 et constaté ses défauts, ses lacunes et l'impossibilité où l'on est d'en combler la plus grande partie. Car il sera toujours possible, quels que soient les griefs que l'on précise, les formules qu'on adopte, à un patron de tourner la loi et de créer des économats déguisés. On ne peut que créer des possibilités légales, on ne peut qu'ouvrir le droit légal aux sociétés coopératives patronales de se libérer de la tutelle patronale, mais on ne peut empêcher le patron d'exercer sur son personnel une maîtrise telle qu'il soit le maître des coopératives patronales.

Néanmoins, nous avons demandé au ministère du Travail de reprendre la loi, de veiller à ce que les économats fonctionnant actuellement soient invités à se dissoudre; le ministère du Travail nous l'a promis.

Depuis, d'ailleurs, une circulaire a été envoyée aux inspecteurs du travail leur recommandant de veiller à l'exécution de la loi.

A plusieurs reprises, la Fédération Nationale a été saisie de plaintes contre les économats. Elle les a transmises au ministère du Travail, qui a fait les démarches nécessaires, mais s'est trouvé souvent en présence de patrons qui avaient déguisé leurs économats sous la forme de coopératives. C'est une campagne qui ne peut se poursuivre qu'avec votre collaboration; il faudrait que chaque organisation pût signaler à la Fédération Nationale les économats existant dans sa région, qu'elle pût recueillir des renseignements, afin que nous puissions nous présenter devant le ministre du Travail armés et obtenir, dans quelques cas, tout au moins, des poursuites. Voilà le troisième point.

Il en reste un dernier: ce fut une grande discussion d'ordre théorique qui se déroula d'une manière à la fois très courtoise et très documentée entre les représentants des coopératives de production et les représentants des coopératives de consommation.

On a comparé le mérite respectif et les principes de ces institutions. Chacun, bien entendu, est resté sur ses positions, les coopérateurs de production proclamant la supériorité de leur idéal, les coopérateurs de consommation proclamant la supériorité du leur. Mais tous ont été unanimes pour reconnaître qu'une collaboration était nécessaire et qu'il fallait, chaque fois que l'occasion s'en présentait, allier la coopérative de production à la coopérative de consommation.

Notre camarade Gide, avec son tact, son doigté, avec sa profonde autorité sur les producteurs et les consommateurs a pu allier dans un ordre du jour les idées quelque peu différentes des consommateurs et des producteurs et nous avons été heureux de voir ce débat courtois se terminer par un vote unanime.

Tels ont été les points principaux examinés lors des deux sessions du Conseil supérieur.

Il me reste à vous dire un mot des points qui sont portés à l'ordre du jour des prochaines sessions.

Il y en a un dont, hier, Poisson vous parlait: c'est la protection du mot de Coopérative.

Nous voyons sans cesse des mercantis, de grandes firmes capitalistes essayer de créer une confusion entre leurs établissements commerciaux et nos organisations. Déjà elles prennent ouvertement le titre de coopératives. Je voyais encore tout à l'heure, en montant la rue de Ménilmontant, une succursale d'une firme capitaliste qui s'appelle la Nouvelle Coopérative. D'autres sont plus ingénieux et s'efforcent d'imiter l'apparence coopérative autant qu'ils peuvent le faire.

Dans la région de Saint-Étienne, on peut citer une société qui donne à ses clients des actions ou tout au moins des obligations qu'elle présente comme des actions donnant un droit de vote dans ses propres assemblées. Elle ajoute à ces actions une prime au prorata des achats de chaque sociétaire, prime qui ressemble à s'y méprendre à la ristourne distribuée par les sociétés coopératives.

Il y a une lutte à entreprendre contre cette falsification de la Coopération par les mercantis. Pour cela, je crois que nous avons la chance de pouvoir compter sur l'appui de nos ennemis habituels, les petits commerçants eux-mêmes. Ce sont eux qui ont fait voter en 1910 la loi sur les économats; autant que nous, ils sont intéressés à ce qu'il ne se crée pas des organisations capitalistes qui prennent l'apparence de coopératives sans en être véritablement. Ils diminueront ainsi une concurrence redoutable pour eux comme pour nous. Il faut profiter de cette circonstance pour que notre action soit plus énergique et qu'on inscrive dans la loi des peines contre ceux qui prennent à tort le titre de Coopérative, comme il en existe pour les brevets d'invention ou les marques de fabrique. Il faut que, par une législation analogue, la propriété du titre de Coopérative soit réservée aux coopératives véritables qui se groupent autour de la Fédération.

Une autre question portée à l'ordre du jour de la prochaine session est encore de celles qui ont été évoquées hier, c'est la question des coopératives militaires. Notre camarade Bellino a dit en quelques mots comment ces organisations, en même temps qu'elles faisaient, par des procédés anormaux, une concurrence extraordinaire à nos organisations, tournaient la loi sous des prétextes divers et prenaient, sans en avoir le droit, le titre de coopératives.

Dans ces coopératives militaires, on réserve le titre de membres aux officiers seulement; les soldats et les sous-officiers, les veuves de guerre, les démobilisés admis à s'y fournir n'ont pas le droit d'en devenir actionnaires, ils ne peuvent prétendre à aucune part dans les élections.

Un congressiste. — Voulez-vous me permettre une observation? Ils admettent également au titre de sociétaires certains fonctionnaires, je puis vous en donner la certitude pour la raison que j'en fais partie.

Un congressiste. — A Saint-Germain-en-Laye, ils vendent à tout le monde avec une recette de 7.000 francs par jour.

Ramadier. — Nous n'aurions rien à dire à ce qu'ils vendent à tout le monde, mais alors qu'ils admettent tout le monde dans leur sein, auquel cas ils ne tarderaient pas à se joindre à nous. Nous ne pouvons que protester contre cette tolérance de la loi qui permet de prendre le titre de coopérative à des sociétés qui ne le sont pas.

Ainsi en émettant le vœu que ces coopératives militaires ne soient plus protégées par le gouvernement, qu'elles rentrent dans la légalité, nous allons accomplir une œuvre doublement favorable pour nous; car la création de ces coopératives aura fait connaître les avantages de la Coopération à quelques personnes, et leur disparition amènera ces personnes à nos sociétés.

Voilà quel a été l'ordre du jour dans le passé et quels seront, dans l'avenir, les points principaux de l'activité du Conseil supérieur.

Je voudrais vous donner lecture de la résolution que le camarade Bellino avait préparée, je crois préférable de lui laisser ce soin.

Un congressiste. — Il est à la Commission des résolutions.

Ramadier. — Alors on pourrait remettre à tout à l'heure le vote sur cette résolution, et émettre, pour le moment le vœu que les deux questions que je vous signale soient inscrites à l'ordre du jour du Conseil supérieur, en même temps que la proposition de résolution que la modification à la loi de 1867 soit votée le plus rapidement possible par le Sénat.

Le Président. — Quelqu'un demande-t-il la parole sur le rapport du Conseil supérieur?

Un congressiste. — Si les camarades veulent bien le permettre, je demande la parole sur les coopératives militaires.

Le Président. — Les camarades veulent-ils discuter cette question sur le rapport du Conseil supérieur? Nous pourrions, si vous le voulez, discuter ensuite les coopératives militaires.

Sur le rapport du Conseil supérieur, quelqu'un a-t-il des observations à présenter?

Un congressiste (Société de Boulangerie Coopérative des Chemins de fer, de Tours). — Dans ce rapport est-ce que sont compris les économats des chemins de fer prévus dans la loi de 1890?

Pendant la guerre, nous étions sous l'autorité militaire; nous y sommes encore, nous demanderons au Conseil supérieur de faire rapidement ses démarches, de façon que le referendum ait lieu rapidement.

Le Président. — Quelqu'un demande-t-il encore la parole?

Ramadier. — Le gouvernement a pris l'engagement ferme, aussi bien à l'égard des organisations coopératives que de la Fédération Nationale des Chemins de fer, de procéder au referendum aussitôt que le régime de la réquisition sera terminé. Donc la question est liée à la question plus générale de savoir quand les chemins de fer reviendront au régime du droit commun, et ce n'est peut-être pas de notre compétence de discuter cela. Dans cette limite, notre camarade est certain d'avoir satisfaction.

Le Président. — Je mets aux voix le rapport de Ramadier sur le Conseil supérieur.

Le rapport est adopté.

Le Président. — Il nous reste à voter sur les vœux indiqués par Ramadier.

En premier lieu, de demander aux pouvoirs publics de hâter le vote de la loi sur l'augmentation du capital des sociétés coopératives.

Je mets aux voix l'adoption de ce vœu.

Le vœu est adopté.

Un autre vœu de Ramadier était que le Congrès mette à l'étude du Conseil supérieur un projet de loi sur la protection du nom de Coopérative. Je le mets aux voix.

Le vœu est adopté.

La parole est à Bellino.

Bellino. — Je n'ai pas de chance avec mes vœux. Celui que j'ai lu hier a été confié au sténographe, qui l'a emporté, j'en ai fait une copie, que le camarade Ramadier a emportée chez lui, je n'ai plus que cet ordre du jour.

Je vous ai lu mon vœu, hier, vous en connaissez la matière, je ne crois pas utile de vous en donner à nouveau communication.

J'ai, ce matin, ajouté à ce vœu une demande tendant à ce que le Conseil supérieur de la Coopération s'occupe le plus tôt possible de la question des coopératives patronales et militaires, que le plus tôt possible une action soit entreprise pour faire supprimer immédiatement les économats ou ravitaillements patronaux. Tous les jours perdus, à l'heure actuelle, permettent aux ravitaillements patronaux, aux économats patronaux de se transformer et de se mettre dans la légalité ou une sorte de légalité.

Dans notre région, nous voyons des économats patronaux qui, sachant que demain ou après-demain ils seront dissous, s'empressent de construire des bâtiments en dehors des usines, de fonder des sociétés pseudo-coopératives avec leurs ouvriers ou employés. Certaines catégories sont actionnaires, car on peut toujours se défier des Assemblées générales, et quand on a peur que les actionnaires ne soient pas toujours aimables, on fait une société commerciale. Mais c'est véritablement l'économat, le ravitaillement patronal, et, comme disait hier notre camarade, si nous n'y prenons garde, il y aura dans les usines la coopération patronale, le bistrot patronal, — il faut espérer qu'il y aura aussi le cimetière patronal.

En ce qui concerne les coopératives militaires, nous demandons qu'elles soient, dès la signature de la paix, dissoutes ou obligées de se mettre sous la législation de 1917. Voilà ce que je vous demande, le vœu est en bonnes mains.

Le Président. — La parole est, sur les coopératives militaires, au délégué de Biarritz.

Le Délégué de Biarritz. — Chez nous, il vient de se fonder une coopérative militaire. Les anciens combattants ont voulu d'abord créer une coopérative des anciens combattants. Ils y ont renoncé, vu les difficultés, puis ils ont demandé aux commerçants de la localité des remises, mais les résultats n'étaient

pas satisfaisants. Alors ils ont demandé au général de division
d'établir des succursales des coopératives militaires du front..
Malgré l'illégalité de la chose, le général Leboc a consenti. Cette
promesse devait rester sans effet, car les coopératives division-
naires allaient être supprimées. Tout espoir n'était pas cependant perdu, car à l'intérieur venait de se former une société
coopérative militaire, dont le siège social est à Paris, 51, avenue
La Motte-Picquet, avec ramifications en province, avec des
succursales dans chaque régiment. Voilà comment le 45ᵉ, de
Bayonne, est appelé à avoir une filiale, qui ne sera pas seulement ouverte aux militaires.

En même temps que la circulaire ministérielle autorisant les
fondations de ce genre, paraissait une autre circulaire, invitant
tous les démobilisables à s'adresser à ces magasins. Le général
Leboc fit alors appeler le président de la Coopérative des combattants, et lui fit connaître qu'à partir du 15 octobre, la coopérative serait ouverte dans la cour de la caserne.

La seule contribution demandée est un versement de 5 francs,
moyennant quoi il est loisible d'y faire tous achats utiles.

Et ici apparaît le caractère non coopératif de la fondation..
Il est évident que nous ne sommes pas dans les conditions d'une
coopérative ordinaire, puisque nous n'avons pas de participation aux bénéfices.

Voilà donc des Sociétés qui se créent, qui n'ont nullement
le caractère coopératif. Je demande au Conseil supérieur de
faire le nécessaire près des Pouvoirs publics et du Gouvernement pour faire cesser ces illégalités.

QUINIOU. — Je m'associe au vœu du camarade qui vient
de parler.

Nous avons, nous aussi, à Brest, une coopérative militaire,
dont je connais l'histoire d'une façon toute particulière, et cette
histoire montre le danger, qui nous apparaît particulièrement
grand.

A Brest, comme partout ailleurs, s'est créée une coopérative
militaire. Ceux qui en font partie, et j'en suis, je vous dirai
pourquoi tout à l'heure, ont l'honneur, si je peux ainsi dire,
d'être sous la présidence d'un officier général.

Mais cette faveur d'entrer dans la Coopérative militaire a été
accordée à un certain nombre de fonctionnaires de Brest, comme
elle a été accordée aux mêmes fonctionnaires de Toulon, Ro-
chefort, Lorient, Cherbourg, etc..., c'est-à-dire aux gens qu'on
nomme, dans la Marine, agents techniques ou commis, qui représentent 1.200 à 1.300 unités. Nous sommes entrés là-dedans,
notre ami Lagadec vous le dira, parce que nous voulions savoir ce qui s'y passait. Notre ami Lagadec a voulu, comme
moi, se rendre compte de ce qu'était cette Coopérative militaire.
Tout ce qu'on dit est exact : ces coopératives militaires n'ont
rien de coopératif. Mais, dans une région comme Brest, elles
nous font courir un danger très grand et je vais vous expliquer
pourquoi.

A Brest, la Coopérative l'*Espérance*, — nos amis de la Fédération de Bretagne ont pu le voir lors de notre dernier Congrès, et nos amis Lévy et Daudé ont pu le voir aussi — a pris
une extension qui n'est pas contestable. Cette Société l'*Espérance*, qui comptait 400 adhérents l'année dernière, en compte
aujourd'hui 2.500, et nous allons créer une 13ᵉ succursale.

Or, à Brest, comme dans tous les ports militaires, nos sociétaires sont des ouvriers du port, des commis de l'arsenal, des agents techniques, des femmes de marins, c'est-à-dire un personnel essentiellement attaché à la Marine, et si nous avons le plaisir de compter parmi nous des ouvriers de la ville, des fonctionnaires des autres ministères, c'est en nombre infime, par rapport au grand nombre que représentent les fonctionnaires de la Marine.

C'est dans ces conditions qu'on ouvre la Coopérative militaire, en donnant aux fonctionnaires de la Marine la possibilité d'y accéder soit directement, soit indirectement. Si, d'une façon directe, on ne permet qu'aux commis et aux agents techniques, en tant que fonctionnaires, ayant le rang d'officiers, d'y accéder directement, on permet aux femmes de marins ou aux veuves d'officiers, aux veuves de marins décédés au cours des hostilités, d'y accéder d'une façon indirecte. On permet à toute la population brestoise d'accéder à la Coopérative militaire dans des conditions analogues à celles qu'a indiquées tout à l'heure le camarade, c'est-à-dire dans des conditions qui ne leur permettent pas d'avoir une part dans la répartition des bénéfices, en demandant seulement une cotisation de principe.

Alors se présente pour nous, *Espérance*, et peut-être pour nous, demain *Union Coopérative du Finistère*, — car nous sommes entrés dans la voie de la fusion — une situation spéciale.

Dans ces coopératives militaires, qui s'approvisionnent aux subsistances de la Marine, on délivre du vin à 23 sous le litre; il est revendu 30 sous, — excusez-moi de ces détails, c'est pour vous permettre de sentir le danger.

Nous autres, vous n'en doutez pas, et tous les camarades qui font des achats le savent, nous payons le vin en moyenne 140 à 150 francs l'hectolitre, nous ne pouvons pas, dans ces conditions, le donner à 1 fr. 50.

Un Congressiste — Et le transport?

QUINIOU. — Nous sommes d'accord, camarade. Or, à l'*Espérance*, nous faisons des efforts considérables et nous arrivons à livrer au public, à Brest, c'est-à-dire à l'extrémité du territoire français, notre vin à 1 fr. 70. Eh bien, nous avons cette chance que tous les camarades de l'Arsenal de Brest, qui sont imprégnés de l'esprit coopératif, ne regardent pas à donner quatre sous de plus par litre de vin, et ils ne nous ont pas quittés. Mais demain, nous sommes menacés par la hausse des vins; cela va être pour nous l'obligation de mettre le vin à 1,80, peut-être 1,90, et l'ouvrier, qui est limité par son modeste budget, peut faire un sacrifice de quatre sous pour la Coopération, mais peut-être pas de 40 centimes, et comme il aura les moyens de s'en procurer aux coopératives militaires, il nous quittera. Ainsi, c'est une Coopérative qui a mis dix ans à se monter, qui compte 13 succursales, et qui sera menacée par le favoritisme gouvernemental.

J'ai voulu montrer cet exemple typique. Je suis certain qu'il n'est pas unique. J'ai eu l'occasion, hier, de causer avec un camarade de Lorient, il me disait : Aujourd'hui, à Lorient, les Subsistances livrent non seulement du vin, du café, mais même du rhum. Et alors vous sentez le danger. Cela, nous l'avons dit aux Pouvoirs publics, et le citoyen Goude, député de Brest, s'est fait un plaisir d'intervenir en notre faveur.

Le Préfet maritime, à qui Lagadec et moi avons eu affaire, a été très aimable : il nous a dit : « Parfaitement, je ne demande qu'à étudier la question, je verrai; il est évident qu'on doit vous donner satisfaction. » Puis on a refusé de nous donner quoi que ce soit, et on nous a déclaré, en se référant à des dépêches ministérielles : Une dépêche ministérielle indique que les employés de l'arsenal peuvent constituer des comités à part en faisant une déclaration à l'autorité militaire ou maritime de l'endroit et ils seront ravitaillés. C'est-à-dire que 14, 15, 20, 100 ouvriers de l'arsenal faisant une déclaration peuvent recevoir des subsistances.

Alors nous avons répondu : C'est très bien, nous voulons bien nous conformer à la décision ministérielle, mais dans notre Société, qui compte 2.500 sociétaires, nous avons, au bas mot, 1.700 membres de l'arsenal et familles ayant des attaches militaires. Nous ne vous demandons qu'une chose, nous ne vous le demandons pas pour les postiers, nous ne vous le demandons pas pour les douaniers, nous ne vous le demandons pas pour les ouvriers de la ville, mais puisque nous avons 1.700 sociétaires appartenant à la Marine, vous devez nous donner ce qu'ils pourraient demander. Et nous faisions l'office de ravitaillement pour ces 1.700 camarades, c'étaient 1.700 rations pour employés qui rentraient dans notre office, que nous répartissions entre tous les camarades de l'*Espérance*.

Mais ils n'ont pas voulu marcher. Ils ont dit : Non, ce n'est pas cela; qu'ils forment un groupe, qu'ils donnent l'adresse de leur local et leurs statuts. On a ergoté sur tous les faits, de façon à ne pas nous donner satisfaction, faisant le nécessaire pour couler la seule Coopérative qui puisse lutter contre les mercantis de Brest.

Il y a un autre exemple typique, je vous le donne pour faire comprendre qu'il faut avoir vis-à-vis des Pouvoirs publics une attitude nette et catégorique. Nous n'avons pas, ici, à avoir des sentiments de gentillesse vis-à-vis des dirigeants, nous devons leur demander d'avoir, vis-à-vis de la majorité du peuple français, les sentiments qu'ils doivent avoir.

Dernièrement, alors que la Coopérative militaire de Brest avait obtenu du Préfet maritime tout ce qu'elle voulait pour agrandir son magasin en ville : manœuvres, matières, bois, fer, vis, boulons, etc..., jusque et y compris la peinture, nous avons demandé, nous qui créons une succursale, la 13e, une cession de bois à l'arsenal. L'arsenal est pourvu de toutes matières, il en déborde: il fait des cessions aux particuliers, notamment aux armateurs qui ont acheté des dragueurs au Gouvernement. On a ergoté, tourné, viré, et je me fais un devoir de rendre hommage au président de l'*Espérance*, à l'attitude duquel nous devons d'avoir eu satisfaction. Le président de l'*Espérance*, avant-hier, est allé à la Préfecture, et il a dit en termes énergiques: « Vous ne voulez pas me donner du bois, c'est une façon de procéder que je comprends. Mais je vais à Paris, et je vous déclare qui si je n'ai pas de réponse avant de partir, je considère que je pars avec une réponse négative. » Ils ont compris, on lui a téléphoné et on lui a dit : Vous avez raison, vous serez servi.

Ceci est un exemple, et je conclus. Notre ami et camarade Charles Gide a dit hier que, dans la Coopération, il ne doit pas y avoir de luttes de classes, je ne voudrais pas que ceux qui sont chargés, non pas de protéger, mais de respecter les coopératives, instituent une lutte de classes sur le territoire français, et je vous demande d'inviter le Comité national, soit à rédiger un ordre du jour, encore que je n'y aie pas grande confiance, soit à faire près des Pouvoirs publics une protestation pour demander que, dans ce pays qui a souffert, qui a le droit d'être traité sur un pied d'égalité, il n'y ait pas une classe qui soit favorisée aux dépens d'une classe essentiellement travailleuse.

LE PRÉSIDENT. — J'ai reçu, pour cette discussion, une demande de clôture. Avant de mettre la clôture aux voix, je dois vous dire qu'il y a lieu de donner la parole à Ramadier, pour l'ordre du jour, à Deshayes et à Poisson.

Etes-vous d'avis de prononcer la clôture?

Plusieurs Délégués. — Oui! Oui!

LE PRÉSIDENT. — Je mets aux voix la clôture.
La clôture est prononcée.

RAMADIER. — Voici l'ordre du jour :

Le Congrès demande que le Gouvernement poursuive énergiquement, conformément à ses promesses, la disparition des économats patronaux, en les mettant en demeure de se conformer à la loi et en leur appliquant, le cas échéant, les pénalités prévues.

Il demande, en outre, que l'autorité militaire respecte la loi et n'autorise la création de coopératives militaires que si elles admettent comme membres tous ceux qu'elles admettent comme consommateurs. Il demande, en outre, que la question soit portée à l'ordre du jour de la prochaine session du Conseil supérieur de la Coopération.

Un Congressiste. — Je demande qu'on joigne à l'ordre du jour les économats de chemins de fer.

LE PRÉSIDENT. — Les économats de chemins de fer sont considérés comme patronaux, donc ils sont compris dans l'ordre du jour.

Le Délégué de la « Famille Périgourdine ». — Je demande qu'on ajoute à l'ordre du jour une protestation énergique contre ce qu'a signalé notre camarade, tout à l'heure, en constatant que le Gouvernement donne des denrées de première nécessité par priorité aux coopératives militaires, au détriment de l'ensemble des consommateurs et des coopératives normales, alors que c'est avec l'argent de tout le monde que ces produits sont achetés.

LE PRÉSIDENT. — Le rapporteur est d'accord.
La parole est au camarade Deshayes.

Louis DESHAYES. — On vient de vous signaler en termes précis, avec une documentation singulièrement angoissante, le péril que faisaient courir à des œuvres civiles et à des œuvres sociales les interventions militaires.

Cela va nous servir à documenter d'une façon précise ceux

de nos amis du Parlement qui, coopérateurs ou non, se préoccupent, à juste titre, au lendemain de la paix, de l'emprise dangereuse des autorités militaires sur toutes les organisations civiles de la nation.

Un Congressiste. — Le militarisme allemand est à bas et le militarisme français est plus florissant que jamais.

Louis DESHAYES. — La guerre est terminée, les poilus sont rentrés dans la vie civile, et au-dessus d'eux, une organisation militaire subsiste, invisible, mais puissante. C'est l'organisation militaire qui fait aujourd'hui la diplomatie, c'est l'organisation militaire qui fait, dans les conditions lamentables que nous autres nous connaissons, la reconstitution des régions libérées; c'est l'autorité militaire qui pourvoit à la sécurité de nos libertés politiques à l'intérieur, c'est l'autorité militaire qui nous distribue le charbon, le sucre et fait la reconstitution industrielle...

Un Congressiste. — Il faut le dire à la tribune de la Chambre.

Louis DESHAYES. — C'est l'autorité militaire qui se rend maîtresse du ravitaillement et qui, sachant la puissance d'organisation sociale que vous représentez, veut tirer bénéfice de la Coopération française.

J'entretiens avec un parlementaire coopérateur les relations les plus intimes. Le 2 septembre, il a déposé sur le bureau de la Chambre une demande d'interpellation à M. le président du Conseil, pour lui demander quelle était l'organisation militaire dans les œuvres de paix, au lendemain de l'armistice. Je ne vous nommerai pas l'auteur, il est à la tribune. Et c'est parce que, sans le vouloir, vous m'avez à l'instant même documenté de façon entièrement précise et complète, que je vous demande de continuer à m'aider. On m'invitait à poser la question à la tribune de la Chambre, le geste était déjà fait, il ne me manquait que votre collaboration, je vous la demande.

C'est là, sur ce terrain très élevé et très général, qu'il faut poser la question, et si les organismes essentiels de la nation se trouvent touchés par cette emprise singulièrement inquiétante de l'autorité militaire, il faut au moins que la Coopération libre en soit délivrée et qu'on la soulage de ce poids. Il n'y a ni officiers généraux, ni officiers subalternes, ni soldats dans la Coopération, il y a des coopérateurs tout court, et il serait dangereux d'exposer nos œuvres à cette sorte de hiérarchie qui, après avoir hiérarchisé tous les organismes français, voudrait hiérarchiser les œuvres. C'est à cette œuvre que je vous demande de collaborer. Le geste, je l'ai fait, notamment en visant dans ma demande d'interpellation certaines matières qui me paraissaient inquiétantes, je veux bien y joindre la défense des libertés de la Coopération, c'est à ce titre que je vous demande de me documenter, pour porter la question à la tribune de la Chambre.

POISSON. — Cette question des coopératives militaires a préoccupé grandement la Fédération Nationale depuis plusieurs mois. Notre camarade de l'*Espérance* de Brest signalait la nécessité d'agir, je peux dire qu'il n'était pas besoin de le rappeler aujourd'hui, et que notre action, jusqu'à ce jour, a été aussi complète que possible.

Nous avons connu les circulaires, et immédiatement nous avons fait des démarches près des hommes responsables, en leur disant : dans quelle voie engagez-vous les autorités militaires? Car, après tout, je le dis, ce n'est pas seulement l'initiative des autorités militaires, c'est, en réalité, une initiative d'ordre gouvernemental.

Le point de départ n'a pas été, selon moi, celui auquel on a abouti comme résultat. Je ne pense pas qu'au début on ait songé à combattre les coopératives. La vérité, c'est que dans les administrations, les fonctionnaires militaires réclamaient eux-mêmes la constitution de sociétés. Il arrive souvent, là où il y a des organisations militaires, de voir des consommateurs même appartenant à d'autres organisations, ne pas se contenter de nos coopératives ouvertes et fonder des coopératives fermées, particulières.

Nous avons engagé le débat, nous avons été trouver le ministre et lui avons dit : vous venez de faire une circulaire qui est curieuse à lire, car elle est certainement rédigée par quelqu'un qui connaît très bien notre mouvement. Elle tendait, en effet, à faire des coopératives ouvertes, à dire : ne restez pas entre militaires, constituez des coopératives militaires ouvertes à tout le monde. C'est en s'inspirant de nos principes, qu'au lieu de faire des sociétés qui ne seraient pas un danger pour nous, on constituait des sociétés destinées à nous faire concurrence.

J'estime que le Congrès doit savoir d'abord la vérité et, qu'à l'origine, il n'y a pas eu d'attaques contre nos coopératives.

Mais nous avons dit alors : 1° Donnez-nous la liste des coopératives militaires existant à l'heure actuelle. Cette liste, on nous l'a fait attendre, nous l'avons maintenant; 2° Est-ce que vous laisserez se constituer de nouvelles sociétés?

Mais, quand on discute avec ceux qui sont plus ou moins sympathiques ou adversaires, il y a toujours des objections. On nous a répondu : vous n'avez pas des coopératives partout où il y a des garnisons, est-ce que vous empêcherez la constitution de coopératives militaires là où vous n'avez pas de succursales existantes?

Je me permets de dire que lorsqu'on pose une question comme celle-là, nous ne pouvons pas dire que nous sommes là pour arrêter l'essor de la Coopération.

Nous avons dit alors : Nous demandons que vous donniez l'ordre à vos subordonnés, à vos fonctionnaires, qu'aucune société coopérative ne puisse se constituer sans votre assentiment préalable, qui ne sera donné qu'après accord avec notre Fédération, afin qu'elle puisse vous indiquer que, dans une telle localité, il y a une coopérative qui ne demanderait pas mieux que d'ouvrir une succursale.

Le ministre nous a dit : Je comprends très bien que vous vouliez développer le mouvement des coopératives civiles, ce serait le contraire de ma volonté de leur faire du tort.

Nous avons alors demandé au ministre de donner des ordres pour qu'il en soit ainsi. C'est en tenant compte de ce fait que nous devons poser le problème. Des promesses nous ont été faites, souvent elles ne sont pas tenues, mais nous avons un

terrain de discussion solide. Le ministre a dit : « On ne créera
pas de coopératives nouvelles militaires sans l'assentiment de
la Fédération, je garde ma liberté d'accepter ou non vos observations. » Cette promesse n'est pas tenue, c'est elle que nous
allons rappeler.

Un Congressiste. — C'était au mois d'août.

POISSON. — C'était au mois d'août. C'est cette promesse que
le Congrès doit rappeler au ministre responsable, et particulièrement à M. Abrami.

Un Congressiste. — Il s'en moque!

POISSON. — Il ne faut pas dire qu'il s'en moque, dans ce
cas, il n'y aurait pas de coopératives militaires. On ne peut
pas dire qu'on se moque d'un mouvement qui compte un million
de familles et fait un milliard d'affaires, dans un régime où il
y a à la base le suffrage universel, qu'on consultera bientôt.

Il faut donc orienter notre action. Que veulent nos camarades?

Il y a l'exemple de Brest, celui bien plus extraordinaire de
Toulon...

Un Congressiste. — Celui de Marseille.

POISSON. — Celui de Marseille, je ne le connais pas. A Toulon, ce sont les militaires qui ont formé la coopérative, adhé-
rente à la Fédération Nationale. C'est une coopérative dont
je ne veux pas dire qu'elle représente l'esprit le plus rétrograde, bien qu'elle comprenne 11 officiers supérieurs de la Marine. Malgré cela, on a constitué une coopérative en face de
la coopérative militaire, et les onze officiers ont envoyé des
lettres de protestation. Je demande que le Congrès proteste
contre l'institution de ces coopératives militaires là où il y a
une coopérative ouverte à tout le monde. Puis, qu'il demande
que si des coopératives comprennent des militaires, surtout
dans les ports, on leur donne tous les avantages donnés aux
autres organisations.

Voilà les deux points de vue auxquels je demande au Congrès de se rallier, et je demande à la Fédération Nationale
d'aller, au lendemain de ce Congrès, demander au ministre
responsable ce qu'il a fait de ses promesses aux délégués de
la Fédération.

LE PRÉSIDENT. — Je mets aux voix l'ordre du jour.

L'ordre du jour est adopté.

Un Congressiste. — Je propose un amendement. Le ministre
ne veut pas faire de coopératives là où il existe des coopératives civiles, mais ce n'est pas suffisant, parce que le militarisme peut créer une coopérative demain, là où il n'y a pas
de coopérative civile, mais où il pourrait s'en former une le
surlendemain...

LE PRÉSIDENT. — Le camarade n'a pas le droit de modifier
l'ordre du jour, maintenant qu'il est voté.

Le Comité d'Action parlementaire

L'ordre du jour appelle le rapport sur le Comité d'action parlementaire. La parole est au camarade Albert Thomas.

Albert THOMAS. — Si bref que doive être le rapport sur le Comité d'action parlementaire, chacun jugera qu'il arrive à un mauvais moment. On vient de parler de promesses non tenues, d'action parlementaire inefficace, j'ai mauvaise grâce à venir à une pareille heure parler de l'activité du Comité d'action parlementaire.

Néanmoins, je crois intéressant pour le Congrès de lui faire savoir qu'elle a été l'activité de cette organisation depuis un an.

A la vérité, c'est un organe nouveau, qui n'est pas dans les statuts approuvés par le Conseil Central, c'est une initiative nouvelle, notre Comité d'action parlementaire n'est pas, comme le grand comité anglais, un Comité de représentation, et nous n'avons pas encore à la Chambre un groupement de représentants de la Coopération. Néanmoins, je crois important que le Congrès sache comment nous avons réglé notre activité.

Notre Comité, très modeste, a simplement pour but de défendre au Parlement, avec méthode et continuité, les intérêts généraux de la Coopération.

Jusqu'à ce jour, il existe au Parlement des groupes de représentation des employés de l'État, des groupes viticoles, il y a le groupe du département de la Seine, le groupe des députés de Paris, etc... Mais leur caractéristique est la suivante :

Il y a 80, 100, 150 députés inscrits. On fait une convocation, le président et le secrétaire se présentent, et c'est tout.

Nous avons pensé que les vieux groupes parlementaires ne pouvaient pas agir ainsi.

Nous avons dit aux camarades : décidez, étant coopérateurs, un député à s'occuper du mouvement. Il y aura une réunion par semaine avec les représentants qualifiés du mouvement : Fédération Nationale, Magasin de Gros, *Union des Coopératives*. Et nous nous réunissons tous les vendredis matin. Pas de discours, on a l'impression d'une réunion d'hommes d'affaires. A 10 heures, on s'en va. Mais il y a un ordre du jour, et à chaque réunion, les questions engagées sont rappelées. Nous ne les effaçons de l'ordre du jour que lorsqu'elles sont résolues.

Les résultats sont les suivants :

D'abord, les courses, les démarches avec la Fédération Nationale ou le Magasin de Gros. Toutes les semaines, un certain nombre de députés s'y mettent, nous nous mettons en démarches, et les représentants des régions libérées savent comment nous avons agi près du ministère du Ravitaillement et avons obtenu des résultats précis. Au lieu de la dispersion de tous les efforts des députés qui chevauchent les uns sur les autres, une action méthodique, réglée, positive, continue.

En second lieu, les projets de loi. Je vous en ai donné un exemple à propos des offices publics de ravitaillement communaux et départementaux. Quand un projet de loi est conçu par une grande organisation comme la vôtre, il est loin d'avoir abouti, et semaine par semaine on demande ce qui est fait. Deshayes sait comment nous avons suivi le projet des restaurants populaires dans toutes les commissions, au Sénat, où il est un peu embouteillé, malgré que nous ayons un sénateur, M. Chéron, qui nous appuie.

Et pour les amendements, le vote du crédit de 10 millions dont on vous parlait hier, vous montre que nous avons parfois abouti.

Enfin, au lieu d'avoir un certain jour un député qui dit : il y a une grande action, il y a de l'inquiétude parmi le mouvement coopératif, je fais une interpellation; chez nous, l'interpellation est faite à la demande de la Fédération, le projet de loi est déposé dans les mêmes conditions.

Ce que j'indique est bien modeste, mais se traduit par un grand nombre de résultats, les travaux du Congrès suffisent à l'indiquer. C'est peu de chose comme organisation, cependant cette petite organisation est quelque chose d'une grande importance peut-être. A l'heure actuelle, il y a un certain nombre de gens qui parlent de l'organisation de la démocratie, et le problème se pose quand on voit à quel point la vieille machine parlementaire grince et se détraque.

D'autres disent : le Parlement, nous nous en moquons. Mais tout en se moquant du Parlement, il faut bien y recourir, et on y recourt d'une façon incohérente. Ce que fait la Fédération Nationale, c'est de prendre l'outil tel qu'il est, mais comme le bon coopérateur qui s'installe, faute d'autres ressources, dans des bâtiments anciens, et y fait de la Coopération, nous faisons qu'au Parlement il y a un peu de coopération efficace qui pénètre.

Le Président. — Quelqu'un demande-t-il la parole sur le rapport d'Albert Thomas?

Je le mets aux voix.

Le rapport est adopté.

La nomination du Conseil Central

Le Président. — Avant de continuer l'ordre du jour, je donne la parole à Poisson pour vous faire part des délibérations de la Commission des résolutions et vous donner les noms des camarades choisis.

Poisson. — Avant de passer à la question du ravitaillement et de la vie chère, je tiens à vous communiquer la liste des candidats présentés, après discussion et même après vote à la majorité, par la Commission des résolutions. Vous savez que, conformément aux statuts de la Fédération, c'est cette Commission qui élabore la liste et la propose à la ratification du Congrès..

Voici les camarades choisis pour être candidats, qui sont proposés à votre approbation : Benoist, Berland, Chartenot, Cleuet, Destombes, Gaillard, Gide, Lamothe, G. Lévy, Lhuillier, Lucas, Passebosc, Peckstadt, Ponard, Poulette, Rebeyrol, Sellier, Svob.

Voilà pour le Conseil central.

Le Président. — Quelqu'un a-t-il des observations à présenter?...

Je mets aux voix la liste proposée.

La liste est adoptée.

Poisson. — Pour la Commission de contrôle, la Commission vous propose :. David, Ducroc, Droneau, Mouchonnet, Tutin.

Le Président. — Personne n'a d'observations à présenter?...
Je mets la liste aux voix.
La liste est adoptée.

Le Ravitaillement. — La Vie Chère.

Nous passons à la question de la vie chère et du ravitaillement.
La parole est à Camin, rapporteur.

Camin, *rapporteur*. — Je voudrais simplement rappeler comment s'est posée, depuis votre dernier Congrès, la question du ravitaillement, et les efforts qui ont été faits par la Fédération pour que satisfaction soit donnée aux demandes des sociétés coopératives. Je bornerai mes explications à l'énumération des faits, laissant à d'autres camarades le soin d'envisager la situation d'un point de vue général.

Au cours du dernier Congrès, Poisson s'était félicité de la création de l'Office du ravitaillement, au ministère de l'Armement. Cet office a peu duré. Les choses qui marchent bien sont généralement de courte durée. L'Office de l'Armement a été supprimé, et c'est le ministère du Ravitaillement, — qui était à cette époque dirigé par M. Boret, — qui a mis la main sur l'ensemble du ravitaillement. Il a essayé de constituer un service qui devait assurer le ravitaillement général, et, dans une section, s'occuper du ravitaillement des coopératives.

A ce moment, lors de la constitution de cet office, la Fédération Nationale s'est efforcée de faire adopter par le ministre un certain nombre de suggestions qu'elle avait apportées, et dont la ratification devait donner satisfaction à notre mouvement. Au cours des correspondances échangées, d'entrevues qui avaient eu lieu, les représentants de la Fédération Nationale avaient demandé, ou bien qu'on transfère complètement l'ancien office de l'Armement au ministère du Ravitaillement, ou bien si on faisait quelque chose de nouveau, qu'on tienne compte d'un plan proposé par la Fédération, et qui devait aboutir à des résultats. Malheureusement, le plan de la Fédération Nationale n'a pas été adopté. On a fait quelque chose de particulier : il y a eu tout un vaste programme d'élaboré et les sociétés se souviennent que, vers février 1919, elles ont reçu de la Fédération une circulaire indiquant que le ministère du Ravitaillement était décidé à pourvoir les coopératives d'un certain nombre de denrées, de vin et de moyens de transport.

En effet, la Fédération, s'en rapportant aux déclarations faites au ministère du Ravitaillement, avait invité les sociétés, par voie de circulaires, à faire des demandes. Il avait été entendu qu'elles seraient centralisées, et que tous les mois, l'office du ministère du Ravitaillement donnerait satisfaction à ces demandes.

De même pour les transports. Il avait été entendu qu'il y aurait une sorte de service de wagons, qui fonctionnerait d'accord avec les services de la Fédération, les sociétés transmettant leurs demandes par la Fédération. Lorsque les coopératives ont reçu communication de ces décisions, il y a eu des manifestations de contentement. La Fédération a reçu nombre de demandes de wagons, et notamment de wagons-réservoirs pour le vin. Mais lorsqu'il a fallu passer aux actes, le ministère a déclaré qu'il s'était trompé. La Fédération demandait 300 wagons-réservoirs de vin pour des sociétés de province et pour les régions libérées; le ministère a alors répondu que le vin du ravitaillement serait réservé aux régions libérées.

De telle sorte que, du grand plan élaboré et communiqué aux sociétés, il a fallu en rabattre et, peu à peu, le régime des offices départementaux a été institué.

Vous savez, pour la plupart, quelles ont été les objections formulées contre cette pratique. Des offices départementaux ont fait subir aux denrées des majorations quelquefois importantes et, le plus souvent, ils n'ont pas donné satisfaction aux sociétés. Leur composition était telle qu'avec l'Administration préfectorale, c'étaient les commerçants, les grossistes, qui recevaient satisfaction avant nous.

De suite, j'indique que le sous-secrétaire d'État au Ravitaillement lui-même avait reconnu que le régime des offices départementaux, pour les coopératives, ne pouvait donner de résultats. Il avait accepté et même suggéré qu'il y avait lieu, pour les sociétés importantes, de faire des demandes de cessions directes qui ne passeraient pas par les offices départementaux. Cela a été porté à la connaissance des sociétés. Certaines ont profité de cette possibilité; mais un jour, brusquement, sans que la Fédération en soit prévenue, une circulaire envoyée aux sociétés a fait connaître qu'il n'était plus consenti de cessions directes qu'aux offices départementaux, à l'exclusion des coopératives.

Immédiatement, la Fédération a saisi le ministre responsable, qui a déclaré que cette décision avait été prise en son absence. En effet, elle avait été prise pendant que M. Vilgrain était à Londres, et il l'a immédiatement rapportée. Donc, présentement, les sociétés peuvent encore faire des demandes de cessions directes au ministère du Ravitaillement.

Un Congressiste. — Et il répond qu'il n'a rien !

CAMIN. — En ce qui concerne les prix de cession, la Fédération a eu beaucoup de mal à obtenir que le prix de cession des denrées du ministère du Ravitaillement soit, pour les coopératives, le même que celui fixé pour les grossistes, les offices départementaux, les baraques municipales à Paris, les baraques départementales dans les Bouches-du-Rhône et les organisations similaires d'ordre municipal. Tout de même, nous avons abouti à obtenir que le prix de cession des denrées soit, pour les coopératives, exactement le même que celui fixé pour les baraques municipales. Je dirai à nos camarades de la Fédération du Jura, qui ont décidé, par le vote d'un ordre du jour, de demander à la Fédération d'obtenir que les pâtes alimentaires soient livrées au même prix aux coopératives qu'aux grossistes, qu'ils ont satisfaction, par une décision récemment prise au ministère du Ravitaillement.

Une autre intervention de la Fédération a porté sur le délai de payement. Il est entendu que les coopératives qui reçoivent directement des cessions du Ravitaillement ont un délai de quinze jours après livraison pour effectuer le paiement. Il arrivait, en effet, que des coopératives étaient obligées de payer avant réception ou même en passant la commande; or, les denrées, quelquefois, n'arrivent pas et les sociétés ont les plus grandes difficultés pour se faire rembourser. Le délai de quinze jours a été officiellement accordé.

Actuellement, et depuis un certain temps, les efforts de la Fédération ont porté sur une question extrêmement grave : c'est la question des transports, qui va s'aggravant chaque jour davantage.

Un grand nombre, pour ne pas dire toutes les sociétés adhérentes, s'adressent à nous pour réclamer notre intervention en vue de faciliter les transports. Eh bien, malgré les efforts que nous avons faits, il n'a pas été possible d'obtenir de grandes satisfactions.

Il y a environ trois à quatre mois, nous obtenions du ministre l'assurance formelle que 50 wagons-réservoirs seraient mis en quelque sorte, en permanence à la disposition des coopératives, pour le transport des vins, et que, d'autre part, 50 wagons à plate-forme seraient hebdomadairement inscrits au programme des Travaux publics pour les coopératives.

Vous savez que cette question de wagons avait provoqué parmi vous de grosses déceptions. Lors de l'établissement du plan dont je parlais tout à l'heure, les sociétés avaient reçu des imprimés pour faire leurs demandes de transports. Lorsque la combinaison a avorté, les Travaux publics n'ayant pas donné suite aux demandes, il y a eu de nombreuses déceptions.

Bien que l'offre de 50 wagons plate-forme par semaine, pour le transport du vin, ne soit pas capable de répondre à toutes les exigences légitimes, nous avons accepté, et actuellement les sociétés peuvent adresser à la Fédération Nationale des demandes de wagons plate-forme pour le transport du vin. Bien entendu, nous ne pouvons obtenir que 50 wagons par semaine, et les Travaux publics ont encore fait une réserve : il ne peut y avoir plus de quatre wagons à la disposition du même expéditeur.

Pour les wagons-réservoirs, c'est encore plus difficile. Vous savez qu'il y avait un parc national qui en comprenait un millier, il paraît que ceux-ci sont disséminés à travers la France, sans pouvoir rejoindre le parc. Actuellement, il n'y a plus de disponibles que quelques wagons qui rentrent par hasard et ne peuvent donner satisfaction aux demandes. Il s'ensuit que les coopératives qui ont fait des demandes sur la foi des déclarations ministérielles, doivent évidemment s'étonner de ne pas recevoir leur attribution, mais à toutes nos interventions, on répond que satisfaction ne leur est pas donnée par suite du manque de wagons. On nous promet bien que la situation va s'améliorer, que les wagons vont rentrer et que toutes les demandes seront satisfaites, mais comme on est muet sur les délais, il est prudent de n'y pas trop compter.

Vous savez quelles ont été les difficultés rencontrées pour obtenir du chocolat. Les chocolatiers, qui avaient été tenus, pendant la guerre, de faire des fournitures aux coopératives, qui avaient vu leur liberté d'exploitation un peu resserrée, ne se sont pas empressés de satisfaire aux demandes de fournitures faites par les sociétés.

La question s'est donc posée pour la Fédération, de savoir

s'il n'était pas possible d'obtenir du ministère du Ravitaillement lui-même des possibilités de fabrication. La Fédération
est intervenue, souvent même, et depuis mars on promettait
au Magasin de Gros 50.000 kilos de sucre par mois pour fabriquer du chocolat. Le malheur, c'est que chaque fois que
nous réclamions l'exécution de la promesse, on nous répondait : ce sera fait; mais rien n'était fait et les 50.000 kilos de
sucre n'ont jamais été attribués.

Néanmoins, nous avons posé à nouveau la question d'une
façon plus pressante, et je pense que nous allons obtenir que
des attributions de sucre assez importantes soient faites pour
permettre aux sociétés de recevoir du chocolat et ainsi d'être
soustraites au boycottage des chocolatiers.

Puis, vient la question des pâtes alimentaires. Pendant deux
mois, à toutes les sociétés qui demandaient des cessions de
pâtes alimentaires, nous avons répondu ; le ministère n'a plus
en sa possession de pâtes alimentaires, le commerce en est
redevenu libre, et le ministère nous renvoie toutes les demandes
en nous disant : adressez-vous aux commerçants. Cette situation a changé; le ministère a pris de nouvelles dispositions,
par suite desquelles il y a, chaque mois, une quantité de pâtes
alimentaires retenues, dont il a la libre disposition. Par conséquent, toutes les demandes de cette denrée peuvent être satisfaites.

J'indique enfin qu'en ce qui concerne le vin, le ministère
nous avait dit que, même pour les régions libérées, il ne lui
était plus possible d'envoyer des wagons-réservoirs, parce qu'il
en manquait. Nous avons insisté, et les sociétés coopératives
des régions libérées vont recevoir du vin étranger, qui leur
est adressé par Anvers et passe à travers la Belgique, tant il
est difficile de faire des transports sur les réseaux qui desser-
vent ces régions. Ce vin est, évidemment, comme l'ancien vin
du ravitaillement, réservé aux régions libérées.

Voilà les principaux faits qui ont fait l'objet de l'attention
de la Fédération, qui ont motivé ses nombreuses démarches.

Vous savez que nous sommes saisis de nombreuses réclamations des sociétés; nous intervenons chaque fois près des services compétents, mais vous savez combien il est difficile d'obtenir satisfaction. Néanmoins, sur un certain nombre de points,
notre action a été utile.

Je termine par une autre question qui vous intéresse, c'est
celle des stocks américains.

Je pourrais dire qu'il y a là une montagne qui accouche
d'une souris.

Vous savez quel est le véritable battage qui a été fait près
du public avec les stocks américains. On a créé un courant
d'opinion tel que la population s'est figurée que la situation
générale allait redevenir normale; en réalité, lorsqu'on s'est ap-
proché de la montagne, c'est la souris qui est apparue.

Il y a parmi ces denrées quelques articles intéressants, mais
examinons dans quelles conditions les sociétés qui ont fait des
demandes vont recevoir satisfaction. Nous avons déjà indiqué,
dans l'*Action Coopérative* et dans le rapport que vous avez en
mains, que lors d'une réunion, tenue sous la présidence de
M. Noulens, il avait été entendu que le Magasin de Gros se
porterait partie prenante pour l'ensemble des sociétés coopé-

ratives et que la totalité de l'attribution serait faite au Magasin de Gros.

Il nous était apparu, en effet, que c'était le seul moyen d'aboutir à un résultat positif. Il y avait d'abord pour cela, une raison de crédit, et ensuite ce fait important, c'est qu'il est indispensable que les denrées soient reconnues avant le chargement, le ministre déclinant toute responsabilité lorsque la marchandise aura été chargée; or, beaucoup de Sociétés ne pourront pas envoyer de représentants dans les dépôts pour prendre livraison.

Mais, à notre grand étonnement, à la date du 1er ou 2 septembre, la Fédération a reçu communication d'une circulaire adressée par le sous-secrétaire d'Etat de la liquidation des stocks à tous les préfets, dans laquelle il était dit que les demandes des sociétés coopératives devaient être transmises directement au sous-secrétaire d'Etat de la liquidation des stoks ou bien par l'intermédiaire des préfets. Toute la combinaison première s'écroulait, il fallait prendre d'autres dispositions.

En même temps, on nous communiquait la nomenclature des denrées et leurs prix. La Fédération a pensé immédiatement que les préfets ne songeraient pas à prévenir les coopératives, et elle a voulu faire œuvre utile en faisant imprimer des nomenclatures et en les adressant aux Sociétés, avec une circulaire les priant de passer par le canal indiqué par le ministre, c'est-à-dire par le préfet. J'indique au Congrès, qu'un certain nombre de Sociétés n'en ont pas tenu compte et nous ont adressé leurs demandes, après la date fixée par le ministre. Depuis, après une nouvelle intervention auprès de M. Morel, nous avons obtenu que ces demandes soient jointes aux demandes de la Fédération parisienne pour être satisfaites.

Il y a encore, à l'heure actuelle, des Sociétés qui nous adressent ainsi des demandes. Le dernier délai que nous avons obtenu expirait le 24 courant, il n'y a donc plus aucune possibilité de leur donner satisfaction.

Nous recevons aussi des lettres de camarades, qui signalent que les stocks américains, dans certains départements, vont être répartis par l'intermédiaire des offices départementaux; dans d'autres, ce sera la Chambre de Commerce, et dans certains la Chambre de Commerce a déclaré qu'elle prélèverait 4 0/0 sur l'ensemble des commandes qu'elle distribuerait. Ce sont des conditions contre lesquelles nous allons protester.

Je crois que les sociétés coopératives vont éprouver là une profonde déception. Je pense que la façon dont l'affaire est engagée n'aboutira presque à aucun résultat. Les préfets vont vouloir, comme d'habitude, satisfaire le commerce, et les quantités de denrées mises à leur disposition sont telles qu'il n'en restera pas beaucoup pour les coopératives. Je mets nos Sociétés en garde contre des illusions possibles, il ne faut pas qu'elles comptent sur des répartitions considérables.

CHOUSSE. — Je remercie d'abord notre ami Camin de nous avoir mis en garde contre les désillusions que peut produire la distribution des stocks américains. Je n'aurai pas de désillusion, je n'ai jamais cru au ravitaillement et je m'en suis bien trouvé.

On nous parlait des conserves. Eh bien, le ravitaillement, dans notre département de l'Isère, s'appelle Pêcheur. Quand on reçoit quelque chose, on passe cela à Pêcheur, qui vend cela le prix qu'il veut. Ce qui est bon va au commerce, ce qui ne vaut rien va aux coopératives.

Un jour, dans une réunion où il y avait le ministre du Ravitaillement, qui s'appelle tantôt Borel, tantôt Viollette, tantôt Noulens, mais qui est en réalité Vilgrain, je m'étonnais que le jour où on a vendu le bon lait à 110 francs dans les baraques, on nous faisait payer, à Grenoble, le mauvais lait 170 francs, par wagons de 20 tonnes. Vous n'avez pas vu cela!...

Divers Membres. — Si! si! si!

CHIOUSSE. — Pour le vin, nous nous plaignions de ne pas en avoir assez. On nous a répondu : vous en demandez trop; on n'en donne qu'une demi-litre par jour à chaque travailleur. Vous avez beau avoir 15 enfants, vous n'aurez qu'un demi-litre. Nous en avons demandé ailleurs.

Ces temps derniers, on nous livre le vin qui devait être livré en décembre 1918. Nous l'avions acheté à 80 francs, plus 3 francs par hectolitre pour la location du wagon-foudre. Il n'y a pas d'expédition de wagon-foudre qui n'ait en débours 3.000 francs. Je parle par expérience, et après paiement. Le vin, quand le wagon est de 150 hectolitres, revient à quelque chose comme 120 francs. On se plaint, on nous oppose un décret de février s'appliquant aux expéditions qui devaient être faites en décembre, si vous n'êtes pas contents, vous êtes difficiles.

Pour le transport, je partage les inquiétudes de Camin. Étant cheminot moi-même, je sais ce qui se passe, cela ne marche pas. Du reste, vous devez en sentir quelque chose.

Un Congressiste. — C'est pour cela que vous faites des coopératives pour vous.

Un Congressiste. — J'en viens là justement, c'est là la grande erreur. Nos camarades des chemins de fer mettent nos expéditions en retard, ils disent : ils ne crieront pas.

Nous avons acheté des cafés en mai dernier, avec demande de priorité, ils arrivent maintenant. Pour des favorisés, nous ne sommes pas vite servis.

Un Membre. — A qui la faute?

CHIOUSSE. — A tout le monde.

Je suis toujours intéressé quand j'entends parler de transports. Aujourd'hui, la direction effective échappe à ceux qui devraient l'avoir. Il y en a trop là-dedans, et c'est un cheminot qui depuis 40 ans trime qui peut dire cela, parce que c'est la vérité.

Camin nous a parlé des cessions directes que devait faire le Ravitaillement. Lorsqu'on nous a raconté cette histoire, nous avons écrit au ministère du Ravitaillement pour faire un essai. Nous avions commandé 1.500 kilos de saucisson. Le ministère a répondu : je donne l'ordre au Magasin régional de Lyon de vous expédier vos 15 quintaux de saucisson. Quand nous avons eu l'avis de cession, l'imprimé qui portait toutes les signatures, nous nous sommes adressés au magasin de Lyon, qui nous a répondu : j'ai bien reçu l'ordre, mais comme je n'ai pas de saucisson, je ne vous expédie rien du tout.

Je n'ai pas le papier en mains, mais j'enverrai le dossier à la Fédération Nationale, pour la joie de nos arrière-petits-fils.

Alors j'ai fait cette réflexion, ou bien que le ministre n'entendait rien à son métier, puisqu'il ne savait pas que le saucisson qu'il nous promettait n'existait pas, ou que le divisionnaire de l'Intendance à Lyon passait sous jambe les ordres du ministre et ne livrait qu'à ceux... Pas besoin d'achever, vous m'entendez bien, n'est-ce pas?

Nous sommes revenus à la charge, et nous avons demandé diverses provisions, notamment des pâtes, du riz, et comme on devait nous faire des cessions directes, on nous a répondu : nous avons changé notre fusil d'épaule, maintenant ce sont les préfets. Comme je ne puis en obtenir que d'un département, celui de l'Isère, aux Sociétés de la Savoie, des Alpes et des Hautes-Alpes, nous ne pouvons rien fournir.

Les stocks américains, n'en parlons pas, j'y ai cru encore moins qu'à ceux du ravitaillement.

Il y a deux questions extrêmement intéressantes, car tout ce que je vous ai raconté là, ce sont des broutilles.

Ces deux questions sont peut-être résolues pour la région parisienne, mais elles ont fait couler beaucoup d'encre dans nos départements.

La première est la répartition du sucre. Il n'y a pas de denrée qui ait donné lieu à autant de fraudes, de saletés commerciales, que le sucre. Chez nous, en Dauphiné, le sucre s'est vendu jusqu'à 10 francs le kilo. Je parle du sucre taxé et contingenté, qu'on ne devait pas livrer à un prix supérieur, sous peine de prison. Je me suis fait le pourvoyeur des prisons de l'Isère, et je me vante, moi qui ai été traité ici de rétrograde et de cristallisé... d'avoir eu l'honneur de la grande presse dans tout le pays. C'est par 200.000 kilos qu'ils fraudaient sur le sucre, et quand, ayant gagné là-dessus 500.000 francs on leur a fait le plaisir de les condamner à 20.000 francs d'amende, ils ont dit: c'est une prime d'encouragement. Au Comité départemental du sucre de l'Isère, interpellant le préfet, je lui ai dit: Jusques à quand cette comédie va-t-elle durer, puisque nous avons ici, présents dans le Comité départemental cinq membres qui sont chargés de réprimer les fraudes et qui ont eu l'honneur de figurer sur le rôle correctionnel de l'Isère? Ils ont pris de suite leur chapeau, ils ont compris que leur place n'était plus à côté de ces brigands de coopérateurs. Ils sont partis, mais vous imaginez bien que ces choses là ne se pardonnent pas. On a écrit de l'Isère, de la préfecture, que le commerce se conduisait très mal, qu'on avait été obligé de faire condamner correctionnellement ou en simple police un tas de petits et de gros commerçants pour avoir fraudé contre les arrêtés, sur le poids, sur le prix.

Savez-vous ce qu'on a fait? J'ai été prévenu par le directeur du service du sucre du département de l'Isère que c'était là une chose abominable et que, pour donner une leçon au commerce, à partir de juillet on supprimait le sucre qu'on donnait aux sociétés coopératives.

Un congressiste. — On n'a pas décoré les fraudeurs.

CHIOUSSE. — Cela viendra. Ne croyez pas que je n'aie eu l'intention que de faire un effet de tribune. Tout cela est écrit, car sans être acculé au mur, bien que cristallisé, j'ai une dent

solide et de l'expérience, et j'ai appris la manière de m'en servir.
Je suis allé voir le préfet, je lui ai expliqué dans quelle fâcheuse
situation il nous mettait. Le préfet, comme tous les préfets, ne
peut pas tout savoir, il croit surtout ce que lui racontent ses
amis. Alors — la décision existe — nous nous sommes bien conduits, malgré toutes les tracasseries dont les coopératives — 86
dans l'Isère — ont été l'objet du service de surveillance, car les
officiers chargés de la surveillance du ravitaillement n'ont visité
que les coopératives. A cela il y a une raison: leur service était
facilité. Dans nos coopératives, tout est écrit, dans le commerce,
rien.

Je viens aujourd'hui vous demander, parce que demain je ne
sais pas ce qui se passera, de vous unir à moi comme représentants des coopératives de France pour protester contre ce
déni de justice, cette brimade, comme je l'ai écrit au préfet.
Car je l'ai prévenu que nous ne nous en tiendrions pas aux
imprécations de l'Isère, et que je viendrais ici dire aux camarades la façon dont nous avons été traités.

En nous défendant, nous qui sommes depuis trente ans sur la
brèche, c'est vous-mêmes que vous défendez, parce que ce qui
nous arrive aujourd'hui vous arrivera demain.

Je n'ai pas d'ordre du jour, je n'ai pas eu le temps d'en préparer un. Je demande au Congrès de protester contre la façon
indigne dont les coopératives ont été traitées.

Je demande que les promesses ministérielles qu'on fait cons-
tamment à la tribune de la Chambre des députés reçoivent enfin
une sanction et qu'on arrive à considérer nos coopératives
comme les baraques Vilgrain, qu'on ne donne pas toujours ce
qui est bon aux adversaires de la Coopération, et ce qui est mauvais aux amis de la Coopération.

Autre question. J'appartiens à un pays où nous souffrons. C'est
un pays qui est dur, il y fait froid. J'ai toujours été apitoyé sur
le sort des malheureux qui viennent avec un bon de 15 kilos
de charbon faire des stations interminables aux portes des marchands de charbon, qui nous exploitent, qui nous volent, et qui
attendent là, des heures et des heures, dans la neige, dans l'eau,
vieillards, femmes, enfants, pour avoir la maigre portion de charbon qui les empêchera de crever d'une pleurésie ou d'une fluxion
de poitrine.

Je vous demande de décider que dorénavant ce n'est plus à un
tas de marchands de charbon qu'il faut remettre le charbon, que
ce sont les coopératives qui doivent faire la distribution, et
qu'on doit leur donner la quantité nécessaire pour qu'elles puissent délivrer aux travailleurs la quantité de charbon nécessaire
pour chauffer leur famille.

Voilà les deux choses qui me tiennent le plus au cœur: je
voulais protester contre ce déni de justice qu'on s'est permis
contre nous, puis je voudrais qu'on comprenne que c'est nous,
les consommateurs groupés, qui devons être chargés de distribuer, parce que c'est nous qui servons le mieux.

Le Président. — La parole est au camarade Lavielh, de Bordeaux.

Lavielh. — Je ne parlerai pas de wagons ni de répartition des
stocks américains. Je pensais que le Magasin de Gros aurait été
qualifié pour faire un rapport en matière de ravitaillement,

car il semble pour nous qu'il soit l'homme d'affaires. La Fédération me semble être l'homme de combat, l'homme de propagande, l'homme manifestant au nom des sociétés auprès des pouvoirs publics pour toutes les difficultés que nous rencontrons.

Ce que le Congrès doit faire à mon sens sur la question posée, c'est d'élever une protestation, d'abord sur la politique du ravitaillement de l'Etat, ensuite sur sa politique des prix.

Le Congrès doit dire aujourd'hui si les coopératives sont, oui ou non, des régulateurs de prix, si les coopératives doivent avoir la priorité pour la répartition des denrées fournies par l'Etat, que l'Etat aura pu acheter.

Le Congrès doit le dire aujourd'hui, parce qu'il va le dire demain au sujet du programme soumis aux candidats; mais je ne comprendrais pas que dans ces assises ne soit pas votée une résolution sur la faiblesse de l'Etat, connue de tous, en matière de ravitaillement, sur ses chinoiseries en matière de prix normaux.

Le Congrès doit élever cette protestation. Je crois que nous sommes tous d'accord. Je pensais que le rapporteur aurait soumis un ordre du jour, je vais vous présenter celui de la Fédération de la Garonne et des Pyrénées. Il répond aux préoccupations de tous les camarades, je crois inutile de faire un discours, et je le lis tout entier:

« Le Congrès fédéral de la Garonne et des Pyrénées, considérant :

« Que la vie chère est une des causes primordiales et essentielles de la crise sociale actuelle;

« Que la liberté du trafic commercial non organisé et sans contrôle, dans une période de production diminuée, est une duperie sans nom;

« Que, d'ailleurs, le commerce libre, à quelques rares exceptions près, a fait pendant la guerre et depuis l'armistice, la preuve que son unique but est l'enrichissement sans mesure.

« Que la spéculation sur les denrées alimentaires de première nécessité, surtout dans les circonstances actuelles, est un crime au premier chef;

« Que les coopératives, de par leurs principes et leur fonctionnement, sont les organes régulateurs et répartiteurs par excellence;

« Qu'elles l'ont, du reste, surabondamment prouvé au cours de cette guerre;

« Que, par leur constitution, elles groupent les individus sur le terrain exclusif de la consommation;

« Qu'au surplus, il y a entre les adhérents, identité absolue d'intérêts, alors que les municipalités, offices départementaux, représentent des intérêts particuliers, parce que, parmi les administrateurs, se trouvent des commerçants ou des intéressés... »

Ici je place un mot. On a pris l'habitude de donner aux municipalités des denrées à répartir. Vous savez quelles influences occultes s'y rencontrent, vous savez que les commerçants ont toujours quelques représentants tant à la préfecture que dans les municipalités et que, alors que les municipalités devraient quelquefois réaliser quelque chose dans l'intérêt du consommateur, elles s'appliquent à faire la preuve que la vente par les municipalités, c'est de la blague, tout cela en faveur de la politique de la liberté commerciale. Nous devons, par conséquent, protester contre ces pratiques en contre ces cessions faites aux munipalités, nous ne voulons reconnaître qu'un seul agent de répartition, c'est la coopérative.

« Demande instamment que, selon ses promesses formelles et réitérées, le gouvernement organise la dictature des consommateurs représentés par les coopératives, en éliminant systématiquement, étant donné leurs défaillances du passé, les représentants directs ou indirects des commerçants;

« Demande avec une insistance renouvelée, que la répartition des denrées aux organismes coopératifs se fasse par les centres de ravitaillement dépendant directement du Ravitaillement, et non par les municipalités ou les offices départementaux;

« Que le gouvernement, sur le vœu des Coopératives, aille jusqu'à la réquisition, au cas de mauvaise volonté de la part des producteurs;

« Demande instamment à l'organe exécutif des Coopératives de France d'agir énergiquement et immédiatement dans ce sens.

« Au surplus, le Congrès fédéral engage chaque Coopérative à organiser un service de contrôle, où seraient reçues les plaintes des consommateurs, coopérateurs ou non, auxquelles les Coopératives se chargeraient de donner suite auprès de l'autorité judiciaire.

« Le Congrès réclame du gouvernement des mesures urgentes pour le développement de la production et l'organisation de l'importation par l'Etat.

Le Président. — La parole est au camarade Gaston Lévy.

Gaston Lévy. — Je voudrais indiquer au Congrès qu'elle est selon moi, la position qu'il doit prendre aujourd'hui sur la politique du ravitaillement et sur la vie chère.

Vous pensez bien que je n'aurais pas beaucoup de difficultés pour dire, au nom des camarades de la région parisienne que nous ne sommes guère mieux lotis que les camarades de province, mais je ne pense pas utile de rappeler devant le Congrès toutes les misères auxquelles nous sommes en butte. Je crois qu'il faut rappeler, au contraire, aujourd'hui, quelle a été, sur la question du ravitaillement, sur la question de la vie chère, la doctrine de la Fédération pendant la guerre et quelle est aujourd'hui, selon nous, la besogne à accomplir. Car enfin nous ne pouvons pas nous contenter de réclamer pour nos sociétés coopératives les uns diraient des avantages, les autres simplement la justice du gouvernement. Si nous avons la prétention de représenter les consommateurs et leurs intérêts, c'est à nous qu'il appartient d'indiquer quel est le programme des consommateurs relativement à la crise du ravitaillement et à la vie chère.

C'est pourquoi, après avoir indiqué quelles sont les raisons qui ont amené les difficultés de l'heure présente, quel est l'effort fait par la Fédération Nationale, par les coopératives, nous devons essayer de montrer ce qui peut être fait et ce qui devrait être fait au point de vue général.

Il est évident que ce n'est pas à des gens positifs et sérieux comme les délégués des coopératives qu'il faut apprendre que le monde, et notre pays en particulier, ne pouvait pas se trouver dans une situation alimentaire favorable après quatre ans d'une guerre qui a bouleversé toute l'économie sociale. La guerre à causé la diminution, l'absorption des stocks de marchandises, des réserves qui avaient pu être constituées. La diminution de la production, qui a toujours été, pendant la guerre, moins grande que la consommation, surtout dans notre pays, où elle était presque entièrement consacrée à la défense nationale, faisait qu'il était impossible de songer que notre pays puisse se trouver, au lendemain d'un bouleversement pareil, dans une situation alimentaire favorable.

Mais ce que nous devons constater, c'est que nous sommes maintenant à la fin de septembre 1919, que l'armistice est du 11 novembre 1918, et qu'après un an, la situation, loin de s'améliorer, semble s'aggraver.

Elle s'aggrave en ce qui concerne les prix, ceci est maintenant incontestable. Pendant la guerre, la hausse des prix à travers le monde a subi des fluctuations, mais toujours suivant une courbe ascendante, à peu près générale dans tous les pays. Si on a pu discuter sur l'importance de la hausse en France par rapport à l'Angleterre, à l'Amérique, on se rend compte que la hausse a été à peu près générale, et accuse, je tiens à le constater, une proportion beaucoup plus grande en ce qui concerne les prix de gros qu'en ce qui concerne les prix de détail. Ceci montre que les mesures de répression prises pendant la guerre, et qui ont porté presque exclusivement sur le commerce de détail, ont eu, malgré leurs inconvénients, malgré leur insuffisance, une influence assez sensible, puisqu'on constatait au moment de l'armistice que dans notre pays les prix de gros avaient augmenté de 374 0/0 et les prix de détail seulement de 265 0/0. C'est déjà appréciable, me direz-vous, mais par rapport aux 374 0/0 des prix de gros, cela prouve l'effort fait pendant la guerre pour la compression des prix de vente au détail. Cet effort s'est moins exercé sur les prix de vente de gros, parce que ces derniers étaient déterminés par les prix de revient à la production, et que, pendant la guerre, vous le savez, jamais, à aucun moment, malgré les démarches réitérées, malgré les efforts qui ont été faits, jamais la production n'a été touchée dans sa liberté totale et complète en ce qui concerne les prix. C'est un fait que nous nous avons le devoir de constater.

Mais depuis l'armistice, que voyons-nous?

Alors que dans les autres pays, en Angleterre particulièrement, on assiste à une courbe descendante des prix et qu'on voit l'augmentation, qui était de 230 0/0, descendre à 210 0/0, en France, depuis l'armistice, et malgré les mesures artificielles qui ont été prises, les prix ont continué à progresser, à augmenter. Nous avons le droit de dire que peut-être y a-t-il là la conséquence d'une faute que nous avons le droit de rechercher.

Cette faute, le mouvement coopératif l'avait prévue. En 1916, dans notre premier Congrès de guerre, on avait signalé que l'effort à faire était un effort d'augmentation de la production, alors qu'on se contentait de mesures de taxations parcellaires, sans réquisition, sans coordination, et qu'en réalité on croyait solutionner les questions par des procès-verbaux. Mais ces procès-verbaux mêmes, — Chiousse en a dit le résultat, — on ne les dressait que contre les détaillants et c'est à cette époque qu'un ministre du Ravitaillement déclarait à la Chambre : « nous avons décidé de réquisitionner la récolte du blé. Mais vous pensez qu'on ne peut pas envoyer les gendarmes dans les chaumières en deuil. ». Et alors, comme on ne pouvait pas envoyer les gendarmes, vous comprenez ce qui s'est passé.

Augmentation de la production. A ce moment, nous disions: prenez des mesures de longue haleine, seulement pendant toute cette époque de guerre, dans n'importe quel milieu, sur n'importe quel point, pour la politique du ravitaillement en particulier, les mesures prises ont toujours été des mesures partielles, des mesures au jour le jour. Un jour, c'était la taxation, le lendemain, la réquisition, le surlendemain, la liberté, le jour suivant les prix normaux. On a employé des méthodes qui n'étaient pas unifiées, qui n'étaient pas générales, qui étaient la caractéristique même de la politique au jour le jour. Le gouvernement croyait que pour résoudre les difficultés, il suffisait de dire: on verra plus tard. Ce plus tard a causé la situation où nous sommes aujourd'hui.

Pourquoi y a-t-il en ce moment plus d'effervescence en ce qui concerne la question de la vie chère? Parce que le gouvernement, les pouvoirs publics, la presse ont laissé croire que le jour où les hostilités cesseraient, la situation redeviendrait normale. Alors la désillusion a été grande de voir qu'au lieu d'une situation d'avant-guerre on trouvait une situation avec des difficultés accrues et des prix encore augmentés.

Le mouvement coopératif n'est pas tombé dans cette erreur, ii a indiqué dès le début qu'il ne fallait pas croire que la cessation des hostilités amènerait des changements profonds dans la situation. C'est une erreur dans laquelle le gouvernement est tombé, à tel point qu'au lendemain de la cessation des hostilités il a déclaré qu'il fallait se diriger vers la liberté totale rendue au commerce. Or dans une période de pénurie comme celle où nous nous trouvons, la liberté totale ne pouvait être que la liberté d'exploitation du consommateur.

Contre cette liberté totale, nous avons protesté, nous avons demandé qu'on maintienne les organismes qui avaient permis, malgré tout, pendant la guerre, de passer à travers un certain nombre de difficultés.

Qu'avons-nous vu? La suppression des mesures de réquisition de l'Etat, la suppression de l'importation des denrées alimentaires par l'Etat, la suppression des Comités interalliés qui avaient pour fonction de répartir entre les différents pays les marchandises produites dans l'ensemble des pays alliés. Pourquoi cela?

Pourquoi cela? Il faut le rechercher, d'une part, dans la nécessité où l'on était, au lendemain de la guerre, de transformer ces comités interalliés, organisations de guerre, en comités internationaux, c'est-à-dire en organisations de paix, et, d'autre part, dans le désir, constaté chez beaucoup de peuples, de continuer ou de commencer à se servir des difficultés qui pouvaient exister dans un pays quelconque pour faire des affaires et en tirer profit.

En réalité, ce sont les intérêts privés qui ont dominé l'intérêt général, c'est une raison pour laquelle on s'est précipité vers cette idée de la liberté commerciale dont vous connaissez les résultats: ils sont tels que le gouvernement lui-même est obligé de chercher à recourir au système opposé.

Quand je dis le gouvernement, j'exagère, car dans le Conseil des ministres, si on interrogeait chaque ministre, on en trouverait qui sont partisans de la liberté totale, d'autres partisans de la réquisition, d'autres partisans de la liberté d'importation, d'autres partisans de la protection à outrance, protection parfois utile dans une certaine mesure pour permettre à l'agriculture et à l'industrie d'un pays de donner ce qui lui est nécessaire, mais qui, dans l'état de pénurie où nous sommes, ne peut être que la protection de la routine et de l'insuffisance contre lesquelles nous avons le droit d'élever notre protestation.

Il y a donc divergence de vues dans les conseils gouvernementaux. Lorsqu'on est en présence d'un ministre ou d'un sous-secrétaire d'Etat qui, rempli de bonne volonté — et ils le sont tous, — s'efforce de faire quelque chose, on se dit, attendons. Mais si le ministre du Ravitaillement dit à Chiousse: je vous donnerai 25 wagons, le ministre des transports dit: je ne puis pas les transporter. Le ministre du Ravitaillement a fait une promesse qu'il espère tenir, mais Chiousse en attend en vain la réalisation, parce que le ministre des Transports ne peut pas la réaliser.

Il y a donc un manque d'entente dans la direction. La crise des transports est celle qui aurait dû le plus vite s'améliorer.

Qu'a-t-on vu pendant la guerre? L'insuffisance de matériel, pas de machines, pas de wagons, les transports utilisés pour les besoins militaires. Depuis l'armistice, où en sommes-nous? Des mouvements militaires, il n'y en a plus; des wagons, les Allemands en ont rendu, les Américains en ont vendu, on a retrouvé le matériel des chemins de fer d'Alsace et de Lorraine. Qu'y a-t-il? C'est toujours la liberté qui est en cause.

On me signalait un fait que les camarades de la région du Nord ne démentiront pas.

Le réseau du Nord, qui est libre, qui n'est pas un réseau d'Etat, a dit: moi, je vais vous montrer ce que peut faire une compagnie privée. Vous voulez du ravitaillement? Envoyez-nous tous les wagons que vous pourrez.

On les a envoyés. Le réseau du Nord, qui comprend la douzième partie de la totalité des voies françaises, a un tiers des wagons disponibles, mais ils sont incapables de sortir des voies de garage et encombrent même les voies de garage.

Chiousse. — La semaine dernière, 110.000 wagons étaient sur les voies du Nord, embouteillant toutes les voies.

Gaston Lévy. — Chiousse confirme mon observation, vous le voyez, ce qui prouve bien qu'il n'y a pas d'organisation technique unitaire en ces matières.

Puis quand on prend des mesures, les mesures prises sont des mesures artificielles, provisoires. On a trompé l'opinion publique, on continue à la tromper avec les remèdes qu'on prétend apporter.

Je passe aux baraques Vilgrain. Nous ne sommes pas de ceux qui s'opposent à l'action des municipalités, mais nous avons toujours réclamé, et l'année dernière vous réclamiez avec nous que soit adopté le plus tôt possible le projet d'Albert Thomas sur les offices municipaux. Pourquoi? Parce qu'il remet en mains des coopératives la gestion de ces offices et leur impose une comptabilité qui soit un peu plus claire que la comptabilité, admirablement contrôlée, paraît-il, qui s'appelle la comptabilité publique, mais qu'on ne peut voir que lorsque la Cour des Comptes l'a examinée, c'est-à-dire plusieurs années après.

C'est cette comptabilité là qui est appliquée aux baraques Vilgrain. Je ne veux pas en dire du mal, parce qu'elles sont à la portée de la population, qui y trouve quelques avantages, mais je peux bien affirmer que c'est uniquement par des moyens artificiels qui ne règlent rien et disparaîtront le jour où la Ville de Paris ou le gouvernement ne pourront plus faire de faveurs spéciales à ceux qui vont s'y servir. Contre cela, nous devons protester, de même que nous devons attirer l'attention des camarades sur les organisations provisoires qui, à côté de la Coopération, croient plus facilement aboutir à la solution de la vie chère: les groupes ou ligues de consommateurs, qui pensent qu'il suffit de se réunir et d'aller sur les marchés ou devant une boutique pour faire baisser le prix de la vie.

La Coopération a le droit de dire à ces camarades: vous faites fausse route, ce que vous faites, c'est une organisation de bataille, une organisation de guerre que vous pourrez utiliser contre les mercantis, mais ce sont des organisations précaires qui ne peuvent pas durer. Lorsque les délégués des comités de vigilance passent sur un marché, on retourne les étiquettes, ou bien, s'il y a des consommateurs trop vigilants qui restent, le marché est déserté par les producteurs eux-mêmes et il n'y a plus possibilité pour les consommateurs de lutter contre les prix, parce qu'il faut de la marchandise à tout prix.

C'est le devoir du Congrès coopératif de diriger l'effort des consommateurs et de montrer au gouvernement dans quel sens il doit être fait quelque chose.

Si on organise des conseils techniques pour intensifier la production, les coopérateurs doivent y être représentés pour y défendre leurs doctrines et exiger que la production soit faite au profit de la consommation et sous son contrôle.

Puis il faut que le Congrès n'hésite pas à indiquer qu'on ne peut pas revenir à la liberté totale, aux mesures d'avant-guerre, qu'il faut exercer certaines mesures de restriction, surtout qu'on ait la certitude que le peu de marchandises qu'on a sera réparti justement. Il faut exiger le maintien des organismes constitués, en demandant leur développement d'une façon normale.

Je ne veux pas insister, je crois nécessaire, comme disait le camarade de Bordeaux, que du Congrès sorte une résolution qui résume l'action de la Fédération pendant la guerre, l'effort qu'elle a accompli et l'effort qu'elle n'a cessé de demander aux pouvoirs publics.

Les pouvoirs publics ont fait appel souvent aux coopératives. Souvent, du haut de la tribune, on a fait des promesses. Nous les avons toujours enregistrées, et toujours le mouvement coopératif a répondu présent. Mais souvent la réalisation a manqué. Pourtant vous savez combien, dans nos sociétés, nous sommes attaqués et critiqués par des camarades qui ne se rendent pas compte de l'effort que nous avons fait et se fient plus aux communiqués des journaux sur les promesses gouvernementales qu'aux affirmations de leurs administrateurs. D'un côté, les coopérateurs qui critiquent leurs administrateurs parce qu'ils ne peuvent pas aboutir; d'autre part, la campagne menée savamment par le commerce et la grande presse qui disent: les coopératives sont toujours favorisées et malgré cela elles n'aboutissent pas à la diminution des prix.

Il faut que le Congrès dise: nous avons toujours répondu présent quand les pouvoirs publics ont fait appel à nous, mais ils ont fait appel à nous par des promesses pour ne pas leur donner la réalisation à laquelle nous avions droit. C'est pourquoi, pour dégager nos responsabilités et marquer notre action, nous devons dire; voilà le programme de la Coopération pendant la guerre, voilà son effort, voilà sur quoi elle a attiré l'attention des pouvoirs publics.

Je vous propose la résolution suivante pour résumer ce que je vous ai dit, qui, du reste, n'est pas en contradiction avec les déclarations du camarade de Bordeaux:

Après quatre années d'une guerre la plus effroyable qui ait jamais bouleversé le monde, notre pays qui a servi de champ de bataille et dont la puissance de production a été entièrement absorbée par la nécessité vitale de la défense, devait fatalement se trouver dans une situation alimentaire grave, qui persiste encore près d'un an après la signature de l'armistice.

On ne peut cependant pas ne pas être frappé du fait que la situation ne présente aucun symptôme d'amélioration et peut-être faut-il chercher dans la politique constante des pouvoirs publics les causes de la désillusion profonde de la population qui a pu croire naïvement à une amélioration subite et brusque déterminée par la cessation même des hostilités.

Au cours de ces cinq années, le mouvement coopératif n'a cessé, lui, année par année dans ses Congrès, mois par mois dans ses réunions, jour par jour dans ses démarches, d'attirer l'attention sur une situation qui devait empirer d'autant plus que les mesures que l'on prenait l'étaient toujours comme des mesures exceptionnelles, provisoires, et inspirées d'une politique générale à courte vue faisant fi de la situation d'ensemble et semblant vouloir résoudre les difficultés en en reculant indéfiniment l'échéance.

Réunies en Congrès pour la première fois depuis la cessation des hostilités, les Sociétés Coopératives de consommation croient le moment venu de rappeler leur action sur ce point et de rechercher l'effort à accomplir.

Tout d'abord, le Mouvement coopératif tient à rappeler qu'il ne s'est jamais fait d'illusions sur la situation des prix et qu'il savait et l'a dit dans son premier Congrès de guerre, en 1916, que la fin des hostilités ne pourrait amener une amélioration immédiate.

Il tient aussi à rappeler qu'il a, à cette époque, réclamé comme seule méthode efficace une augmentation sensible de la production et que s'il a cherché à obtenir des mesures d'organisation rationnelle de la répartition, il n'a jamais cessé de dénoncer comme inefficaces les mesures parcellaires et purement coercitives.

Tantôt, on a pu croire que les Pouvoirs publics adopteraient les solutions qu'il proposait, mais le plus souvent, on n'a rencontré que des résistances déterminées par des intérêts particuliers.

Toujours, le Mouvement coopératif s'est mis au service des Pouvoirs publics dans l'intérêt des consommateurs, souvent il a obtenu des promesses qui étaient rendues publiques et qui étaient loin d'être toujours suivies d'application.

Le Congrès de la Coopération française, fort de son action et de sa puissance, accrue par les difficultés mêmes de la période de guerre, réclame avant tout que l'on dise au pays la vérité.

La vie est chère en raison des multiples circonstances, déterminées par la guerre : disparition des stocks, de la main-d'œuvre, diminution de la production, désorganisation des transports, inflation de papier-monnaie, et elle ne saurait être diminuée par des apparences d'organisation qui ne reposent que sur un équilibre artificiel; on ne saurait encore moins, comme on l'a tenté, obtenir une diminution des prix par le rétablissement de la liberté totale du commerce qui a été et ne peut, en période de pénurie, qu'être la liberté d'exploitation du consommateur.

Il faut, avant tout, avoir le courage d'affirmer que la situation ne peut pas redevenir celle d'avant-guerre, qu'on ne peut pas supprimer les mesures de discipline que la nation française, comme les autres, se sont imposées pendant la guerre et que le monde ne peut retrouver son équilibre qu'en mettant en commun ses ressources et en faisant une répartition judicieuse.

1° Le Congrès affirme donc qu'il faut augmenter la production, éviter le gaspillage et toute destruction de ressources, recréer le matériel détruit en le perfectionnant, mais ce programme ne peut être suivi strictement et entièrement que si l'intérêt individuel s'efface devant l'intérêt collectif et si la production est accrue pour les besoins et non pour le profit.

2° Le Congrès réclame que l'on fasse aux représentants naturels des consommateurs organisés que sont les coopérateurs, la place qui leur est due dans les Conseils techniques, pour y défendre leur conception maintes fois exposée d'une organisation rationnelle de la répartition des produits et du contrôle que les consommateurs doivent exercer sur la production.

3° Le Congrès réclame le maintien et le développement des organismes nationaux et internationaux créés sous la pression du besoin pendant la guerre.

Il insiste sur la nécessité, dans notre pays, d'une unification des méthodes et des moyens.

Il affirme qu'il faut s'attacher surtout à obtenir une réorganisation de tous les transports.

Il demande que, soit par l'ouverture d'un crédit, soit par l'organisation de la Société financière des Nations, il soit remédié à une crise des changes qui menace de devenir un danger national, ainsi sera évitée pour le consommateur une augmentation des difficultés.

4° Le Congrès réclame également que l'on assure aux Coopératives la priorité des transports à laquelle elles ont droit, comme institutions d'intérêt public et comme organe régulier et durable de répartition.

La Coopération est toute indiquée pour cet effort, car elle est, contrairement à tous les systèmes employés temporairement, une organisation stable et durable.

Les consommateurs associés ont donc pour devoir de se grouper dans les organisations coopératives et de ne pas disperser leurs efforts dans des groupements inconstants et précaires; la Coopération pourra ainsi jouer pleinement le rôle qu'elle s'est assigné et que lés circonstances lui font plus que jamais un devoir de remplir, surtout si les consommateurs, comprenant qu'ils trouvent dans le programme coopératif l'expression de leurs désirs légitimes, le défendent dans toutes les circonstances qui leur seront offertes ou qu'ils provoqueront eux-mêmes.

A une heure où, dans l'intérêt commun et même pour le salut de la civilisation, il importe plus que jamais d'accroître les ressources et la richesse du monde, la Coopération fera renaître ainsi chez tous les travailleurs « cette ardeur à produire, cette joie de la création, cet enthousiasme industriel », dont parlaient les Saint-Simoniens et qui ne peut donner sa pleine fécondité que si chacun a conscience, désormais, de travailler et produire, non plus pour le profit de certains, mais pour l'intérêt et le bien de tous.

Le Président. — La parole est au camarade du Pas-de-Calais.

Destombes. — Camarades, vous venez d'entendre faire le procès par divers orateurs d'une Société dans laquelle nous vivons, et qui résume d'une façon on ne peut plus claire, que ceux qui dirigent les destinées économiques de ce pays sont, ou des incapables ou des gens qui défendent une cause qui n'est pas d'intérêt général.

Un Congressiste. — Ce sont des fumistes!

Destombes. — Des fumistes, si vous voulez. Nous, coopérateurs du Pas-de-Calais, nous ne voyons qu'un remède, c'est de supprimer ce qui est mauvais, et le seul moyen est celui que je vais vous présenter :

Le Congrès,

Constatant l'incompétence gouvernementale dans l'ordre économique du pays,

Invite les consommateurs à faire toute l'action utile pour s'en débarrasser par tous les moyens qu'ils jugeront opportuns.

Le Président. — La parole est au camarade Hermann, de Tours.

Herman. — Après les divers orateurs qui ont éclairé la situation, il est de mon devoir, comme cheminot, d'éclairer tous les coopérateurs de France.

On nous dit qu'il qu'il y a crise des transports. En effet, nous le reconnaissons, mais nous devons déclarer d'où vient cette incurie. Elle vient du Gouvernement et des Compagnies.

Nous disons, nous le publions dans nos organes : l'incurie vient du ministre des transports, elle vient des compagnies de transports en commun. Nous considérons, — et ici je peux parler savamment de ces choses, car j'appartiens au plus grand atelier de construction, — que le nombre de wagons, de machines réparées, est suffisant pour rétablir les transports. Les wagons sortent journellement en quantité suffisante, mais ils vont se garer dans des cimetières, sur des lignes uniques où toutes les voies de garage sont encombrées.

Nous avons les wagons allemands. On nous dit : ils ne peuvent servir, parce qu'ils ne peuvent tourner sur nos plaques.

Est-ce qu'il n'y a pas un autre moyen de les utiliser pour une destination directe, sur les ports de Marseille, Bordeaux, le Havre, où on peut les utiliser sans qu'ils aient besoin de tourner sur des plaques?

Il y a une chose sur laquelle j'appelle l'attention du Congrès; j'espère que le Congrès soutiendra les cheminots dans ce qu'ils demandent, et je félicite Albert Thomas de l'avoir compris, dans sa préface de la brochure sur la nationalisation des chemins de fer. Si nous voulons éviter l'incurie qui sévit dans les transports, nationalisons les chemins de fer; à partir de ce moment, vous verrez les transports revenir à l'état normal. Voilà ce qu'il faut dire, il faut avoir le courage de son opinion. .

Nous disons : la vie est chère. Mais il y a un moyen; il faudrait envisager à la base la création de coopératives de production. Nous, nous nous efforçons, dans la classe ouvrière, de faire comprendre aux travailleurs des champs qu'il est indispensable d'en créer pour livrer les produits à la consommation par l'intermédiaire de nos fédérations. La vie chère sera supprimée lorsque vous aurez, par ce moyen, supprimé tous les intermédiaires et tous les spéculateurs. Nous disons à ces travailleurs : groupez-vous, faites des fédérations, vendez-nous directement.

En ce moment, on parle de la Démocratie nouvelle. Je ne tiens pas à faire de politique, mais on voit tous ce qui se passe. La Démocratie Nouvelle tend à créer un fossé plus large encore entre les travailleurs des champs et les travailleurs des villes. Nous voulons éviter cette chose; c'est pourquoi nous demandons la création des coopératives de production et de produits manufacturés, et de coopératives d'engrais. Les engrais sont aussi sous la spéculation de mercantis. Quand on dit que la terre ne produit pas faute de bras, les cultivateurs répondent : nous manquons d'engrais, de machines. Aidons les camarades des campagnes, disons-leur : nous allons vous seconder, pour que vous puissiez produire et livrer directement à la consommation.

On a fait allusion tout à l'heure à quelques comités de vigilance qui existent actuellement. Ils sont nécessaires également. Peut-être des comités de vigilance ont-ils eu tort de marcher un peu de l'avant, mais d'autres ont marché pour une autre cause que celle indiquée par Lévy. Nous, qui parcourons toute la France, nous consultons la masse des travailleurs, pas seulement les cheminots, mais ceux qui viennent à nos réunions, et nous constatons qu'à la C. G. T. il y a deux millions de travailleurs, et dans les coopératives un million de familles. Il faut quelque chose d'intermédiaire entre la Coopérative et le Syndicat, et c'est pourquoi, dernièrement, des camarades ont pris l'initiative de cette liaison par les Comités de vigilance. Ce n'est pas pour saboter les marchés, ce qui raréfie les denrées, mais nous disons à nos adhérents : votre devoir est d'adhérer aux coopératives. Nous nous efforçons tous les jours de faire cette propagande, et nous espérons ainsi amener un grand nombre de coopérateurs à la Fédération Nationale.

Le Président. — La parole est au Délégué de Marseille.

Henry Bayle. — Il y a un point qui semble avoir échappé à Camin et au Conseil d'administration, c'est la façon dont les préfets ont réparti les marchandises.

Je suis bien certain que les préfets exécutent les ordres que leur donne leur Gouvernement. Il faut donc, puisque nous avons des parlementaires ici, leur dire que c'est le Gouvernement qui est responsable, parce que le Gouvernement connaît exactement la situation.

Je ne sais pas ce qui s'est passé dans vos départements, mais dans les Bouches-du-Rhône, il y avait de la marchandise, elle arrivait difficilement; les transports étaient difficiles comme partout, mais le peu de marchandises qui arrivait était distribué par le préfet contre les coopératives.

Au début, on a créé un Office départemental de ravitaillement où on a fait rentrer une quantité assez importante de coopérateurs, mais ils n'étaient pas en majorité. Là, nous avions un adversaire, qui vient de mourir, mais nous avons contre nous la volonté du préfet. M. Sigaud, chef du ravitaillement départemental, exécutait les ordres du préfet, qui exécutait les ordres du Gouvernement. Là, on a tout fait contre les coopératives. On a parlé tout à l'heure des avantages donnés aux coopératives militaires, que direz-vous donc des avantages faits chez nous en faveur des magasins départementaux et municipaux? Ces magasins sont servis par le préfet, à sa volonté absolue, plus avantageusement que les coopératives. On les favorise et on croirait que nous avons affaire à des magasins créés par le préfet. C'est une société privée, qui avait 60 ou 80 magasins, qui pendant la guerre a exploité, comme tous les mercantis, les consommateurs. Un beau jour, cette Société s'est aperçue qu'elle avait des difficultés de ravitaillement, elle s'est dit : avec la complicité du pouvoir central, ne pourrions-nous pas avoir des marchandises que les coopératives n'ont pas? Ils ont fait une proposition, que j'accuse les chefs du ravitaillement régional, Salmon et Rigand, de leur avoir demandé, car j'ai fait partie de l'Office départemental, et j'ai indiqué, à l'époque, que la *Société des Docks Phocéens* allait donner à la ville une partie de ses magasins. J'ai signalé immédiatement au ministère et au chef du Ravitaillement régional, que c'était un moyen pour avoir de la marchandise, alors que les coopératives n'en avaient pas.

Cette Société avait 80 magasins, elle en a pris 30, ceux qui travaillaient le moins, et les a donnés au Ravitaillement départemental, et j'ai près de moi un camarade qui en a subi les conséquences, parce qu'on a placé à côté de sa coopérative un magasin départemental, et de l'autre côté un magasin municipal.

La chose a été bien simple. Il fallait à cette Société des marchandises du ravitaillement pour alimenter ses 80 magasins. Elle en a donné 30 à la préfecture, dans ces 30 magasins on touchait de la marchandise qu'elle répartissait dans les 80 magasins. J'ai signalé cela au préfet, il a fait la sourde oreille. Je lui ai dit : j'irai au Congrès National et je le raconterai.

Voici une lettre du préfet des Bouches-du-Rhône. La Coopérative du Port de Bouc demandait à pouvoir s'approvisionner au ravitaillement départemental, savez-vous ce que le préfet a répondu?

Il a répondu : je veux bien, dans la limite de mes moyens, rendu le service que demande la Coopérative de Port de Bouc, mais je pose la condition spéciale qu'elle ne viendra pas concurrencer le commerce, elle ne répartira qu'entre ses membres les marchandises.

Savez-vous la raison? C'est que dans le voisinage de Port de Bouc, il y avait un magasin des *Docks Phocéens*.

J'ai signalé cela à la Fédération Nationale. Quelques jours après, cependant, M. Fontaine envoyait au préfet une lettre où il lui disait : je suis surpris que vous envoyiez au président d'une Coopérative une lettre pareille, car le but des coopératives est la vente au public. Croyez-vous qu'on a changé quelque chose? Rien. La Coopérative de Port-de-Bouc est sans marchandise et le magasin des *Docks Phocéens* a de la marchandise.

Ce qui s'est passé chez nous a dû se passer ailleurs, il faut que le Congrès national l'indique au Gouvernement. Les Magasins municipaux et départementaux font une concurrence illégale aux coopératives, au moment où elles auraient le plus besoin d'être facilitées dans leur tâche. Dans les Bouches-du-Rhône, comme dans tous les départements, nous constatons que le Gouvernement favorise le commerce contre les coopératives; il faut que les parlementaires le sachent ici, pour le dire demain.

Savez-vous quel est le fait le plus saillant de tout cela? C'est que le répartiteur régional, qui était un lieutenant, a été touché par la démobilisation. Il n'est pas de Marseille, il est du Nord. Savez-vous ce qu'il fait actuellement? Il est administrateur-délégué des *Docks Phocéens*.

LE PRÉSIDENT. — La parole est au camarade Jabouille.

Voix nombreuses. — Clôture! clôture!

LE PRÉSIDENT. — J'entends demander la clôture. Nous avons encore quatre orateurs inscrits : le Délégué du Pas-de-Calais, Gentilhomme, Albert Thomas et Poisson.

Je mets la clôture aux voix.

La clôture est votée.

Le Délégué de Boulogne. — Permettez-moi, en passant, de faire une petite critique au camarade chargé de la distribution des vins. Elle n'a pas toujours été faite avec équité. On s'est basé sur le nombre de membres et non sur le chiffre d'affaires.

Nous étions obligés de commander notre vin en dehors de la Fédération, nous avions le quart de ce qu'il nous fallait. Un jour, les camarades m'ont dit : Va faire un tour dans les couloirs du ravitaillement. J'ai trouvé un capitaine, qui m'a dit : votre vin est trop cher, je puis vous en fournir à meilleur marché. Dans huit jours, vous en aurez deux wagons-foudres. Nous attendons toujours ces deux wagons-foudres.

J'ai été trouver le capitaine, il m'a dit : puisque vous avez passé un marché et un engagement, on devait vous fournir des wagons du ravitaillement. Nous avons les deux bons de transport.

Nous avons reçu une grande feuille où on nous disait : pour faire voir que vous êtes un organisme d'utilité publique, il faut que ce soit contresigné du maire et du préfet.

Une fois que j'ai eu les signatures, j'ai envoyé la lettre au capitaine. Quinze jours après, j'ai reçu une lettre me disant : les transports marchant normalement, je ne vois plus la nécessité de vous donner de wagons. Et le marchand de vin a dit :

puisque vous ne pouvez plus fournir de wagons, je ne puis plus fournir de vin.

Camin disait qu'il a été envoyé une circulaire à toutes les coopératives pour les stocks américains; je ne me souviens pas que nous l'ayons reçue à Boulogne.

DAUDÉ-BANCEL. — Toutes les Sociétés l'ont reçue.

Le Délégué de Boulogne. — Je me suis alors adressé à la Section américaine, qui m'a répondu évasivement.

Le Délégué de la Loire-Inférieure. — Dans la discussion, on a parlé des transports par voie ferrée, des transports à l'intérieur de la France, et on a oublié une question très importante à mon point de vue : la question des transports par eau.

Actuellement, ce qui est une cause de la vie chère ou tout au moins de l'augmentation de certains produits, c'est la question des transports par eau.

Vous savez que pendant la guerre, la navigation avait été mise sous le contrôle des offices ministériels, et que, peu de temps après l'armistice, ce contrôle a été supprimé; ainsi, on a permis aux armateurs de se constituer en consortium et d'élever leur tarif de près de 40 0/0 depuis l'armistice. Or, à ce moment-là, les risques de guerre étant diminués, les sous-marins n'étant plus à craindre, il n'y avait pas lieu, à mon avis, d'augmenter, surtout dans de semblables proportions, le coût du fret.

Or, après l'armistice, au 1ᵉʳ mai principalement, il fut accordé à la classe ouvrière la loi de huit heures. Ces messieurs du consortium des armateurs ont pris prétexte de cette loi, qui n'est pas encore appliquée aux inscrits maritimes, pour augmenter de 12 0/0 le coût du fret, si bien que, depuis l'armistice, le coût du fret a été augmenté de 52 0/0; ce qui, pour un litre de vin transporté d'Algérie en France, représente 45 centimes de transport. Je pense donc qu'il serait nécessaire d'orienter nos camarades parlementaires vers une demande au Gouvernement pour mettre à la disposition de la Fédération Nationale des Coopératives les cargos qui ont été construits dans divers chantiers de construction navals, sous le nom de cargos type de Monzie, jaugeant 1.400 tonnes, que les armateurs ne veulent pas accepter parce que, ayant un petit tonnage, les bénéfices qu'ils rapporteraient ne seraient pas assez élevés pour leur appétit. Je crois que ces cargos de 1.400 tonnes donneraient satisfaction à la Fédération, étant donné qu'ils ne nécessiteraient qu'un équipage restreint et des frais peu élevés.

Cela donnerait également la facilité au Magasin de Gros ou aux coopératives de s'approvisionner en vin, en œufs, qui pourrissent sur les quais d'Algérie, à des prix inférieurs aux prix que nous payons actuellement.

Il faudrait également que nos camarades parlementaires attirent l'attention sur les faits qui se produisent dans les ports de commerce, à Saint-Nazaire, où des navires allemands et autrichiens sont restés à pourrir depuis l'armistice. Si on avait utilisé ces transports, on serait arrivé à nous donner une satisfaction plus grande que celle que nous avons pu obtenir; en cherchant à améliorer les transports par eau, nous ferons un effort vers la diminution du coût de la vie.

Le Président. — La parole est à Albert Thomas.

Albert Thomas. — A l'heure où nous sommes, et après l'intervention du camarade Lévy, je n'ai pas l'intention de faire un discours. Dans les réunions des camarades anglais, lorsqu'on veut écourter un débat, un homme fait une motion, l'explique, et un ou deux autres viennent simplement soutenir la motion. Je ne suis monté à la tribune que pour soutenir la motion du camarade Lévy.

En effet, elle est complète. Elle répond d'abord à la préoccupation qui s'est manifestée sous des formes diverses au cours de notre débat; que ce soit par les remarques humoristiques du camarade Chiousse, racontant les brimades ou les vexations dont les coopérateurs sont victimes de la part de l'Administration, ou la façon dont leurs demandes aboutissent à une non-satisfaction, ou au contraire par le mouvement mêlé d'une pointe d'ironie, mais aussi exprimant l'inquiétude du Congrès, qui s'est terminé par la motion brève, impérative et révolutionnaire du Pas-de-Calais.

Que ce soit sous une forme ou sous l'autre, ce qui se manifeste, c'est l'inquiétude grandissante, non seulement du mouvement coopératif, mais de l'ensemble des consommateurs, au nom desquels la Fédération parle.

Camarades, vous le sentez tous, l'hiver approche, et l'hiver, chacun sait qu'il sera rude. Lorsqu'on a, pendant des mois, accumulé les manifestations d'incohérence et d'impuissance, laissé se développer les cas d'insuffisance de production et de désordre dans la répartition, lorsque les heures graves arrivent, l'inquiétude peut gagner. Tout de même, il ne suffirait pas de quelques promesses, mêmes précises, d'autant plus qu'elles sont inexactes, pour nous rassurer. Les uns et les autres nous y sommes habitués; on déclare qu'il y a des millions de tonnes de charbon pour l'hiver, des millions de tonnes de charbon allemand, et on annonce avec précision 1.900.000 tonnes arrivant par Rotterdam, 450.000 tonnes arrivant par Strasbourg. A Strasbourg, dans les époques de pleine organisation, 300.000 tonnes au maximum ont pu passer par le port, et l'autre jour, en gare de Metz, 15 trains, dont 11 de charbon, attendaient pour passer sur le réseau français, faute de locomotives. Ce que vaudront les promesses, nous le saurons.

Mais ce que nous pouvons constater aujourd'hui, au travers de la motion Lévy, c'est: d'une part, l'insuffisance de l'action des Pouvoirs publics, d'autre part la préparation du mouvement coopératif à entrer dans la besogne d'organisation et à soutenir dans les heures graves l'opinion publique française.

Voulez-vous que nous fassions une seule comparaison? Je ne veux attaquer personne, je ne citerai même pas le nom, puis ces déclarations se ressemblent tellement les unes les autres que je n'ai pas besoin de préciser.

Daudé-Bancel me soufflait par derrière : « Boret »; il se trompait, c'est Noulens... Ce petit incident indique ce que vaut l'uniformité de pensées de nos ministres du Ravitaillement.

En face, il y a la doctrine de la Coopération, car nous avons la fierté de dire : doctrine de la Coopération.

Pendant que Lévy parlait, j'avais à côté de moi un vieux camarade des luttes coopératives. Pendant qu'il écoutait Lévy, il mesurait, dans la parole de notre camarade, tout l'effort de

science et l'action de l'expérience acquise, condensée et ré-
fléchie que marquent les 15 et surtout les 5 dernières années
du mouvement coopératif. Prenez notre motion, nos tracts sur
la vie chère; au milieu de notre expérience même, se dégage
de jour en jour un programme d'action que, seule la Coopération, aujourd'hui, possède, et auquel, bon gré mal gré, mieux
vaudrait que ce fût le plus tôt possible, les pouvoirs publics
seront obligés de se rallier.

Voici le programme d'un ministre du Ravitaillement :
Ce programme se résume en trois points :
D'abord, l'organisation de la répartition. Il se peut que nous
soyons prudents et ne voulions pas manifester un esprit d'opposition acharnée contre telle ou telle tentative. Nous avons
été réservés sur la question des baraques Vilgrain, prudents
pour le ravitaillement par la voie municipale, nous avons re-
gardé sans un mot de critique l'effort des camarades des
Comités de ravitaillement et de la Ligue des consommateurs;
mais lorsque nous confrontons les expériences, lorsque nous
analysons les résultats de ces divers mouvements, nous sommes
en droit de dire qu'il n'y a pas d'organisation rationnelle, efficace et durable que par la Coopération.
C'est le premier point : organisation de la répartition par
les consommateurs eux-mêmes groupés dans les sociétés coopératives de consommation, c'est-à-dire dans des organismes
qui répartissent après avoir prélevé les frais généraux courants sans profits privés, à des prix justes et normaux.
Le deuxième point que nous revendiquons contre ceux qui
profitent du désordre actuel, c'est l'achat par les Pouvoirs publics, par les organismes collectifs, surtout par les organismes
interalliés, de toutes les denrées alimentaires les plus importantes.
Le ministre cède à toutes les pressions extérieures, à tous
les préjugés de liberté commerciale, et dans les partis politiques les plus divers on hésite à se dresser contre la liberté
commerciale. Nous autres, nous l'avons dit vingt fois au cours
de ce Congrès : la liberté commerciale, c'est la liberté du désordre, la liberté de la spéculation. Et nous demandons l'organisation méthodique, avec le contrôle et l'organisation des
consommateurs.
Enfin, dernier point, nous demandons la publicité et la vérité. Nous demandons qu'on apporte la statistique exacte des
biens, des ressources et des prix. Si nous demandons l'organisation aujourd'hui, si nous dénonçons plus que jamais la liberté commerciale, c'est que nous sommes à une heure où,
dans le monde, il y a besoin de rechercher les ressources et de
les répartir au mieux. Dans une époque de pleine production,
on peut se permettre le gaspillage, dans une époque comme
celle-ci, où les ressources du monde sont limitées, c'est l'obligation pour ceux qui ont la charge du ravitaillement national
et universel de répartir au mieux et avec méthode. Or, pour
répartir, il faut savoir, il faut connaître les besoins; pour les
connaître, il faut les avoir groupés et avoir dressé les statistiques. Là encore, pour la publicité des prix, la statistique des
besoins, des stocks et des ressources, c'est la Coopération qui
se montre capable d'organisation.
Voilà le programme net qu'à plusieurs reprises déjà nous

avons défendu et que Lévy demande au Congrès de faire sien.
Ai-je besoin d'ajouter d'un mot à quel point il est vital, non
seulement pour la Coopération, mais je dirai pour l'avenir de
nos sociétés.

Nous sommes à une heure vraiment singulière. Même chez
les peuples victorieux, c'est l'embarras, c'est le désordre, c'est
souvent la misère. On parle du ralentissement de la production, de la vague de paresse, de la nécessité d'intensifier la
production, et tous ceux qui le disent ont raison. Il m'arrive
quelquefois de parler avec de grands patrons qui, s'élevant au-
dessus de toutes les contingences sociales, réfléchissent sur le
mouvement économique en général et qui disent : lorsque vous
allez avec vos camarades ouvriers, rappelez-vous donc toujours
qu'il faut produire, produire. Oui, les camarades ouvriers ne
l'oublient pas, les camarades producteurs moins que quiconque,
mais pour que la production redevienne intense, pour que la
vague de paresse soit passée, pour qu'il y ait de nouveau l'esprit de production, il faut d'autres principes, il faut d'autres
voix que celles du patronat, la voix de ceux qui disent au nom
de tous, au nom du bien-être de tous qu'il faut produire et qui
marquent précisément par la nouvelle méthode de répartition
que le profit sera pour tous et non pour quelques-uns.

J'ai terminé : l'esprit nouveau, dans cette période de misère, de réorganisation sociale, c'est de la Coopération qu'il
doit souffler; votez la motion Lévy, qui exprime nos espérances.

Poisson. — Je vous demande de voter dans son ensemble la
proposition Lévy, avec cette simple adjonction qu'une Commission de trois membres sera chargée de la mettre définitivement au point et d'y ajouter, au besoin, quelques-unes des
idées émises ici qui n'y figureraient pas, et qu'on la renverra
au Conseil Central, pour la suivre et pour la réaliser.

Un Congressiste. — Et l'ordre du jour du Pas-de-Calais?

Le Président. — Nous sommes en présence d'une proposition de Poisson, qui demande d'adopter le texte de Lévy, étant
entendu qu'une commission aura pour mission d'y joindre certaines des idées émises dans les autres résolutions.

Svob. — Je prie Lévy de songer à une question urgente : la
question des changes, qui joue un grand rôle, et qu'il faudrait
réprimer, car c'est une spéculation de coulisse.

Le Président. — Sous le bénéfice de cette observation, dont
il sera tenu compte, je mets aux voix la résolution de Poisson.
La résolution est adoptée à l'unanimité.

Poisson. — Il faudrait donner à cette motion la plus large
publicité possible, et, à cet effet, je propose deux choses.

D'une part, comme le demandait notre camarade, que nous
insistions près des camarades de la presse pour lui faire une
large publicité, comptant sur leur bonne amitié pour cet effort
contre la vie chère.

En deuxième lieu, je propose que le Congrès décide que
cette motion sera affichée.

Et en troisième lieu, que les discours de Lévy et de Thomas
soient réunis en une brochure intitulée « Contre la vie chère »,

et nous comptons sur tous les congressistes pour en faire
prendre des milliers.

Pour composer cette Commission, je propose les camarades
qui ont pris la parole avec Lévy, et ceux qui auront des ordres
du jour à envoyer les déposeront au bureau.

Le Président. — Demain matin, à 9 heures, assemblée générale du Magasin de Gros.

Et demain, à 14 heures, boulevard du Temple, dernière séance
du Congrès.

(La séance est levée à 18 h. 20.)

SÉANCE DU LUNDI 29 SEPTEMBRE 1919

(Après-midi)

La séance est ouverte à 16 heures, sous la présidence de Ramadier, ayant comme assesseurs : Fauconnet et Romatier.

LE PRÉSIDENT. — La parole est à Thomas, rapporteur de la Commission sur la vie chère.

Albert THOMAS. — La Commission que vous avez nommée hier, pour revoir le texte de la motion Gaston Lévy, s'est réunie ce matin, avant l'assemblée du Magasin de Gros.

Les auteurs des motions étaient, pour la plupart, présents.

Nous avons arrêté un texte et, sans discours, je vais vous en donner lecture, tel qu'il a été adopté par la Commission.

C'est Lévy qui aurait dû venir le rapporter ici; mais il a une voix si fatiguée à la fin de ce Congrès, qu'il m'a demandé de le faire à sa place.

Après quatre années d'une guerre la plus effroyable qui ait jamais bouleversé le monde, notre pays, qui a servi de champ de bataille et dont la puissance de production a été entièrement absorbée par la nécessité vitale de la défense, devait fatalement se trouver dans une situation alimentaire grave, qui persiste encore près d'un an après la signature de l'armistice.

On ne peut cependant ne pas être frappé du fait que la situation ne présente aucun symptôme d'amélioration. Et peut-être faut-il chercher dans la politique constante des Pouvoirs publics les causes de la désillusion profonde de la population qui a pu croire naïvement à une amélioration subite et brusque, déterminée par la cessation même des hostilités.

Au cours de ces cinq années, le Mouvement coopératif n'a cessé, lui, année par année, dans ses Congrès, mois par mois dans ses réunions, jour par jour dans ses démarches, d'attirer l'attention sur une situation qui devait empirer d'autant plus que les mesures que l'on prenait l'étaient toujours comme des mesures exceptionnelles, provisoires et inspirées d'une politique générale à courte vue, faisant fi de la situation d'ensemble et semblant vouloir résoudre les difficultés en en reculant indéfiniment l'échéance.

Réunies en Congrès pour la première fois depuis la cessation des hostilités, les Sociétés coopératives de consommation croient le moment venu de rappeler leur action sur ce point et de rechercher l'effort à accomplir.

Tout d'abord, le Mouvement coopératif tient à rappeler qu'il ne s'est jamais fait d'illusions sur la situation des prix et qu'il savait et a dit dans son premier Congrès de guerre, en 1916.

que la fin des hostilités ne pourrait amener une amélioration immédiate.

Il tient aussi à rappeler qu'il a, à cette époque, réclamé comme seule méthode efficace, une augmentation sensible de la production, et que, s'il a cherché à obtenir des mesures d'organisation rationnelle de la répartition, il n'a jamais cessé de dénoncer comme inefficace les mesures parcellaires et purement coercitives.

Parfois, il a pu croire que les Pouvoirs publics adopteraient les propositions qu'il proposait, mais le plus souvent, il n'a rencontré que des résistances déterminées par des intérêts particuliers.

Toujours, le Mouvement coopératif s'est mis au service des Pouvoirs publics dans l'intérêt des consommateurs. Souvent, il a obtenu des promesses qui étaient rendues publiques et qui étaient loin d'être toujours suivies d'application.

Le Congrès de la Coopération française, fort de son action et de sa puissance accrue par les difficultés mêmes de la période de guerre, réclame, avant tout, que l'on dise au pays la vérité.

La vie est chère en raison des multiples circonstances déterminées par la guerre : disparition des stocks, de la main-d'œuvre, diminution de la production, désorganisation des transports, inflation de papier-monnaie, et elle ne saurait être diminuée par des apparences d'organisation qui ne reposent que sur un équilibre artificiel; on ne saurait encore moins, comme on l'a tenté, obtenir une diminution des prix par le rétablissement de la liberté totale du commerce qui a été et ne peut, en période de pénurie, qu'être la liberté d'exploitation du consommateur.

Il faut, avant tout, avoir le courage d'affirmer que la situation ne peut pas redevenir celle d'avant-guerre, qu'on ne peut pas supprimer les mesures de discipline que la nation française, comme les autres, se sont imposées pendant la guerre et que le monde ne peut retrouver son équilibre qu'en mettant en commun ses ressources et en faisant une répartition judicieuse.

Le Congrès affirme donc qu'il faut augmenter la production, recréer le matériel détruit en le perfectionnant, mais ce programme ne peut être suivi strictement et entièrement que si l'intérêt individuel s'efface devant l'intérêt collectif et si la production est accrue pour les besoins et non pour le profit;

Le Congrès réclame que l'on fasse aux représentants naturels des consommateurs organisés que sont les coopérateurs, la place qui leur est due dans les Conseils techniques, pour y défendre leur conception, maintes fois exposée, d'une organisation rationnelle de la répartition des produits et du contrôle que les consommateurs doivent exercer sur la production;

Le Congrès réclame le maintien et le développement des organismes nationaux et internationaux créés sous la pression du besoin pendant la guerre.

Il insiste sur la nécessité, dans notre pays, d'une unification des méthodes et des moyens.

Il affirme qu'il faut s'attacher surtout à obtenir une réorganisation de tous les transports.

*Les consommateurs associés ont donc pour devoir de se
grouper dans les Organisations coopératives et de ne pas disperser leurs efforts dans des groupements inconstants et précaires. La Coopération pourra ainsi jouer pleinement le rôle
qu'elle s'est assigné et que les circonstances lui font plus que
jamais un devoir de remplir.*

Voilà la motion que votre Commission vous propose : elle
vous la propose comme motion résumant d'une manière exacte
les observations qui ont été apportées. Et, reprenant la première proposition de notre camarade Gaston Lévy, j'indique
très brièvement que c'est en nous inspirant des observations
présentées par notre camarade de Bordeaux, par nos camarades
de la Marine, par nos camarades Poisson, Destombes, etc...
que nous avons introduit les modifications sur les droits de
la Coopération à une priorité dans la répartition des produits,
— sur la nécessité d'éviter tout gaspillage et toute destruction
de richesses — faits dont on a trop donné l'exemple dans
toutes les régions de la France.

Sur les formules, la Commission a été d'accord, en s'inspirant de la motion, en la suivant pas à pas. Ce qu'il importe
que le Congrès consacre, c'est l'essentiel des idées. C'est ainsi
que, répondant aux observations qui ont été faites, la Commission vous demande d'adopter sans discussion le texte sur lequel
nous avons discuté.

La Commission m'a prié également de lire devant vous une
motion déposée par notre camarade Chiousse, qui concerne
certains faits particuliers pour la solution desquels le Congrès
pourra apporter un appui utile :

*Le Congrès National des Coopératives apprend avec surprise
par la déclaration de la Fédération des Alpes et des Savoies,
que les Sociétés coopératives du département de l'Isère qui,
pendant toute la durée de la guerre, ont assuré aussi complètement que possible et avec le plus grand dévouement, le ravitaillement de la Commission groupée, viennent d'être l'objet
d'une mesure vexatoire, contre laquelle elles protestent énergiquement, de la part du Service départemental de répartition
des sucres, qui leur a supprimé l'attribution directe du sucre
familial, tout en la maintenant aux épiciers;*

*Que cette décision, que rien ne saurait justifier, porte non
seulement atteinte aux intérêts de la Coopération, mais surtout
à ceux des consommateurs en général, qui deviennent ainsi
exclusivement tributaires du commerce, qui n'est pas exempt
de reproches.*

*Le Congrès, s'associant aux protestations des Coopérateurs
dauphinois, demande instamment à M. le Ministre du Ravitaillement de faire assurer la continuation, et sans restriction,
de l'attribution directe aux Sociétés coopératives de l'Isère, par
l'intermédiaire de leur délégué fédéral, ainsi qu'à toutes celles
qui ont été privées jusqu'à ce jour de cette faculté.*

*Il émet un vœu semblable en ce qui concerne le ravitaille-
ment en combustibles pour le chauffage domestique des Consommateurs groupés, qui demandent unanimement à être ap-
provisionnés par l'intermédiaire de toutes coopératives aux-*

quelles ils sont affiliés, lesquelles, par conséquent, doivent être considérées comme attribulaires directs.

Voilà les deux motions sur lesquelles nous vous demandons de vous prononcer.

Le Président. — Etant donnée l'heure avancée et le délai très court dont dispose encore le Congrès, vous serez unanimes pour ne pas instituer une nouvelle discussion.

Rousseau. — Je demande un amendement...

Le Président. — J'insiste pour qu'on vote immédiatement sur cette question.

Plusieurs Délégués. — Aux voix! aux voix!

Le Président. — Je mets les deux résolutions aux voix. Que ceux qui sont partisans de les adopter veuillent bien lever la main.

Adopté à l'unanimité moins 1 voix.

La délimitation des Fédérations régionales

Le Président. — La parole est à Cleuet, pour son rapport sur les régions économiques.

Cleuet. — La question que j'ai à développer devant vous nécessiterait un assez long développement et je regrette personnellement d'être obligé par les circonstances d'être très bref.

A la demande de la Fédération Nationale, j'ai déjà produit un rapport sommaire, mais je pense que j'ai mis dans ce rapport les raisons générales qui ont incité le Conseil Central à mettre cette question à l'ordre du jour de la Fédération Nationale.

Cette question n'apparaît pas et n'est certainement pas aussi urgente que celles que nous avons discutées ici depuis trois jours. C'est qu'en effet nous sommes tellement préoccupés par les problèmes de ravitaillement et de vie chère que les questions d'organisation intérieure passent au second plan.

Il est vrai de dire cependant que, soit par des correspondances, soit par des relations verbales que les secrétaires de la Fédération Nationale ont eues avec des militants de province,. il ne semble pas que le cadre des fédérations régionales donne satisfaction d'une façon générale.

Il faudrait faire l'historique de la constitution des fédérations régionales pour montrer par suite de quel empirisme — le mot n'est pas de trop — ces fédérations régionales ont été constituées. Tantôt on a pris un département ou deux, tantôt des départements voisins ont constitué des fédérations coopératives parce qu'ils avaient des affinités philosophiques, politiques ou autres, et enfin parce que les deux organisations centrales de la Coopération, qui fonctionnaient séparément avant le Congrès unitaire de 1913, avaient elles-mêmes des délimitations différentes.

On a essayé, à la vérité — et on y a réussi en partie — à grouper un ou plusieurs départements, de façon à donner à chacune des fédérations régionales une densité coopérative à peu près équivalente.

Mais pendant la guerre, au lieu de voir s'élargir le cadre des fédérations régionales, il semblerait qu'au contraire une tendance s'est manifestée en faveur de créations d'unions départementales. Je ne crois pas, pour ma part, que les organisations coopératives qui se sont décidées à créer des unions départementales, l'aient fait parce qu'elles considéraient que c'était pour elles un système définitif. Elles ont été amenées à créer des cadres départementaux parce que, pour la solution des problèmes de ravitaillement que nous avons évoqués, le cadre départemental se prêtait mieux à leur action auprès des offices départementaux et auprès des préfets. Mais il est bien évident que lorsque cette situation particulière, inhérente aux faits de guerre, n'existera plus, le cadre départemental, qui est à l'heure actuelle à une action morcelée et déterminée en quelque sorte, — le cadre départemental ne répondra plus aux réalités économiques.

Avant la guerre. — je ne dis pas dans nos milieux, — mais dans les cercles industriels, commerciaux et administratifs, le cadre départemental était depuis longtemps répudié. Je pense que vous avez eu tous l'occasion de lire les études qui ont été faites sur l'organisation administrative, politique et économique de la France. Eh bien, je crois — et nous croyons, au Conseil central de la Fédération Nationale, — que cette question aboutira bientôt, parce qu'il est évident que les nécessités économiques forceront le cadre départemental à craquer par les circonstances mêmes des luttes économiques. On ne veut plus du département. Le département, constitué à une époque où les moyens de locomotion actuels n'existaient pas, où il n'y avait pas de télégraphe, pas de téléphone, a été imaginé par les Constituants de 1790 parce qu'il permettait à tous les habitants d'un département de régler certaines affaires dans le cadre départamental, dans un laps de temps de 24 ou 48 heures. Aujourd'hui, cela n'existe plus, grâce aux express, aux rapides, à la télégraphie, au téléphone. On peut se causer d'un bout à l'autre de la France et entretenir des relations faciles de département à département et de région à région.

Si nous pensons que le cadre départemental est un cadre qui convient à nos organisations coopératives, il faut que nous le généralisions, il ne faut pas nous en tenir aux 37 ou 38 fédérations régionales que nous avons à l'heure actuelle. Il faut constituer 86 fédérations départementales correspondant aux départements français, et y ajouter encore les départements nouveaux qui ont été amenés par la reprise de l'Alsace et de la Lorraine.

Eh bien, lorsque la Fédération Nationale a examiné ce problème avec l'Office technique, que j'ai dû consulter avant de présenter ce rapport, on a été unanimes de part et d'autre à considérer que nous ne devions pas être en retard, dans nos organisations coopératives, à propos de la réorganisation économique de la France.

Nous nous sommes trouvés devant un certain nombre de projets, toujours sur le chantier parlementaire, mais devant un autre projet, né pendant la guerre, qui est devenu une réalité: c'est le projet Clémentel.

Le projet Clémentel, divisant la France en un certain nombre de régions est-il meilleur que d'autres? Je n'en sais rien. Il est à penser cependant qu'étant donnée la personnalité des hommes qui ont cherché à définir les tracés de chaque région économique, il est à penser, dis-je, que ces personnalités doivent nous donner, au point de vue technique, toutes garanties.

Et puis on a consulté les intéressés — je m'empresse de dire qu'on ne les a pas consultés tous — mais le ministre n'a pu consulter que les intéressés qu'on pouvait classer dans certaines régions économiques, c'est-à-dire les Chambres de commerce. Il a fallu des mois et des mois de pourparlers, d'entrevues, de discussions, pour arriver, d'accord avec les techniciens, au tracé des régions économiques du projet Clémentel.

Si, pour l'avenir du développement même de notre organisation et pour la puissance à acquérir dans les transactions économiques et dans la vie économique générale de ce pays — si nous ne sommes plus partisans du département, eh bien, nous nous trouvons en ce moment devant une réalité et devant une étude toute faite par le projet Clémentel.

Même si le projet Clémentel ne devait pas nous servir aux fins que je vais indiquer tout à l'heure, j'estime qu'au point de vue géographique, il peut nous donner satisfaction. En tout cas, il constitue une étude sur laquelle nous pouvons avoir des divergences d'apréciation — mais une étude générale qui se tient parce qu'elle a été faite dans des conditions tout à fait normales, avec les meilleures garanties.

Mais j'ajoute qu'à mon point de vue, il y a d'autres considérations que de trouver tout prêt le travail d'autrui, que de trouver des délimitations géographiques, — il y a pour nous une incitation à nous organiser dans ce cadre même des régions économiques, parce qu'il semble bien que ces régions auront un jour ou l'autre une grosse influence dans la vie de ce pays.

Si M. Clémentel a pu mettre son projet debout, alors que d'autres sont restés sur le chantier parlementaire, c'est parce qu'il a trouvé dans l'arsenal des lois, une loi sur la constitution des Chambres de commerce de 1898, qui permet aux Chambres de commerce de se réunir et de s'associer en vue d'une action commune. Pour la constitution de ces régions économiques, il donne aux Chambres de commerce des pouvoirs assez étendus.

En tout état de cause, c'est un essai de décentralisation tout à fait intéressant parce qu'il place les régions devant les problèmes qui les intéressent: de voies ferrées, de navigabilité, d'exploitation de houille blanche, enfin de tout ce qui est de nature à donner à chacune de ces régions le maximum d'intérêt pour la vie générale.

Eh bien, si véritablement ces nouvelles organisations économiques doivent donner des résultats, ne serait-il pas intéressant, pour les sociétés coopératives, d'y jouer un rôle? Je vous ai dit tout à l'heure qu'à propos de l'étude géographique de ces régions, les Chambres de commerce avaient été consultées. Devons-nous laisser les Chambres de commerce seules? Ne devons-nous essayer de faire entendre notre voix dans toutes les manifestations d'activité de ces nouvelles régions?

Je passe au présent.

Il y a, à côté du fonctionnement du groupe des Chambres de commerce, des comités consultatifs d'action économique. Ces comités sont ceux qui ont fonctionné pendant la guerre au siège d'un certain nombre de corps d'armée. Avant même que la question parvienne au Congrès, dans une réunion du Comité confédéral, notre camarade Berland, de Limoges, nous avait demandé de faire des démarches en vue d'obtenir la représentation directe des représentants des coopératives dans ces Comités.

Depuis cette époque, j'ai fait les démarches nécessaires; et, par une lettre du ministre du Commerce, que nous avons publiée dans l'*Action Coopérative* il y a quelques semaines, nous avons pu apprendre aux sociétés coopératives que cette satisfaction — que nous demandions avant même de savoir si la constitution des régions économiques ainsi définies seraient acceptées par le Congrès — nous avons pu apprendre, dis-je, que cette satisfaction nous avait été donnée et que nous avions pu obtenir que les délégués des consommateurs, nommés directement par les sociétés coopératives, soient membres du Comité consultatif d'action économique.

Nous ne venons pas dire que c'est là le maximum d'efforts que nous ferons dans ces régions économiques. Nous pensons à prendre une place dans un Comité purement consultatif, mais si le Congrès s'engage dans cette voie, demain, avec la force grandissante des coopératives de consommation, c'est une place égale à celle des représentants des groupes commerciaux et industriels que nous demanderons pour la gestion des intérêts économiques de chaque région.

Voilà, chers camarades, très brièvement exposée, la question des régions économiques.

Sur la délimitation géographique un certain nombre d'observations peuvent être présentées; mais, je le dis tout de suite, il ne m'est pas possible d'y répondre. Je n'ai pas la compétence voulue. Je n'ai pas non plus eu le temps nécessaire de faire une étude comparative, et je n'avais pas d'ailleurs les documents me permettant de faire ce travail.

Cependant le Congrès se trouve en présence d'un problème qui est celui-ci: A l'organisation des Fédérations, qui ne correspondent pas la plupart du temps à la condition qu'elles réalisaient à un moment donné, c'est-à-dire la densité coopérative à peu près équivalente dans chaque région, le Congrès est-il partisan de revoir son organisation régionale intérieure? Est-il partisan de faire quelques retouches? ou se prononce-t-il pour la multiplication des Fédérations dans les cadres départementaux? S'il rejette le cadre départemental, il a le cadre régional; s'il a le cadre régional — cette question a une importance — il a le cadre régional établi par les études des techniciens et dont j'ai donné, en annexe du rapport, la nomenclature. Ce cadre constitue un arbitrage pour nous.

Il y aura peut-être une certaine difficulté d'adaptation pour de nombreux groupements habitués à se voir, à se rencontrer, à qui on dira, du jour au lendemain, il faut pour les intérêts de demain, pour l'action de demain, que vous vous déplaciez et que vous alliez chez les camarades d'à-côté. Mais, sous le bénéfice de ces observations, je pense que le Congrès a tout intérêt à suivre l'organisation économique capitaliste.

Depuis trois jours, nous nous efforçons de résoudre ici un certain nombre de problèmes d'ordre pratique, réaliste et immédiat; et les discussions qui ont eu lieu, et qui sont loin d'être inutiles, à propos de l'Assemblée générale du Magasin de Gros, sembleraient faire croire que nous n'avons pas à l'heure actuelle d'autres préoccupations. Mais les problèmes du ravitaillement — il faut l'espérer — s'atténueront, — la crise des transports, il faut l'espérer aussi, s'atténuera, et nous n'aurons plus probablement dans un an, dans deux ans, dans une Assemblée générale du Magasin de Gros, le même ordre de questions à discuter. Mais nous aurons à défendre encore et toujours, par le canal du Magasin de Gros, l'organisation économique de la Coopération.

Eh bien, de même qu'hier au point de vue scientifique, par la chaire du Collège de France, — de même que pour toutes autres questions d'ordre général, qui ne semblent pas apporter de résultats immédiats et n'ont pas à nos yeux une importance considérable, — il faut que nous soyons prêts pour la lutte de demain.

Nous représentons donc maintenant dans ce pays — on l'a dit et nous sommes tombés d'accord sur ce point — une véritable force économique. Il faut que, face aux groupements industriels et commerciaux, il faut que face à toutes les organisations économiques, la Coopération puisse parler. Allons chez eux, prenons la petite place qu'ils nous ont donnée, demain nous serons assis sur les mêmes sièges, et demain la Coopération parlera en égale à ces groupements industriels et commerciaux.

Le Président. — La parole est au délégué de Saint-Nazaire.

Le Délégué de Saint-Nazaire. — Ainsi que vient de le dire le camarade rapporteur au sujet de la division de la France en fédérations régionales, nous avons, nous, à Saint-Nazaire, à apporter quelques objections relativement à cette délimitation.

On a parlé des fédérations en supposant d'abord que toutes les sociétés coopératives adhérentes aux fédérations régionales étaient satisfaites de la marche des fédérations. Or, pour la Bretagne, je ne dirai pas que la totalité des coopératives n'en sont pas satisfaites, mais il y a beaucoup de mécontents.

C'est pourquoi — aujourd'hui que la question des fédérations vient à l'ordre du jour — nous demanderons à ce que l'attachement à la fédération régionale pour adhérer à la Fédération Nationale, ne soit pas une obligation pour les sociétés coopératives. Parce que si c'est une obligation, on constate que la prime de 0,02, que l'on donne à chaque fédération régionale, qu'elle travaille ou non, est une prime fixe que l'on peut alors qualifier de prime à la paresse. Tandis que si on laissait les coopératives libres d'adhérer à la Fédération régionale seulement, si celle-ci leur donne des satisfactions, cela obligerait les fédérations régionales de travailler dans un but plus grand et de donner à la Coopération une autre envergure que celle qu'elle a actuellement.

Or, si la question de groupements communaux et inter-communaux d'achats a été envisagée, il faut bien penser que le fonctionnement de ces services nécessitera des dépenses nouvelles pour les sociétés coopératives, dépenses qui, ajoutées à d'autres frais qu'elles ont déjà à subir, viendront grever d'une façon plus importante leur budget et ne leur permettra plus de lutter efficacement avec le commerce; ce sera donc une entrave à la Coopération.

Il y a encore un fait. Si l'on fait des fédérations régionales des centres d'achats, faudra-t-il que ces centres d'achats fassent, comme on le fait à Paris, un magasin régional, qu'ils aient un centre de stockage, avec des frais de surveillance, de représentation...

Un Congressiste. — Mais cela regarde les fédérations.

Le Délégué de Saint-Nazaire. — Camarades, on nous oblige à adhérer aux fédérations. Or, actuellement, je viens apporter les critiques de ma Société.

Un Congressiste. — Il est 5 heures.

Le Délégué de Saint-Nazaire. — Je suis néanmoins obligé de dire ce que j'ai à dire.

Le Président. — Je prie le camarade d'activer un peu.

Le Délégué de Saint-Nazaire. — Nous allons délimiter les fédérations. Comment allons-nous les délimiter? A la Fédération de Bretagne, nous avons en mains le moulin de Lorient, nous sommes tous actionnaires. Comment opérerez-vous le changement. Si les coopératives sont rejetées de la Fédération de Bretagne, demain elles reprendront leurs droits au moulin de Lorient...

Un Congressiste. — Pas du tout! Vous n'avez pas compris l'esprit.

Le Président. — Il serait bon que le camarade se presse.

Le Délégué de Saint-Nazaire. — Alors, je demande à ne pas être interrompu! Je voudrais savoir si le nouveau système de délimitation des fédérations nous obligera, nous, Sociétés coopératives, à prendre des actions à une autre fédération qui aura des moulins avec d'autres magasins?...

Nombreuses voix. — Non! Non!

Le Président. — Avant de donner la parole à Rebeyrol, qui l'a demandée, nous ferions bien de limiter le temps de parole à 5 minutes.

Rebeyrol. — Je ne profiterai même pas des cinq minutes qu'accorde le Congrès, avec beaucoup de libéralisme, aux orateurs.

La réorganisation économique de la France ne peut pas satisfaire tout le monde. Le projet Clémentel a ses défauts. Il a néanmoins un énorme avantage : c'est qu'il existe.

Je crois qu'il est sage d'adapter nos organisations régionales à l'organisation économique du pays. Et je vais ajouter qu'il sera extrêmement sage également d'adapter notre organisation administrative à l'organisation régionale de ce pays.

C'est pourquoi je me permets de déposer sur le bureau du Congrès une disposition additionnelle, une adjonction au projet Cleuet, qui se soutient :

« Considérant que la réorganisation des Fédérations régionales doit avoir pour conséquence une modification des statuts de la Fédération Nationale et du Magasin de Gros, — le Congrès invite le Conseil Central à préparer et à soumettre au voie du prochain Congrès national un projet disposant que le Conseil unique comprendra désormais autant de membres, proposés par les fédérations de province, qu'il y aura de fédérations provinciales dans l'organisation, — plus quatre membres pour Paris et la région parisienne réunis.

« Le Congrès demande également au Conseil Central d'examiner s'il n'y aurait pas lieu de proposer au prochain Congrès que le Conseil unique comprenne encore, outre les élus présentés par les fédérations, un nombre très limité de membres directement élus par le Congrès, sans proposition préalable, par les fédérations. »

Je me permets d'appeler votre attention sur cette disposition additionnelle. Elle comprend deux parties : une partie impérative, celle qui demande au Conseil Central de proposer que chaque fédération soit représentée au Conseil unique; et une autre partie, qui est une suggestion, un désir : « Le Congrès demande au Conseil Central d'examiner s'il n'y aurait pas lieu de proposer au prochain Congrès que le Conseil unique comprenne, outre les représentants des fédérations, un nombre limité de membres — 2, 3 ou 4 — élus par le Congrès.

Je ne veux pas ouvrir la discussion sur ce point. C'est, je le répète, une suggestion que je présente, et je demande au Congrès de la présenter au Conseil Central.

Fauconnet. — Nous avons examiné la question de la délimitation des fédérations, à la Fédération parisienne, et nous avons été étonnés de voir que l'on essayait de créer une fédération au sein d'une autre fédération. Cela sera le cas de la Fédération parisienne et le cas de la Fédération de la région parisienne. On n'a pas très bien compris pourquoi créer une autre fédération qui aurait pour effet d'entourer Paris. On n'a pas compris comment pourrait fonctionner cette fédération qui, elle, aurait son siège à Paris.

Toutefois, la Fédération parisienne a décidé d'accepter le principe qui nous était proposé; mais elle a décidé aussi de faire la proposition suivante au Congrès :

« La délimitation sera appliquée par le Conseil Central, après accord des fédérations intéressées qui, elles-mêmes, auront consulté les sociétés de chaque région. »

Le Président. — La parole est à Svob.

Svob. — C'est au nom du Conseil d'administration de la Fédération de Bretagne que je prends la parole, et je déclare regretter l'intervention d'un camarade de Saint-Nazaire, dont les idées se retrouvent dans la proposition qu'il formule. En effet, dans cette question de savoir si on doit adhérer ou ne pas adhérer aux fédérations, on retrouve le passé de cette Société, qui n'appartient au mouvement central que par un fil... pour des raisons que je ne peux pas expliquer.

Au nom de la Fédération de Bretagne, j'apporte un son de cloche différent.

On va un peu loin en disant que le projet Clémentel existe. Il existe sur le papier, mais il n'existe pas en fait.

Sans connaître l'histoire du mouvement général, je parlerai plus particulièrement de l'Ouest, et je dirai qu'il y a de la résistance de la part des Chambres de Commerce que l'on voudrait incorporer dans la V° Région. Il y a un mois, lorsque les Chambres de Commerce ont envoyé leurs délégués à Nantes, pour examiner le projet Clémentel, le sénateur du Mans a fait non seulement des réserves, mais a dit : « Nous ne voulons pas faire partie de ces régions économiques. » Il n'est donc pas exact de dire qu'on se trouve en présence d'un fait certain et positif.

Vous avez lu, comme moi, le projet Hennessy, qui groupe la France dans des formes qui ne sont pas semblables à celles du projet Clémentel. L'Ouest, qui est de la V° *Région*, se trouve rattaché à une autre région, et *vice-versa*.

J'ai une coupure du journal l'*Œuvre*, exposant que la Commission des Travaux publics et une autre commission des Chambres s'opposent aux pouvoirs que l'on veut donner à la fois aux Chambres de Commerce et aux nouvelles régions économiques; ce qui m'amène à dire que nous sommes encore à l'embryon d'un nouveau régionalisme, et qu'il serait prématuré que les coopérateurs modèlent leurs statuts sur quelque chose qui, dans l'avenir, peut être modifié.

Je parle de la région que je connais pour dire que la nouvelle position géographique que l'on veut nous faire prendre ne nous satisfait pas.

La réorganisation coopérative que vous faites, donne aux fédérations un outil nettement commercial. Nous revenons à de nouvelles méthodes. Après avoir combattu, après avoir enlevé toute influence commerciale aux fédérations, on est en train de la leur redonner. Il faut savoir si l'on veut conserver aux fédérations régionales leur action de propagande, ou si l'on veut les orienter sur le terrain d'action commerciale, nous voulons croire que cela n'est pas dans les intentions de ceux qui proposent le rapport.

Restons sur le terrain de propagande, c'est un terrain sur lequel nous avons beaucoup à faire. Les fédérations sont ou trop petites ou trop grandes. Il y a des modifications à apporter, mais elles ne justifient peut-être pas les dispositions du projet Clémentel.

On veut nous faire étendre notre action de propagande jusqu'à Tours, jusqu'au Mans, jusque dans la Sarthe, — cela nous paraît loin.

Il y a, pour créer des sociétés, pour les faire naître, des relations de camaraderie, de syndicat à coopérative, de groupe politique à groupe mutualiste, qui ont leur influence. Vous allez créer un mouvement général en détachant les uns pour les rattacher à d'autres; vous allez les obliger à quitter leurs relations pour fréquenter des gens qu'ils ignorent. Je crains que vous n'entraviez le mouvement de Coopération qui se manifeste et qui a besoin d'être suivi par les mêmes individus. Je vous invite à voir s'il n'est pas prématuré de dissocier ces relations qui sont utiles.

En tout cas nous avons, chez nous, agi le plus loyalement possible, et nous nous sommes contentés d'adresser un referendum à nos sociétés.

Je dois dire qu'en ce qui concerne les sociétés des départements bretons qu'on veut détacher de notre région, le Finistère est désireux de rester attaché à la Fédération de Bretagne; de même l'Ille-et-Vilaine et les Côtes-du-Nord, trois départements qui seraient appelés à la création d'une région économique... Je dis que sur le terrain coopératif, vous allez créer une région dont la puissance et dont le nombre de sociétés qui la composeraient, seront assez insignifiantes, que vous allez peut-être arrêter le développement que vous connaissez, alors qu'il serait nécessaire de le soutenir.

Il est prématuré d'adhérer au projet Clémentel, qui n'est qu'un projet; il est prématuré de rompre des relations entre les départements qui sont solidaires les uns des autres; et j'apporte ici, la volonté de nos coopératives de rester attachées à la Fédération de Bretagne.

Nous essaierons, puisque le Congrès en impose la volonté, de rester une association de propagande; et nous disons que c'est sur un terrain purement commercial que vous menez la Coopération française.

Je conclus, en faisant connaître le désir des trois départements du Finistère, de l'Ille-et-Vilaine et des Côtes-du-Nord, qui forment une région et qui n'ont pas l'importance coopérative nécessaire, de rester dans la Fédération de Bretagne.

GENTILHOMME. — Je suis secrétaire d'une fédération qui devrait disparaître. Nous disparaîtrons, parce que nous désirons nous incliner devant le projet qui nous est présenté par le Conseil Central. J'estime qu'il y a nécessité absolue à ce que le nombre de régions soit diminué.

Hier, nous avons eu, à la Commission des résolutions, de grosses et graves difficultés, pour donner satisfaction à tous les désirs des fédérations régionales, quand il s'est agi de présenter des candidats au Conseil Central. En principe, pour bien mener une affaire, il faut être le moins nombreux possible. Il a été décidé que le Conseil Central devait être composé de 18 à 20 membres au plus.

Toutes les fédérations ont le droit d'être représentées au Conseil Central, et pour qu'elles y soient toutes, il faut qu'elles soient le moins nombreuses possible, et j'estime que le chiffre de 17 est suffisant. Toute la province y sera représentée. Et je demande aux Parisiens de faire abnégation de leurs principes, ils ne seront pas plus de 2 ou 3 au Conseil Central; mais ils seront représentés par nos camarades directeurs, les secrétaires généraux, qui ont une voix consultative et qui apportent les éléments permettant au Conseil de discuter et de voter sur les questions présentées.

J'appuie donc le projet Rebeyrol. Mais je n'accepte pas la deuxième partie de sa proposition. Pratiquement, il n'est pas possible, dans un Congrès de nommer quatre candidats au Conseil Central, parce que vous seriez tous candidats ou à peu près et, devant toutes ces candidatures, nous aurions beaucoup de mal à en choisir quatre. Laissez à vos fédérations le soin de présenter un camarade. Nous arriverons ainsi à de meilleurs résultats.

Le Président. — Peut-être serait-il bon de voter la clôture, parce qu'il y a quatre orateurs inscrits. Je mets la clôture aux voix.

La clôture est acceptée.

Poitrenaud. — Au nom des Coopératives des Basses-Pyrénées, j'apporte une approbation pleine et entière au projet Cleuet.

Cependant, nous demandons une modification à l'article 1er, pour bien marquer que la résolution est impérative : nous demandons la suppression de ces mots : « s'il y a lieu... » Ce paragraphe serait, par conséquent, ainsi libellé :

« 1° Le Congrès national est d'avis que les fédérations régionales actuelles doivent subir les modifications utiles, etc... »

D'autre part, étant donné que le projet en discussion est susceptible de modifications, soit par voie législative, soit par décret, nous demandons qu'on ajoute : « ...sous réserve des modifications qui pourraient être apportées par le législateur ou par le gouvernement ».

Le Président. — La parole est à Delmas.

Delmas. — Je vous demande, contrairement au camarade des Basses-Pyrénées, d'ajourner le projet Cleuet.

Je suis, comme Cleuet et comme tout le monde, partisan de délimiter territorialement les fédérations et de les faire plus régionales qu'à l'heure actuelle.

Nous tablons, en ce moment, sur un projet établi par le ministre du Commerce. Mais le ministre Clémentel n'est pas éternel; le jour où il aura un successeur, le décret sera modifié et nous aurons une autre délimitation. Alors, ce que nous aurions voté ne répondrait plus à la réalité. Il y aurait donc lieu d'attendre et de donner mandat au Conseil Central de préparer pour le prochain Congrès une délimitation qui pourrait être définitive, car, d'ici là, le projet Clémentel ou un autre pourra être devenu une vérité légale. A l'heure actuelle, nous sommes en présence d'un projet gouvernemental qui peut ne pas répondre aux réalités de demain; et, pour cette raison, j'estime qu'il y a lieu d'ajourner la question.

Poisson. — Camarades, je crois, pour ma part, que nous devons voter le projet du Conseil Central, rapporté par notre camarade Cleuet, car ce projet a surtout pour but d'indiquer l'idée de limiter les fédérations à un certain nombre. Il s'agit d'avoir un grand nombre de régions économiques, mais tout de même limitées et dans lesquelles les forces coopératives s'équilibreront.

Il est bien entendu que ce n'est pas du jour au lendemain que nous allons délimiter les fédérations d'après le projet Clémentel. Nous aurons à tenir compte, au cours de l'année, et des évolutions du projet gouvernemental et des désirs des fédérations régionales adhérentes à la Fédération Nationale. Même si le projet Clémentel était voté, ce n'est pas en 24 heures, ce n'est pas par une résolution de congrès que nous pourrions régler une question comme celle-là. Ce que nous demandons, c'est que le Conseil Central ait mandat auprès des fédérations régionales, s'entende avec les congrès régionaux dans un sens déterminé, en prenant comme base le projet Clémentel, qui a été établi par des techniciens et des hommes de science. Mais rien ne pourra être fait sans un accord préalable avec les fédérations régionales.

C'est plus qu'un vote de principe que nous vous demandons, c'est un point de départ, d'action pour la Fédération Nationale, en vue d'agir auprès de ces fédérations régionales dans le sens de la délimitation des fédérations et dans le sens d'un certain nombre de régions économiques. Il nous faut une base : nous prenons la seule qui nous soit offerte. Cela ne voudra pas dire que cette base sera *ne varietur*.

J'ajoute que toutes les Sociétés doivent être adhérentes et aux fédérations régionales et à la Fédération Nationale. Les fédérations régionales ne sont d'ailleurs que des fédérations morales. Qu'à côté, il y ait des organisations commerciales, non pas seulement suivant les régions économiques, mais quelquefois de villes, d'arrondissements, bassins, — il y a le bassin houiller de Decazeville, — qu'il y ait même des relations économiques entre sociétés qui sont sur les limites de deux régions morales mais qui ont les mêmes intérêts économiques, c'est une autre question : c'est la question des groupements d'achats, qui a été résolue l'année dernière. Mais, à l'intérieur de ces grandes fédérations régionales morales, il pourra y avoir des groupements de sociétés délimités d'une certaine façon. On dit même qu'à l'intérieur de ces grandes fédérations régionales, il pourra exister des sous-groupements moraux d'activité. Nous n'avons pas la prétention de mettre dans un cadre rigide toutes nos organisations; et il y aura, par conséquent, même des fédérations départementales.

Prenons un exemple : la région lyonnaise. Je pense que Lyon, Roanne, Saint-Etienne font un grand groupement économique. J'admets qu'à l'intérieur de cette grande organisation, il y ait un groupement autour des sociétés de Saint-Etienne, de Roanne, de Lyon. Mais la Fédération Nationale ne connaîtra officiellement, comme reliée à elle, que l'organisation régionale, qui représentera une force.

En ce qui concerne la proposition Rebeyrol, je demande à notre camarade de retirer son amendement. Je suis partisan que le Congrès déclare qu'à son avis l'organisation centrale est étroitement liée à l'organisation des fédérations régionales, et que les deux choses doivent venir ensemble devant le Congrès. En principe, je ne vois rien d'hostile dans cette proposition, mais elle aurait besoin d'être examinée.

Ce qu'il faut que le Congrès dise, c'est que la question de l'organisation centrale et du Comité Central sera liée à la nouvelle constitution des grandes fédérations régionales. Ce sera le moyen de ne pas aboutir à des questions comme celles d'hier.

Il est lamentable qu'au moment où nous étions obligés de donner une représentation à une fédération qui, la veille, avait un représentant, de grandes fédérations comme la Fédération lyonnaise et comme la Fédération d'Alsace, ne puissent pas avoir une représentation au Conseil Central. C'est regrettable pour le mouvement coopératif. Comme nos camarades administrateurs rempliront bien leur mandat, ils conserveront leur mandat pendant des années et de très grandes régions de France n'auront pas de représentant au Conseil Central.

Il faut trouver le moyen de leur donner satisfaction, en même temps qu'il faut songer que, lorsqu'on est au Conseil Central, on ne représente pas seulement une fédération, mais l'ensemble du mouvement coopératif français, et qu'un régionalisme mal compris aurait pour résultat d'éliminer du Conseil Central des hommes qui n'appartiennent plus à aucune fédération régionale et qui n'en sont pas moins de bons militants coopérateurs.

Prenons comme exemple Cleuet, qui représente la Somme. Est-ce que vous éliminerez Cleuet, parce que vous l'aurez appelé de province à Paris, et qu'il sera devenu, non pas un Parisien, mais un représentant du mouvement coopératif tout entier?

Il faut étudier la chose, il faut trouver un moyen de donner à la fois satisfaction à la représentation des fédérations, qui n'y seront que pour représenter le mouvement général, et aussi une représentation de ceux qui n'ont pas d'influence locale, mais qui représentent le mouvement coopératif tout entier.

Le Président. — Je mets aux voix le projet de résolution présenté par Cleuet.

Quiniou. — J5avais demandé la parole avant.

Je parle au nom d'une nouvelle région. Il me semble que j'ai le droit de dire ce que nous pensons de la création de cette nouvelle région. On a une façon d'enterrer les questions qui n'est pas dans une musette! Ce n'est pas avec nous, les Bretons, que vous ferez comme ça!

Nous avons dit à la Fédération de Bretagne que nous étions contre le projet de sectionnement. Ce n'est pas parce qu'il a plu à un ministre — qui s'appelle Clémentel aujourd'hui, qui pourrait s'appeler Pierre demain — d'établir des régions économiques, qu'il faut que nous nous empressions d'accepter les nouvelles dispositions qui ont été prises.

Les Chambres de Commerce ne se sont pas toutes soumises. Le camarade Svob vous a dit ce qui s'est passé dans la région sud-Bretagne; dans la région nord-Bretagne c'est la même chose. Demain, il y aura une nouvelle région, ayant Rennes pour siège. Mais si personne, à Rennes, ne veut s'occuper de cette question, je demande au Président si c'est lui qui viendra s'en occuper. La Bretagne forme un tout homogène. Il n'y a peut-être pas une région en France où il y ait autant d'attachement au point de vue ethnique, goûts, mœurs, affinités, qu'en Bretagne. Je suis bien placé pour en parler, n'étant pas Breton d'origine. La Bretagne a besoin de rester en une fédération unique.

Le projet qu'on nous soumet, ne ressemble d'ailleurs à rien. Il ne faut pas connaître la presqu'île armoricaine pour dire que ce projet a un sens. On veut fractionner une partie de la

Bretagne en lui enlevant des départements qui font corps avec elle; par contre, on veut lui adjoindre la Touraine. On veut former une région de trois départements qui sont distants de plusieurs centaines de kilomètres. Il n'y a aucun point d'attache pour permettre le ravitaillement : une seule grande ligne la traverse, la ligne Paris-Brest; des canaux, il n'y en a pas. Et on appelle cela une nouvelle région économique ayant des besoins communs? Pas du tout! Les besoins communs sont pour toute la Bretagne; ils vont de Nantes à Brest, ils ne vont pas dans la direction qu'on indique dans le projet Clémentel. Ce projet est un non sens; et l'avis unanime de toutes les coopératives d'Ille-et-Vilaine, des Côtes-du-Nord, du Finistère, c'est que nous restions dans le *statu-quo*. J'ai mission et mandat de demander l'ajournement de la proposition et le maintien du *statu-quo*.

DOSMOND. — Cleuet a oublié Saint-Etienne. Où serons- nous et avec qui?

LE PRÉSIDENT. — Il ne s'agit pas de fixer les délimitations de fédérations...

POISSON. — Je demande à Ramadier la permission de lire l'amendement suivant, adopté par Cleuet, et conforme au vœu de tout à l'heure. Voici :

Le Congrès donne mandat au Conseil Central de préparer, d'accord avec les fédérations régionales, les délimitations territoriales, en partant des principes contenus dans le rapport Cleuet. Les accords faits avec les fédérations régionales seront soumis à un prochain Comité confédéral.
Le Congrès déclare que la réorganisation du recrutement du Conseil unique est étroitement liée à cette réorganisation et devra être examinée en même temps.

LE PRÉSIDENT. — Je mets cette proposition aux voix.
La proposition est adoptée à l'unanimité moins 6 voix .
Je donne la parole à Poisson.

La Vente au Public

POISSON. — En venant rapporter pour la deuxième question, je commence par déposer une motion d'ordre pour me l'imposer moi-même. Je demande au Congrès de décider que les rapporteurs auront 10 minutes, et que les orateurs n'auront que 5 minutes après pour donner leur opinion.

LE PRÉSIDENT. — Je mets aux voix cette proposition. Elle est adoptée.

Un Congressiste. — On n'a rien compris à la motion Cleuet.

POISSON. — Sur la deuxième question, je dois indiquer tout de suite que la discussion ne me paraît pas devoir être longue, car nous avons pensé que, sur cette question, il suffisait de rappeler un certain nombre de principes coopératifs. Or, comme ces principes, vous les avez affirmés, en réalité, à la réunion d'avant-hier, il s'agit donc d'un simple rappel.

Cependant, nous croyons qu'il y a un point intéressant à mettre en lumière, qui est la substance de la question et du rapport qui vous est présenté.

Nous ne demandons pas qu'on oblige toutes les Sociétés coopératives à vendre au public. Mais nous demandons au Congrès de dire, conformément à sa pratique courante, que la vente au public est pratiquée par les Sociétés coopératives; qu'il trouve que c'est bien, que c'est juste, que c'est conforme aux principes coopératifs, et qu'il entend dire que les Sociétés y viendront. Nous ne faisons pas d'obligation pour cela. S'il y a des coopératives qui croient que la Coopération doit être limitée à leurs membres, qu'elles gardent cette opinion. Mais nous pensons qu'il est désirable que le Congrès donne une indication d'ordre moral et invite les coopératives à vendre au public. Nous devons le faire pour nous-mêmes et pour l'extérieur.

Nous savons que les coopératives françaises vendent presque toutes au public; mais à l'extérieur on ne le sait pas. Non seulement on ne le sait pas, mais vous avez des gens qui, lorsqu'ils voient une société coopérative vendre au public, déclarent que c'est une société commerciale qui n'a rien de coopératif.

Grâce à cette équivoque, grâce au fait qu'aucun Congrès coopératif ne l'a dit, nous avons pu voir, à la Chambre même, des gens qui nous étaient favorables, accepter des amendements dans lesquels on disait : « La loi sera favorable aux Coopératives qui ne vendront pas au public. » De telle sorte, qu'en matière d'impôts et de bénéfices de guerre, nous avons été, à plusieurs reprises, menacés d'impôts frappant nos coopératives, à cause de l'ignorance de certains parlementaires, qui croyaient qu'il suffit qu'une coopérative vende au public pour qu'elle ne soit plus coopérative.

Cela est faux, du moment que la Société coopérative attribue tous les bénéfices de la vente au public, soit au fonds de développement, soit à des réserves, soit à des œuvres sociales. Nous déclarons que les sociétés coopératives qui agissent ainsi sont aussi coopératives que toutes les autres, et, qu'en réalité et par là même, elles servent l'intérêt général public. Car — nous avons intérêt à le dire, — c'est grâce à la vente au public que nous sommes devenus un organe de régularisation des prix. Or — et ceci répond à l'observation d'un camarade, — le meilleur moyen que les majorations des coopératives soient des majorations qui permettent de vendre au prix juste et ne constituent pas des sociétés de secours mutuels ou de prévoyance pour lesquelles, à la fin de l'année, on touche des trop-perçus, — le meilleur moyen, c'est que ces coopératives vendent au public, car elles seront obligées de songer à leur rôle de régularisation des prix, elles limiteront les trop-perçus à ceux qui correspondent au bénéfice normal qu'un commerçant honnête devrait prendre.

Voilà pourquoi nous demandons, dans l'intérêt de notre défense auprès de l'opinion publique et du Parlement, et pour nous-mêmes, de voter une résolution qui aura une répercussion, non seulement chez nous, mais chez les coopérateurs étrangers, car il n'y a presque que la Coopération française qui vende au public.

Je vais vous donner lecture des résolutions, qui ont un caractère de principe, et que vous pourrez voter :

Les Coopératives de consommation tendent de plus en plus à vendre non seulement à leurs sociétaires, mais au public.

Elles facilitent chaque jour davantage l'admission comme sociétaires de tous les consommateurs, sans aucune préoccupation d'ordre de parti, d'opinion religieuse ou de situation de classe et rendent l'adhésion plus aisée, en réduisant au minimum les formalités, et en acceptant même des adhérents qui, sans participer à la gestion, bénéficient du droit à la ristourne.

Elles savent qu'elles profitent particulièrement aux travailleurs dont la force de consommation est la plus restreinte et qui ont le plus d'intérêt à une sage économie de son emploi, mais leur but est d'appeler les consommateurs quels qu'ils soient puisqu'elles constituent, au sein même de la société actuelle, les éléments peu à peu constitutionnels d'une société économique complète où la production des richesses s'organisera au profit des consommateurs associés.

Mais, c'est donc leur rôle, dépassant les limites de l'aide apportée à leurs propres sociétaires, de travailler à l'intérêt général et de faire appel au public lui-même.

Elles y ont été peu à peu incitées par les attaques des intermédiaires qui, dans le passé, étaient parvenus à les faire imposer des taxes qui frappaient les bénéfices commerciaux, comme de la patente, alors cependant que les coopératives ne font pas de bénéfices, puisqu'elles ne rémunèrent pas proportionnellement au capital de l'entreprise, mais proportionnellement aux achats de chacun, c'est-à-dire qu'elles rendent un trop perçu qui s'appelle ristourne.

Dans les conditions de charges fiscales qui leur étaient faites, elles trouvaient dans la vente à tout le monde, augmentant leur chiffre d'affaires et diminuant proportionnellement leurs frais généraux, un moyen de couvrir les taxes qu'elles payaient indûment.

Elles se contentent, pour conserver leur caractère, conformément aux principes coopératifs, d'attribuer statutairement les bénéfices de la vente au public à des fonds de développement ou à des œuvres sociales, afin que les sociétaires ne puissent en retirer un avantage matériel, directement ou indirectement.

Mais la vraie pratique coopérative a mis davantage en valeur un des caractères essentiels de la Coopération : son rôle de régularisation des prix du marché. L'existence même d'une coopérative dans un milieu donné, vendant à tous à des prix légèrement au-dessous du commerce privé, oblige les intermédiaires à vendre au même prix qu'elle. Elle profite ainsi à ceux-là.

Le Président. — Personne ne demande la parole?... Je mets la résolution aux voix.

La résolution est adoptée à l'unanimité moins trois voix.

L'ordre du jour appelle la question du Rôle des Sociétés de développement.

La parole est à Waseige.

Le rôle des Sociétés de développement à succursales

WASEIGE. — Camarades, vous avez pu avoir connaissance, dans l'*Action Coopérative*, du texte de la motion que nous vous présentons :

Le Congrès constate avec satisfaction que la résolution votée au Congrès de 1913 à Reims, concernant la fusion des coopératives et leur transformation en Unions régionales, a été suivie d'effets. Le Congrès présente à nouveau une résolution préconisant non seulement la fusion des sociétés existantes, mais la constitution, sans retard, de Coopératives départementales ou régionales.

Les difficultés économiques engendrées par l'état de guerre ont démontré, plus efficacement que toute propagande verbale ou écrite, l'utilité des organisations coopératives.

La tâche à accomplir pour suivre le développement rapide de nos organisations coopératives a été énorme, mais assez facile, parce que la concurrence n'était pas redoutable. Le commerce avait des difficultés très considérables d'approvisionnement, de transport et de recrutement de personnel, qui limitaient son action. De petits commerçants avaient dû fermer boutique, soit parce que mobilisés, soit en raison des difficultés d'approvisionnement. Les plus importantes et les plus anciennes Sociétés à succursales multiples avaient leurs entrepôts dans la région de l'Est, et ont dû interrompre ou limiter leurs opérations régulières avec leurs gérants, au moins pendant un assez long temps.

Aujourd'hui, les transports se réorganisent, les sociétés capitalistes perfectionnent leur outillage et reprennent leur activité.

Sans retard, il faut créer des coopératives départementales et régionales, avec une technique appropriée à l'évolution commerciale.

La zone d'influence de ces Sociétés régionales par rapport aux Sociétés autonomes sera déterminée par les fédérations régionales. Trois cas peuvent se présenter : 1° Création de succursales de la Coopérative régionale à proximité d'une Coopérative existante; 2° Création d'une Société autonome où fonctionne déjà une succursale de la Coopérative régionale; 3° Refus de la Coopérative régionale de créer une succursale, malgré un certain nombre d'adhésions nouvelles à cet effet.

Le Congrès ne peut établir un statut pour le règlement de ces questions, les cas et les situations pouvant être excessivement variables, la Fédération régionale sera mieux qualifiée pour en juger.

Je crois que la nécessité de constituer des Coopératives départementales n'est pas contestée. Mais quelle différence faisons-nous entre les sociétés de fusion et les sociétés de développement?

Les sociétés de fusion, c'est une réalisation déjà acquise dans bien des régions; mais il y a des régions où la fusion, pour des raisons quelconques, ne paraît pas possible, et où, cependant, il serait nécessaire de créer de grandes coopératives régionales.

En outre, il y a des régions libérées où tout le mouvement coopératif est à reconstituer.

C'est pourquoi nous avons pensé qu'il était nécessaire de présenter à nouveau la question, sous forme de Sociétés de développement.

Nous faisons suivre cet exposé de certains commentaires, et nous attirons l'attention des camarades sur des points indispensables pour la réussite du fonctionnement de ces sociétés.

En effet, nous nous trouvons à l'heure actuelle, en présence d'une concurrence très grande, qui existait déjà avant la guerre, par la création de sociétés à succursales multiples. Pendant la guerre, nous n'avons pas eu trop à en souffrir; mais, à l'heure actuelle, nous sentons la puissance des sociétés capitalistes reprendre. Nous avons d'autres difficultés par les taxations qui limitent les bénéfices des détaillants et ont une influence sur les coopératives.

Par conséquent, il faut que ces sociétés soient gérées avec beaucoup de compétence. C'est pourquoi nous disons que, pour le recrutement de la direction de ces sociétés, tout en tenant compte des aptitudes particulières que l'on pourrait rencontrer chez les militants, il faut surtout chercher des compétences techniques et ne pas trop s'attacher à recruter parmi les militants. Cependant, s'il y avait des militants ayant les compétences techniques nécessaires, ce serait parfait.

En outre, il faut une observation très stricte des frais généraux; et, tout en tenant compte des obligations que nous avons dans le mouvement coopératif de payer des salaires normaux, c'est-à-dire qui s'accordent avec les conditions syndicales, il faut que les frais généraux soient suivis de très près, parce que la marge entre les prix de gros et de détail, par suite de la concurrence, rendra difficile les opérations commerciales.

Dernièrement, lorsque j'ai exposé la question à la Fédération parisienne, j'ai parlé des conditions de fonctionnement des sociétés. Pour que ces sociétés se développent, il faudrait qu'elles fussent ouvertes à tous. Mais la motion présentée au Congrès précise cette question. Puisque nous voulons supprimer le commerce, puisque nous voulons amener à nous tous les consommateurs, il faut que nos sociétés n'aient pas un caractère tendancieux et que la Coopération soit ouverte à tous.

En ce qui concerne les œuvres sociales, je conseille de se reporter aux statuts de l'*Union des Coopératives*, qui ont fait leurs preuves, qui donnent satisfaction à la région parisienne, et qui pourraient inspirer les camarades qui auraient à créer des sociétés de ce genre.

Il y a aussi la question financière qui se pose.

J'ai demandé que l'on étudiât au service de banque du Magasin de Gros, l'émission d'obligations négociables, de façon que ces obligations puissent être acquises par tous les déposants, et que le jour où les déposants auraient besoin de leur compte, ils puissent négocier leurs fonds.

Isidore Lévy. — La Fédération des Coopératives de la région parisienne accepte le rapport qui nous est présenté, mais n'accepte pas les commentaires qui en ont été faits.

Comme le dit le camarade rapporteur, il présente au Congrès un rapport qu'il a commenté.

Ces commentaires ont été faits de telle façon qu'ils ont ému le Comité des Cercles de la région parisienne, lequel a fait voter par la Fédération des Coopératives de la région parisienne, des commentaires tout autres que ceux qui ont parcouru toute la France.

Dans les commentaires développés par le rapporteur, il y a quelques passages que je citerai. Il y est dit :

« Pour résoudre les conditions de travail à appliquer au personnel, il faut considérer que la Coopérative de consommation est faite pour les consommateurs et non pas pour la plus grande satisfaction des producteurs ou des employés. Il y a, évidemment, intérêt à avoir du personnel stable et capable. On doit donc faire aux employés une situation qui les intéresse à l'organisation, mais que les conditions de travail et de salaires grèvent trop les frais généraux et infériorisent la Coopérative par rapport à la concurrence. »

Il y a un autre passage où il est dit :

« La Coopérative doit être installée et outillée d'une façon moderne. L'Administration et la Direction s'attacheront exclusivement à gérer la Société au point de vue commercial et laisseront les commissions de propagande et les cercles jouer leur rôle, en maintenant le principe de neutralité indispensable à la vulgarisation et à la puissance. »

Et plus loin :

« La plupart du temps, on choisit pour un emploi parmi les militants. Cela aboutit souvent à faire passer les aptitudes après les sympathies des camarades, et cela rend celui-ci tabou au grand détriment des résultats pratiques. Cette manière d'agir est encore plus grave lorsqu'il s'agit d'un directeur. »

Mais ce qui est plus grave, c'est qu'on ajoute :

« Dégagez celui-ci de tous les contingences qui ne ressortent pas de la partie technique, il aura plus d'indépendance et plus de temps à consacrer à sa fonction. Pour le surplus, c'est-à-dire pour l'orientation à donner à l'organisation, l'administration doit suffire. »

Ceci veut dire que lorsque nous aurons un militant qui aura eu les capacités techniques pour arriver à une situation dans une de nos puissantes sociétés coopératives à venir, il faudra le dégager de toute contingence, pour qu'il ne s'occupe que de la partie commerciale.

Ces commentaires nous donnent à craindre que lorsqu'on aurait à choisir un directeur commercial ou un chef de service, on ne fasse pas tout le nécessaire auprès des militants pour savoir s'il y aurait des hommes capables de diriger, au point de vue technique, les sociétés à créer.

Etant donné que le rapport fera le tour de la France, nous avons voulu indiquer dans quelles conditions nous considérons que les sociétés de développement doivent se créer.

Créer des sociétés de développement, c'est parfait; mais créer des sociétés de développement puissantes, sans qu'elles soient appuyées par des organisations puissantes, c'est aller à la défaite.

Nous ne voulons pas donner de conseils à nos sociétés de province, mais nous voudrions indiquer toute la nécessité qu'il y a pour ces sociétés de consolider leur puissance par des organisations morales.

Pour donner des indications sur la façon dont nous entrevoyons le rôle des sociétés de développement, nous avons commenté le rapport dans les conditions suivantes :

Il ne suffit pas de créer de puissantes Sociétés coopératives avec une technique appropriée à l'évolution commerciale, il faut aussi les consolider par de fortes organisations morales.

Un Congressiste. — Qu'est-ce que c'est?

Isidore LÉVY. — Il y a dans la région parisienne, comme dans toutes les agglomérations commerciales, de fortes organisations morales, qui sont les cercles d'études. Cette question a été étudiée dans la plupart des cercles d'études où sont appelés tous les militants des organisations ouvrières. C'est en consolidant nos Sociétés coopératives par ces militants que nous arriverons à des résultats tangibles.

Si nous ne faisons pas cela, il arrivera un moment où les dirigeants, où les capitalistes, voyant un danger dans notre force coopérative, emploieront tous les moyens pour nous faire tomber. Si à ce moment-là nous n'avons pas avec nous les militants des organisations ouvrières, c'en sera fait de nos Sociétés coopératives.

C'est pourquoi je dis :

En même temps qu'on indiquera au Congrès qu'il faut créer de vastes Sociétés coopératives, il faut indiquer qu'il faut les appuyer par de vastes organisations morales.

Il est nécessaire de suivre, au point de vue commercial, les enseignements de la grande industrie moderne, c'est-à-dire d'obéir à la double loi de concentration de la direction et de spécialisation de la technique. Nous devons constituer des sociétés sur un type très étudié et ces sociétés créeront, sur toute la surface de leur région et en série, des succursales d'un modèle uniforme.

Les raisons données au Congrès de Reims en faveur des sociétés de fusion valent également en faveur des sociétés de développement. L'expérience a montré, d'ailleurs, que la fusion et le développement sont généralement employés simultanément dans le mouvement coopératif moderne.

COMMENT SE CONSTITUERA LA SOCIÉTÉ DE DÉVELOPPEMENT

Dans toutes les régions où il existe déjà plusieurs Sociétés coopératives, la Fédération les invitera à désigner, le plus tôt possible, un ou deux délégués chacune, à l'effet de former une commission régionale chargée d'envisager la fusion de l'ensemble de ces sociétés. Quel que soit le nombre de sociétés qui aura répondu à cet appel et accepté les directives générales de la Société de fusion, celle-ci devra être créée sans retard, être la société de toutes les sociétés de la région qui devront lui apporter leur concours moral et financier.

La zone d'influence de ces sociétés régionales par rapport aux sociétés autonomes sera déterminé par les fédérations régionales.

Le premier conseil d'administration sera composé de militants les plus en vue dans chacune des sociétés, au prorata de leur importance. Dans la mesure du possible, il sera fait appel aux organisations ouvrières pour le choix d'un ou deux militants.

de façon à bénéficier, dans les milieux ouvriers sympathiques à notre idéal d'un large appui moral. Il sera nécessaire d'avoir au sein du Conseil un ou deux membres ayant des connaissances commerciales approfondies.

Le Conseil choisira son administrateur délégué qui aura la responsabilité de tous les services. Il devra être employé à demeure, réunir le Conseil au moins tous les mois et lui faire un rapport moral et financier sur la marche de tous les services.

Le ou les directeurs seront choisis par l'administrateur délégué, au même titre que tous les autres employés.

Pour le choix des directeurs et de tous les chefs de service, dans toute la mesure du possible, il devra être fait appel aux militants, à condition qu'ils aient des capacités suffisantes pour la direction des services.

Il est nécessaire, en effet, que tous les employés et surtout les chefs de service, chargés de l'exécution des décisions du Conseil, puissent en comprendre l'esprit pour les appliquer avec intelligence et avec cœur.

L'administrateur délégué aura, de ce fait, une tâche délicate, car il devra diriger la société en dehors de toute question de sentiment et être assez énergique pour prendre des mesures contre qui que ce soit : militant ou autres, dans le cas où il croirait que les chefs choisis ne seraient pas à la hauteur de leur tâche.

LA QUESTION FINANCIÈRE

Les sociétés de fusion et surtout les sociétés de développement posent, avec plus d'ampleur que jamais, la question des finances.

Le capital social, provenant des fusions, a, dès le début, une certaine importance, mais la société de développement, qui comprend peu de sociétés fusionnées, a un capital initial insignifiant.

Il sera donc, la plupart du temps, non seulement utile mais nécessaire d'accepter des communes, des départements, ou de l'Etat des prêts, mais dans les conditions telles que l'autonomie de la société reste entière (on devra toujours se montrer très réservé en ce qui concerne les subventions). La proposition de la loi Thomas-Sellier, sur les offices publics d'approvisionnement, contient des dispositions très importantes à cet égard.

Le dernier Congrès national a examiné le problème financier, les conclusions adoptées ont une valeur accrue, l'action doit être de 100 francs au moins, des caisses de banque doivent être créées dans toute la France pour drainer l'épargne, soit vers le service de banque du M. D. G., soit vers une organisation fédérale, la Banque nationale des Coopératives de France, tous les moyens doivent être employés (dépôts à vue, à terme, actions supplémentaires, obligations, tontines coopératives, à l'aide d'employés fixés dans des bureaux ou des démarcheurs) les sociétés reçoivent des moyens de se développer au prorata de l'effort de drainage qu'elles auront donné.

A cela, nous devons ajouter quelques commentaires en indiquant, en rappelant qu'au fur et à mesure qu'on draine l'épargne, au fur et à mesure que les sociétés créeront des moyens pour avoir de l'argent, en déposant cet argent à la banque du Magasin de Gros, elles auront la possibilité d'augmenter leur crédit. Il faut que l'on sache, il faut qu'on indique comment on doit constituer les sociétés de développement.

La nécessité des sociétés de développement place la question financière au premier plan des préoccupations coopératives.

LES RAPPORTS ENTRE LES SOCIÉTÉS ET LE PERSONNEL.

Les conditions de travail doivent être celles qui seront déterminées avec les syndicats régionaux. Les coopératives ne peuvent être mises en état d'infériorité vis-à-vis du commerce; ce serait leur disparition et l'intérêt du personnel des sociétés coopératives ne pourrait être que passager. A tous les degrés du travail c'est en examinant les conditions commerciales qu'on peut se rendre compte si le personnel des sociétés coopératives est avantagé ou infériorisé, et c'est en réglementant ces conditions au moins égales ou légèrement supérieures à celles du commerce, que nous assurerons la stabilité dans le personnel de nos sociétés.

LA GÉRANCE RESPONSABLE.

En ce qui concerne les magasins de répartition, il ne fait aucun doute que la gérance responsable ayant donné des résultats précieux, il faut poursuivre ce mode d'action; cependant, si l'on examine les conditions de travail des maisons similaires ou des emplois correspondants, il y a lieu de ne pas mettre nos sociétés coopératives en état d'infériorité et de prendre énergiquement toutes les mesures qui puissent, sur ce point comme sur tous les autres, nous placer à l'égal du commerce.

Il en est de même pour l'application de la journée de 8 heures, il est inadmissible que, sous prétexte de ne faire faire que 8 heures à nos employés, nos magasins restent fermés. Tout en s'acheminant vers l'application intégrale de la journée de 8 heures, par la fermeture de nos magasins après 8 heures d'ouverture, nous devons prendre toutes nos dispositions pour que nos magasins coopératifs restent ouverts dans les mêmes conditions que ceux du commerce et que le repos soit établi par roulement.

LA QUESTION DE DIRECTION MORALE.

On a exprimé la crainte que des sociétés coopératives à technique puissante se laissent griser par les chiffres aux dépens du but moral et social de la Coopération. L'expérience n'a pas justifié ces craintes, au contraire.

Pour permettre le développement parallèle de l'organisation morale et de l'organisation commerciale, on devra, sous la forme de cercles ou de commissions de propagande, réunir, dans toutes les agglomérations où il existera une ou plusieurs succursales, les militants coopérateurs.

Ceux-ci étudieront la Coopération sous la forme régionale, nationale et internationale et aideront la société de développement à créer des œuvres sociales assez fortes pour qu'elle conserve son véritable caractère et ne dévie pas en société commerciale à succursales multiples.

Chaque année, une somme importante devra être réservée pour la création de ces œuvres sociales et une partie sera mise à la disposition de chaque section de militants pour qu'elle soit utilisée dans des œuvres sociales locales indispensables au développement de l'idée de coopération. ..

Une autre partie, celle-ci la plus importante, sera consacrée à des œuvres sociales-générales et dans la mesure du possible, on devra s'acheminer vers des œuvres publiques, c'est-à-dire pouvant servir à la population tout entière, qu'il s'agisse de coopérateurs ou non.

Les œuvres sociales pourront comprendre la création de maisons du peuple où toutes les organisations ouvrières pourront se réunir dans de bonnes conditions: création de bibliothèques, organisation et éducation de la jeunesse par la création de sections enfantines, clubs sportifs, sorties champêtres, colonies de vacances.

On devra créer des écoles coopératives où les militants pourront apprendre à causer en public, étudier l'histoire de la Coopération et, enfin, organiser des cours commerciaux de comptabilité, langues étrangères, etc.

C'est parmi ces élèves, jeunes gens et jeunes filles, qu'on devra trouver les employés de nos futures vastes entreprises: employés qui auront non seulement des capacités et connaissances techniques de nos affaires commerciales, mais qui seront des militants coopérateurs travaillant pour un idéal.

On développera les œuvres de solidarité et de mutualité, au besoin par la création de sociétés de secours mutuels (pharmacie coopérative).

C'est en s'ingéniant à rendre belles, fortes et saines toutes ces œuvres que l'on développera l'idée de coopération. Il faut dire à la population tout entière que le coopératisme est une forme d'action par excellence, un foyer de recrutement inespéré, c'est la première étape où l'on fait appel à tous sans exception, en tant que consommateurs, afin de les préparer à s'organiser eux-mêmes pour s'approprier graduellement les richesses publiques.

En règle générale, les organes moraux des sociétés de développement reliés entre eux par une organisation centrale dans chaque société, devront veiller à l'application des décisions du Congrès en ce qui concerne l'orientation sociale de la Coopération.

Ils feront respecter l'autonomie du mouvement, sans pour cela se lasser de propager l'idéal coopératif et sans en rien atténuer, même dans les conclusions les plus hardies. Leur action sera de plus en plus nécessaire pour résister, d'une part, aux partis quels qu'ils soient qui tenteraient de capter de puissantes sociétés à des fins politiques et, d'autre part, à des administrateurs qui seraient tentés de ne considérer que le côté commercial des sociétés et perdraient de vue notre rôle social et notre foi coopérative.

La Coopération est ouverte à tous, si elle respecte toutes les idées, elle entend néanmoins, sous une forme d'action morale et pratique nouvelle, précipiter l'avènement d'une société plus harmonieuse, plus équitable où, l'égoïsme ayant disparu, l'homme ne pourra plus exploiter son semblable.

Dans la mesure du possible, nous devons nous oriénter vers le M. D. G., afin d'y faire la presque totalité de nos achats; il faut que, dans un temps prochain, le M. D. G. puisse créer des usines de production pour tous les besoins que nous pourrons avoir dans nos sociétés. C'est par l'organisation de la production que nous régulariserons le marché, que nous rétablirons les prix normaux en reprenant, chaque jour, pour le bien de tous, les moyens de production et d'échange.

Voilà, camarades, ce que nous proposons d'ajouter au rapport de notre camarade Wascige. Nous accepterons de voter ce rapport, à la condition que ces résolutions y soient jointes. Le rapporteur, lors de la réunion de notre Fédération, a d'ailleurs accepté les principes généraux de notre rapport.

J'ai fait ajouter quelques mots en ce qui concerne surtout les rapports qui peuvent exister entre des sociétés coopératives et les organisations ouvrières, surtout les syndicats.

Je vais m'attacher à faire comprendre au Congrès tout l'intérêt qu'il y aurait à étudier dès maintenant et à apporter au prochain Congrès les moyens que nous avons adoptés pour organiser la production.

A ce point de vue, nous devons mettre à l'étude un projet qui permette aux organisations syndicales de s'intéresser à nos sociétés coopératives.

Nous sommes appelés, dans un temps très court, à avoir contre nous tout le capitalisme, et à avoir avec nous les organisations ouvrières. Si nous ne voulons pas avoir les organisations ouvrières contre nous, il faut les intéresser à notre mouvement. On ne peut le faire qu'autant que nous les aurons appelées à l'organisation de la production. Il faut que ce projet soit à l'étude.

Comment allons-nous organiser la production ? Notre vie en dépend. Tous vous savez que dans un temps prochain nous ne pourrons plus obtenir de marchandises, que le Magasin de Gros ne pourra plus en obtenir ; il sera dans l'obligation de créer des usines et de produire. Pour cela, nous aurons besoin des organisations centrales des syndicats. Je ne dis pas qu'il faut que ce soit les syndicats qui fassent la production ; mais je dis qu'il faut que nous ayons leur concours. Il faut que le travail soit organisé avec eux ; il faut que les syndicats aient la responsabilité de nos usines ; il faut que, lorsque des ouvriers seront envoyés par des syndicats dans nos usines, ce soit des ouvriers choisis, il faut que les syndicats en aient la responsabilité entière. Mais en ce qui concerne la production, les conditions du travail, même si le syndicalisme arrivait au pouvoir, il ne pourrait pas laisser à chaque corporation le soin de déterminer les conditions du travail. Il faudrait les étudier dans l'ensemble, sinon ce serait l'exploitation des collectivités par d'autres collectivités.

Pour organiser le travail, il faut le concours des syndicats.

Si nous savons nous y prendre auprès des hommes sérieux, nous les aurons avec nous. Nous disons que cette question est une question de vie ou de mort, qu'il faut que nous l'étudions ; et c'est pour ces raisons que je vous demande d'indiquer dans le rapport qui vous est soumis, dans quelles conditions les Sociétés de développement devront être créées dans toute la France.

CASSAGNAT. — Vous me permettrez de remercier Isidore Lévy pour son rapport. Au point de vue moral, c'est l'idéal de la Coopération.

En ce qui concerne le rapport de notre camarade Wascige, il y a un passage où il est dit :

« La zone d'influence de ces Sociétés régionales par rapport aux sociétés autonomes, sera déterminée par les Fédérations régionales, etc....

« Le Congrès ne peut établir un statut pour le règlement de ces questions, les cas et les situations pouvant être excessivement variables, la Fédération régionale sera mieux qualifiée pour en juger ».

Je demanderai que ce soit le Congrès qui décide de cela.

Je voudrais poser deux questions :

1° Si une coopérative a le droit de s'installer dans une commune sans l'assentiment de la coopérative existante?

2° Ayant profité de l'état de guerre et de l'absence de la majorité des camarades mobilisés, une coopérative reçoit une allocation pour venir s'installer dans une commune, et ne prévient pas la coopérative existante. Priée, par la coopérative existante, de se retirer, elle refuse. Quelle position prendra la Fédération?...

J'ai bien posé la question.

Nous avons reçu de *La Prolétarienne*, de Sèvres, la lettre suivante :

Société Coopérative *La Prolétarienne*
    110, Grande-Rue
       SÈVRES

    Camarade, Administrateur-Délégué de la Coopérative l'*Union*,

Voulant réorganiser la Coopérative de Sèvres et lui faire prendre la place qu'elle devrait occuper dans un centre ouvrier comme le nôtre, nous venons vous demander de bien vouloir nous aider dans notre tâche, par les moyens qui vous sembleraient les mieux appropriés, soit par fusion ou en nous aidant dans notre approvisionnement.

Notre Coopérative fonctionne actuellement d'une façon normale, et sa situation serait bonne si elle n'avait pas, pendant la guerre, végété et contracté quelques dettes.

Aujourd'hui, elle a à sa tête un Conseil d'administration composé d'éléments nouveaux et agissants et désirant développer à Sèvres l'esprit de coopération et aussi les idées qui nous sont chères.

Notre situation est la suivante: nous faisons un chiffre d'affaires qui nous permettra de rétablir notre situation dans quelques mois, mais avec un fonds minime qui ne peut nous laisser que des espérances relativement restreintes.

Dans l'espoir que notre demande sera prise en considération par votre Conseil d'administration, je vous envoie mon salut fraternel.

Pour le Conseil d'administration:

L'Administrateur-Délégué,
Signé: CHAMBON.

P. S. — Je me tiendrais à votre disposition pour vous faire de vive voix un exposé plus détaillé si vous le jugez nécessaire.

Quand les camarades de Sèvres sont venus nous poser la question, nous leur avons dit: il existe à Sèvres une Société coopérative: l'*Union*. On nous a dit: L'*Union* est venue s'installer et n'a pas demandé l'assentiment de *La Prolétarienne*, de Sèvres...

Un congressiste. — Mais cela ne regarde pas le Congrès.

CASSAGNAT. — J'ai posé la question pour que le Congrès se prononce. Si nous demandons à l'*Union des Coopératives* d'enlever sa boucherie, est-ce qu'on nous donnera satisfaction?...

Le Président. — Je demande qu'on vote la clôture. La clôture est prononcée.

Le délégué du « Progrès Tréportais ». — Nous avons une coopérative au Tréport depuis 17 ans. Il y a un mois, nous avons été sollicités par le patronat pour former une succursale. C'était évidemment dans le but de savoir ce que nous allions faire. Nous avions répondu affirmativement.

A ce moment-là, nous avons fait appel au secrétaire de la Fédération en même temps qu'au camarade Poisson. Le camarade Poisson a répondu qu'il ne pouvait pas venir parmi nous. Le secrétaire de la Fédération du Nord-Ouest est venu faire une réunion. Nous pensions qu'il allait faire de la propagande pour le *Progrès Tréportais*, mais nous avons eu la déception de constater qu'il a fait de la propagande pour *La Sottevillaise*. Je demande à Poisson, s'il était venu à la place du secrétaire de la Fédération, s'il n'aurait pas dit au public: Votre devoir est de rentrer au *Progrès Tréportais*. La coopérative existe depuis 17 ans.

Rousseau. — Si vous adoptez le rapport de Waseige, je propose ceci: qu'il n'aie que la valeur d'un avis aux sociétés autonomes fédérées qui fonctionnent bien, mais il ne constituera pas une obligation de fusionner.

Je reconnais que pour lutter contre le commerce, là où il n'y a pas de coopérative, il faut établir une succursale, mais pas une simple boutique gérée par une personne au nom du Conseil d'administration et où les camarades ne viendraient qu'en acheteurs. Aussi j'avais demandé la parole ne sachant pas qu'Isidore Lévy allait présenter d'excellentes résolutions. Il faudrait qu'à côté de nos coopératives, il y ait toutes les œuvres d'éducation.

La Coopération n'a pas seulement pour but de diminuer le coût de la vie, elle a aussi pour but de faire l'éducation de tous les travailleurs afin d'avoir tous les moyens de production. Vous ne le ferez pas sans les œuvres.

Une voix. — Nous sommes d'accord!

Rousseau. — Nous sommes d'accord? Merci. Mais tout en ayant beaucoup d'affection pour Ramadier, il me permettra de dire que dans tous les congrès on ne refuse pas d'inscrire quelqu'un parce qu'on présume ce qu'il va dire.

Comme motion d'ordre, je demande que le compte rendu de ce Congrès — qui sera plus utile que les précédents — publie les noms de toutes les sociétés représentées et de tous les délégués. Je regrette même qu'on ne nous ait pas tous photographiés. Nous devons nous connaître; et je demande, pour l'année prochaine, que tous les congressistes s'entendent pour se faire photographier tous ensemble.

Bayle. — Je n'ai pas, pendant tout ce Congrès, usé de la parole. J'ai, dans la limite du possible, laissé à des camarades plus compétents, c'est-à-dire ayant assisté à d'autres Congrès coopératifs, le soin de discuter les questions qu'ils connaissent parfaitement.

Mais je me suis réservé pour un fait personnel. Mais un fait personnel coopératif ayant trait aux Sociétés de développement et de fusion.

J'ai attendu. J'aurais voulu que cette question vienne plus tôt pour être discutée avec plus d'ampleur qu'il est possible de lui en donner en cinq minutes. Mais comme on nous fait remarquer que l'heure s'avance, je ne vais pas abuser.

Il y a pourtant un fait qu'il ne faut pas laisser passer sous silence.

Le camarade Daudé-Bancel, sur les indications du camarade Poisson, est venu dans le département des Bouches-du-Rhône, pour fonder une société de développement et de fusion. On est venu me trouver, on m'a demandé si je voulais accepter, malgré ma situation commerciale — car enfin je suis courtier et c'était bien contre mes intérêts que je laissais aller mes idées de coopérateur. J'ai demandé tous les renseignements, et, d'une façon particulière, si la Fédération nationale et la Fédération régionale seraient avec moi, c'est-à-dire si elles seraient avec le Conseil d'administration qu'on nommerait, — et j'ai déclaré que sous cette condition j'en acceptais la présidence.

Je dis cela parce que Daudé-Bancel sera peut-être appelé à prendre la parole.

En tout cas, voilà de quelle façon cette société a été créée. Elle a été créée sous le patronage moral de la Fédération régionale des Bouches-du-Rhône. La Fédération nationale a donné à la Fédération régionale, pour ce fait, une somme de 25.000 fr....

POISSON. — Non! non! La Fédération nationale n'a jamais 25.000 francs dans sa caisse.

BAYLE. — Elle a fait donner une somme qu'elle a touchée à cet effet. Parce que j'avais posé la question. Comment voulez-vous créer une société de développement et de fusion et avec quel argent? Daudé-Bancel m'a donné une liste de sociétés, y compris celle que préside le président de la Fédération régionale des Bouches-du-Rhône, en m'indiquant d'une façon absolue que le Conseil d'administration de *l'Union des Coopérateurs du Midi* tiendrait à ma disposition cette somme de 25.000 francs, pour faire face aux premiers frais.

Tout cela a été accepté, et le jour où la Société de développement et de fusion a été créée, le jour où j'ai pu trouver le système financier — car ce n'est pas avec 25.000 francs qu'on peut mettre sur pied une société de développement et de fusion, surtout que les sociétés régionales m'avaient demandé de créer en principe une organisation d'achats en commun — le jour, dis-je, où j'ai pu trouver la combinaison financière, quand j'ai voulu donner comme garantie les 25.000 francs qui avaient été versés à cet effet et que la Fédération nationale avait demandé de nous ristourner...

LE PRÉSIDENT. — Les cinq minutes sont écoulées.

BAYLE. — Le jour où j'ai demandé, avec mon Conseil d'administration, au président de la Fédération de ristourner cette somme à *l'Union des Coopérateurs du Midi*, — le président, par lettre que je fournirai, par rapport que je fournirai au Conseil national, s'y est d'une façon catégorique refusé : Mieux : on a indiqué — et vous savez tous que les sociétés coopératives sont autonomes et que seuls les actionnaires ont le droit de disposer de l'existence ou de la non existence de la société.

Le Président. — Les deux minutes supplémentaires sont écoulées. Je donne la parole à Calzan.

Bayle. — Eh bien, je demande simplement au président et au secrétaire qui sont ici, s'ils sont partisans des sociétés de développement et de fusion, ou s'ils sont prêts, comme ils l'ont fait avant, à les combattre.

Calzan. — A la Fédération lyonnaise, nous avons lu avec beaucoup d'intérêt, le rapport de Waseige, et nous l'avons adopté. Mais nous avons pensé qu'il y avait lieu de cristalliser dans une motion les directives.

Voici la résolution que je suis chargé de vous présenter.

« Le Congrès décide :

« 1° Que, sans retard — suivant l'expression de Waseige dans l'*Action Coopérative* du 26 juillet — soient fondées partout des Société régionales de fusion et de développement, et que dans les régions où il existera une Société de développement, aucune société nouvelle ne soit admise à la Fédération Nationale. »

Nous pouvons admettre, avec Rousseau, que pour les sociétés existantes il y a un délai à leur laisser pour venir à la fusion. Mais la supériorité de la Société de développement est un fait tellement aveuglant, qu'il n'est plus permis à des consommateurs d'ignorer la coopération au point de fonder encore une petite boutique de plus. Alors je demande que le Congrès se prononce également sur cette décision :

Je répète:

« ... que là où il existera une Société de développement avec fusion, aucune société nouvelle ne soit admise à la Fédération Nationale ».

Un congressiste. — C'est d'accord.

Calzan. — « 2° Que le territoire des Sociétés de fusion et de développement soit celui des régions économiques instituées par l'arrêté ministériel du 7 avril 1919 ».

Etant donné la discussion qui a eu lieu sur ce sujet, nous pourrions décider simplement que le territoire des sociétés de fusion sera celui des régions économiques que nous arrêterons.

« 3° Je demande de considérer cela comme une suggestion, parce que la question n'a pas encore été étudiée: « que soit mise à l'étude la transformation du Magasin de Gros en société nationale de fusion et de développement, en vue d'une concentration parfaite des forces coopératives ».

Toute l'histoire de ce Congrès, toutes les difficultés exposées par Garbado, toutes les difficultés rencontrées avec les sociétés aussi bien ordinaires que les sociétés de développement, montrent que le mécanisme n'est pas encore au point.

La Société régionale de fusion, c'est déjà un progrès, mais ce n'est qu'une étape. La réalisation de demain c'est la société unique, la société nationale ouvrant des boutiques partout où il est nécessaire. Ce n'est qu'à ce moment-là que le Magasin de Gros saura quels sont les besoins, ce n'est qu'à ce moment-là qu'il saura comment il doit constituer ses stocks et qu'il pourra envisager la production sans aléas.

Je vous demande d'adopter les deux premiers articles.

Herman. — Je suis d'accord avec le rapport d'Isidore Lévy en ce qui concerne la classe ouvrière. J'estime que, jusqu'à présent, la Coopération et la C. G. T. ne se sont pas assez senti les coudes. Jusqu'à présent nos efforts se sont exercés en province pour faire connaître à la classe ouvrière qu'il faut nous lier étroitement et pour qu'elle participe au développement de la Coopération. Malheureusement nous regrettons que les Fédérations de province et les Unions de syndicats départementaux ne soient pas toujours en parfait accord. Il faudrait que cela cesse pour le bien de la Coopération.

Je demande donc au Congrès d'inviter le Conseil central à se mettre en rapport avec la C. G. T.

Un Comité national de réorganisation vient d'être constitué par le dernier Congrès qui s'est tenu à Lyon. Après cinq ans de guerre, il n'est pas douteux qu'il faut réorganiser ce pays. On demande de la production, c'est très bien; mais comme le camarade le faisait remarquer avec raison tout à l'heure, quand le Magasin de Gros ne pourra plus être approvisionné, si nous n'avons pas de liaison avec la C. G. T. et avec les syndicats ouvriers, il nous sera matériellement impossible de poursuivre notre action et d'atteindre notre but. C'est pourquoi je demande au Congrès de faire en sorte d'éviter les dissentiments qui existent, notamment en province, de prendre toutes mesures utiles pour assurer une liaison plus étroite avec la classe ouvrière, et d'approuver, en même temps que le rapport Waseige, la résolution qui nous a été présentée par le camarade Isidore Lévy.

Yung. — J'accepte le rapport Waseige. Je demande à mes camarades de *La Bellevilloise* de le voter avec la motion présentée par Isidore Lévy.

A la Fédération de la région parisienne, nous avons compris et partagé les hésitations de nos camarades, devant les commentaires publiés dans l'*Action Coopérative* du 23 août, et nous nous sommes ralliés à la motion lue par Lévy, qui a été rédigée par une Commission nommée par le Cercle.

On nous a dit que nous touchions à des problèmes intéressant le mouvement coopératif, qu'en général, ce cas ne s'applique pas simplement à la question des Sociétés de développement.

Eh bien, nous croyons qu'après cette guerre, devant des effectifs qui s'accroissent d'une façon considérable, il n'est pas inutile de rappeler les principes qui doivent régler notre action. Or, les Sociétés de développement qui transforment profondément notre technique et nos habitudes, n'ont-elles aucune influence sur les diverses modalités? Ne renforcent-elles pas la valeur de certaines décisions de nos Congrès antérieurs? Ne rendent-elles pas plus urgents certains problèmes? C'est ce que que la région parisienne a pensé. C'est pourquoi j'appuie sa motion, en ne retenant votre attention que sur quelques points.

Actuellement, les camarades qui font de la propagande en faveur des Sociétés de développement, qui ont le sentiment de leur nécessité, voient diverses difficultés: d'abord, des besoins — il faut du ravitaillement, il faut des hommes, il faut des capitaux. Ensuite, une crainte: ils se disent: les coopérateurs ne seront-ils pas embouteillés dans la masse grandissante des consommateurs nouveaux? L'esprit sera-t-il écrasé par la matière ?

Sur le premier point: ravitaillement, je n'en parle pas.

Les hommes? Eh bien, c'est là que nous n'étions pas d'accord avec notre camarade Waseige. Mais il est venu à l'assemblée de la Fédération de la région parisienne, et là, après une discussion sur la question, nous avons fini par nous mettre d'accord.

Il y a les petits employés. Vous savez à quel point ils doivent connaître la coopération. Il est nécessaire qu'ils nous comprennent et nous aident. Les sociétés qui se développent et qui doivent embaucher des employés venus de partout, ont senti la nécessité de créer une École coopérative, dont Ramadier a parlé. Les employés y apprendront les principes coopératifs.

Au-dessus, il y a les chefs de services et les directeurs commerciaux. Waseige nous disait — car il ne le dit plus maintenant — que ces directeurs devraient être choisis en dehors des militants.

WASEIGE. — Pas du tout! J'ai dit qu'il fallait surtout des techniciens. S'ils sont en même temps des militants, tant mieux.

YUNG. — Vous dites qu'il faut que les hommes placés à la tête de nos organisations commerciales, soient dégagés de toute contingence en tant que militants. C'est demander qu'ils ne soient pas choisis parmi les militants.

WASEIGE. — Je me suis déjà expliqué sur ce point. J'ai dit qu'il fallait rechercher surtout des connaissances techniques. Si ces connaissances techniques on les trouve parmi les militants, tant mieux; mais il faut surtout chercher des techniciens, et j'ai dit que si un directeur technique était occupé à la Coopération, il pouvait être déchargé de toutes les contingences de propagande.

YUNG. — En somme, Waseige disait qu'il fallait laisser aux directeurs commerciaux toute la liberté nécessaire à leurs fonctions, et que le Conseil d'administration suffisait pour donner les directives de pensée. Par conséquent, nous aurions des techniciens, venus de partout, des milieux patronaux notamment, qui seraient chargés d'appliquer les décisions de nos Conseils et qui ne connaîtraient pas l'esprit qui anime ces décisions. Ils auraient des connaissances commerciales, mais ils pourraient avoir un esprit contraire au nôtre, ayant travaillé au profit des patrons et aux dépens des consommateurs, alors que nous demandons de travailler au bénéfice des consommateurs. Ces gens-là seraient imbus d'un certain préjugé provenant du commerce et auraient une mentalité capitaliste. Et nous leur donnerions de préférence les postes délicats de nos organisations coopératives?...

J'entends bien que ces directeurs pourraient peut-être modifier leur esprit. Mais tout de même, devant les grosses sociétés dont le petit personnel ne nous connaît pas, dont les directeurs auront l'esprit de nos adversaires, dont les clients seront une masse de consommateurs attirés par les bas prix et l'appât du trop-perçu, que restera-t-il de la Coopération? Les Conseils eux-mêmes ne seraient-ils pas balayés par ces éléments-là? L'organisation elle-même sera une grande école vide et sans hommes.

Je comprends la préoccupation de Waseige. Il sait qu'il faut des hommes actifs et d'organisation, et que la valeur de pensée ne suffit pas. Les directeurs doivent donc avoir les aptitudes nécessaires pour diriger. Mais il semble tout de même que les Conseils devront surtout porter leur choix sur des hommes acquis à nos idées. Parmi ces militants, nous pourrons trouver des hommes capables et intelligents, qui rendront de plus grands services à nos organisations que des hommes venus de n'importe où.

Je n'ignore pas les difficultés qeu l'on peut rencontrer quand on veut créer une forte société de développement...

LE PRÉSIDENT. — Les cinq minutes sont écoulées.

YUNG. — Je vais émettre un vœu. Nos sociétés ont dans leur personnel ou dans leurs familles des jeunes gens capables et intelligents; elles pouraient en distinguer quelques-uns, et leur faire connaître tous les rouages de nos organisations. Nous pourrions ainsi former des directeurs commerciaux et des chefs de service.

LE PRÉSIDENT. — Les cinq minutes sont dépassées.

CAZAUX. — Aujourd'hui, à *La Bellevilloise*, nous admettons les principes de notre camarade Isidore Lévy.

POISSON. — Je rappelle ce qu'on avait conclu d'une discussion semblable à la Fédération de la région parisienne, il y a huit jours.

Après les explications de Wascige, et les rectifications apportées, les commentaires, qui pouvaient être interprétés comme ils l'ont été par notre camarade, mirent tout le monde d'accord.

En ce qui concerne le point particulièrement discuté, à savoir qu'on doit faire appel à des techniciens et qu'il n'est pas possible de mettre à la tête de nos organisations des hommes n'ayant pas la compétence voulue, il est bien entendu que nous ferons tous nos efforts pour que ces techniciens soient choisis parmi les militants. Là-dessus il ne peut pas y avoir d'opinions différentes.

En ce qui concerne l'ensemble du rapport, il n'est peut-être pas complet — c'est un peu mon avis — mais il constitue un tout qui peut nous réunir.

Quant au rapport de Lévy, à la Fédération de la région parisienne, il a été décidé que ce rapport servirait de base à la constitution d'une brochure en faveur des sociétés de développement, avec des statuts-type.

Nous pourrions adopter, comme la Fédération de la région parisienne l'a décidé, le rapport de Wascige, en ajoutant que la Fédération Nationale, à titre de tract, éditera le rapport de Lévy, sauf quelques petites modifications de texte, en une brochure mentionnant également des statuts-type des sociétés de développement.

En ce qui touche la proposition de Calzan, ce n'est pas à la fin d'un Congrès que l'on peut discuter une question aussi importante que celle qui consiste à déclarer que les sociétés nouvelles qui se créeraient après la constitution des sociétés régionales, ne seraient pas admises à la Fédération Nationale. Lorsque cela viendra, je ne serai pas de cet avis, car nous aboutirions, non pas à favoriser les sociétés de fusion, mais à la constitution de fédérations indépendantes, de coopératives autonomes, et à la division du mouvement coopératif.

En tout cas, je demande à Calzan de ne pas insister pour aujourd'hui et de revenir sur cette question à un prochain congrès.

Calzan a demandé, en outre, qu'on mette à l'étude la constitution d'une société nationale. Pour ma part — nous ne sommes peut-être pas bien nombreux dans ce Congrès — j'en suis partisan, et je proposerai de renvoyer cette question à l'étude de l'Office technique pour établir un rapport. C'est une question qui n'est pas mûre — Calzan l'a dit — mais elle mérite l'attention.

En ce qui concerne la troisième résolution proposée par la Fédération lyonnaise, elle concerne surtout le droit pour la Fédération régionale de déterminer s'il y aura une ou plusieurs sociétés régionales dans un certain périmètre. En principe, c'est une société par région économique déterminée.

CALZAN. — Que toutes ces sociétés régionales songent déjà à fusionner en une seule Société nationale.

POISSON. — Vous admettez que cette question n'est pas mûre, mais qu'elle mérite l'étude. J'insiste pour qu'on la renvoie à l'étude de l'Office technique.

Voilà ce que j'ai à proposer pour terminer...

Isidore LÉVY. — Notre camarade Poisson se trompe lorsqu'il dit que la décision prise par notre Fédération consiste seulement à éditer une brochure. Nous avons décidé de demander au Congrès d'accepter le rapport Waseige, à la condition que notre résolution soit également acceptée. Nous ne sommes pas contre le rapport; mais il y a eu dans toute la France une publication des commentaires et l'acceptation du rapport implique l'acceptation des commentaires que, nous, nous n'acceptons pas. Nous demandons que la résolution soit mise aux voix en même temps que le rapport.

POISSON. — J'insiste auprès de notre camarade pour ne pas aller plus loin ce que je crois avoir été la décision de la Fédération de la région parisienne.

Dans ses grandes lignes, il y a dans votre rapport des choses excellentes, d'autres qui ont été dites dans ce Congrès, d'autres qui résument des résolutions. Je ne m'oppose pas à ce que, dans l'ensemble, on accepte ce rapport; j'accepte qu'il y ait une réponse aux commentaires, résultant de l'accord fait ici; mais pratiquement, en vue d'un objet utile, il serait bon qu'il y eût, en plus du rapport Waseige, une brochure conçue dans les conditions que j'indiquais tout à l'heure.

LE PRÉSIDENT. — Camarades, la clôture est votée. Je demande simplement qu'on vote tout d'abord sur la proposition Waseige; et après avoir voté sur la proposition Waseige, on votera sur la proposition Lévy, en réservant au Conseil central le droit de la revoir pour la remettre au point.

Il y a des observation présentées à ce Congrès et dont Isidore Lévy serait le premier à tenir compte.

Si vous ne voulez pas renvoyer la question au Conseil central, envoyez-la à une Commission spécialement désignée, et dont Lévy pourra faire partie, qui remettra les quelques observations qui ont été présentées, dans le cadre de la proposition Lévy.

Je demande si Lévy accepte cette proposition?

LE PRÉSIDENT. — Je mets aux voix la proposition Waseige.

La proposition est adoptée à l'unanimité moins quelques voix.

Je mets aux voix la proposition de la Fédération parisienne, rapportée par Isidore Lévy.

Elle est adoptée à l'unanimité moins une 1 voix.

La Fédération lyonnaise accepte le renvoi au prochain Congrès des deux premiers vœux, et le renvoi du troisième vœu à l'Office technique, qui présentera un rapport au prochain Congrès.

Il en est ainsi décidé.

L'*Emancipatrice Ouvrière* fait la proposition suivante: « Jusqu'à décision définitive, la Fédération de Seine-et-Marne est rattachée à la Fédération parisienne ».

Cette proposition est renvoyée pour étude.

MAUPEU. — Je ne veux pas ouvrir une discussion. Il s'agit simplement d'une rectification au compte rendu sténographique du Congrès, au sujet de la question de la collaboration avec les pouvoirs publics. J'avais déposé une résolution; il n'en a pas été fait mention dans le compte rendu.

La voici :

Reprenant la décision soumise à la Fédération de la région parisienne, la Famille Nouvelle *tient à l'affirmer devant ce Congrès:*

Considérant que la coopération est une modalité du système social, au même titre que toutes les modalités qui tiennent à la transformation de la société capitaliste, la Coopération par sa haute valeur au point de vue moral et économique, est appelée à jouer un rôle primordial dans la période transitoire jusqu'à l'époque de réalisation. Devant cette tâche sublime, de profondes erreurs et déviations depuis la guerre n'ont fait que s'accumuler. La Famille Nouvelle croit de son devoir de rappeler devant ce Congrès, la ligne directrice que la Fédération Nationale s'était tracée aux différents congrès, basée sur la lutte de classes, la question de principe qui nous est chère reste posée au Congrès.

Ce dernier invite les organes centraux à laisser la collaboration avec les Pouvoirs publics et patronaux qu'a inauguré le début de la guerre. Etre ou ne pas être, luttant dans le droit commun avec les moyens qui sont notre unique richesse, réunir les éléments les plus sains, stimuler les initiatives et mettre à pied-d'œuvre la Coopération sur le terrain de transformation sociale.

LE PRÉSIDENT. — La rectification demandée par Maupeu est acceptée, s'il n'y a pas d'objections?

Il en est ainsi ordonné.

Il me reste à clore nos travaux en constatant que ce Congrès est le plus important de tous ceux tenus jusqu'à présent par la Fédération Nationale. Les délégués y sont venus de tous les points de la France, en très grand nombre. Nous pouvons ainsi avoir par nos yeux une image matérielle de la force de plus en plus vivante de la Coopération; nous pouvons voir que de tous les points de l'horizon, on sent de plus en plus que la Coopération s'identifie avec la cause du ravitaillement unie à la cause même de l'intérêt public; que la Coopération devient ainsi de plus en plus une institution publique servant l'intérêt général. Et si le Gouvernement n'a pas une conscience aussi nette de ce fait, je crois que tous les coopérateurs le sentent et sont convaincus que c'est en élargissant leur action, en développant leur propagande, en créant partout des boutiques coopératives, qu'ils feront véritablement de notre pays le grand pays coopératif, la grande nation coopérative organisée suivant nos principes et suivant notre idéal.

La séance est levée à 18 h. 20.

ANNEXES

———

RAPPORTS ET DOCUMENTS

RAPPORTS

Les différents Services de la Fédération Nationale
et son activité depuis le dernier Congrès

Secrétariat. — Aucun changement n'a été opéré dans le Secrétariat depuis le dernier Congrès National. Le Conseil central a nommé Poisson, secrétaire général, pour l'intérieur et l'extérieur; Daudé-Bancel, secrétaire général pour le journal et les publications, la propagande devant être assurée par les deux secrétaires généraux.

Conseil central. — Conformément aux décisions du Congrès de 1917, nous indiquons les absences aux différentes réunions : Lhuillier, Berland, Gaston Lévy, Gaillard, Ch. Gide, 1 absence; Sellier, 2 absences; Passebosc, Destombes, 3 absences; Svob, 4 absences.

Commission permanente. — La Commission permanente a tenu de nombreuses réunions pour régler les questions urgentes et importantes dans l'intervalle de la tenue du Conseil unique.

Elle s'est particulièrement occupée des questions relatives à l'Alliance Coopérative Internationale et des relations avec les Coopératives des pays alliés; de l'envoi d'une délégation pour la réception du Président Wilson. La Commission permanente s'est occupée des réunions interalliées tenues à Londres et à Paris et a examiné l'organisation des Conférences interalliées et neutres.

La Commission permanente a établi l'ordre du jour du Congrès pour le proposer au Conseil central. Elle a assuré la représentation du mouvement coopératif français aux Congrès suisse, anglais, belge. Elle s'est excusée de n'envoyer personne cette année en Finlande. D'autre part, Ramadier, qui avait promis d'assister au Congrès en Bohême, a dû s'excuser au dernier moment. La Commission permanente a examiné la question des exportations de denrées dans les pays nouvellement créés.

Elle a voté, sur la demande du dernier Comité confédéral, l'ordre du jour suivant :

« La Commission permanente prend acte de la volonté exprimée par le Comité confédéral tendant à obtenir des pouvoirs publics des facilités d'action pour leur permettre d'accomplir leur rôle de régulateur des prix. »

Elle a étudié la question de représentation du mouvement coopératif au sein de l'Alliance Coopérative Internationale où il pourra avoir quatre délégués. Les noms suivants ont été communiqués : *Poisson, Gide, Cleuet, Thomas.*

La Commission permanente a approuvé le manifeste sur le Programme coopératif, à propos de la vie chère, présenté au gouvernement et qui a été publié dans l'*Action Coopérative.*

Fédérations régionales. — Les fédérations, au cours de l'année, ont eu une grande activité; presque toutes ont tenu des congrès et les bureaux sont constitués et fonctionnent.

Une Fédération du département de l'Oise a été créée. La Fédération de Somme et Oise ayant été consultée, n'ayant fait aucune objection, le Conseil central a enregistré cette nouvelle fédération, sauf examen de délimitation territoriale qui pourrait intervenir ultérieurement.

D'autre part, à la suite de l'armistice et du voyage effectué en Alsace par Poisson et Lévy, nous avons reçu l'adhésion de la Fédération des Coopératives d'Alsace-Lorraine. Cette décision a été prise au Congrès fédéral tenu à Strasbourg, le 12 janvier. Cette fédération comprenait 12 Sociétés, avec un chiffre d'affaires de 12.500.000 francs. La plus importante est celle de Strasbourg, avec 24 succursales, 19.104 Sociétaires et 6.320.000 francs d'affaires. La Société possède un entrepôt et une boulangerie tout à fait moderne avec six fours.

Ensuite, vient celle de Mulhouse, avec 21 succursales, 10.882 sociétaires et 4.000.000 de chiffre d'affaires. Mulhouse possède également une très belle boulangerie.

Grafenstadt, près de Mulhouse, a 6 succursales, 1.417 sociétaires et fait un chiffre d'affaires de plus d'un million et possède une boulangerie ainsi qu'une fabrique de limonade.

Colmar a deux coopératives, dont la plus importante a 3 succursales, 1.295 sociétaires et fait un chiffre d'affaires de 500.000 francs environ.

L'autre Société n'a qu'un siège, 230 adhérents et fait 75.000 fr. d'affaires.

Guebviller a 1.026 sociétaires et fait 250.000 francs d'affaires. La Société possède également une boulangerie.

Soultz, près de Colmar, a 686 sociétaires et fait 125.000 francs d'affaires.

Sainte-Marie-aux-Mines fait 75.000 francs avec 235 sociétaires.

Buhl, près de Guebviller, fait 30.000 francs avec 132 sociétaires.

Enfin, la Croix-en-Lorraine, près de Thionville, et Sainte-Croix-en-Alsace, complètent le cycle des Sociétés que le rattachement à la France des deux provinces rend adhérentes à la Fédération Nationale.

Les Sociétés de Strasbourg et de Mulhouse ont des succursales dans les environs de ces deux villes, et c'est Strasbourg qui sera le centre d'achat pour toute l'Alsace.

Depuis le mois de janvier, cette Fédération nous a transmis les adhésions nouvelles des Sociétés suivantes :

Société de Lautenbach.
L'Union, de Liepvre.
Coopérative ouvrière, de Châtenois.

Société des Etablissements Jacquel, à Natzviller (près Rotkau).
Société de Sulzbach-sur-Munst.
Société de Mettolsheim.
Société « Eintraht », Regisheim.
Société de Oberberghein.
Société Zunfriedenheit, Merxhein.
Société Einigkeit, Leberau.
Société Wildersbach.
L'Espérance, de Rimbach.
Société Coopérative, de Rimbach.
Ravitaillement, de Forbach.
Economat, d'Hayange.
Coopérative des Usines Gouvy, à Hombourg.
La Saue, de Sarrable.
Coopérative, de Sarreguemines.
Ravitaillement, de Thionville.
Coopérative des Etablissements Jacquel, à Dinscheim.

Nous sommes heureux de saluer l'entrée dans notre mouvement de cette grande organisation.

Il a été décidé, en ce qui concerne le département du Nord, de le diviser en deux, une région comprenait le sud du département, qui représentait, avant la guerre, notre Fédération régionale régulière, dont notre ami Foucaut est le secrétaire.

L'autre région, comprenant le nord de ce département, c'est-à-dire l'ancienne Fédération des Coopératives socialistes, dont notre camarade Samson est le secrétaire général. Cette dernière fédération a décidé, au cours de la réunion qu'elle a tenue à Lille, le 5 janvier dernier, d'adhérer à la Fédération Nationale.

La Fédération de la Côte-d'Or a tenu un congrès en juillet, à Vonges. Elle a nommé un nouveau bureau, avec, comme secrétaire, notre camarade Masson, de la Coopérative de la Poudrerie de Vonges.

Le Congrès de la Fédération de la Marne et de l'Aisne, tenu à Epernay le 10 août, a également nommé son bureau et désigné comme secrétaire notre camarade Couvrecelles, directeur de l'*Espérance* de Château-Thierry.

La sous-Fédération de la Zone Franche a également tenu son Congrès en juillet. Elle a décidé son rattachement à la Fédération des Alpes et Savoie et a nommé comme secrétaire, notre camarade Encrenaz, titulaire de ce poste avant la guerre.

La Lorraine désannexée, la Meuse, la Meurthe-et-Moselle, à la suite du Congrès tenu à Epinal en juin dernier, ont décidé de ne former qu'une seule fédération, ayant comme secrétaire notre ami Lhuillier, de l'*Union Lorraine*, à Nancy.

Une sous-Fédération des Vosges a été constituée, avec comme secrétaire le camarade Léon Renaux, d'Epinal.

A la Fédération d'Auvergne, le secrétariat a été confié au camarade Vidal, en remplacement du camarade Crouzet.

Les Fédérations d'outre-mer, malgré de grandes difficultés, cherchent à s'organiser définitivement.

Les adhésions ont été extrêmement nombreuses cette année. D'autre part, des constitutions ont lieu journellement. En donnant aux initiateurs de ces créations les renseignements utiles, nous les dirigeons toujours, le cas échéant, vers les Sociétés de développement, en vue de la création de succursales de ces Sociétés.

Voici la statistique des Sociétés, adhérentes à la Fédération Nationale au 15 juillet 1918 :

Fédérations nationales	Nombre de Société
Algérie	16
Alpes et Savoie	73
Auvergne	48
Bretagne	101
Centre	50
Centre-Ouest	31
Deux-Charentes	73
Corse	13
Côte-d'Or	28
Est	58
Franche-Comté	50
Forez et Bourbonnais	101
Garonne et Pyrénées	111
Jura	54
Lyonnaise	110
Madagascar	1
Manche	8
Marne et Aisne	20
Maroc	1
Midi	166
Nièvre	15
Nord-Ouest	65
Oranie	23
Pas-de-Calais	31
Parisienne	138
Saône-et-Loire	55
Seine-et-Marne	36
Somme	18
Sud	78
Sud-Ouest	61
Touraine	48
Zonienne	33
Lorraine désannexée, Meurthe-et-Moselle, Meuse et Vosges	130
Oise	21
Total	1.865

Un certain nombre de Sociétés sont disparues, par suite de fusion.

D'autre part, quelques-unes avaient sollicité leur adhésion et n'ont pas été admises par la Fédération Nationale ou les Fédérations régionales. La liste en sera donnée à la Commission de vérification des mandats au prochain Congrès national, qui aura à se prononcer en dernière analyse sur ces refus.

Cotisations. — Voici la liste des Fédérations régionales recouvrant elles-mêmes les cotisations (part F. N. C. C. et part Fédération régionale) après accord entre les deux organisations :

Alpes et Savoie; Bretagne (sauf quelques Sociétés); Centre; Centre-Ouest; Est; Forez et Bourbonnais; Jura; Meurthe-et-Moselle-Union Lorraine; Manche; Nièvre; Parisienne; Pas-de-Calais; Saône-et-Loire; Corse; Lyonnaise; Sud et Sud-Ouest; Nord-Ouest; Alsace et Lorraine; Ardennes; Charente et Deux-Sèvres; Garonne et Pyrénées; Oise; Seine-et-Marne; Somme; Touraine; Vosges; Nord (Douai); Nord (Lille); Oranie.

D'autre part, voici les Fédérations pour lesquelles nous nous chargeons de la rentrée des cotisations :

Auvergne : Côte-d'Or, Franche-Comté, Zone Franche, Algérie, Constantine, Maroc, Madagascar, Tonkin, Tunisie.

Midi : Cette Fédération recouvre elle-même les Bouches-du-Rhône et la Lozère. La sous-Fédération du Var recouvre son département et celle du Vaucluse en fait autant. Il reste donc dans la Fédération du Midi, les Alpes-Maritimes et le Gard, dont nous nous sommes chargés.

Comité confédéral. — Le Comité confédéral a tenu deux séances à Paris, le 26 janvier et le 22 juin.

A la première réunion, 23 Fédérations étaient représentées, tous les membres du Conseil unique y assistaient, ainsi que les Directeurs du M. D. G. et les secrétaires de la Fédération Nationale.

Les rapports présentés par la Fédération Nationale sur le Conseil unique et les différentes commissions furent adoptés.

Il s'est occupé de différentes questions relatives aux subventions à faire accorder aux coopératives des régions libérées, du ravitaillement et des transports dans ces départements.

A la suite du Comité confédéral, une délégation composée des représentants de ces régions, s'est rendue auprès de M. Vilgrain, en compagnie d'Albert Thomas, pour exposer les revendications des Sociétés.

Le Comité confédéral a ratifié le nom des délégués français à la Conférence coopérative interalliée, dont l'*Action Coopérative* a donné un compte rendu détaillé.

Il a approuvé les rapports de la délégation française sur les trois questions à l'ordre du jour.

Il a adopté également les rapports sur les deux questions à l'ordre du jour de la Conférence.

Il a également ratifié la proposition de composition de la délégation française, qui comprenait : Poisson, Thomas, Lévy, Cleuet, Gide, Sellier. Le secrétariat était composé de Ramadier, Daudé, Waseige.

Le Comité confédéral s'est également occupé de la question de la Commission consultative de l'Armement, du Comité coopératif d'action parlementaire, des restaurants populaires, des Offices publics d'alimentation, des économats.

En raison du débat considérable entraîné par la discussion sur les Sociétés de fusion, il a décidé de remettre la question au prochain Comité confédéral.

Celui-ci qui, comme nous le disons plus haut, a eu lieu le 22 juin, 24 Fédérations étaient représentées. Les membres du

Conseil central, les directeurs du M. D'. G., les secrétaires de la Fédération Nationale y assistaient également.

Les rapports du secrétariat et des commissions ont été adoptés après étude.

Ce Comité confédéral a examiné les conditions dans lesquelles aurait lieu la conférence coopérative interalliée et neutre.

Les délégués français désignés à cette conférence sont : Albert Thomas, Cleuet, Lévy, Poisson, Ramadier, Sellier.

Le secrétariat était composé de Camin, Daudé-Bancel et Waseige.

Le Comité confédéral a examiné les rapports de la délégation française sur les questions à l'ordre du jour.

Sur le rapport d'Albert Thomas, un manifeste fut élaboré à propos de la crise de vie chère. Ce manifeste a paru dans l'*Action Coopérative* et a été tiré en affiches, qui ont été mises à la disposition des Fédérations régionales et des Sociétés.

A propos des rapports de la Commission des finances, la question d'augmentation des cotisations a été soulevée. La Commission des finances a été chargée d'examiner la situation financière de la Fédération Nationale et d'établir, pour le Congrès, un rapport pour cette proposition d'augmentation.

Il fut décidé que le Questionnaire statistique sur le personnel serait envoyé aux secrétaires fédéraux en un nombre d'exemplaires suffisants pour leur permettre d'en mettre à la disposition de toutes les Sociétés.

Le Comité confédéral a également approuvé le projet d'institution d'une chaire coopérative au Collège de France. Une circulaire a, du reste, été envoyée aux Sociétés les plus importantes, pour leur demander leur participation pécuniaire pour cette création. La dépense annuelle sera de 20.000 francs. En principe, tout est accepté, et il ne reste plus à obtenir, à l'heure actuelle, que l'avis du Conseil des professeurs.

Le Comité confédéral a examiné le programme des revendications coopératives à présenter à tous les candidats aux élections législatives, pour leur exposer les revendications coopératives qu'il désire voir défendre par le prochain Parlement. Ce programme sera communiqué au Congrès.

Carte coopérative. — Une demande ayant été faite par la Fédération des Charentes, pour l'établissement d'une carte qui serait payée par les adhérents. Des observations ont été présentées par différents membres sur les résultats, qui ne seront pas en rapport avec la dépense effectuée, surtout si cette carte ne donne pas certains avantages, par exemple : le droit d'acheter dans des coopératives de n'importe quelle région et obtenir immédiatement une ristourne.

Cette question étant posée par la Fédération des Charentes, il est décidé que cette Fédération pourra procéder à l'établissement de cette carte, à la condition qu'elle ne soit pas obligatoire et qu'il n'y a pas lieu de l'étendre à l'ensemble du mouvement.

Le Comité confédéral a arrêté la date et le lieu du Congrès national et a fixé l'ordre du jour.

Le Rapporteur :

E. POISSON.

Rapport sur le Service juridique

Le service juridique reçoit un développement de plus en plus considérable. Il a eu à répondre à 340 demandes de consultations, sans compter les demandes de renseignements moins importants qui n'ont pas été notés.

Quatre grandes questions ont fait l'objet principal de ces consultations : la fusion des Sociétés entre elles, l'impôt sur les bénéfices commerciaux, les dommages de guerre.

Le service juridique s'est efforcé de fournir les renseignements les plus complets et les plus précis qu'il a pu. A certaines époques de l'année, les demandes de consultation affluent, tandis qu'à certaines périodes elles sont rares. Cette irrégularité tient à ce que certaines dates sont particulièrement choisies par les Sociétés pour la tenue de leurs assemblées générales. Telle est, par exemple, la période qui s'étend de décembre à mars et celle des mois de mai et juin. Il en résulte qu'à certaines époques le service juridique ne peut arriver à répondre à toutes les lettres, qui ne lui sont adressées qu'avec un grand retard; tandis que, à d'autres, il peut facilement répondre, pour ainsi dire, au jour le jour. Il serait à désirer, pour remédier à cet inconvénient, que les Sociétés demandent son avis au service juridique plus longtemps avant les assemblées générales.

Le Rapporteur :

Paul RAMADIER.

Comité d'action parlementaire

En novembre dernier, sur l'initiative de notre ami Albert Thomas, un Comité coopératif d'action parlementaire a été constitué, en vue d'étudier les questions de ravitaillement général et d'aider les Coopératives pour leur action de chaque jour. Ce Comité, qui comprend : MM. Albert Thomas, Henri Sellier, Waseige, Gaston Lévy, Cleuet, Poisson, Voilin, Locquin, Lafont, Deshayes, Lauche, Henri Chéron, Justin Godart, Doizy, tient séance chaque vendredi.

Depuis sa constitution, il a eu à s'intéresser à de multiples questions et son rôle a pris une importance très grande.

C'est ce Comité qui a pris l'initiative de l'amendement ouvrant un crédit de 10 millions aux Coopératives des régions libérées et c'est lui qui a mission de veiller à toutes les questions d'ordre parlementaire intéressant la Coopération. Le projet de loi sur les restaurants populaires, notamment, a été rapporté devant la Chambre par M. Deshayes, en accord avec le Comité.

De plus, et en dehors des questions d'ordre général, le Comité s'occupe de toutes les demandes et réclamations nécessitant des démarches et des interventions parlementaires.

Commission de Renseignements administratifs et commerciaux

La correspondance nécessitée par les demandes de renseignements n'a pas été moindre que l'année précédente, au contraire; nous pensons, cependant, que l'activité de la Commission pourrait être plus grande, si son existence était mieux connue des Sociétés.

Toutefois, nous devons faire remarquer que, bien souvent, les demandes se trompent d'adresse; en effet, celles concernant là Commission des renseignements juridiques me sont personnellement adressées, ce qui occasionne un dérangement et un retard dans la réponse. Donc, prière aux Sociétés de n'adresser à la Commission que les demandes de renseignements ne concernant que l'administration coopérative et le commerce. Toute demande concernant la loi, les contrats, les baux, etc., doit être adressée à la Commission des renseignements juridiques.

Les demandes qui furent le plus répétées concernant le contrôle des ventes et le compte d'achat des sociétaires. Ce sont là deux questions auxquelles il est fort difficile de répondre dans une lettre même fort longue. Ces sujets demandent, en effet, un long développement avec exemples, et même avec dessins. Nous avons donc la conviction que tout en passant un temps assez long pour répondre, nous ne devons pas donner complète satisfaction à nos correspondants.

Cette remarque nous a amené à constater qu'il manquait dans notre bibliothèque coopérative une brochure traitant de ces questions, si importantes pour nos sociétés; surtout pour les nouvelles qui, faute d'une bonne méthode pour débuter, n'ont que des contrôles compliqués et coûteux ou n'en ont pas du tout.

Cette brochure doit donc être écrite; elle ne peut l'être qu'avec le concours des Sociétés; que celles qui possèdent un contrôle : contrôle matière, contrôle argent, contrôle épicerie, boulangerie, boucherie ou autre, veuillent bien en adresser un exposé complet à la Commission, de même pour les méthodes employées pour connaître la consommation des sociétaires. La Commission classera et condensera les renseignements ainsi obtenus et pourra ainsi mettre les Sociétés à même de posséder des contrôles pratiques, efficaces et peu coûteux, en même temps que le travail de la Commission en sera largement soulagé.

Pouvons-nous compter sur l'obligeance de nos Sociétés pour nous documenter?

*
* *

Bien souvent, des demandes concernant des sujets traités suffisamment dans le livre « *Eléments d'administration coopérative* » nous parviennent à la Commission; nous ne saurions trop engager nos camarades, avant d'écrire, de rechercher si le renseignement qu'ils désirent ne se trouve pas dans ce livre.

Le Rapporteur :

G. GARBADO.

Statistique

L'Annuaire devant contenir la liste des Sociétés coopératives existant actuellement, est sur le point d'être terminé. Les multiples sources de renseignements auxquelles il a fallu puiser ont rendu le travail assez long et assez difficile, toutes ces listes n'étant que partielles, faites dans des buts ou pour des motifs différents et contenant des données souvent contradictoires. Les mêmes difficultés se sont présentées en ce qui concerne les chiffres d'affaires et le nombre des sociétaires. Il serait indispensable que les Sociétés répondent très exactement aux questionnaires qui leur seront envoyés, et donnent tous les renseignements qui leur seront demandés, ce qui peut seul permettre une statistique sérieuse du mouvement coopératif. Nous publierons un annuaire de 1914 à 1920, qui paraîtra à la fin de l'année 1919.

Librairie

Le Service de Librairie a entrepris l'édition d'une collection de livres et de brochures de *l'Ecole du Coopérateur*. La première, par Charles Gide, sur l'Alliance Coopérative Internationale, s'est épuisée rapidement, son succès s'est affirmé par des commandes venues de l'étranger et par la traduction qui vient d'en être faite en Angleterre. La brochure de Gaston Lévy, sur *l'Union des Coopératives*, a eu le même succès, ce qui permet d'espérer une vente très active des publications de l'Ecole du Coopérateur qui vont suivre.

Les demandes de brochures ont également été nombreuses et des séries ont été constituées pour faciliter la propagande. Nous comptons éditer une brochure sur la *Coopération*, destinée à toucher les consommateurs et à leur faire comprendre pourquoi ils doivent être coopérateurs.

La Librairie a fourni à de nouvelles Sociétés des registres. Le livre de Courel, sur la Comptabilité, qui doit paraître d'ici peu, nous permettra d'être en mesure d'éditer nous-mêmes tous les livres nécessaires, suivant les types adoptés.

La Propagande

La propagande coopérative est très facilitée par le renchérissement de la vie. Les consommateurs voient de plus en plus dans les coopératives le moyen de s'alimenter dans de bonnes conditions.

La presse attache une importance capitale à la Coopération. Les journaux acquis à nos idées continuent à publier des articles : l'*Humanité*, la *France Libre*, le *Populaire*, la *Bataille*, l'*Heure*, l'*Emancipation*, l'*Avenir*, l'*Information ouvrière et sociale*, le *Droit des Peuples*, etc., etc. Ce qui est symptômatique, c'est que la grande presse régionale publie régulièrement ou accidentellement des articles extraits de la *Correspondance coopérative*, de la *Presse sociale*, des *Idées de Probus* ou des articles originaux, comme le *Populaire* de Nantes; le *Petit Provençal* de Marseille; le *Progrès* de Lyon, etc. — Les journaux d'idées de province publient aussi des articles coopératifs, notamment le *Peuple*, de Toulouse; le *Prolétaire*, de Lyon; le *Réveil*, du Pas-de-Calais, etc.

Rapport du Comité d'Éducation

Cette année, de grandes questions ont été mises à l'étude au Comité d'éducation de la Fédération Nationale. Ces questions, comme tout ce qui est nettement éducatif, ne pourront obtenir leur pleine réalisation que progressivement, selon l'évolution même du mouvement coopératif.

Ecole Coopérative. — Notre camarade Ramadier a présenté au Comité un projet d'Ecole coopérative qui, cette année même, a donné d'excellents résultats. Des cours pratiques et théoriques ont été suivis par les fidèles militants et étudiants coopérateurs.

Voici, du reste, le rapport élaboré par l'Ecole Coopérative :

L'Ecole Coopérative a fonctionné en 1919, à la satisfaction la plus absolue de ceux qui l'ont reconstituée. On pourrait presque dire que les espérances les plus audacieuses ont été réalisées.

Ainsi que la Fédération des Coopératives de la région parisienne en avait décidé, son fonctionnement a été confié à un Conseil d'administration composé de trois délégués de la Fédération parisienne, qui ont été, de janvier à mars : Curot, Leclerc et Ramadier, et de mars à la fin de l'année : Leclerc, Maupeux et Ramadier, et de deux délégués du Comité d'éducation de la Fédération Nationale : Cottet et Alice Jouenne.

Le secrétariat a été tenu par Ramadier, assisté de Georges Thomas, et la trésorerie par Alice Jouenne, assistée de Courcel.

*
**

Les cours ont compris deux séries : des conférences publiques et des cours privés.

Les conférences publiques ont été faites :

Le 31 janvier 1919, par Charles Gide, sur l'*Alliance Coopérative Internationale*, à l'Hôtel des Sociétés Savantes;

Le 8 mars 1919, par Gaston Lévy, sur l'*Union des Coopératives*, à *La Bellevilloise;*

le 10 mars 1919, par Victor Serwy, sur la *Coopération Belge pendant la guerre*, à l'Hôtel des Sociétés Savantes;

le 3 mai 1919, par Albert Thomas, sur la *Coopération et les Usines de guerre*, au Musée social, sous la présidence de M. A. Fontaine.

Ces conférences ont toutes été du plus grand intérêt. Les orateurs ont apporté, à l'étude des questions qu'ils ont traitées, des précisions, des documents qui donneront à leurs travaux un intérêt de premier ordre. Le Comité a pensé qu'il serait très utile de leur donner une publicité plus grande que celle nécessairement restreinte d'une salle de conférences et a décidé de les éditer en brochures.

Nous serons les interprètes de tous ceux qui ont entendu ces exposés magistraux en remerciant les quatre conférenciers de l'appui qu'ils ont donné à notre œuvre.

Les cours privés ont comporté 36 leçons, qui ont compris en plus d'une leçon d'ouverture :

1° Quatre leçons de Poisson, sur les principes généraux de la coopération;

2° Quatre leçons de Garbado, sur l'organisation commerciale;

3° Douze leçons de Courel, sur la comptabilité;

4° Sept leçons de Gaumont, sur l'histoire de la coopération;

5° Huit leçons de Ramadier, sur la législation coopérative.

Les leçons commencées le 7 janvier, se sont poursuivies à raison de deux par semaine (les mardi et vendredi) jusqu'au 27 mai, avec une interruption de quelques jours à Pâques.

Ils ont été très assidûment suivis: 76 élèves se sont faits inscrire. 57 ont versé la cotisation de 5 francs, 40 auditeurs ont régulièrement assisté aux cours jusqu'à Pâques. Le nombre en a un peu diminué à la suite de l'interruption des fêtes de Pâques, mais en est resté assez élevé jusqu'au bout. Tous ont manifesté l'intérêt qu'ils ont porté à notre tentative.

*
* *

Pour compléter par la lecture l'enseignement coopératif oral, le Comité a décidé de publier une collection de brochures et de livres qui sont édités par la Librairie de la Fédération aux risques et périls de l'Ecole.

Trois brochures ont paru:

Charles Gide. — *L'Alliance Coopérative Internationale*;

Gaston Lévy. — *L'Union des Coopératives*;

Victor Serwy. — *La Coopération Belge pendant la guerre*.

Trois autres livres ou brochures paraîtront avant le mois d'octobre :

Albert Thomas. — *La Coopération et les Usines de guerre*;

Courel. — *Eléments de comptabilité coopérative*;

Paul Ramadier. — *Les Economats patronaux*.

Chacune des brochures parues ont été tirées à mille exemplaires; nous sommes convaincus que leur succès permettra pour certaines un second tirage.

Tel est, au bout de la première année, le bilan de notre activité; les résultats que nous avons enregistrés nous permettent de dresser pour l'an prochain des projets plus vastes que ceux que nous avons réalisés au cours de la saison passée.

Nous avons, l'an passé, fonctionné dans un local de fortune; notre camarade Poisson, a bien voulu nous prêter son bureau et c'est là que nos conférences ont été faites.

Le déménagement de l'*Union des Coopératives* dans le local Bonvalet, nous permettra de disposer, 13, rue de l'Entrepôt, d'un nouveau local où nous aurons un petit bureau et une grande salle de cours.

Dans cette salle, nous installerons une bibliothèque qui sera à la disposition des élèves et des militants et à laquelle on pourra emprunter des livres, moyennant le paiement d'un abonnement.

Cette création nous permettra de développer nos cours.

Nous continuerons tout d'abord les deux séries de conférences, la première destinée au grand public; la seconde, réservée aux militants qui se feront inscrire.

N'étant point pressés par le temps, nous commencerons nos deux séries de conférences dès le début de décembre, et nous les finirons plus tôt que cette année, à Pâques au plus tard. Nous comptons obtenir pour ces deux séries un succès analogue à celui de cette année.

Mais nous avons l'intention d'inaugurer deux séries nouvelles. Elles seront toutes deux consacrées aux employés de coopératives. Bien souvent, en effet, les militants coopérateurs, surtout depuis la guerre, se sont plaints que les employés, n'acquéraient que lentement une notion claire de ce qu'est la coopération. Ils entrent à la coopérative, comme chez un patron quelconque, sans se douter de l'objet et du caractère de nos organisations. Sans doute, à la longue, ils acquièrent une connaissance plus précise des principes coopératifs. Mais cette éducation se fait au hasard, par bribes et par morceaux. Elle est plus lente encore dans les coopératives à succursales où le contact du personnel avec les militants est plus rare et plus intermittent.

Pour parer au danger que présente l'absence de toute éducation coopérative, chez les gérants et les employés, nous avons songé à organiser deux séries de conférences. La première, s'adresse aux gérants et employés déjà expérimentés, connaissant leur métier et que l'on ne peut songer à envoyer à l'école. Elle consiste en visites de coopératives et établissements coopératifs. Pour ne pas déranger ces employés de leur travail, les visites auront lieu le dimanche après-midi, à raison d'une par mois. Elles seront faites chaque fois, sous la direction d'hommes compétents, administrateurs délégués, directeurs, chefs de service, pouvant expliquer dans le plus grand détail le fonctionnement des organismes visités et insister notamment sur leur caractère coopératif. Cette série commencera dès le mois de septembre et se poursuivra jusqu'à fin du mois d'août 1920.

La seconde série sera destinée plus spécialement à des jeunes gens, employés ou aspirant à devenir employés de coopératives. Elle aura pour objet de compléter leur éducation générale, de leur donner des notions générales de commerce et de leur fournir des indications aussi précises que possible sur la coopération en général.

Cette série comportera deux années de cours. Nous ne ferons naturellement cette année fonctionner que la première année.

Les cours auront lieu tous les soirs, à six heures, jeudi et dimanche exceptés. Ils commenceront le 1er octobre et se termineront le 1er août, avec interruption au premier de l'An et à Pâques pendant quinze jours. Toutefois, il est possible que l'ouverture soit un peu retardée parce que le local où nous comptons nous installer ne sera peut-être pas libre.

Ils comprendront des leçons de français et de correspondance commerciale, d'arithmétique et comptabilité générale, de commerce (organisation commerciale), de coopération (principes de la coopération). Ces leçons consisteront essentiellement en exercices pratiques. Les élèves, qui seront sans doute en petit nombre, auront à prendre à ces exercices une part active, et feront ainsi leur apprentissage pratique en même temps que théorique.

La seconde année sera d'ordre plus strictement coopératif. Elle comportera des leçons de comptabilité coopérative, de commerce (étude des produits usuels), de droit commercial et coopératif, d'histoire de la coopération à l'étranger. Mais elle ne commencera à fonctionner qu'en 1920 et après que l'expérience de 1919-1920 nous aura permis d'apprécier les résultats obtenus.

Les élèves qui participeront à ces leçons auront à verser un droit d'admission de 20 francs. Ils recevront gratuitement les livres nécessaires pour suivre les cours utilement. A la fin de chaque année, ils auront à subir un examen à la suite duquel un diplôme leur sera délivré. Ce diplôme leur permettra de compter sur les efforts de l'Ecole coopérative pour obtenir dans les organisations coopératives des situations correspondant à leurs mérites. L'Ecole les suivra, tant qu'ils continueront à figurer parmi les employés des organisations coopératives et s'efforcera de leur venir en aide, dans la mesure où ils s'en montreront dignes.

Cet effort nouveau, plus étendu, de l'Ecole, nous entraînera à des dépenses bien supérieures à celles de l'an passé. Nous avons pu, l'an dernier, facilement faire face à nos besoins. Leur accroissement nous amène à adresser un nouvel appel à toutes les Sociétés et à leur demander de faire en 1919-1920 un effort très supérieur à celui de l'année précédente.

Nous saisissons l'occasion qui nous est offerte pour remercier d'ailleurs toutes les sociétés qui nous ont prêté leur concours. Grâce à leur appui, nous avons pu mettre debout une œuvre d'éducation coopérative, aussi intéressante pour la propagande de nos idées, que pour l'amélioration de notre organisation commerciale.

Le Comité d'éducation estime qu'il faut travailler à reconstituer les groupes de Pupilles, dont personne n'a oublié la floraison charmante et spontanée d'avant-guerre. Mais le Comité d'éducation est d'avis qu'il faut établir ces groupes sur des bases nouvelles, plus rationnelles et de manière à leur assurer une base financière plus solide. Un rapport détaillé a été fait au Comité sur cette question et nous y renvoyons nos camarades, pour plus de documentation. (Bulletin de l'*Action Coopérative*.)

Le Comité d'éducation encouragera toutes les tentatives en faveur de l'éducation des jeunes et sera un centre de renseignements où pourront s'adresser tous les coopérateurs désireux de favoriser le développement de l'éducation coopérative chez la jeunesse.

La question des groupes d'adolescents va être étudiée inces-
samment.

Vacances des enfants. — Un rapport spécial de notre ami
Robin indique ce qui a été fait dans ce sens.

Théâtre coopératif. — Notre camarade Poisson a émis l'idée
d'organiser des distractions artistiques pour les coopérateurs.
Une fête populaire de la Coopération avait même été envisagée.
On y aurait reconstitué la Coopération depuis la petite boutique
de Rochdale jusqu'au confortable magasin moderne. Mais il était
difficile de mettre ce projet à exécution pendant la période des
fêtes officielles de la Victoire et du Retour des Armées. Cependant, grâce à la collaboration de Gémier, le grand artiste du
Théâtre Antoine, les coopérateurs de la région parisienne ont
pu assister, à prix réduit, en même temps que les membres du
Congrès coopératif interallié, à l'audition du *Marchand de Venise,*
de Shakespeare, et de la *Mégère apprivoisée.*

L'étude des distractions artistiques pour les coopérateurs sera
suivie au Comité avec attention, car elle est capable de favoriser
l'éclosion d'un art nouveau essentiellement populaire, qui re-
vivifierait les sources du théâtre et de la chanson.

Orphelins. — Un rapport annexe de notre camarade Robin,
indique ce qui a été fait par ce service, en 1919.

Voyages coopératifs. — Le Comité a envisagé dans un avenir
très prochain, la création de voyages coopératifs en France et à
l'étranger. Le premier de ces voyages aura lieu à Reims, à l'occasion du Congrès National. En annexe également, une note sur
ce point.

Conclusion. — Nos camarades ont compris l'importance des
questions éducatives mises à l'étude du Comité. Elles ne peuvent
se résoudre en quelques mois, car elles sont complexes comme
tout ce qui est vie et progrès. Rien ne sera négligé pour les
réaliser le plus largement possible, et le Comité d'éducation
recevra avec reconnaissance toutes les suggestions originales
qui lui seront faites sur ces intéressantes questions.

La Secrétaire,

Alice JOUENNE.

Les Orphelins de la Guerre

Au mois de mai 1916, nous lancions une circulaire à toutes
les Sociétés coopératives de France pour les informer que la
Fédération Nationale venait d'être admise, par le Comité de
répartition des fonds, à la distribution des sommes recueillies
au cours de la journée nationale organisée au profit des orphelins de la guerre.

Depuis, trois années — trois longues années de guerre — se
sont écoulées, et c'est à l'aurore de la paix que notre rôle va
se trouver terminé. Nous pouvons regarder en arrière et voir
la tâche accomplie; elle est énorme. Plus de deux millions six

cent mille francs ont été distribués par nos soins. En outre, nous avons présenté et fait admettre par la Fraternité américaine, plus de 3.000 enfants, qui continuent à toucher directement 45 francs par trimestre. Ces chiffres démontrent éloquemment quelle fût la tâche entreprise par nous et qui, par son importance, nous a classés la première œuvre de ce genre en France.

A l'heure actuelle, à la suite de la décision prise le 23 novembre 1918, par la Section permanente de l'Office National des Pupilles de la Nation, ce sont les Offices départementaux qui sont chargés du soin de répartir les secours.

De nombreuses demandes nous rentrent encore journellement et aussitôt nous faisons le nécessaire auprès de ces offices départementaux pour que les formalités d'admission s'accomplissent sans retard.

D'autre part, certaines familles étant parties sans laisser leur adresse, les mandats nous sont rentrés; aussi, invitons-nous celles-ci à nous faire connaître leur nouveau domicile.

S. ROBIN.

Comité coopératif des Régions envahies

L'année 1919 aura été, pour le Comité coopératif des régions envahies, la période d'activité la plus grande et celle au cours de laquelle il aura apporté tout son concours et son appui aux Sociétés coopératives des régions libérées.

Nous allons indiquer en détail ce qui a été fait pour chaque département:

Union des Coopérateurs de la Marne. — Cette Société fut tout d'abord dotée de 35.000 francs par le Comité. En juin dernier, à la suite d'une gestion défectueuse, le directeur de cette Société dut donner sa démission, et la composition du Conseil d'administration fut modifiée. Le Comité Coopératif intervint et proposa un nouveau directeur; celui-ci ayant préalablement fait l'inspection pour se rendre compte de la marche de la Société. Le Comité coopératif, en présence de la situation précaire dans laquelle se trouvait cette Union, lui alloua une somme de 5.000 francs, destinée à participer à une part du traitement de ce directeur, tout au moins pendant la période de remise en ordre de la Société.

Aujourd'hui, cette Société fonctionne normalement et a ouvert plus de 30 succursales.

Union des Coopérateurs des Ardennes. — Cette Union fut également dotée de 35.000 francs. Différentes démarches ont été faites pour cette Société, notamment une entrevue fut demandée au Président du Conseil pour l'entretenir des difficultés de transports. La délégation fut présentée par notre ami Doizy. Aujourd'hui, cette Union se développe normalement, a déjà plus de 10 succursales et procède à la fusion des coopératives existantes.

Union des Coopérateurs du Pas-de-Calais. — Cette Société, qui a été dotée de 25.000 francs, a pris un essor considérable à l'heure actuelle; elle avait ouvert, au moins de mars dernier, plus de 30 succursales et marche sur un chiffre d'affaires de *plusieurs millions.*

Nord. — Ce département, comme nous avons déjà eu l'occasion de l'annoncer, a été divisé en plusieurs régions :

1° Celle de Douai et Valenciennes, qui a reçu 40.000 francs. Depuis, une nouvelle demande a été formulée par son directeur, notre ami Foucaut, pour obtenir un nouveau don de 5 à 10.000 francs;

2° Celle de la région de Lille a reçu 30.000 francs.

D'autre part, une Union est en voie de création pour Cambrai-Avesnes. Une première tentative avait échoué, mais nous avons tout lieu de croire que le nouveau mouvement aboutira.

Aisne. — A été divisé en quatre secteurs :

L'Espérance, de Château-Thierry;

L'Union des Coopérateurs, rue de Paris, à Villers-Cotterets;

L'Union des Coopérateurs du Laonnais et du Soissonnais, à Laon;

L'Union des Coopérateurs du Nord de l'Aisne, à Saint-Quentin.

Des avances ont été également faites à ces Sociétés.

Quant à la Lorraine, des dons ont été faits de la façon suivante :

Union Lorraine, de Nancy, 10.000 francs;

Union des Coopérateurs lorrains, 10.000 francs;

Union des Coopérateurs de Metz et environs, 10.000 francs.

Renseignements sur les dommages de guerre. — Dans sa séance du 21 mars, le Comité a décidé de créer un service de renseignements et de contentieux qui, d'accord avec le service juridique de la F. N. C. C. et sous sa direction, s'occupe de faire obtenir réparation des dommages de guerre aux coopératives sinistrées. Il fera les frais de ce service. A cet effet, le Comité a versé à ce service une somme de 10.000 francs.

Les dons faits au cours de l'année 1918, ont été indiqués dans nos rapports précédents. A l'heure présente, il reste encore en caisse 35.336 fr. 75, après avoir versé une somme de 5.000 francs à un compte délégation dans les régions libérées. Cette somme est destinée à pourvoir aux frais des délégués envoyés très fréquemment en Lorraine et en Alsace, où l'action qui s'exerce en ce moment est très importante.

Le camarade chargé du Service des dommages de guerre, dont nous avons parlé plus haut, est du reste en permanence à Metz depuis déjà plus de quinze jours, pour mener les négociations en faveur de la transformation des économats en coopératives de consommation.

Le Rapporteur,

E. Poisson.

Rapport sur " l'Action Coopérative "

L'*Action Coopérative*, qui a paru comme journal hebdomadaire depuis 1918, a vu son tirage augmenter depuis le rapport de 1918. Actuellement, voici comment ce tirage s'établit :

Edition générale	9.200
Union des Coopératives	18.000
Union des coopérateurs	3.400
Total	30.600

C'est beaucoup, par rapport à nos prévisions de l'année dernière; mais ce n'est rien par rapport à ce qu'il convient d'obtenir. N'oublions pas que les *Coopératives News*, de Manchester, tirent à 100.000 exemplaires par semaine, et que nous devons arriver à des résultats semblables.

A cause de la hausse continue du papier et de l'impression, il sera probablement nécessaire de porter l'abonnement collectif annuel à 3 fr. 25 au lieu de 3 francs. Mais cette hausse est insignifiante et l'abonnement collectif constitue au fond une bonne dépense pour les coopératives qui en assument la charge; car elle transforme progressivement les coopérants en coopérateurs.

Nous éditons aussi plusieurs éditions mensuelles pour diverses coopératives ou fédérations régionales. Nous insistons pour être chargés de l'établissement de ces éditions, comme nous le faisons pour l'édition, notamment, de la Fédération lyonnaise; car, comme la plupart des publications « autonomes » reproduisent le plus souvent les articles de l'*Action Coopérative* (quelquefois sans la citer) et cela constitue au point de vue social, une perte sèche, qu'il serait sage d'éviter.

Voici le budget de l'*Action Coopérative* :

RECETTES

Editions spéciales	55.000
Abonnements	21.000
Publicité	8.500
Total	84.500

DÉPENSES

Impression	52.000
Expédition	24.000
Bandes	4.000
Frais de personnel et divers	4.500
Total	85.500

Nous attirons spécialement l'attention des militants sur le fait que ce sont toujours les mêmes noms qui paraissent au bas des articles. Cela n'est pas bon. Il faudrait apporter de la variété dans les signatures. Dans un journal coopératif, chacun doit coopérer pour une part et ceux qui savent rédiger des articles courts, doivent en écrire.

Le Rapporteur,

A. DAUDÉ-BANCEL.

Le Ravitaillement

Depuis le dernier Congrès national, bien des faits se sont produits, qui ont sollicité et retenu l'attention de la Fédération Nationale des Coopératives. En dehors des multiples cas d'espèces qui nous ont été soumis par les Sociétés et qu'elle s'est efforcée de faire solutionner au mieux des intérêts coopératifs, la Fédération s'est efforcée, par une action incessante auprès des Pouvoirs publics, d'obtenir de ceux-ci une politique de ravitaillement conforme aux intérêts généraux des consommateurs. En fait, nous n'avons pu aboutir et obtenir les mesures générales qui pouvaient assurer 'la répartition équitable des produits à des prix tenant compte des besoins de la production et de la consommation. Aucun gouvernant n'a osé prendre les décisions qui s'imposaient. Au lendemain même de l'armistice, sous la pression du commerce et des grosses firmes d'alimentation, qui supportaient mal les réglementations en vigueur, le Gouvernement annonça son désir de revenir au plus vite au complet régime de liberté commerciale. Les Comités interalliés, grâce auxquels les alliés avaient pu assurer leur ravitaillement, devaient disparaître. Gouvernement et commerce étaient d'accord pour proclamer que le remède à la « Vie chère » était dans le retour à la liberté commerciale. Aussi bien, peu à peu, les stocks dus à la prévoyance des Comités interalliés, disparurent et il vint un moment où le ministère du Ravitaillement ne fut plus en mesure de donner satisfaction aux demandes qui lui étaient adressées et la crise qui sévissait sur le pays allait s'aggraver considérablement.

Cependant, dès le lendemain de notre dernier Congrès national, nous avons indiqué, tant pour l'ensemble du pays que pour les régions libérées, ce qu'à notre avis il y avait lieu de faire pour assurer le ravitaillement, et quand le ministre du Ravitaillement a décidé la constitution d'offices départementaux, nous avons cherché, par la représentation des Sociétés, à obtenir d'eux une répartition équitable des denrées et une action efficace sur les cours. Trop souvent, nos espoirs ont été déçus. Les offices départementaux n'ont pas donné les résultats qu'on pouvait légitimement attendre d'eux. Sauf quelques rares exceptions, ils n'ont pas rempli leur rôle et nous avons reçu, à ce sujet, les nombreuses et vives réclamations des Sociétés. Peu à peu, d'ailleurs, le Sous-Secrétariat du Ravitaillement en venait à considérer que lorsqu'il s'agissait de demandes de denrées assez importantes, le mieux était de s'adresser directement à lui pour obtenir des cessions directes. C'est ce qu'un certain nombre de Sociétés ont fait pendant toute la dernière période.

A l'heure actuelle, nombre de Sociétés ont les plus grandes difficultés pour obtenir des attributions des préfectures, car, en dehors du manque de stocks que nous signalons plus haut et qui a pour raison la politique du retour à la liberté commerciale, il y a dans les services un manque total d'organisation. Tel Magasin régional possède du riz pour six mois, alors que tel autre en est complètement dépourvu. Il semble qu'entre l'approvisionnement et la répartition, il n'existe aucune liaison.

Toutes ces difficultés que nous avons éprouvées au cours de l'année qui s'est écoulée, nous les avions pressenties et nous avions demandé au ministre du Ravitaillement de prendre des mesures qui auraient pu les éviter. Voilà la partie essentielle d'une lettre que nous lui avons adressée, le 26 novembre dernier :

« S'il nous est permis de donner un avis sur l'organisation du service, nous le verrions, pour notre part, divisé en trois sections :

« *Première section.* — Organisation et contrôle :

« Il y a à ce point de vue un service qui fonctionne au ministère de l'Armement, à la tête duquel se trouve le lieutenant Fauquet, et nous ne pensons pas qu'il y aurait des dificultés à le faire passer au Ravitaillement.

« Ce service pourrait, en particulier, s'occuper de la Commission qui examinerait les organisations à qui devrait être réservé le service de l'Office. Il pourrait également prendre dans son cadre l'application de la loi, aujourd'hui pendant devant les Chambres, et tendant à prêter 50 millions aux restaurants populaires. Il pourrait également s'occuper de prêts, qui, éventuellement, pourraient être consentis aux coopératives.

« En effet, il pourrait organiser la transformation méthodique des organisations philanthroptiques et des économats, conformément à la loi de 1917 et à la loi de 1910 supprimant les économats.

« *Deuxième section.* — Question des transports.

« Cette section aurait dans ses attributions la gestion de 200 wagons-réservoirs destinés aux organisations d'alimentation en commun et qui lui seraient attribués spécialement sur le Parc National. Ceci aurait pour résultat d'opérer plus rapidement la rotation des wagons-réservoirs et serait la continuation de ce qui existe aujourd'hui, sous forme à peu près semblable, au ministère de l'Armement.

« *Troisième section.* — Ravitaillement en marchandises :

« *a*) Dans les régions libérées, pour les coopératives accréditées auprès des préfets et après accord avec eux, il pourrait accorder soit directement, soit par l'intermédiaire du Magasin de Gros, des contingents spéciaux donnés par le ministère du Ravitaillement et qui ne passeraient pas par les Offices départementaux pour ces denrées;

« *b*) Pour toutes les autres organisations affiliées à l'Office, celui-ci fonctionnerait simplement à titre de secours. Les organisations auraient à passer, pour le surplus, par les Offices départementaux auxquels elles réclameront la part normale de leurs droits.

« Ces secours variables pourraient porter à la fois sur certaines marchandises rares ou sur un supplément de marchandises, lorsqu'elles seraient contingentées (vin, chocolat, etc.), comme cela existe, du reste, au ministère de l'Armement.

« Pour la répartition des denrées attribuées spécialement par le ministère du Ravitaillement, le plus simple serait de se servir de l'organisation actuelle de l'Armement avec ses groupes régionaux. »

Nos suggestions n'ont, malheureusement, pas été retenues, et c'est des mesures prises au jour le jour, sans esprit de suite bien défini, qu'a été faite la politique du Ravitaillement et l'absence de principes directeurs animant les décisions, la bonne volonté certaine du Sous-Secrétaire d'Etat n'a pas suffi à solutionner des problèmes qui réclamaient des mesures générales d'ordre gouvernemental.

Un fait s'est produit sur lequel il y a lieu que nous fournissions quelques explications au Congrès. En janvier dernier, le Sous-Secrétariat du Ravitaillement nous faisait savoir qu'il pourrait mettre à la disposition des Coopératives des wagons plates-formes pour le transport du vin acheté par elles et des réservoirs de vin à 115 francs l'hecto. Immédiatement, nous avons avisé les Sociétés de cette importante décision, qui répondait à un besoin dont nous savions toute l'urgence. De nombreuses demandes nous furent adressées et quand l'heure vint pour le ministère de satisfaire celles relatives aux wagons-réservoirs pleins, nous fûmes prévenus que ce vin devait être exclusivement réservé aux régions libérées. Nous ne devions pas être beaucoup plus heureux avec les wagons plates-formes. C'est, en effet, à grand peine que nous obtenions qu'on satisfasse aux demandes que nous avions transmises. Cet état de choses dura deux mois, puis, brusquement, la modeste satisfaction que nous avions obtenue, fut rapportée. Une note du Sous-Secrétariat, envoyée directement aux Sociétés, les avisa que le Ravitaillement ne disposait plus d'aucun moyen de transport. Il nous fallut plus d'un mois et demi — non pour obtenir une décision du ministre, car, mis en présence des faits, M. Vilgrain nous donna satisfaction immédiate — mais pour que les demandes de wagons plates-formes ou réservoirs vides fussent effectivement attribués aux Sociétés.

Présentement, en ce qui concerne le transport des vins, la situation est la suivante : La Fédération dispose pour les Sociétés de 50 wagons plates-formes *par semaine* et 50 wagons-réservoirs vides sont également à sa disposition pour attribution aux Sociétés. Pour les plates-formes, les demandes des Sociétés sont satisfaites par ordre d'arrivée. Un état est fourni chaque vendredi au Ministère. Pour les réservoirs, les demandes sont transmises en tenant compte de l'ensemble. Notons aussi que le M. D. G. a également reçu une attribution de 50 wagons-réservoirs vides.

On a beaucoup parlé dans la presse d'information de la liquidation des stocks américains et du rôle que devaient jouer les Sociétés coopératives pour mettre ces stocks à la disposition des consommateurs. Nous croyons devoir informer nos sociétés adhérentes des conditions exactes dans lesquelles l'organisme central de la Coopération a été appelé à connaître les décisions du Gouvernement à ce sujet.

Au cours d'une conférence qui a eu lieu au ministère de l'Agriculture, lundi dernier 4 courant, sous la présidence de M. Noulens, assisté de M. Morel, sous-secrétaire d'Etat à la liquidation des stocks, et M. Roy, commissaire du Ravitaillement, et à laquelle assistaient, en dehors des représentants du mouvement coopératif, un grand nombre de délégués des offices départementaux et communaux, M. Morel a donné lecture de la nomenclature des denrées existant dans les stocks américains et il a informé la Conférence que les divers organismes représentés recevraient, sous quelques jours, la liste, les quantités disponibles et les prix de tous les stocks. Les organisations, en possession de ce document, auraient à établir leur demande au Sous-Secrétariat de la liquidation des stocks — par l'intermédiaire des préfets — qui leur donnerait satisfaction, en tenant compte à la fois des disponibilités et de l'importance de l'organisme demandeur.

En ce qui concerne les Sociétés coopératives adhérentes à la Fédération Nationale, il a été convenu qu'elles constitueraient dans leur ensemble une seule partie prenante.

Dès que la nature et les quantités de denrées qui leur seront attribuées seront connues, toutes mesures utiles seront prises pour provoquer leurs demandes et établir une répartition entre elles.

Crédits attribués par le Ministère du Travail

La Commission de répartition des avances aux Sociétés coopératives de consommation a eu, au cours de plusieurs réunions, à examiner diverses demandes faites et transmises par la Fédération Nationale.

Plusieurs de ces demandes ont reçu satisfaction, du reste, les Sociétés intéressées ont été avisées directement par les soins du Ministère. Quelques-unes ont été refusées comme ne remplissant pas les conditions exigées ou ne présentant pas les garanties suffisantes. Enfin, un ajournement a été adopté pour quelques demandes jusqu'à réception d'un supplément d'enquête.

Comme suite aux démarches qui avaient été faites, un crédit de 10 millions avait été accordé pour les régions libérées. Après les démarches effectuées par la Fédération Nationale, nous avons pu faire attribuer à diverses Sociétés des crédits; ceux-ci étant faits par l'intermédiaire du Magasin de Gros qui doit établir un contrat, quelques réserves avaient été faites. Nous avons écrit aux Sociétés intéressées afin que des précisions soient données au Ministère du Travail permettant le versement de la somme affectée sans difficulté.

Conseil supérieur de la Coopération

Le Conseil supérieur de la Coopération, institué au Ministère du Travail et de la Prévoyance sociale, par arrêté en date du 22 février 1918, a examiné au cours de ses différentes réunions diverses questions intéressant d'une façon générale le mouvement coopératif.

Lors de la première séance, qui s'est tenue au mois d'octobre 1918, une demande a été présentée par Ramadier, tendant à ce que le capital des Sociétés coopératives visées à l'article premier de la loi du 7 mai 1917 et limité par la loi de 1867 à une somme de 200.000 francs, puisse être augmenté ou fixé à une somme supérieure.

D'accord avec M. Arthur Fontaine, directeur du Travail, sur cette réforme à introduire dans la loi du 7 mai 1917, le texte suivant fut adopté :

« Le capital desdites Sociétés, ainsi que des Unions prévues à l'article 5, peut être fixé, lors de la fondation, à une somme supérieure à 200.000 francs ou augmenté en année de plus de 200.000 francs, par dérogation à l'article 49 de la loi du 24 juillet 1867. »

En dehors de cette modification, et sur la demande de Ramadier d'apporter une rectification à la loi de 1893, délimitant ce capital à 200.000 francs, lorsque les actions sont de 25 francs, un autre texte fut également adopté :

Dans les Sociétés coopératives de consommation, les actions ou parts sociales pourront être d'un minimum de 25 francs, quel que soit le capital social de la Société; elles ne pourront, en aucun cas, être supérieures à cent francs. »

De plus, en raison de l'inconvénient de l'article 12, interdisant aux Sociétés coopératives d'appeler la totalité du capital souscrit, une proposition faite par MM. Deshayes et Sellier, tendant à maintenir le deuxième paragraphe de l'article 12, en le modifiant de la manière suivante, fut adoptée :

« Dès que le consommateur admis par la Société aura versé le quart de la part ou action dont le maximum est ci-dessus déterminé, il deviendra de plein droit membre de ladite Société, et le surplus de sa part ou action sera constitué sur les sommes lui revenant dans la répartition des bénéfices et, à défaut, par des versements annuels qui ne pourront être supérieurs au quart du capital souscrit. »

En raison du fait que des Sociétés existant avant le vote de la loi de 1917, ont des statuts différents, et sur l'intervention de plusieurs membres, un texte proposé par M. Henry Chéron, président de la séance, fut adopté, texte ci-dessous :

« Les Sociétés constituées avant la loi du 7 mai 1917 et qui répondront aux buts définis par l'article premier de ladite loi, auront, pour adapter leurs statuts à ses dispositions, un délai de deux ans à dater du décret fixant la cessation des hostilités.

« Les formalités à remplir pour la validité des réunions où sera discutée cette adaptation seront celles fixées par les statuts pour les Assemblées générales ordinaires de la Société.

« Pendant le délai de deux ans prévu ci-dessus, les Sociétés précitées pourront obtenir les avances instituées par la loi, sur délibération motivée de la Commission de répartition prévue à l'article 10. »

Sur proposition de Gaston Lévy, une Commission permanente fut nommée, chargée d'examiner les différentes questions dans l'intervalle des sessions du Conseil supérieur; cette Commission comprend les membres suivants :

MM. Albert Thomas, Henry Chéron, Gide, Cleuet, Poisson.

Cette Commission ayant la faculté de s'adjoindre des rapporteurs techniques sur les questions qu'elle mettrait à l'étude.

Une deuxième question à l'ordre du jour du Conseil supérieur, était la proposition de loi déposée par Albert Thomas et tendant à doter les départements et communes de l'organe qui leur est indispensable pour mener à bien l'exécution de leurs fonctions de ravitaillement et de répartition.

Ce texte, pour la création d'offices publics d'approvisionnement, s'est inspiré des dispositions légales relativement aux établissements publics, et, notamment, de la loi du 23 décembre 1912, qui a créé les Offices publics d'habitations à bon marché.

Après quelques modifications sur les articles de cette proposition, entre autres, la demande faite de laisser la faculté à ces offres, éventuellement, de faire la vente au détail, l'ensemble du projet fut adopté ; ce texte a fait l'objet d'une brochure.

Un vœu déposé par Daudé-Bancel, concernant la représentation des Sociétés coloniales au Conseil supérieur de la Coopération, fut également adopté à l'unanimité :

« 1° Que les Coopératives coloniales aient le droit de participer aux élections au Conseil supérieur de la Coopération;

« 2° Que la loi du 7 mai 1917 soit promulguée dans les colonies;

« 3° Que les colonies dans lesquelles le mouvement coopératif est développé, inscrivent à leur budget un crédit pour avances aux Sociétés coopératives de consommation. »

Une question posée par la Section des Coopératives de production et portant sur les conditions de rachat des Associations ouvrières de production par le Magasin de Gros, a fait l'objet d'intéressantes discussions entre différents membres.

Dans le rapport présenté par M. Briat, la Section de production émettait le vœu qu'aucune avance ne soit faite au Magasin de Gros pour racheter les Associations ouvrières et, de plus, que les ouvriers anciens associés, continuent à bénéficier des mêmes avantages, c'est-à-dire une participation aux bénéfices.

Le rapport de M. Briat n'indiquant pas exactement dans quelles conditions le rachat de Fougères par le Magasin de Gros avait été effectué, et ce rachat ayant été la cause de l'interpellation, Cleuet, au nom du Magasin de Gros, donne des précisions sur ce rachat, indiquant qu'aucune subvention n'avait été demandée à l'Etat pour l'effectuer et que toutes les sommes qui avaient été prêtées à Fougères, ont été remboursées sitôt que le Magasin de Gros en a eu connaissance.

Cette question du rachat par le Magasin de Gros et des conditions de travail des anciens associés, ayant fait l'objet d'un échange de vues entre différents membres, une proposition fut faite par Gaston Lévy et adoptée, tendant à renvoyer cette question à l'examen de la Section de consommation chargée d'étudier le rapport présenté par la Section de production et d'indiquer les conclusions dans un rapport qui, suivant la proposition faite par M. Frédéric Brunet, serait discuté par une Commission mixte, toutefois, après intervention de quelques membres, la première proposition de Gaston Lévy fut adoptée.

Conformément à cette décision, la Section des Coopératives de consommation, dans une réunion tenue ultérieurement, eut à examiner le rapport de M. Briat et se mit d'accord pour étudier d'une façon générale le problème des rapports des Coopératives de production et de consommation vis-à-vis du personnel: M. Gide accepta de se charger du rapport à présenter à la réunion plénière du Conseil supérieur.

Ce rapport, dont nous donnons le texte ci-après, fut accepté par la Section de consommation pour servir de base à une discussion, étant donné qu'il y aurait lieu de développer les arguments précisant le droit pour les Coopératives de consommation de s'occuper de la production, les Coopératives de production, elles, étant limitées dans leurs efforts.

La question fut reprise à la dernière session du Conseil supérieur; des objections avaient été présentées sur le fait que le rapport de M. Gide, cité plus haut, n'avait pas été envoyé au préalable à la Section de production, celle-ci, après examen, présenta des vœux à la séance plénière qui rappelaient le désaccord existant entre les deux organismes et la difficulté d'arriver à une entente, en raison de la divergence d'opinions.

Un échange de vues eut lieu entre différents membres, sur les possibilités pour les Coopératives de consommation d'entreprendre la production.

Lors de la dernière séance, et sur l'indication donnée par M. Gide, qu'une entente ne paraissant pas possible entre les deux organismes, il n'y avait pas lieu de persister à la décision prise concernant la Commission chargée d'étudier un ordre du jour nouveau, une intervention fut faite par un membre de la Section de production, M. Gignoux, désireux qu'un accord intervienne.

A la suite de cette intervention, l'ordre du jour suivant fut adopté :

« Le Conseil supérieur de la Coopération, tout en affirmant le droit pour les Sociétés coopératives de consommation d'organiser la production au mieux des intérêts des consommateurs et en complet accord avec les organisations syndicales, et reconnaissant le rôle éminent de l'Association ouvrière de production dans la lutte en vue de l'abolition du salariat, croit désirable que ces deux grandes formes de la Coopération recherchent les occasions de s'entr'aider dans leur œuvre commune d'émancipation de la classe ouvrière. »

Sur rapport établi par Ramadier, un vœu fut adopté par le Conseil supérieur, précisant l'interdiction pour les industriels de créer des économats; la Commission permanente a été chargée d'examiner région par région, les conditions dans lesquelles fonctionnent les économats existants, pour leur permettre de se transformer en coopératives. »

Toutefois, en raison de l'existence des économats de chemins de fer, autorisés par l'article 77 du Code du Travail, le Conseil supérieur a adopté la proposition de demander au Ministère des Travaux publics de faire procéder au referendum prévu par le second paragraphe de l'article ci-dessus. Dans le cas où le referendum se prononcerait pour la suppression des économats, il serait demandé au Ministère des Travaux publics de faire contribuer les réseaux à la création de services coopératifs destinés à remplacer ces économats. Cette contribution consisterait :

1° Dans la création du fonds de dotation nécessaire au fonctionnement des institutions coopératives qui contribuent à la fourniture aux employés de chemins de fer des objets de consommation;

2° Dans le maintien au profit de ces institutions et pour la fourniture des objets destinés aux employés de chemins de fer, des conditions spéciales de transport actuellement accordées aux économats;

3° Dans l'affectation ou transfert à ces institutions, de l'usage des biens actuellement affectés au service des économats et aux mêmes conditions.

Le Conseil supérieur a également décidé de porter à l'ordre du jour de sa prochaine session l'examen des mesures destinées à protéger le titre de Coopérative contre tous les emplois abusifs qui peuvent en être faits.

Il a également décidé d'étudier la question des coopératives d'usines et celles des sociétés de ravitaillement pour personnel d'usines.

Une proposition faite par Nast et consistant à insérer un paragraphe à la loi du 4 février 1919 pour déterminer la nationalisation des actionnaires et des administrateurs des sociétés et des dirigeants d'associations, cette proposition demandant que la loi ne soit pas applicable aux Coopératives constituées en vertu du Titre III de la loi du 24 juillet 1867, relatif aux sociétés à capital variable, fut également adoptée.

Lors de la dernière session du Conseil supérieur, sur proposition faite par Poisson, le vœu suivant comportant l'attribution d'un crédit de cinq millions à la disposition des Coopératives de consommation pour l'Alsace et la Lorraine fut adopté; actuellement, ce crédit a, du reste, été voté.

« Le Conseil supérieur de la Coopération appelle l'attention de M. Millerand, Haut-Commissaire de la République et de la Commission supérieure d'Alsace et Lorraine, sur la nécessité d'encourager, dans les provinces reconquises, le développement du mouvement coopératif de consommation, qui peut permettre d'y obtenir une régularisation des prix, un ravitaillement à meilleur compte et l'application de la législation française, par la transformation des économats actuellement existants en coopératives françaises.

« Il demande qu'un crédit de cinq millions soit mis, sous forme de prêt, à la disposition des Coopératives de consommation qui organisent en Alsace et Lorraine le ravitaillement, en accord, du reste, avec les Pouvoirs publics et les organisations ouvrières; ce crédit serait accordé dans les mêmes conditions que le crédit de dix millions que le Parlement vient de voter et qui est réservé aux Sociétés coopératives des régions envahies et libérées. »

Enfin, Albert Thomas présenta au Conseil supérieur une proposition tendant à la création d'un Office statistique de la consommation et des stocks.

Cette proposition, adoptée à l'unanimité par les deux Sections, consommation et production, et approuvée à la séance plénière du Conseil supérieur, est reproduite complètement ci-après.

Nous poursuivons actuellement les démarches pour la réalisation de ces diverses propositions.

Rapport sur l'Activité de l'Office technique
de la F. N. C. C. au cours de l'Exercice 1918-1919

L'Office technique, dont l'activité avait été forcément des plus réduites pendant les années de guerre, a fonctionné de façon plus satisfaisante depuis le dernier Congrès national.

C'est à peine si pendant les deux derniers exercices, privé qu'il était de la plupart de ses membres mobilisés ou le plus souvent absorbés par d'autres tâches urgentes, il avait pu rédiger des statuts-type pour sociétés coopératives conformes à la loi du 7 mai 1917 et un type de bilan de société qui ont été adoptés et publiés en leur temps. L'importance grandissante du mouvement coopératif français l'oblige désormais à se préoccuper d'organiser, selon des procédés scientifiques et en suivant une méthode rationnelle, la vie économique du pays. C'est la tâche de l'Office technique de rechercher les moyens les plus propres à créer l'outillage de la coopération nouvelle, elle-même élément d'organisation de l'économie populaire nationale.

Sous l'autorité du Conseil central, désormais organe unique de la Fédération morale et de la Fédération d'achats en gros (M. D. G.) — qui désigne les membres de l'Office, soumet leur ratification au Congrès — et orienté par lui dans les voies convenables l'Office technique devait se proposer d'abord et avant tout, de donner une constitution juridique à la Coopération. La loi du 7 mai 1917, qui établit enfin un cadre précis et une organisation légale au mouvement coopératif, est son œuvre. Cette œuvre, il l'a depuis perfectionnée par l'établissement des statuts simples et pratiques, conformes tout ensemble à l'esprit rochdalien de la coopération, et capables de s'adapter aux circonstances nouvelles de la vie économique par la constitution de grandes sociétés régionales à succursales multiples. Un nouveau perfectionnement a été proposé aussi par la modification de la loi du 24 juillet 1867 pour l'extension, au-delà de 200.000 francs par année, du capital actions des coopératives. Adoptée par le Conseil supérieur de la Coopération, cette proposition a été acceptée depuis par les services ministériels compétents qui la soumettront sans doute prochainement à la délibération parlementaire.

Il fallait aussi, en attendant que puissent partout se constituer ces vastes organismes commerciaux de distribution coopérative qui seuls pourront rivaliser avec les puissantes entreprises du commerce compétitif et capitaliste, mettre les sociétés encore trop isolées et parfois orientées avec trop de timidité vers les fusions nécessaires, en situation de procéder à une première étape de concentration commerciale. Dès décembre dernier, et en conformité des indications du dernier Congrès national, l'Office technique étudiait dans ce but la constitution juridique et la rédaction de statuts d'unions temporaires, à temps limité, susceptibles d'acheminer les sociétés autonomes, par la voie d'opérations commerciales centralisées, vers le système supérieur de la société de développement départementale ou régionale. C'était un premier effort dont l'indication avait été d'initiative, pour ainsi dire, extérieure à l'Office, puisqu'elle lui venait du Congrès. Mais, dès que la démobilisation commençante lui eût permis d'adjoindre de nouveaux collaborateurs à ses membres présents à Paris, l'Office technique se préoccupa de se tracer un programme d'études. Il procéda d'abord à sa réorganisation sur de nouvelles bases. Ses membres furent distribués en quatre sections: économique, juridique, financière et d'hygiène sociale. Chaque section discute et délibère séparément sur les questions de son ressort dont l'étude préalable a été confiée à un rapporteur compétent. C'est ainsi que depuis le mois de janvier dernier, a été poursuivi par les diverses actions l'examen des questions suivantes énumérées dans leur ordre autant que possible chronologique.

1° *Section d'hygiène sociale:*

a) Projet de mutualités coopératives. (Rapporteur: Dr Fauquet);

b) Création de pharmacies mutualistes coopératives et de dispensaires.

2° *Section juridique:*

a) Etude de la question des économats et de la remise en application de la loi de 1910. (Rapporteur: Ramadier);

b) Modification à introduire pour la sauvegarde des intérêts des coopératives dans le projet de loi sur les sociétés par actions déjà voté par la Chambre des députés sur rapport de M. Bénazet. (Rapporteur: Alfred Nast);

c) Etude détaillée du projet de décret à intervenir après le vote définitif par le Sénat du crédit de 50 millions déjà voté par la Chambre pour la création des restaurants populaires coopératifs;

d) Etude de la législation allemande à laquelle sont soumises les sociétés d'Alsace-Lorraine, par Ramadier.

3° *Section économique:*

a) Projet d'établissement d'un Office national de sa statistique des prix et des stocks avec prolongement dans un Office international de même ordre rattaché à l'organisme de la Ligue des Nations. (Rapporteurs: Albert Thomas et Jacques Dreyfus);

b) Projet de création de boulangeries-meuneries industrielles (rapporteur: D. Bailly), de poissonneries et pêcheries industrielles (rapporteur: Poisson), d'abattoirs et boucheries industrielles, ainsi que du problème général de l'alimentation carnée (rapporteur: Gaston Lévy);

c) Utilisation rationnelle de procédés de réfrigération, de transports frigorifiques et de conservation par le froid, ces procédés pouvant être adaptés au transport et à la conservation de tous produits animaux ci-dessus ou des produits agricoles : beurre, fruits, légumes, etc. (Rapporteur: Ph. Landrieu).

d) Etude de la question des habitations à bon marché du point de vue de la Coopération de consommation. (Rapporteur. Henri Sellier).

e) La gestion des exploitations créées par les offices d'habitations à bon marché, coopératifs ou municipaux, par les Coopératives de consommation. (Rapporteur: G. Lévy);

f) Projet d'adaptation du régime des Fédérations coopératives régionales au régime des régions économiques créées par le décret Clémentel. (Rapporteur: Cleuet);

g) Introduction de l'étude de la Coopération dans les programmes scolaires. (Rapporteur: Marcel Mauss).

4° *Sections économique et financière réunies:*

A l'occasion des débats de la Conférence coopérative interalliée, et de la Conférence de la paix, l'Office a eu à intervenir pour obtenir que les intérêts de la Coopération française et des consommateurs qu'elle défend soient envisagés du point de vue pratique et a chargé Auerbach de lui présenter un rapport sur les procédés de liquidation des dettes de guerre qui auraient sur les prix de la vie des répercussions les moins onéreuses pour les consommateurs. De même, Charles Gide s'est vu confier l'étude d'un système de traités de commerce et de contrats commerciaux internationaux de nature à sauvegarder l'intérêt légitime des masses consommatrices et Albert Thomas a été, pour son compte, chargé d'étudier les raisons du maintien ou du rétablissement des Comités interalliés de ravitaillement.

Dans le même ordre d'idées et en prévision d'une action à mener par les coopératives auprès des futurs organismes qui viendraient à être créés par le traité de paix. Daudé-Bancel recevait mandat de suivre la question des facilités plus grandes à établir pour les transports des denrées et des personnes en vue des échanges commerciaux, des passeports et de l'unification de la monnaie internationale.

Sur la demande du Conseil central, l'Office a été, en outre, chargé d'une enquête à mener auprès des Sociétés au sujet des conditions du travail de leur personnel et a confié la conduite de cette enquête à Jacques Dreyfus.

La plupart de ces études confiées par l'Office à ses membres ne sont certes pas au point et demanderont de toute évidence des discussions et des échanges de vues avant d'aboutir à des conclusions d'ordre pratique. Mais, dès aujourd'hui, nous pouvons faire état du dépôt de très importants rapports et même de décisions fermes. C'est ainsi que la formule des mutualités coopératives a été adoptée déjà par la Commission des Œuvres sociales et par l'Assemblée générale de l'*Union des Coopératives* de la région parisienne.

D'autres, comme la création d'offices national et international des prix et des stocks, l'application rigoureuse de la loi de 1910 sur les économats, la modification favorable de la législation nouvelle proposée pour les sociétés par actions, qui ont été décidées par l'Office, ont été depuis prises en considération par le Conseil supérieur de la Coopération qui les a présentées à son tour sous forme de vœux aux pouvoirs publics compétents. De même, les études confiées à Bailly et à Gaston Lévy, ont abouti au dépôt de très importants rapports qui seront l'objet d'examens attentifs et de décisions prochaines.

Enfin, le rapport de Cleuet, adopté par l'Office et publié dans l'*Action Coopérative* du 19 juillet dernier, est présentement soumis aux délibérations du Congrès national.

En résumé, il convient de constater qu'en dépit des difficultés résultant de la mobilisation, l'Office technique a pris, en particulier depuis le début de cette année, la part la plus grande dans l'élaboration et dans l'étude des travaux susceptibles d'être utilisés de façon positive et pratique par le mouvement coopératif et de favoriser dans toute la mesure du possible sa croissance matérielle et son influence morale. Le Conseil central unique, le Congrès national et les Fédérations régionales elles-mêmes, de même que le Conseil supérieur de la Coopération dans son action, auprès des pouvoirs publics, retireront, à n'en pas douter, les effets les meilleurs de l'activité d'un tel organisme d'études, dont les membres, en même temps qu'ils sont souvent hommes de science précise et de forte documentation, sont aussi toujours des militants avertis des données modernes du problème coopératif. Ils lui apporteront dans l'avenir, plus encore que dans un passé difficile, l'application sérieuse et le dévouement désintéressé de travailleurs qui aiment le travail pour lui-même et servent aussi la Coopération pour son haut idéal de rénovation sociale et le rayonnement d'espérance qu'elle apporte à l'humanité.

Le Rapporteur:

J. GAUMONT.

Section d'Hygiène sociale de l'Office technique

Historique. — La section d'Hygiène sociale de l'Office technique de la Fédération nationale, constituée officiellement par une décision de l'Office technique en date du 20 février 1919, ratifiée par le Conseil central, est composée des membres suivants :

MM. Boulay, Daudé-Bancel, Dr Fauquet, Henriot, Dme Houdre, Dr Iodka, Dr Levêque, Gaston Lévy, Dr Mora, Dr Nicolaïdi, Poisson, Dr Renaudeau, Di Sorel, Yung, a tenu sept séances.

Les rapports étudiés par elle et les projets qu'elle a contribué à mettre debout montrent qu'un large champ d'action s'ouvre à ses efforts.

Dans une première réunion du 28 janvier, réunion préparatoire, la Section s'occupait de définir son programme de la manière suivante :

1° Étude du fonctionnement des œuvres sociales coopératives d'un point de vue médical et hygiénique;

2° Application des lois et prescriptions de l'hygiène sociale dans les organisations ou œuvres coopératives;

3° Economie alimentaire;

a) Etude des propriétés organiques des aliments;

b) Fraudes et falsifications;

c) Produits de substitution;

4° Conditions physiologiques de travail dans les organisations coopératives.

Tous ces points seraient ultérieurement développés et firent en effet l'objet d'un rapport du Dr Renaudeau (annexe rapport N° 1).

Les séances ultérieures, 1er avril, 6 mai, 15 mai, 20 mai, 5 juin, 7 juillet, 7 août et 14 août furent consacrées à l'examen de ces questions et projets.

Disons tout de suite que non seulement par suite de leur inscription en tête du programme, mais par le fait des circonstances elles-mêmes, l'étude du fonctionnement des œuvres sociales coopératives allait attirer tout d'abord l'attention de la Section d'Hygiène et absorber son activité.

En effet, le Conseil d'administration des Mutualités, dans sa réunion du 22 mars 1919, faisait de la Section d'Hygiène sociale le propre Comité technique consultatif de l'*Union des Coopétives.*

Sur sa proposition, l'Assemblée générale de l'*Union des Coopératives* du 11 mai décidait la création d'une Société de secours mutuels dont les statuts étaient adoptés le jour même et qui, après autorisation ministérielle, pouvait commencer à fonctionner le 1er juillet 1919.

La Section d'hygiène sociale, fonctionnant comme Comité technique de la nouvelle Société de secours mutuels créée, était amenée, par suite, à étudier trois importants projets :

1° Projet sur l'organisation et la création de dispensaires médico-chirurgicaux;

2° Projet sur l'organisation et la création de pharmacies mutualistes;

3° Projet de droguerie centrale et laboratoires annexes.

Ces trois rapports firent l'objet d'un rapport présenté pour le premier projet par les D** Iodka, Levêque, Nicolaïdi, Renaudeau et Sorel (rapporteur, Dr Sorel); pour les pharmacies mutualistes, droguerie centrale et laboratoire, par les pharmaciens Boulay et Daudé-Bancel et par M. Yung.

Dans ses dernières réunions, la Section d'hygiène put entendre et discuter un rapport du Dr Renaudeau sur le Congrès d'hygiène sociale, faire siens un certain nombre de vœux enregistrés déjà par le Congrès en question et envisager la soumission de ces vœux au Conseil central et au Congrès national de la Fédération.

Projets. — 1° *Dispensaires.* — Les différents projets en discussion ayant été étudiés au cours de séances successives pour le détail desquelles nous renvoyons aux procès-verbaux des réunions, nous nous contenterons d'indiquer les différentes conceptions en présence et les conclusions adoptées.

Pour les dispensaires, deux conceptions se trouvaient en présence.

Fallait-il créer des dispensaires destinés à donner à la clientèle coopérative tous les soins médicaux, ou bien le dispensaire créé par les Coopératives devait-il être considéré comme le complément de l'œuvre d'assurance maladie.

Dans la première conception, le dispensaire est une œuvre destinée à soigner les malades; dans la seconde, le dispensaire est beaucoup plutôt une entreprise d'hygiène destinée à donner aux coopérateurs bien portants les conseils susceptibles de les empêcher de tomber malades.

Il semble que dans la pratique, le fonctionnement de nos dispensaires réalisera les deux conceptions à la fois.

La consultation demandée au Comité technique en vue de la création effective de dispensaires dans la région parisienne comportait l'étude de trois types de dispensaires :

1° Un petit dispensaire local comprenant essentiellement les consultations de médecine générale et de petite chirurgie;

2° Un dispensaire du type moyen comprenant, outre les services médico-chirurgicaux précédents, quelques consultations de spécialités sommaires;

3° Un type de dispensaire central, comprenant, à l'exclusion d'une consultation médico-chirurgicale de pratique courante, toutes les consultations et services de spécialités qu'il serait possible d'organiser.

Ces trois types de dispensaires, avec projet d'installation et liste du matériel, furent étudiés dans le rapport du dispensaire (annexe rapport N° 2) et discutés par la Section d'hygiène sociale. Les conclusions en furent communiquées pour avis au Conseil d'administration des Mutualités.

Depuis lors, un certain nombre de sections locales de l'*Union des Coopératives* ont envisagé la possibilité de créer dans leur rayon d'action quelques-uns de ces dispensaires locaux; deux projets, notamment, ont été soumis pour avis motivé, à la Section d'hygiène sociale qui les a discutés.

Enfin, la Section continue l'étude d'un ou deux projets de dispensaires avec spécialités, projets pour la réalisation desquels la Mutualité générale des coopérateurs dispose des capitaux nécessaires.

Pharmacies. — La question de l'organisation et la création de pharmacies mutualistes a été également soulevée à la Section d'hygiène sociale, sur la demande de la Mutualité générale des Coopérateurs et a fait l'objet d'un rapport.

La situation juridique ne soulève aucune difficulté, la jurisprudence ayant établi des arrêts en cassation; mais la question économique et financière pouvait nous arrêter un moment.

Quelles étaient les conditions requises pour permettre à une pharmacie mutualiste de vivre et de se développer?

L'examen des expériences du passé et des conditions actuelles concernant les frais généraux, ont permis de conclure qu'une certaine densité de clientèle mutualiste devait être acquise.

Le chiffre de 3.500 familles était indiqué comme chiffre minimum, lorsque ces 3.500 familles sont groupées dans un quartier de Paris ou une commune de banlieue de moyenne importance.

C'est de cette densité du noyau de clientèle que dépend le chiffre d'affaires et, par suite, la réussite de l'entreprise; c'est elle qui a été l'idée directrice inspirant le rapport concernant les pharmacies.

Droguerie-Laboratoires. — La question de création d'une droguerie et de laboratoires annexes était la conséquence logique de la création des pharmacies mutualistes.

La Section d'hygiène sociale a adopté intégralement le rapport présenté sur cette question, rapport concluant à la création éventuelle d'un organisme central qui aurait un double rôle commercial et scientifique et rappelant que l'extrême développement des pharmacies mutualistes permettrait seul d'envisager, sous la forme de droguerie véritable, une entreprise de plus vaste envergure.

Ajoutons que le Conseil d'administration de la Mutualité générale envisage dès maintenant la création d'une et peut-être deux pharmacies mutualistes et l'organisation d'une Union de Sociétés de secours mutuels de la région parisienne, en vue du développement intensif des dispensaires et des pharmacies mutualistes existantes.

Vœux. — 1° *Secrétariat médical.* — Sur la proposition de l'un de ses membres, la Section d'hygiène sociale a adopté un vœu concernant la création par la F. N. C. C. d'un Secrétariat médical chargé de la liaison avec les différentes commissions; ce Secrétariat, dont le service serait assuré par deux médecins présents à la Fédération à jour et heure fixes, serait chargé de donner son avis au point de vue hygiénique sur toutes les réalisations, de donner aux organisations adhérentes toutes les consultations nécessaires au point de vue :

Hygiène alimentaire;

Hygiène du personnel;

Organisation scientifique du travail;

Organisation de services médicaux pour les Mutualités coopératives, etc...

de proposer aux délibérations de la Commission d'hygiène les études qui paraîtraient devoir mériter un travail d'ensemble de celle-ci.

Notons que dans sa dernière séance et sans attendre la décision de la Fédération qui, seule, peut mettre à la disposition de ce Secrétariat médical un budget, la Section d'hygiène sociale a constitué son Secrétariat, chargé de suivre les affaires pendantes, de préparer les travaux de ses séances et de faire la liaison avec les différents organismes de la Coopération.

Rapport sur le Congrès d'Hygiène sociale

Les camarades Daudé-Bancel et Renaudeau ont représenté officiellement la Fédération au Congrès d'hygiène sociale; ils ont présenté à la Section d'hygiène un rapport détaillé des travaux du Congrès et les vœux qui ont constitué la conclusion de ce Congrès ont été mis en discussion.

La Section d'hygiène sociale les a faits siens pour la plupart et demande à la Fédération de les étudier à son tour:

1° Vœu tendant à l'téablissement d'un Ministère de la Santé publique;

2° Vœu engageant les Sociétés coopératives à supprimer les étalages dans la rue;

3° Vœu tendant à s'assurer du concours du Comité technique d'hygiène sociale lors de l'ouverture de nouveaux magasins ou entreprises coopératives (les coopératives de la région parisienne acceptent, dès maintenant, le principe de cette collaboration avec la Section d'hygiène, aussi bien pour la création de nouvelles entreprises que pour le contrôle de l'entretien des locaux existants);

4° Vœu concernant la question des fraudes alimentaires; la Section d'hygiène émet un vœu demandant au Conseil central si les organismes compétents jugeraient intéressant d'étudier comment les organisations coopératives à l'étranger examinent la question des fraudes et de provoquer une enquête à ce sujet;

5° Vœu demandant au Conseil central de s'entremettre auprès du Conseil municipal de Paris à l'effet d'obtenir des terrains pour les groupes de pupilles;

6° Vœu demandant au Conseil central d'examiner une demande de participation de la Ville de Paris pour l'établissement de piscines populaires, de bains et bains-douches.

D'autres vœux, émanant du Conseil d'hygiène sociale, sont encore à l'étude, les conclusions seront transmises ultérieurement aux organisations compétentes.

CONCLUSIONS

Ainsi qu'on le voit par ce rapport succinct, les travaux de la Section d'hygiène sociale sont à la fois d'ordre théorique et pratique.

L'ordre du jour de ces réunions sera de plus en plus chargé, au fur et à mesure que les organisations coopératives s'attacheront à faire passer dans la pratique la réalisation des préceptes de l'hygiène.

Bilan au 31 Décembre 1918

ACTIF

Brochures, Librairie		2.000 »
Matériel et Agencement	8.056 25	
Matériel et Agencement : Amortissement	8.056 25	
Actions de Sociétés ouvrières	85 »	
Actions de Sociétés ouvrières : Amorsement	85 »	
Cotisations, Fédérations régionales et Sociétés (sommes encaissées au cours du 1er trimestre 1919, sur cotisations 1918)		11.408 25
Dû par *Action Coopérative* (sommes encaissées au cours du 1er trimestre 1919, sur cotisations 1918)		22.788 95
Dû par la Caisse fédérale...........		1.778 »
Avance faite à l'exode des enfants (remboursée par les Pouvoirs publics dans le 1er trimestre 1919)		33.882 04
Magasin de Gros : en caisse..........		90.412 61
		162.269 85

PASSIF

Capital au 31 décembre 1917	16.142	94
Excédent de l'exercice 1918	174	46
		16.317 40
Dû à la Caisse des Orphelins...........		135.212 75

Frais et factures à payer, payés au cours
du 1er trimestre 1919 :

Factures, imprimés, papiers et articles de bureau	6.006	80
Factures, librairie	55	75
Journal : impression	4.267	15
		10.329 70
Fêtes, excursions : dûs à divers......		410 »
		162.269 85
Stock au 31 décembre 1918...............		2.000 »
Achats de l'exercice...................		5.609 »
Total des ventes de l'exercice..........		6.625 85
Bénéfices du Libraire		1.014 85

Caisse fédérale

Solde débiteur au 1er janvier 1918.............		5.163 90

Débit :

Frais d'inscriptions retraites	525	85
Salaires	1.800	»
Paiement retraites	5.920	75
Frais administration	830	60
Frais divers	185	45
		9.262 65
		14.426 55

Crédit :

Subvention du Conseil général........	5.000	»
Prêt de l'Etat	2.500	»
Versements 1918	5.148	55
		12.648 55
Solde débiteur au 31 décembre 1918............		1.778 »

Exode des Enfants

Recettes en 1918		484.176 06

Paiements :

Remb^t mensualités, versements, etc.....	514.622	55
Frais divers	807	40
Convoyeurs	295	»
Pourboires	25	»
Frais de bureau	5	50
Assurance Thémis	237	65
P. T. T...................	17	10
Salaires	2.047	90
		518.058 10
Solde débiteur au 31 décembre 1918		33.882 04

(Toutes ces sommes ont été payées au cours du premier trimestre 1919.)

Orphelins

Solde créditeur au 1er janvier 1918		143.428	50
Recettes 1919 : dons, allocations, etc.		1.116.286	»
		1.259.714	50

Paiements :

Salaires	7.854	35	
Frais d'envoi	7.086	65	
Mensualités	1.109.560	75	
		1.124.501	75

Solde créditeur au 31 décembre 1918 .... 135.212 75

Résultats de l'Exercice 1918

Comptes débiteurs :

Frais généraux	40.596	89
Propagande	23.856	95
Action Coopérative	11.594	46
	76.048	20

Comptes créditeurs :

Librairie, brochures	1.014	85
Compte Sociétés (cotisations)	74.640	69
Solde débiteur	392	66
	76.048	20

Frais généraux

Salaires	21.275	60
Loyer	2.813	50
Frais de bureaux et divers	9.041	75
P. T. T.	4.132	43
Amortissement matériel et agencement..........	3.050	»
Total	40.313	28

Propagande

Délégations	12.305	20
Cotisations et divers	1.475	»
Conseil juridique	700	»
Congrès	2.740	90
Comité d'éducation	135	85
Cotisation Alliance	2.000	»
Services de l'*Action Coopérative* aux Sociétés adhérentes	4.500	»
Total	23.856	95

Action coopérative

Recettes 1918

Fermage, annonces M. D. G.	5.000	»
Service gratuit aux Sociétés	4.500	»
Recettes	40.390	90
	49.890	**90**

Dépenses :

Frais d'expédition	15.590	71
Impression	42.894	65
Salaires	3.000	»
	61.485	36

Solde débiteur au 31 décembre 11.594 46

Librairie — Brochures

Stock au 1ᵉʳ janvier 1918	2.000	»
Achats de l'exercice	5.609	»
Total	**7.609**	**»**

Rapport de la Commission de Surveillance

Camarades,

Pendant le cours de l'année 1918, votre Commission de surveillance s'est réunie pour procéder à l'examen des opérations comptables de la Fédération Nationale des Coopératives de consommation.

Elle a examiné avec attention les livres et pièces nécessaires à l'exercice de son contrôle et tous renseignements utiles lui ont été fournis par la Comptabilité.

De l'examen du bilan, il résulte les constatations suivantes :

Actif :

Le stock « Brochures, librairie », inventorié à 2.000 francs, est largement représenté par l'existant en dépôt.

Le solde de la « Caisse Fédérale », qui était de 5.419 francs au 31 décembre 1917, est réduit à 1.778 francs.

Celui de l'*Action Coopérative* ressort à 22.788 fr. 95, à récupérer dans les mois suivants, mais non encaissé au 31 décembre.

Les cotisations dues et à recevoir des Sociétés et « Fédérations Régionales » sont de 11.408 fr. 25.

Les avances faites pour l' « Exode des enfants » et qui sont à rembourser par les Pouvoirs publics, s'élèvent à 33.882 francs.

Le solde en caisse, en dépôt au M. D. G., est de 90.412 fr. 61.

Passif :

Il reste à régler une somme de 410 francs à divers, pour frais de fêtes et excursions.

Il est dû à la Caisse des Orphelins, 135.212 fr. 75.

L'excédent des recettes sur les dépenses est de 176 fr. 45, auquel il y a lieu d'ajouter les bénéfices résultant des exercices antérieurs, soit 16.142 fr. 94. Le compte « Résultats » ressort à 16.317 fr. 40.

Nous approuvons les amortissements des comptes « Matériel et agencement » et « Actions des Sociétés ouvrières » comme étant de bonne administration et vous proposons d'adopter le « Bilan » tel qu'il vous est présenté.

La Commission de surveillance :

Cicé, Droneau, Ducrocq, Mauchonnet, Tutin.

Le Rapporteur : Droneau.

Le camarade Cicé ne sollicite pas le renouvellement de son mandat.

Le développement de la Coopération par la vente au Public et la Régularisation des Prix par la Coopération

Les Coopératives de consommation tendent de plus en plus à vendre, non seulement à leurs sociétaires, mais au public.

Elles facilitent chaque jour davantage l'admission, comme sociétaires, de tous les consommateurs, sans aucune préoccupation d'ordre de parti, d'opinion religieuse ou de situation de classe, et rendent l'adhésion plus aisée, en réduisant au minimum les formalités, et en acceptant même des adhérents qui, sans participer à la gestion, bénéficient du droit à la ristourne.

Elles savent qu'elles profitent particulièrement aux travailleurs dont la force de consommation est la plus restreinte et qui ont le plus d'intérêt à une sage économie de son emploi, mais leur but est d'appeler les consommateurs, quels qu'ils soient, puisqu'elles constituent, au sein même de la société actuelle, les éléments peu à peu constitutionnels d'une société économique complète où la production des richesses s'organisera au profit des consommateurs associés.

Mais, c'est donc leur rôle, dépassant les limites de l'aide apportée à leurs propres sociétaires, de travailler à l'intérêt général et de faire appel au public lui-même.

Elles y ont été peu à peu incitées par les attaques des intermédiaires qui, dans le passé, étaient parvenus à leur faire imposer des taxes qui frappaient les bénéfices commerciaux, comme de la patente, alors cependant que les Coopératives ne font pas de bénéfices, puisqu'elles ne rémunèrent pas proportionnellement au capital de l'entreprise, mais proportionnellement aux achats de chacun, c'est-à-dire qu'elles rendent un trop-perçu qui s'appelle ristourne.

Dans les conditions de charges fiscales qui leur étaient faites, elles trouvaient dans la vente à tout le monde, augmentant leur chiffre d'affaires et diminuant proportionnellement leurs frais généraux, un moyen de couvrir les taxes qu'elles payaient indûment.

Elles se contentent, pour conserver leur caractère, conformément aux principes coopératifs, d'attribuer statutairement les bénéfices de la vente au public à des fonds de développement ou à des œuvres sociales, afin que les sociétaires ne puissent en retirer un avantage matériel, directement ou indirectement.

, Mais la vraie pratique coopérative a mis davantage en valeur un des caractères essentiels de la Coopération : son rôle de régularisation des prix du marché. L'existence même d'une Coopérative, dans un milieu donné, vendant à tous à des prix légèrement au-dessous du commerce privé, oblige les intermédiaires à vendre au même prix qu'elle. Elle profite ainsi à ceux-là mêmes qui n'ont pas encore compris ses bienfaits et lui sont restés réfractaires.

Elle met un frein aux abus des commerçants qui, non contents du bénéfice normal, qui correspond à la ristourne de 4 à 6 0/0 du coopérateur, entend spéculer et profiter des hausses et des baisses provenant de la pénurie ou de l'abondance des marchandises et se créer des bénéfices illicites, ou instituer des concurrences déloyales.

De leur rôle d'organisation privée qu'elles étaient exclusivement, quand elles ne répartissaient qu'entre leurs membres, les Sociétés coopératives deviennent alors de quasi organismes publics et elles constituent, partout où elles se trouvent, le régulateur des prix à la consommation.

Le Rapporteur,

Ernest Poisson,

Rôle des Sociétés de développement à Succursales

Le Congrès constate avec satisfaction que la résolution votée au Congrès de 1913, à Reims, concernant la fusion des Coopératives et leur transformation en Unions régionales, a été suivie d'effets. Le Congrès présente à nouveau une résolution préconisant, non seulement la fusion des sociétés existantes, mais la constitution, sans retard, de Coopératives départementales ou régionales.

Les difficultés économiques engendrées par l'état de guerre ont démontré, plus efficacement que toute propagande verbale ou écrite, l'utilité des organisations coopératives.

La tâche à accomplir pour suivre le développement rapide de nos organisations coopératives, a été énorme, mais assez facile, parce que la concurrence n'était pas redoutable. Le commerce avait des difficultés très considérables d'approvisionnement, de transport et de recrutement de personnel, qui limitaient son action. De petits commerçants avaient dû fermer boutique, soit parce que mobilisés, soit en raison des difficultés d'approvisionnement. Les plus importantes et les plus anciennes Sociétés à succursales multiples, avaient leurs entrepôts dans la région de l'Est, et ont dû interrompre ou limiter leurs opérations régulières avec leurs gérants, au moins pendant un assez long temps.

Aujourd'hui, les transports se réorganisent, les sociétés capitalistes perfectionnent leur outillage et reprennent leur activité.

Sans retard, il faut créer des Coopératives départementales et régionales, avec une technique appropriée à l'évolution commerciale.

La zone d'influence de ces Sociétés régionales, par rapport aux Sociétés autonomes, sera déterminée par les Fédérations régionales. Trois cas peuvent se présenter : 1° Création de succursales de la Coopérative régionale, à proximité d'une Coopérative existante; 2° Création d'une Société autonome où fonctionne déjà une succursale de la Coopérative régionale; 3° Refus de la Coopérative régionale de créer une succursale, malgré un certain nombre d'adhésions nouvelles à cet effet.

Le Congrès ne peut établir un statut pour le règlement de ces questions, les cas et les situations pouvant être excessivement variables, la Fédération régionale sera mieux qualifiée pour en juger.

Le Rapporteur :

WASEIGE.

Les Régions économiques et la Constitution des Fédérations régionales

Le Secrétariat de la Fédération Nationale des Coopératives de consommation a souvent reçu des observations relatives à la constitution géographique actuelle de nos fédérations régionales. On peut dire que, dans la majeure partie des cas, personne n'est satisfait. Nous ne disons pas que toutes les propositions qui ont déjà été faites, à ce sujet, sont acceptables. Au contraire, la tendance de certaines sociétés à créer de nouvelles fédérations, nous semble un point de vue en contradiction avec les courants qui se dessinent, actuellement, dans beaucoup de milieux, en vue d'une réorganisation économique de la France.

*
**

Il serait difficile, et d'ailleurs parfaitement inutile, de tenter de faire l'histoire de la création de nos fédérations régionales au point de vue de leur tracé géographique. Il est vrai de dire que la plupart ont été créées au petit bonheur. Les unes se sont placées dans le cadre des anciennes provinces. Des sociétés se sont groupées suivant des affinités politiques, philosophiques ou professionnelles. (Pour comprendre exactement cette situation, il faut rappeler l'existence simultanée des deux groupes nationaux: Bourse des Coopératives socialistes et Union

Coopérative, jusqu'en 1912); enfin, dans beaucoup de cas, on a aggloméré les sociétés de plusieurs départements, sans tenir compte des moyens de communication et de la diversité des positions économiques, dans le but unique de réaliser une densité coopérative à peu près d'égale importance, avec des fédérations régionales voisines.

Nous ne condamnons pas absolument ce point de vue. Il a permis une représentation à peu près égalitaire au Comité confédéral de la Fédération Nationale.

Mais, comme nous l'avons dit plus haut, la constitution actuelle de nos fédérations régionales ne donne plus satisfaction, d'une façon générale. Pendant la guerre, notamment, beaucoup de sociétés ont considéré avec raison que le cadre départemental se prêtait mieux à leur action. C'est qu'en effet, la constitution d'offices départementaux pour le sucre, le charbon, etc. et les cessions de certaines denrées faites par les préfets, les incitaient à se grouper pour obtenir le maximum d'avantages dans le cadre administratif départemental.

De là, à estimer que la meilleure organisation pour grouper les sociétés était d'utiliser le cadre départemental, il n'y avait qu'un pas. C'est ainsi que nous avons constaté, depuis quelques années, la formation d'un certain nombre d'unions départementales, dans le sein de nos fédérations régionales. Sans doute, ce système ou tout autre pourrait subsister dans le projet que nous soumettons ci-après, mais il n'en reste pas moins que ce cadre, créé par des circonstances exceptionnelles, et dont l'utilité diminue chaque jour, ne répond pas aux besoins économiques actuels.

*
* *

Nous ne sommes pas les seuls à nous préoccuper des problèmes économiques redoutables qui se forment à l'heure actuelle et à rechercher des systèmes d'organisation capables de donner le maximum de rendement, en vue de solutionner ces importants problèmes. Dans les milieux commerciaux et industriels, ces préoccupations dominent actuellement. Et dans les milieux administratifs et parlementaires, ces préoccupations se traduisent, depuis quelques années déjà, par le dépôt de projets de lois et par des études visant à la réorganisation administrative, régionaliste et économique de notre pays.

C'est que le département est un cadre vieilli. Il a été constitué à une époque où les moyens actuels de communication par chemin de fer et par automobiles n'existaient pas. D'autre part, le télégraphe et le téléphone ont singulièrement contribué à faire craquer le vieux cadre départemental.

Enfin, les obligations économiques deviennent si impérieuses, qu'elles incitent chaque jour à l'examen de problèmes interdépartementaux. Dans tous les domaines, d'ailleurs, universitaires, touristes, agricoles, industriels, etc..., des relations permanentes sont établies par région, car tous les intérêts trouvent le cadre départemental notoirement insuffisant pour édifier les bases de leur défense et de leur action.

Faut-il rappeler aussi que les Conseils généraux provoquent, à chaque instant des réunions interdépartementales pour rechercher, en ce qui concerne l'établissement des voies ferrées, la création de canaux, l'utilisation de la houille blanche, etc..., les solutions les meilleures pour l'intérêt public.

Tout le monde est d'accord — nous le pensons du moins — pour faire ces constatations et pour dire que le département a perdu beaucoup de sa raison d'être depuis que les constituants de 1790 l'ont imaginé.

*
* *

Il faut donc trouver autre chose. Ou plutôt, il faut tracer des cadres précis pour les aspirations régionalistes, qui s'affirment de plus en plus.

En ce qui nous concerne, c'est le cadre, ou pour mieux dire, la région économique, qui nous intéresse. Les Coopératives de consommation, par la puissance qu'elles ont accru depuis quelques années, seront appelées d'ici peu à jouer un rôle important dans le domaine commercial et industriel de ce pays. Elles tendent de plus en plus, non seulement à apporter quelques avantages à leurs associés fidèles, mais à devenir des organismes régulateurs des prix et des transactions. Du domaine étroitement privé — on pourrait même dire intime — où elles exerçaient de puis longtemps leur action, les Coopératives sortent avec assurance, en vue de faire front au mercantilisme de toutes variétés et de toutes importances.

Hier, les Coopératives n'avaient d'autres soucis que la défense de quelques milliers de consommateurs. Aujourd'hui, c'est l'intérêt général que la Coopération a le devoir de prendre en mains.

La puissance actuelle du mouvement coopératif français nous fait une obligation de préparer des solutions hardies et de regarder sans appréhension les redoutables problèmes économiques qui seront à solutionner au cours des années qui vont suivre.

Nous sommes à l'une des périodes les plus redoutables de notre développement. Il faut avancer ou reculer. Nous voulons dire par là que, si la Coopération ne joue pas un rôle important dans ce bouleversement économique, qui agitera le monde pendant les années qui vont suivre, elle perdra tout crédit, non seulement auprès du public, mais encore dans la masse des coopérateurs.

Il faut donc préciser nos méthodes et réformer notre organisation intérieure, en vue d'une action efficace.

Dans l'organisation régionale économique où vont se grouper demain les forces industrielles et commerciales de ce pays, il faut que la Coopération ait sa place. Si besoin est, elle la réclamera au nom de l'universalité des consommateurs qu'elle représente. Et pour obtenir le maximum de chances, en vue de se faire admettre à participer à cette action économique, et aussi pour y jouer un rôle efficace, la Coopération doit adapter exactement son organisation fédérale aux systèmes qui seront choisis ou même imposés.

*
* *

Quels sont ces systèmes? Ils sont assez nombreux. Mais il est vrai de dire qu'au point de vue géographique, ils se rapprochent beaucoup. On note cependant des points de vue différents, selon que les auteurs des projets se placent au point de vue de la réorganisation administrative ou de la constitution de la région économique, tout le monde connait, ou a entendu parler du projet Clémentel.

Disons de suite que si cette initiative peut être critiquée dans ses bases et dans les modalités de son fonctionnement, elle a au moins ce mérite d'avoir été réalisée. Au contraire de tant d'autres projets qui sont à l'étude depuis des années, dans les commissions parlementaires, le projet Clémentel de diviser la France en régions économiques, est devenu une réalité.

C'est de cela qu'il faut que nous tenions le plus grand compte.

M. Clémentel a posé deux principes, qui ont dirigé le travail entrepris sous ses ordres :

1° Constater ce qui est; dégager par une étude attentive des faits eux-mêmes les solutions qui paraissent les plus logiques.

C'est ce que le ministre du Commerce a fait en établissant, en août 1917, son « projet de division de la France en régions économiques ».

2° Consulter les intéressés; les inviter à étudier, de concert avec les services du Ministère, le projet ministériel. Tel est le sens de la circulaire du 25 mars 1917 aux Chambres de Commerce (il leur demandait de faire valoir leurs objections, etc.).

Ainsi, nous nous trouvons en présence d'une étude faite dans les meilleures conditions. Non seulement les intéressés — pas tous, évidemment — mais les seuls corps constitués auxquels le Ministre pouvait s'adresser en vue d'une réalisation rapide, ont donné leur avis, mais l'étude générale et celle de la division par régions ont été faites par des spécialistes, que M. Clémentel a affecté à cette formidable besogne.

Nous voici donc nantis d'une organisation de régions économiques. Comment M. Clémentel a-t-il pu lui donner un caractère officiel et légal?

Simplement en faisant une application étendue et générale des dispositions de la loi du 9 avril 1898, qui accordent aux Chambres de Commerce le droit de provoquer, par l'entremise de leurs présidents, une entente sur les objets rentrant dans leurs attributions et intéressant à la fois leurs circonscriptions respectives et le droit de se concentrer en vue de créer, de subventionner ou d'entretenir des établissements, services ou travaux d'intérêt commun. Ce fut l'objet d'un arrêté ministériel, en date du 7 avril 1919.

Voici donc, singulièrement handicapés, les projets et les propositions de lois qui attendent depuis des années que le Parlement leur fasse un sort.

Dès à présent, des groupes régionaux économiques fonctionnent. Il est vraisemblable qu'on tiendra le plus grand compte de cette situation de fait, quand la question viendra à la Chambre. Et il est tout à fait possible que, pour ne pas créer un enchevêtrement avec des projets de réforme administrative élaborés sur des bases différentes, les délimitations actuelles deviennent définitives, non seulement pour l'organisation économique, mais pour servir de cadre à la réorganisation administrative.

Nous n'avons pas à examiner, pour le moment du moins, le fonctionnement des groupes constitués par M. Clémentel.

Nous avons simplement à voir si cette organisation de la France en régions économiques peut être utilisée par nous, en vue d'une refonte de nos fédérations. Nous aurons aussi à examiner quel rôle les groupes coopératifs pourront tenir dans cette nouvelle forme de l'activité économique.

Pour ce qui est de la délimitation géographique de nos fédérations régionales, nous pensons, — et l'Office technique de la Fédération Nationale a été de notre avis — que nous ne saurions mieux faire que de nous prononcer en faveur d'une étude poursuivie dans des conditions qui donnent les plus grandes garanties.

Si nous voulions, de notre côté, poursuivre une étude identique, en faisant abstraction de considérations diverses qui n'ont rien à voir avec les problèmes économiques, il est probable que nous aboutirions à des tracés semblables.

A quoi bon faire des efforts pour découvrir un autre système qui ne serait sans doute pas meilleur et qui n'aurait pour résultat que de nous faire tenir à l'écart des études et de l'action qui vont se poursuivre dans ces nouvelles régions économiques.

Au contraire, et pour les raisons indiquées plus haut, nous voulons tenter d'y exercer un rôle. Un comité régional sera placé à la tête de chaque région économique. Il est exclusivement composé de délégués des Chambres de Commerce. Ce Comité nomme un Secrétaire général de la région économique; cette nomination sera cependant soumise à l'homologation du ministre du Commerce, qui lui remettra une lettre de service l'accréditant auprès des diverses administrations publiques.

Enfin, et ce qui est important à noter, c'est que par un deuxième arrêté, le ministre du Commerce a décidé que les *Comités consultatifs d'action économique*, institués pendant la guerre au siège de chaque région de corps d'armée, deviendront les comités consultatifs des régions économiques.

Or, dans ces Comités consultatifs, nous pouvons immédiatement demander la représentation des Sociétés coopératives. Déjà, plusieurs des nôtres en font partie depuis leur création.

Voilà l'action immédiate que nous avons à mener en faveur de la représentation coopérative.

Si le Congrès se rallie à notre suggestion, nous aurons, dans les mois qui suivront nos assises annuelles, à procéder à la refonte de nos fédérations régionales et, simultanément, nous demanderons que des sièges soient réservés aux délégués des Sociétés coopératives dans les Comités consultatifs des régions économiques.

A chaque jour, sa besogne. Quand nous aurons procédé à notre réorganisation fédérale, pour l'adoption aux groupes régionaux officiels, et que nous serons dans les Comités consultatifs, nous pourrons étudier le problème dans son ensemble.

Projet de résolution

1° *Le Congrès national est d'avis que les fédérations régionales actuelles doivent subir, s'il y a lieu, les modifications utiles, en vue de réaliser une constitution géographique identique à celle des régions économiques créées par l'arrêté ministériel du 7 avril 1919;*

2° *A l'intérieur des nouvelles fédérations régionales, pourront subsister ou être créés des unions ou groupes, rayonnant*

sur un département, un arrondissement ou sur un centre in-
dustriel composé de plusieurs communes et parfois même de
plusieurs arrondissements.

Cependant, ces groupements ne seront pas reconnus comme
des organismes statutaires, relevant de la Fédération Nationale.
Ils ne pourront obliger aucune Société à y adhérer, car, seule
l'adhésion à la Fédération régionale est obligatoire.

Pour réaliser une unité d'action dans la Fédération Natio-
nale, et pour assurer le contrôle d'initiatives, dont le mouve-
ment coopératif aurait cependant la responsabilité, le Congrès
décide que ces groupements seront invités à faire connaître au
Secrétariat régional le rôle qu'ils se proposent d'exercer;

3° Le Congrès demande que les délégués choisis par les So-
ciétés coopératives, dans chaque région économique, soient
admis à participer aux travaux des Comités consultatifs des
régions économiques.

Aux termes d'un arrêté du ministre du Commerce, les
136 Chambres de Commerce, énumérées ci-après, sont autorisées
à constituer les groupements économiques régionaux suivants :

1° Groupement économique régional de Lille, comprenant les
quatorze Chambres de Commerce de Dunkerque, Armentières,
Tourcoing, Roubaix, Lille, Douai, Valenciennes, Cambrai, Aves-
nes, Boulogne-sur-Mer, Calais, Saint-Omer, Béthune, Arras, avec
Lille pour centre;

2° Groupement économique régional d'Amiens, comprenant
les six Chambres de Commerce d'Abbeville, Amiens, Péronne,
Le Tréport, Saint-Quentin, Beauvais, avec Amiens pour centre;

3° Groupement économique régional de Rouen, comprenant
les Chambres de Commerce de Caen, Honfleur, Cherbourg,
Granville, Alençon, Flers, avec Rouen pour centre;

4° Groupement économique régional de Caen, comprenant les
six Chambres de Commerce de Caen, Honfleur, Cherbourg,
Granville, Alençon, Flers, avec Caen pour centre;

5° Groupement économique régional de Nantes, comprenant
les dix Chambres de commerce de Laval, Le Mans, Nantes,
Saint-Nazaire, Angers, Cholet, Saumur, Tours, Lorient, La Roche-
sur-Yon, avec Nantes pour centre;

6° Groupement économique régional de Rennes, comprenant
les sept Chambres de Commerce de Brest, Morlaix, Quimper,
Saint-Brieuc, Fougères, Rennes, Saint-Malo, avec Rennes pour
centre;

7° Groupement économique de Limoges, comprenant les dix
Chambres de Commerce de Niort, Poitiers, La Rochelle, Ro-
chefort, Angoulême, Cognac, Limoges, Guéret, Tulle, Périgueux,
avec Limoges pour centre;

8° Groupement économique régional de Bordeaux, comprenant les sept Chambres de Commerce de Bordeaux, Libourne,
Mont-de-Marsan, Bayonne, Bergerac, Agen, Auch, avec Bordeaux
pour centre;

9° Groupement économique régional de Toulouse, comprenant les neuf Chambres de Commerce de Cahors, Montauban,
Albi, Castres, Mazamet, Tarbes, Toulouse, Foix, Rodez, avec Toulouse pour centre;

10° Groupement économique régional de Montpellier, comprenant les huit Chambres de Commerce de Béziers, Cette, Montpellier, Carcassonne, Narbonne, Perpignan, Millau, Mende, avec Montpellier pour centre;

11° Groupement économique régional de Marseille, comprenant les dix Chambres de Commerce d'Alais, Nîmes, Avignon, Marseille, Arles, Digne, Gap, Toulon, Ajaccio, Bastia, avec Marseille pour centre;

Les Chambres de commerce d'Ajaccio et de Bastia forment une sous-région, dont le centre sera Bastia;

12° Groupement économique régional de Grenoble, comprenant les quatre Chambres de Commerce d'Annecy, Chambéry, Grenoble, Nice, avec Grenoble pour centre;

13° Groupement économique régional de Lyon, comprenant les onze Chambres de Commerce de Mâcon, Bourg, Lyon, Tarare, Villefranche, Roanne, Le Puy, Vienne, Annonay, Aubenas, Valence, avec Lyon pour centre;

14° Groupement économique régional de Nancy, comprenant les onze Chambres de Commerce de Charleville, Sedan, Châlons-sur-Marne, Reims, Troyes, Bar-le-Duc, Saint-Dizier, Nancy, Epinal, Saint-Dié, Lure, avec Nancy comme centre;

15° Groupement économique régional de Paris, comprenant uniquement la Chambre de Commerce de Paris;

16° Groupement économique de la région parisienne, comprenant les sept Chambres de Commerce de Chartres, Corbeil, Versailles, Meaux, Melun, Auxerre, Sens. Le siège de ce groupement sera à Paris;

17° Groupement économique régional de Clermont-Ferrand, comprenant les sept Chambres de Commerce de Montluçon, Moulins, Ambert, Clermont-Ferrand, Riom, Thiers, Aurillac, avec Clermont-Ferrand pour centre.

Les arrêtés ultérieurs fixeront la composition des groupements non mentionnés par cet arrêté.

Le Rapporteur,

J. CLEUET.

Le Mouvement coopératif et les Élections

Le texte du Questionnaire à soumettre à tous les candidats

QUESTIONNAIRE

I. — Les Sociétés coopératives de consommation croient avoir prouvé qu'elles étaient un organe de lutte efficace contre la vie chère en régularisant les prix et en répartissant équitablement des denrées. Le Gouvernement l'a reconnu dans des déclarations officielles.

Etes-vous de cette opinion? Etes-vous décidé à accroître et à soutenir les Sociétés coopératives?

II. — Pour cette action, au Parlement, un groupe de la coopération de consommation sera fondé.

Vous engagez-vous à y adhérer?

III. — Les Sociétés coopératives de consommation ne réclament ni subvention, ni faveur, mais elles se considèrent à juste titre comme des institutions publiques qui ont droit à la même situation que les autres institutions d'intérêt public.

En vertu de ce principe, êtes-vous résolu à accorder aux coopératives les avances remboursables qu'elles sollicitent au taux normal établi pour ces institutions?

IV. — Les pouvoirs publics ont reconnu la nécessité, dans les dernières années, d'organiser le contrôle des consommateurs, soit par une surveillance attentive, soit par des interventions directes pour la fourniture des denrées.

Une proposition de loi organisant ces services par la création d'offices communaux et départementaux de ravitaillement a été déposée au Parlement: voterez-vous une proposition de cette nature ?

V. — Les tarifs douaniers et les impôts de tous genres qui pèsent sur les denrées alimentaires paralysent tout l'effort fait pour un meilleur ravitaillement.

Au moment où s'imposent de grosses réformes fiscales, vous engagez-vous à restreindre le plus possible les impôts atteignant la consommation ?

VI. — Il résulte de toutes les discussions récentes que notre pays ne peut vivre économiquement que dans une organisation d'ensemble qui n'abandonne plus la vie économique aux hasards et aux funestes risques du « laissez-faire » et du « laissez-passer ».

Etes-vous décidé à soutenir cette politique de coopération entre nations ?

Vous engagez-vous, en particulier, à soutenir de votre vote toute proposition de création d'offices statistiques national et international ?

Examiner éventuellement les questions suivantes :

De grands projets ont été étudiés pour une organisation rationnelle et d'ensemble de la minoterie, des abattoirs, de la boulangerie.

Etes-vous décidé à les soutenir dans l'intérêt de tous les consommateurs, au détriment même de certains intérêts privés qui résistent?

Boulangeries industrielles

La fabrication du pain est toujours restée, à quelques exceptions près, une fabrication très restreinte et répartie en un grand nombre de fournils. Alors que tous les autres produits de l'alimentation ont été fabriqués dans des usines toujours plus grandes, mieux aménagées, mieux dirigées, le pain reste seul fabriqué dans de petites officines, noires, étroites, foyers à tuberculose, alors que la cuisson du pain n'en détruit pas les germes.

Il appartient à la Coopérative de consommation, comme cela s'est déjà fait dans beaucoup de localités, de changer complètement cette manière de faire; elle devra rendre le fournil aussi propre, aussi clair et aussi modernement outillé que la plus pratique des usines.

Recherchons la cause des échecs répétés de la boulangerie industrielle, au moins dans les grands centres, et tâchons de trouver le remède. La cause en est double, selon nous. D'abord, pour être vendu, le pain doit se porter à la portée de l'acheteur en quantité aussi petite qu'il le désire; il doit s'y trouver le plus rapidement possible après la sortie du four, pour être vendu frais.

Nous serons donc amenés à profiter du développement des succursales des coopératives pour trouver les magasins de vente; les coopérateurs viennent déjà y acheter ce qu'ils ont besoin pour leur alimentation, et seront heureux d'y trouver aussi le pain.

Secondement, la boulangerie industrielle coopérative se procure difficilement de la farine, parce que la meunerie a tout intérêt à garder les petits boulangers qui sont sans défense contre ces gros potentats. De plus, il est très difficile, même en s'adressant à des chimistes, de déceler les fraudes en farine. C'est ainsi que même les administrations publiques se sont résolues à moudre elles-mêmes leur blé. (Assistance publique de Paris, etc.).

Nous aurons donc à étudier, en même temps que la boulangerie, la meunerie. Si nous examinons ce qui existe en Angleterre, nous voyons le Magasin de Gros des Coopératives anglaises posséder des moulins qu'il exploite lui-même et dont il vend la farine aux Coopératives de boulangerie. Mais dans ce pays, peu agricole, le blé est presque tout importé. Il arrive par les grands ports : aussi trouvons-nous les grands moulins coopératifs à Manchester, Londres, Newcastle. Là, le blé est sucé à même les vapeurs qui l'ont amené; la farine est extraite avec les moindres frais dans de grands moulins automatiques et elle est ensuite distribuée à toutes les boulangeries, par voie de terre ou par voie ferrée.

Je ne pense pas qu'en France on doive suivre cet exemple, malgré son importance et son succès; il serait contraire au bon sens de rassembler le blé produit presque partout en quatre ou même en neuf grands centres pour le redistribuer ensuite en farine.

Malgré l'avantage évident de la mouture en grand, les frais de transport grèveraient lourdement le prix de la farine. Nous serons ainsi amenés à établir des moulins régionaux suffisamment bien desservis par voie ferrée ou par les canaux, pour recueillir le blé des environs sans avoir des frais de transport élevés. On me dira que certains blés ont besoin d'être mélangés : par exemple, les farines faites avec du blé de la Beauce et de la Brie sont revêches, c'est-à-dire abondantes en matières glutineuses, il convient de leur associer une farine qui ait moins de corps, telle celle de Picardie. Mais si nos moulins se trouvent près de la voie ferrée, il sera toujours possible de faire ces mélanges.

Pour le moulin, nous recherchons d'abord la force motrice économique : si nous pouvons trouver cette force dans un cours d'eau, nous y placerons notre moulin, quitte à trans-

porter la farine produite, aux boulangeries placées plus près
des consommateurs. Si nous n'avons pas la force hydraulique,
nous devons rechercher, sans nous éloigner trop du centre de
consommation, la force économique, et nous la trouverons en
accolant le moulin à la boulangerie. Nous grouperons la production de force motrice, nous ferons une économie surtout,
dans le cas de l'emploi du gaz pauvre pour cette force motrice
et pour le chauffage des fours. La machine de 150 à 170 chevaux, tournant pour les besoins du moulin, donnera presque
gratuitement la force pour les machines nécessaires au fournil
et pour la marche des fours continus.

Nous devons toujours tenir compte du fait que le moulin est
d'autant plus économique qu'il est plus important; aussi, dans
les grands centres, nous aurons un ou deux moulins, avec des
boulangeries accolées, de façon à faire profiter ces boulangeries
de la force motrice à bon marché, du transport économique de
la farine, mais à créer en plus d'autres boulangeries isolées,
pour les placer plus près des magasins qu'elles doivent des-
servir.

Prenons Paris et sa banlieue comme exemple et supposons
qu'on ait besoin de 80.000 kilos de pain par jour; nous installerons deux groupes de meunerie-boulangerie ainsi constitués :

Un moulin de 25 quintaux à l'heure, travaillant 16 heures en
deux équipes, l'une de 4 à 12 heures, l'autre de 12 à 20 heures,
pour supprimer le travail de nuit; une boulangerie produisant
en 16 heures, comme précédemment, 40.000 kilos de pain, par
conséquent 2.500 kilos à l'heure.

Admettons que la consommation augmente encore, nous
agrandirons la meunerie en la doublant sur place, nous aurons
dû prévoir cet agrandissement en réservant le terrain pour
la construction; les voies d'accès, les moyens de levage et de
transport du blé resteront les mêmes, les silos n'auront pas à
être doublés, les machines non plus. Nous profiterons alors de
l'accroissement du moulin par la diminution relative des frais
généraux. Nous garderons à côté de ces deux grands moulins
les mêmes boulangeries et nous en créerons d'autres en des
points intermédiaires, de façon à diminuer les distances de
distribution et rapprocher ces boulangeries des boutiques de
vente.

Ce programme s'applique aux grands centres, mais en le
réduisant ou le transformant, on pourra appliquer l'étude plus
complète quoique forcément approchée, qui va suivre. Nous
allons passer en revue les conditions d'établissement de la boulangerie industrielle en prenant le type indiqué plus haut, c'est-
à-dire produisant 40.000 kilos de pain en 16 heures. Nous exa-
minerons les emplacements favorables à une bonne exploitation, le plan général que l'on devra s'efforcer de suivre le plus
possible, puis nous entrerons un peu dans le détail du moulin,
de la boulangerie, nous indiquerons très approximativement le
coût d'établissement du moulin, des machines, des fours, pour
avoir une idée de la dépense totale de construction; enfin, nous
essaierons d'établir un projet d'exploitation sans conclusion
certaine, puisqu'il y manquera des données essentielles : le
prix que l'on paiera le blé et le pain lorsque ce commerce
redeviendra libre. Nous indiquerons comment pourra se faire

la livraison et la vente, quoique les positions relatives des boulangeries et des magasins ne puissent être fixés.

Emplacement. — La vraie place indiquée théoriquement pour notre meunerie-boulangerie serait le centre des magasins de détail des secteurs ou de la ville considérée; mais ces magasins se trouvent en pleine ville où il nous sera difficile, sinon impossible, de trouver un emplacement convenable disponible. Nous devrons aller le chercher près d'une rivière navigable, d'un canal ou tout au moins près d'une voie ferrée. Car nous devrons amener à l'usine 4 wagons de blé et 1/3 de wagon de charbon par jour pour produire 40.000 kilos de pain, et, en cas d'extension du moulin, 8 wagons de blé et 1/2 wagon de charbon.

Pour la distribution du pain, cet emplacement allongera la distance que devront parcourir les voitures de livraison, mais on devra rester dans les limites telles qu'une voiture automobile puisse faire deux voyages en 8 heures.

Plan général. — Considérons notre terrain comme un vaste quadrilatère; l'arrivée du blé doit se faire d'un côté, où il est mis en silos, pour augmenter la vitesse de déchargement et faire une réserve. Puis il est donc repris, au fur et à mesure des besoins du moulin, où il entre pour être nettoyé et passer aux machines. Les bâtiments des silos et du moulin seront séparés au moins par des murs épais dépassant la toiture. Les bâtiments des deux moulins de 400 quintaux chacun doivent être parallèles, un seul sera construit au début; les appareils élévateurs ou transporteurs seront simplement prolongés au moment de la construction du second, s'il y a lieu.

La machinerie se trouvera entre les bâtiments des deux moulins et devra être assez grande pour contenir une machine de rechange pour remplacer une des deux nécessaires.

A la suite, en retour et plus près de la boulangerie, qu'ils devront aussi alimenter, seront les gazogènes; auprès, sera le dépôt de charbon, couvert si possible.

Enfin nous entrons dans la boulangerie, qui comprend les pétrins et les fours continus; à la sortie de ces fours, le pain est mis à sécher ou à ressuer dans la paneterie, qui aligne ses casiers, mobiles ou non, le long d'un quai d'embarquement pour les livraisons. Par ce quai, nous revenons sur la cour large qui dessert de l'autre côté, les moulins, les gazogènes. Enfin, près de la sortie, se trouve le bâtiment de la direction, les bureaux, le concierge.

Tous ces bâtiments et la cour occupent, en principe, un grand carré de terrain de 70 m. $\times$ 70, ce qui donne environ 5.000 mq., dont environ 3.000 mq. sont couverts pour les différents services.

Moulin. — Les silos devront servir à décharger rapidement, soit les bateaux, soit les wagons qui apportent le blé; ce sont de grandes trémies en ciment armé qui permettent d'emmagasiner le blé. Ils seront munis à leur partie supérieure et inférieure de tapis transporteurs pour transporter le blé le vider dans les trémies, le reprendre à la partie inférieure, le remonter, soit dans les trémies, lorsqu'il s'agit seulement de remuer le blé pour éviter les parasites, soit au nettoyage pour le commencement de la mouture.

Je ne parle pas des pompe-sacs ou suceurs pneumatiques, qu'ils devront avoir, suivant le mode d'amenée du blé.

La contenance de ces silos dépendra d'abord des moyens de transport dont on disposera, puis de la marche du moulin ou des moulins et ensuite de la quantité de blé achetée à la fois, ce sont les coutumes locales et les disponibilités qui règleront cette capacité.

Le moulin est une organisation assez complexe qu'il est inutile d'étudier en détail dans ce rapport. Je ferai la discription sommaire d'un moulin de 400 quintaux en 16 heures :

Voyons d'abord le nettoyage: Le blé amené des silos est séparé des poussières, menues pailles, graines diverses, par différents appareils étagés, entre lesquels il descend seul: Il en sera de même dans le moulin, puisque la marche des produits est entièrement automatique.

Puis, on sépare le blé de son amande, on le brosse et il est entassé dans les boisseaux à blé propre.

Les bâtiments de nettoyage sont les mêmes que ceux du moulin et comportent autant d'étages, c'est-à-dire cinq; les communications entre les deux devront être aussi rares que possible; une bonne disposition est de faire communiquer de l'un à l'autre par des balcons extérieurs.

Le blé repris des boisseaux est amené à la peseuse automatique, qui détermine exactement la quantité de blé traité et permet ainsi la conduite rationnelle du moulin.

Dire la marche de la mouture ne serait pas dans mon rôle, qu'il me suffise d'indiquer la répartition approximative des appareils par étages pour en donner une idée.

Au sous-sol, très éclairé, se trouvent les transmissions et pieds d'élévateurs qui remontent les produits traités; là, ce ne sont qu'arbres, poulies et courroies.

Au rez-de-chaussée sont les machines, broyeurs et convertisseurs qui broient ou plutôt développent le blé ou les diverses cellules de farine pour permettre de séparer les enveloppes du contenu. Ces machines sont desservies par des élévateurs à blé ou à farine.

Au premier étage, il n'y a pas ou peu de machines et cet étage est seulement occupé par des conduits et élévateurs.

Le deuxième étage est l'étage des casseurs, qui permettent de séparer les produits moulus des soufflures ou particules légères qui les enrobent, les filtres à air les retiennent.

Le troisième étage contient les bluteries, longues caisses à l'intérieur desquelles des tambours garnis de soie de différents numéros, extraient les farines en contact avec les gruaux. Le quatrième étage reçoit les planchisters, tamis multiples, entassés les uns sur les autres et animés d'un mouvement de secouage, qui servent à classifier rigoureusement les produits de la mouture.

Tous ces étages sont traversés, des conduits ou élévateurs remontant les produits broyés et redescendant les produits séparés les uns des autres.

Les appareils du moulin étant d'une grande valeur, le risque d'incendie étant fréquent, et aussi pour diminuer de moitié les primes d'assurances à payer, nous établirons le système automatique contre l'incendie. Il consiste en tuyauteries placées à demeure dans tous les étages et pourvues d'ajutages, répandant automatiquement une pluie d'eau lorsque la température s'élève au-dessus d'eux par un commencement d'incendie. Le coût approximatif d'établissement sera de 90.000 francs.

D'autre part, le prix d'installation des appareils des silos et du moulin sera de 750.000 francs.

Du moulin, les produits fabriqués se séparent : d'un côté les issues, balayures, poussières, paillis, petit blé, graines vont dans un magasin, pour être vendus au public, pour l'alimentation du bétail. Il serait peut-être bon qu'on utilise ces produits directement, si on peut avoir, dans les environs, un établissement d'élevage, mais en tout cas, cet établissement devra être complètement séparé, financièrement parlant, de notre boulangerie. La vente des issues doit être surveillée et faite par un comptable spécial, responsable des entrées et sorties de son magasin. Cette vente sera importante, si on songe que notre moulin produira par an, environ 160.000 kilos de petit blé, 100.000 kilos de balayures et poussières, 2.340.000 kilos d'issues.

De l'autre côté, la farine sera transportée sur des toiles sans fin et par des tire-sacs aux étages supérieurs de la boulangerie. Il nous faut réserver là un espace suffisant pour entreposer la farine qui doit rester à refroidir en sacs pendant 30 jours avant la panification; nous aurons là 1.200.000 kilos de farine qu'il faudra répartir et supporter sur les planchers hauts. 1.500 mq. de planchers nous seront nécessaires pour des sacs de 150 kilos.

Boulangerie. — Nous arrivons au point le plus difficile de notre installation, car la boulangerie a rarement été faite industriellement et les machines modernes manquent au moins en France. Nous passerons rapidement sur les trémies de vidange des sacs de farine, sur les bluteries de sûreté qui arrêtent les ficelles, toiles ou autres déchets qui auraient pu être introduits depuis le moulin, puis sur les distributeurs qui vont remplir les trémies au-dessus des pétrins pour le travail de pétrisseur. Tout ceci se passe automatiquement sous la surveillance d'un seul homme dans les étages supérieurs.

Pétrins. — Il nous faut choisir un pétrin à grand rendement mais qui puisse faire d'abord un bon mélange du levain ou levure, de la farine, de l'eau et du sel, puis, ensuite, étirer la pâte pour l'aérer sans la couper.

Le pétrin Deliry est resté longtemps le seul employé, mais il tient beaucoup de place, il demande beaucoup de force, la pâte s'infiltre dans le mécanisme dès qu'il s'use; cependant, il pétrit très bien.

Beaucoup d'autres pétrins, même français, ont été construits, depuis quelques années, et sont comparables à tous points de vue: nous choisirons un pétrin de 4 à 500 kilos par pétrissée; si notre cuve ne bascule pas, on la prendra amovible pour l'amener sur un basculeur.

Pour traiter la quantité de pâte correspondant à 40.000 francs de pain par jour, il nous faudra 5 pétrins de 500 kilos, plus un de rechange; ces pétrins seront placés dans un demi-étage formant entresol, si on peut ainsi parler, dans la salle du fournil. Cette disposition permettra d'en mettre la transmission visible au rez-de-chaussée; elle donnera surtout la facilité de verser la pâte par le basculeur dans une trémie ouverte arrivant à la machine à diviser.

Cet entresol contiendra aussi les réservoirs d'eau tiède, permettant le mélange facile d'eau et de sel dans les pétrins; ces réservoirs seront alimentés par des conduites venant de bacs de chauffage, utilisant les chaleurs perdues des fours. Il y aura aussi près des pétrins les armoires contenant les cuves à levain, servant à utiliser les levains sur pâte, si nous n'employons pas la levure, ce qui simplifierait beaucoup la panification.

Le fournil comprendra donc deux parties: celle comprise sous l'entresol des pétrins et celle des fours. La première servira à tout le travail de la pâte: machines à diviser qui reçoivent la pâte pétrie pour en faire des patins et les rouler, c'est-à-dire leur donner la forme, opération finie à la main pour les placer de longueur voulue dans les bannetons. Ces machines, de construction anglaise, produisent de 13 à 1.500 kilos à l'heure et sont reliées par des toiles sans fin qui en rendent la marche automatique; il nous en faudra donc deux séries.

Le coût approximatif des pétrins, machines à tourner et appareillage de distribution de farine, transmissions, sera de 100.000 francs environ. Les bannetons vont laisser la pâte fermenter pendant 2 heures. Ici, il nous faut remarquer la place occupée par cette accumulation de chariots à fermentation: en tenant compte qu'un chariot peut porter environ 70 bannetons, il nous en faudra de 60 à 70 qui occuperont une place de 90 mq., plus la place de leurs évolutions, à moins que nous n'employions des chambres automatiques de fermentation fixées au plafond du fournil.

Fours. — Il nous faut examiner trois espèces de fours :

1° Ceux à chauffage du four alternant avec la cuisson dans le même espace en se servant des chaleurs emmagasinées par des maçonneries;

2° Les fours à vapeur dans lesquels le chauffage est fait et entretenu par des tubes Perkins de vapeur à haute pression;

3° Les fours nouveaux, peu encore employés en boulangerie, mais que nous croyons fermement constituer le seul four à préconiser dans une boulangerie industrielle; je veux parler des fours à chaîne donnant une production continue, chauffés au charbon ou mieux au gaz pauvre.

4° Nous devons de la reconnaissance aux anciens fours, gros blocs de briques, entr'ouvrant une bouche noire ou s'engouffrent tantôt les flammes du foyer, tantôt la pelle du boulanger lançant prestement ses patons et les disposant avec art sur la sole. Je ne leur accorderai guère que cette pensée, mais les abandonnerai aussitôt pour les raisons suivantes :

Le four de grandes dimensions (4 m. × 3 m.) contient environ 100 pains de 1 kilo; il faut le chauffer à l'aide d'un foyer, entretenu assez mal par le boulanger qui connaît son métier, mais peu celui de chauffeur; d'où gâchis de charbon, transport malpropre du charbon et des cendres au milieu du fournil. La durée du chauffage est de 15'; il faut écouvillonner puis enfourner, environ 20'; la cuisson dure 30', il faut encore 5' pour défourner; nous cuisons donc 100 kilos de pain en une heure. Il nous faudrait donc 22 fours, plus un ou deux de roulement pour les réparations. Celles-ci sont difficiles et coûteuses, puisqu'il faut travailler dans un espace très restreint et toujours chaud.

La consommation de charbon pour des fours marchant 24 heures, a toujours été, même avant la guerre, de près de 12 kilos pour cuire 100 kilos de pain et s'est même élevée à

13 kilos pendant la guerre. Il faudrait donc compter pour des fours arrêtés tous les jours pendant huit heures au moins, 13 kilos de charbon par 100 kilos de pain, c'est-à-dire environ 5.200 kilos de charbon par jour.

On peut se représenter quel embarras causerait la manipulation de plus de 5 tonnes de charbon dans un fournil, plus l'enlèvement des machefers sans compter encore la poussière et le noircissement rapide de tous les murs.

2° *Fours à vapeur*. — Ces fours suppriment ce dernier inconvénient; le chauffage se fait par derrière les fours sans communication avec le fournil, celui-ci peut donc rester propre. Un autre avantage est que les feux peuvent être conduits par des chauffeurs de profession qui n'ont besoin que d'être chauffeurs.

Disons deux mots de ces fours bien connus de nos coopératives du Nord et de l'Alsace: ils présentent le même aspect extérieur que les autres. Le foyer est sillonné de tubes Perkins presque remplis d'eau. Les tubes étant hermétiquement clos, l'eau sera portée à une haute température sous une très forte pression; les tubes forment plancher et plafond de la ou des soles et les chauffent par rayonnement. Ces fours se font généralement à deux étages pour augmenter leur capacité et profiter plus complètement des gaz chauds du foyer.

On peut leur reprocher deux gros défauts; d'être à une température constante et de dépenser beaucoup.

En effet, les tubes donnent une température qui ne peut être réglée. Or, le pain a besoin d'être cuit avec une température décroissante: un diagramme pris dans un four chauffé au charbon montre que la température monte de 250° à 350° au chauffage du four puis redescend à 320° à la fin de l'enfournement par l'ouverture des portes; pendant la cuisson, la température descend encore régulièrement de 320° à 250°.

Le pain soumis à une température constante va sécher à la surface et la croûte formée empêche l'intérieur de se gonfler et d'avoir une mie légère; il n'y a peut-être pas d'inconvénient à cela pour le pain anglais ou du Nord, mais je doute fort que les Parisiens ou les gens du Midi s'en contentent. Si on augmente la température d'enfournement, le pain séchant, diminue beaucoup de poids et le rendement s'en ressent.

La consommation de charbon est assez grande: d'après quelques boulangeries visitées en Belgique et dans le Nord, elle serait d'environ 14 à 15 kilos par 100 kilos de pain; en adoptant 14 k. 5, cela nous ferait 5.800 kilos par jour pour cuire 40.000 kilos de pain. Cela s'explique par la longueur infinie du tube qui est soumis à l'action du foyer: on a beau multiplier ces tubes et les superposer, les flammes passent et abandonnent bien peu de leur chaleur.

On a des moyens de diminuer quelque peu ces inconvénients, en interposant à volonté des volets en fer devant certains tubes pour faire varier la température; de même pour remédier à la perte de la buée, on y place des tubes à buée comme dans les fours chauffés au charbon, du reste.

Il y a perte de temps pour le chargement et le déchargement du four; il faudra y employer des ouvriers habiles comme avec les fours précédents. Il ne faut pas trop compter sur les soles sortantes pour nos pains par la difficulté de les disposer sur la sole, de les fendre pour permettre la dilatation.

3° Restent les fours continus qui, seuls doivent être employés dans une boulangerie industrielle.

La maison Bocker, spécialiste de fours à biscuits, a construit des fours, destinés au pain anglais, chauffés au charbon et même au gaz pauvre.

Mais le vrai four continu à employer est le four construit spécialement pour être chauffé au gaz pauvre par un constructeur français qui nous donnera toute facilité pour avoir les fournitures à pied d'œuvre, les réparations et les pièces de rechange rapidement faites.

Ce four sera construit en maçonnerie de briques avec armatures en fer et présentera la forme d'un long couloir d'environ 16 mètres de longueur sur 2^{m}50 de largeur. À l'intérieur, seront deux couloirs comprenant chacun une chaîne sans fin qui entraîne les plateaux supportant les pains; ces deux travées sont chauffées par des tubes où brûle le gaz, dont l'arrivée est réglable par robinets.

Ce four produit 300 kilos de pain à l'heure, avec une dépense de gaz pauvre de 70 m. c. environ.

Le chauffage au gaz de ville n'est pas inconnu des boulangers de Paris qui l'ont surtout adopté pour le gros avantage de n'avoir aucune manipulation à faire, un ou deux robinets à tourner et le four chauffe. Seulement, on ne l'a jusqu'à maintenant employé que dans les anciens fours en briques qui recueillent la chaleur pour la redonner pendant la cuisson du pain. Mais pourquoi employer cet intermédiaire? N'est-il pas plus rationnel de chauffer directement le pain à cuire dans un four approprié. Nous avons relevé les chiffres d'exploitation qu'une boulangerie coopérative de Paris a bien voulu nous communiquer. Lorsqu'elle cuisait au charbon, elle dépensait 3.000 francs; en se servant du gaz de ville pour chauffer les mêmes fours et cuire la même quantité de pain, elle a dépensé plus de 13.000 francs. Il est vrai de dire que dans le même laps de temps, le prix du charbon avait doublé et le coût de la cuisson au charbon aurait été de 6.000 francs; il y a encore de la différence! Les fours ordinaires consomment 10 mètres cubes de gaz de ville pour cuire 100 kilos de pain. On pourrait réduire de beaucoup la cherté de ce mode de chauffage en employant, comme je le disais déjà dans l'*Union Coopérative* du 1er septembre 1910, le gaz pauvre pour chauffer ces fours. Il suffirait d'amener le gaz produit par le gazogène dans un brûleur un peu différent de celui du gaz de ville.

Nos fours continus seront donc chauffés au gaz pauvre: il faudra 7 ou plutôt 8 fours pour en avoir un de rechange en cas d'arrêt ou de réparation. Le coût de ces fours est évalué à 40.000 francs; la dépense totale sera donc de 320.000 francs.

Le personnel employé à ces fours n'est pas spécialiste; un seul brigadier par équipe surveillera les températures, tous les autres seront des aides.

Machines. — Nous n'avions pas parlé des machines avant d'avoir vu les fours employés, intentionnellement. Nous allons profiter du gaz pauvre nécessaire au chauffage des fours pour l'employer aussi pour la force motrice. D'où deux grands profits: simplification dans la production et bon marché extrême du chauffage et de la force.

En effet, comparons le coût du cheval-heure produit avec une machine à vapeur; il sera de 0 fr. 12; avec un moteur à gaz d'éclairage 0 fr. 20; avec un moteur électrique à Paris 0 fr. 34; avec un moteur à gaz pauvre 0 fr. 03. Nous voyons que le coût du cheval-heure au gaz pauvre sera le 1/4 de celui produit avec la machine à vapeur et le 1/10 de celui produit avec l'électricité.

La consommation nécessaire pour produire les 160 chevaux de force actionnant le moulin et la boulangerie sera de 70 kilos d'anthracite ou de 80 kilos de charbon maigre: comme pour la boulangerie (fours), nous aurons besoin de 90 kilos d'anthracite ou de 100 kilos de charbon maigre, nous voyons que la consommation totale à l'heure sera de 160 kilos d'anthracite ou de 180 kilos de charbon maigre. Ce sera le 1/3 environ de la consommation du charbon produisant la force par la vapeur et le chauffage des fours ordinaires par le charbon.

En outre, le danger d'explosion de chaudière n'existe plus; il nous faudra beaucoup moins de chauffeurs, presque pas de surveillance.

Il est bon de prévoir au début deux machines de 175 chevaux que nous porterons à 3, lors de la construction du deuxième moulin; nous aurons toujours ainsi un moteur de rechange en cas d'arrêt.

Pour les gazogènes, nous en aurons un pour le moteur, deux pour fournir le gaz nécessaire aux fours et un de rechange, soit pour le moteur, soit pour remplacer un de ceux du chauffage.

Nous en ajouterons un lors de la construction du deuxième moulin.

L'installation de ces moteurs et gazogènes coûtera approximativement 230.000 francs et 170.000 francs en plus, lors de l'installation de notre deuxième moulin. Le bâtiment à construire aura 21 m. × 9 m. pour les moteurs, et 20 m. × 10 m. pour les gazogènes.

Pour diminuer la main-d'œuvre, nous prévoirons la manutention mécanique du charbon et des cendres.

Eclairage. — L'éclairage de tous les bâtiments et cours sera électrique; le courant sera produit par une dynamo ou un alternateur, suivant le courant du secteur, pour avoir celui-ci comme secours. Nous nous servirons de ce courant pour la manœuvre d'appareils isolés.

Chauffage. — Nous devons prévoir le chauffage de certains locaux, comme les bureaux, le moulin, le fournil, au moins pendant les jours les plus froids. Nous emploierons le chauffage à vapeur à basse pression écartant tout risque d'incendie, à moins que nous puissions installer des appareils de chauffage au gaz pauvre.

Paneterie. — A la sortie du four un aide reçoit les pains cuits et les place sur un chariot à étagères qui permettent au pain de ressuer, c'est-à-dire, se refroidir en perdant encore une partie de son eau; ces mêmes chariots iront près du quai de chargement pour la livraison.

Livraison et vente. — Au moment du chargement en voiture et pour préparer les lots de boutiques, placer le pain dans des paniers en osier d'environ 1,00 × 0,60 et de 0,60 de haut. Les pains y seront bien placés verticalement, se touchant les uns les autres pour éviter pendant le transport les déformations et les chocs qui leur enlèveraient beaucoup de leur aspect.

Les voitures pour la livraison seront automobiles à cause des distances assez grandes à parcourir et de la vitesse à laquelle les livraisons devront être effectuées; la caisse de ces voitures devra être construite pour pouvoir y rouler deux hauteurs de paniers; à chaque étage nous placerions six paniers contenant 70 kilos de pain, ce qui fera un chargement de 1.680 kilos de pain, plus le poids des paniers. Nous serons peut-être amenés à employer des paniers ne contenant que 35 kilos de pain pour éviter ce poids lourd pour un homme seul.

Chaque magasin devra avoir ses paniers tout préparés au départ de la boulangerie, de façon que la livraison soit rapide et exacte, accompagnés d'une fiche très apparente indiquant la succursale et le nombre de kilos de pain. Le livreur devra avoir un carnet de fiches résumant ces indications et sur lequel signeront les gérants pour bonne réception; une feuille leur reste et l'autre revient à la comptabilité de la boulangerie.

Combien faudra-t-il de voitures? Trois heures après le commencement du travail des pétrisseurs, en escomptant même qu'on ait pu préparer des fournées la veille, ce qui est difficile, on peut avoir produit 4.000 kilos environ. Donc, à 7 heures, 6 voitures peuvent emporter cette production avec celle de la veille au soir. Nous livrerons ainsi environ 10.000 kilos, c'est-à-dire le 1/4 de notre production; ces voitures feront une deuxième tournée le matin et deux autres le soir.

Bien entendu, si nous avons deux groupes meunerie-boulangerie de 40.000 kilos, nous aurons un atelier de réparations où il faudra avoir au moins une voiture de rechange par groupe. Il est difficile de prévoir combien on mettra de pain dans chaque magasin; la même coopérative parisienne, actuellement, en met 250 kilos en moyenne; en adoptant ce chiffre, il nous faudrait plus de 300 magasins pour vendre la production de nos deux groupes. Je pense que chaque magasin peut en vendre beaucoup plus sans trop de gêne pour le gérant, surtout si on peut répartir la vente du pain sur la journée entière, comme cela se fait actuellement à Paris même, chez les petits boulangers qui vendent en moyenne de 7 à 800 kilos par jour.

Nous avons vu que le carnet à souche du livreur servait de reçu; en facturant au gérant le prix de vente, la comptabilité sera aussi facile que pour n'importe quel autre produit. Le pain rassis sera repris avec un avoir pour la première tournée du matin; il reviendra à la boulangerie où il sera utilisé comme croûte. La remise pour la vente du pain pourra varier entre 2 et 4 0/0 suivant les usages de la Coopérative.

Rapport financier. — Récapitulons le coût approximatif d'établissement d'un groupe de meunerie-boulangerie avec son service de livraison pour 40.000 kilos de pain fabriqué par jour :

Bâtiments	640.000
Fours	320.000
Pétrins et machines boulangerie...	100.000
Moteurs et gazogènes	400.000
Machines du moulin	750.000
Eclairage, chauffage, extincteurs ..	150.000
Matériel, voitures	300.000
	2.660.000
Imprévus	150.000
Total......	2.810.000

somme à laquelle nous devons ajouter le prix du terrain: 5.000 mètres carrés à 30 francs, par exemple: 150.000 francs.

Pour établir le bilan de notre exploitation nous allons être encore plus embarrassés, car à il nous manque presque toute base :

RECETTES

Pain à 0.50 le kil..............	7.300.000	»
Issues	800.000	»
Total	8.100.000	»
Pain à 0.75 le kil.............	11.750.000	»
Issues	800.000	»
Total	12.550.000	»
Pain à 1 franc le kilo.........	14.600.000	»
Issues	800.000	»
Total	15.400.000	»

DÉPENSES

Amortissements, intérêt	300.000	»
Personnel	650.000	»
Charbon	100.000	»
Fournitures, réparations	400.000	»
	1.450.000	»
Avec blé à 30 francs	4.380.000	»
	5.830.000	»
Avec blé à 40 francs..........	7.290.000	»
Avec blé à 73 francs..........	12.106.000	»

Nous avons envisagé trois sortes d'hypothèses; nous les avons mises en regard suivant que le blé serait acheté à 30 francs, à 40 francs, ou à 73 francs des 100 kilos et le pain vendu 0.50, 0.75 ou 1 franc le kilo, à titre d'indication.

La conclusion est donc qu'il nous faudra pour un groupe meunerie-boulangerie de 40.000 kilos de pain par jour environ 3 millions. Comment trouvera-t-on l'argent nécessaire?

L'Etat est certainement très embarrassé d'être obligé de payer 73 francs le quintal de blé, alors qu'il ne le revend aux meuniers que 43 francs pour conserver le prix du pain à 0,50. En sera-t-il de même les années qui vont suivre la signature de la paix? Les blés étrangers ne sont déjà plus payés que 35 francs; il est donc probable qu'il s'établira une moyenne dans les environs de 40 francs. Mais pour empêcher la spéculation qui ne manquerait pas de se produire au moment du marché libre du blé, l'Etat n'aurait-il pas intérêt à aider la formation d'organisations coopératives comme celles qui fait l'objet de ce rapport?

Il a dépensé deux milliards cette année pour combler la différence entre le prix du blé acheté et celui cédé: en prêtant quelques dizaines de millions, il assurerait pour de longues années la fabrication du pain au plus bas prix et la vente directe sans perdre son argent.

En admettant que le prix du blé se maintienne à 40 francs par l'importation directe par l'Etat de blés étrangers, on voit par la balance approximative que la Coopérative aurait encore, en vendant le pain au prix actuel, un bénéfice qui permettrait de faire largement face aux frais de vente et à quelques imprévus.

En admettant que l'Etat ne puisse ou ne veuille pas faire cette aide aux consommateurs, il nous faut trouver ces 3 millions pour un groupe de 40.000 kilos ou bien des sommes descendantes suivant la production à réaliser. En effet, nous avons basé ce rapport sur une installation correspondante aux besoins d'une ville exceptionnelle, mais cette installation peut se transformer aisément et se réduire considérablement. Les fours mêmes, quoique restant de même modèle, peuvent se réduire à 12 m., à 8 m. et produiront d'autant moins. La vitesse de circulation étant réglable comme le chauffage on pourra y cuire aussi bien de plus gros pains que des petits, de la charcuterie et même des gâteaux.

Mais en boulangerie, comme dans toute entreprise industrielle, il y aura toujours intérêt à constituer des boulangeries industrielles pour une Société de fusion ou bien pour un ensemble de coopératives d'une même ville; l'économie de cette fabrication n'existe qu'à cette condition.

Pour donner un exemple, d'une installation réduite, voyons le coût approximatif d'une boulangerie seule comprenant :

Un four à double chaîne de 12 m. de long sur 3 m. 50 de large, produisant 240 kilos de pain à l'heure ou bien environ 4.000 kilos par jour.

Un pétrin et son installation mécanique;

Un moteur et son gazogène pouvant aussi servir au chauffage du four.

Tout cela reviendrait à environ 60.000 francs d'installation intérieure, sans aucune évaluation de bâtiment que nous considérons propice à cette fabrication et en location.

Comme exploitation, avec le peu de professionnels nécessaires et la faible quantité de charbon consommé, nous pouvons prévoir une dépense journalière de 200 francs ou de 73.000 francs par an; en y ajoutant l'amortissement du matériel, les dépenses de fournitures et de réparations, nous pouvons évaluer les frais généraux de production à 85.000 francs pour 1.460.000 francs de pain fabriqué. Bien entendu, il faudra y ajouter le prix de la farine qui sera plus élevé que le prix du blé correspondant.

En considérant ce dernier cas, le problème financier est bien simplifié et n'importe quelle société peut arriver à trouver 60 à 100.000 francs.

Nous ne pouvons indiquer les méthodes financières que chaque Société, abordant la fabrication du pain, peut adopter; déjà beaucoup ont résolu ce problème de leurs propres deniers et avec avantage. Pour les grosses fabrications dans les Sociétés importantes, il faudra avoir recours à des emprunts obligataires ou non, nécessités par le développement de la Coopérative, sans objet nettement désigné; car il ne serait guère prudent, pour une opération demandant plusieurs mois de préparation et de mise au point, d'avertir les concurrents probables de la fabrication spéciale à développer ou à entreprendre. L'intérêt raisonnable que les Sociétés ont été amenées à distribuer depuis quelques années, engagera à déposer les économies qui ne paraissent pas manquer en ce moment, puisque la Ville de Paris, en juin 1913, offrait 1.387.000 obligations et qu'il y en a eu 107.759.000 souscrites.

Quoiqu'on ne doive pas se dissimuler les difficultés du problème financier, si l'Etat n'intervenait pas, cette citation est tout de même rassurante et nous permet de venir aux conclusions générales du rapport, surtout technique qui précède :

Economie considérable du groupement dans la production du pain, malgré la difficulté de distribution aux magasins de vente.

Avantage à moudre le grain soi-même autant pour résister à un boycottage probable des meuniers que pour réduire dans de grandes proportions les frais généraux pour éviter les difficultés de reconnaître les fraudes sur la farine, etc.

On adjoindra à un moulin complètement authentique, une boulangerie qui est tout prêt de le devenir.

Nécessité à un problème nouveau d'appliquer une solution nouvelle quoique déjà connue et essayée; l'utilisation du gaz pauvre aussi bien à la force motrice qu'au chauffage des fours continus. Cette application permettra d'abord une production très saine, très pratique, et surtout un progrès nouveau vers la diminution du prix de revient des produits les plus nécessaires à tous les travailleurs.

D. BAILLY.

Proposition tendant à la création d'un office statistique de la consommation et des stocks

Organisation ou liberté du commerce. — Au cours de la guerre, l'Etat a été conduit à répartir selon des règles strictes et selon des desseins définis, un certain nombre de denrées ou de matières premières.

Lorsque, par exemple, les ministères de la Guerre et de l'Armement ont dû assurer les productions de défense nationale, ils ont contrôlé tout le marché des aciers et des fontes; ils ont attribué les produits de chacune des usines métallurgiques aux différents ateliers de transformation, selon l'urgence et la qualité du travail qui leur était réclamé. Bien plus, le Ministère de l'Armement s'est institué, d'accord avec l'Angleterre, acheteur unique de tous les aciers qui devaient être importés en France.

De même, pour maintenir le niveau de la vie dans l'ensemble de la population et maintenir ainsi indirectement le moral du peuple en guerre, la France a été conduite à contrôler la répartition des céréales, du sucre, des chaussures, du charbon. Et cette répartition a été, dans quelques domaines, la condition essentielle du fonctionnement des « Exécutives », c'est-à-dire des Comités internationaux qui ont permis de bien aménager, par exemple pour les céréales, pour les viandes et pour les graisses, les ressources dont pouvaient disposer les Etats alliés.

Le résultat incontesté de ces organisations a été tout à la fois que les fabrications de guerre ont pu être poursuivies sans trop de heurts et que les populations ont disposé, en dépit de quelques restrictions, de toutes les denrées nécessaires à la vie.

On ne saurait contester en second lieu, que si les prix payés dans ces conditions ont été fort élevés, ils auraient été plus

considérables encore si on avait abandonné à la libre spéculation des denrées en quantités insuffisantes dont disposait le
monde.

Mais ce régime commercial et industriel de guerre était en fait
en contradiction directe avec le régime traditionnel du commerce ou de l'industrie. C'est selon une théorie bien connue, par
le libre jeu des forces économiques, par l'offre et par la demande
et par l'harmonie qui finit par s'établir entre les intérêts que les
biens nécessaires à la vie ont été, dit-on, toujours garantis à tous
les peuples.

A vrai dire, pendant les années qui ont précédé la guerre, les
producteurs ou même les intermédiaires avaient tenté de se
grouper, de régler et diriger les marchés. Ils s'étaient groupés
en consortiums pour concourir à la fabrication où à la vente
d'un même produit. Mais cet effort même ne semblait pas en
contradiction avec le régime de la liberté.

Aujourd'hui, après l'expérience de guerre, de grands débats
s'engagent, théoriques en apparence, d'une grande portée pratique cependant.

A l'heure où les peuples passent du régime de guerre au régime
de paix, les uns soutiennent qu'ils n'ont de salut que dans la pure
liberté commerciale, les autres disent que l'organisation de
guerre a permis de régulariser les prix et d'assurer une alimentation régulière. Les uns estiment que ce sont les initiatives des
producteurs, que ce sont leurs prévisions, leurs calculs, leurs
spéculations, qui assurent finalement aux consommateurs toutes
les denrées dont ils ont besoin. Les autres pensent que ce qui
a été fait pour le besoin de la nation en guerre peut être continué pour le bonheur commun des peuples pendant la paix. Ceux-
là pensent que devrait être reconnu le droit de la collectivité des
consommateurs à intervenir dans la circulation, dans la répartition et dans le prix des produits dits de première nécessité. Ils
réclament que ce droit soit exercé, ou par l'intermédiaire de
service nationaux ou communaux ou par les organes réguliers
de défense du consommateur que sont les Coopératives.

Nécessité reconnue d'une information précise. — Il n'est
certes pas du rôle du Conseil supérieur de la Coopération de
résoudre ce formidable problème, de décider entre la liberté
commerciale et l'étatisme économique. Mais l'âpreté même des
controverses qu'a soulevées la succession des deux régimes opposés d'avant-guerre et de guerre, suffit à marquer combien la
réalité actuelle est complexe et préoccupante.

La cherté de la vie provoque une angoisse bien compréhen-
sible dans beaucoup de foyers; et l'on en vient à se demander,
à tous les degrés de la Société, à quoi tient la hausse des prix,
à quoi tiennent les fluctuations de la vie économique.

Déjà, avant la guerre, lors de crises de vie chère qui n'avaient
pas toute l'acuité de la crise actuelle et pendant une période où
l'incertitude de leur avenir économique ne pouvait pas, comme
au lendemain des catastrophes d'hier, tourmenter les diverses
nations, le problème s'était posé devant les hommes d'Etat et
devant l'opinion publique.

Aux environs de 1910, la Ligue des consommateurs, présidée
par notre éminent collègue M. Gide et dont M. Fenètrier était le
secrétaire, en avait saisi les pouvoirs publics. En 1911, par exemple, M. Edouard Vaillant et M. Justin Godart avaient signalé à

la Chambre les revendications des consommateurs. Ils avaient
marqué avec force tout ce qu'il y avait d'incompréhensible pour
les masses populaires dans les alternatives des prix, dans l'abondance et dans la rareté de certaines denrées, dans l'irrégularité
de leur arrivée sur les marchés. Ils avaient indiqué comment les
colères des consommateurs pouvaient s'égarer par ignorance.
Ils avaient dit la nécessité de se rendre un compte exact de la
formation des prix et ils avaient demandé la constitution d'un
Office de la consommation. En 1911, en 1912, en 1913, ils avaient
dû poursuivre l'effort. Finalement, en 1914, un crédit de 60.000
francs, inscrit à un chapitre du budget du Ministère du Travail,
intitulé « Service d'observation des prix », avait permis de
créer à la Statistique générale de la France un petit Office qui
a commencé à réunir des renseignements.

Après le terrible bouleversement causé par la guerre dans
l'état chaotique où se trouve aujourd'hui l'économie de chaque
nation, il apparaîtra plus que jamais nécessaire, quelle que soit
la doctrine que l'on professe, de créer un organe, officiel et
désintéressé, de renseignements exacts sur tous les faits qui peuvent intéresser directement la vie des consommateurs.

A côté de l'Office des prix, ce qu'il importe dès maintenant
de créer, c'est l'Office d'observation des quantités et des stocks.

Il ne suffit pas pour défendre efficacement l'intérêt des consommateurs, de suivre le mouvement des prix, il faut en expliquer les variations. C'est à cette condition seule qu'on pourra
agir sur ces variations mêmes. Sans la connaissance de la production, sans la connaissance des stocks, sans une appréciation
même approximative des besoins qui doivent être satisfaits, il
n'y a pas de possibilité ni de combattre les excès reconnus qui
nuisent au commerce libre, ni d'organiser une répartition rationnelle.

C'était Guizot, partisan de la liberté économique, qui profes-
sait cette théorie que « la publicité était le correctif nécessaire
de la liberté. » La publicité, elle consistera précisément à mettre
à la disposition du public tous les renseignements qui peuvent
permettre de contrôler le libre commerce. Sans renseignements,
d'autre part, il n'est pas pour les collectivités, Etat ou commune,
d'organisation possible de la répartition.

Ce que doit être un Office du commerce intérieur. — Indiquer
aux producteurs, aux consommateurs, aux intermédiaires, quelle
est l'importance locale ou régionale des matières ou produits qui
les intéressent, indiquer quelle est l'activité des marchés, l'importance respective de la consommation sur place et des disponibilités qui en résultent, autant de tâches que l'Office de la
consommation devra remplir.

Il aura à chiffrer le nombre et le volume de l'ensemble des
transactions qui concernent les principaux produits; il aura à
les suivre depuis le moment où le producteur ou l'importateur
les jette dans la circulation jusqu'à celui où, ayant subi toutes les
transformations voulues et suivi la filière de tous les intermédiaires, ils viennent à être livrés au consommateur. Un organisme perfectionné devrait pouvoir suivre la balle de laine
d'Australie depuis le jour où le bateau la débarque jusqu'à celui
où le tailleur la livre à son client sous forme de vêtement.

Ainsi, l'Office d'observation des prix et des stocks devient un
véritable Office statistique du commerce intérieur. Ainsi se

trouve préparée, pour la défense du consommateur, toute une action utile pour la collectivité.

Il nous paraît que la création de cet Office doit rallier, à l'heure actuelle, tous ceux qui sont soucieux d'une vie économique régulière.

Peut-être s'étonnera-t-on de voir le Conseil supérieur de la Coopération prendre cette initiative. Les coopérateurs ne sont pas les seuls consommateurs. On ne saurait nier pourtant que par leurs initiatives, par le rôle qu'ils ont déjà rempli, ils ont vraiment inauguré la défense du consommateur. De même que les ouvriers syndiqués ne travaillent pas pour eux seuls, mais pour l'ensemble des salariés d'une profession, de même les coopérateurs informés de toutes les difficultés économiques, avertis des méfaits du commerce parasitaire, informés des spéculations coupables, se sont donné pour tâche de défendre l'ensemble des consommateurs en cherchant à établir publiquement les prix, en cherchant à en informer le public. Ils ont conscience de travailler pour tous. Ils sentent plus que d'autres, les services qu'un pareil Office peut rendre, et c'est par leur activité même que les bienfaits de la création nouvelle pourront être mis en œuvre.

Un Office de statistique est, à l'heure actuelle, la base même d'une régularisation de la vie économique par la coopération. C'est sous l'inspiration du Conseil supérieur qu'il devrait fonctionner et travailler.

Reste à voir comment, pratiquement l'Office peut être créé et rapidement créé.

Il va sans dire que chercher à suivre pour tous les produits le détail de toutes les transactions constitue un idéal qui ne saurait être atteint que dans un avenir assez éloigné.

Cependant, dans un certain nombre de pays, l'effort d'investigation en pareil domaine a été poussé très loin. C'est ainsi que si l'on feuillette les publications statistiques du « Department of Commerce and Laber » des Etats-Unis, on s'aperçoit que chaque mois, les renseignements les plus abondants et les plus complets sont donnés.

Voici, au hasard de la collection, un numéro du *Montly Summary of Internal commerce of the United States.* Il contient les renseignements suivants :

1° Nombre d'entrées et sorties de têtes de bétail, pour le mois d'avril 1906 : gros bétail (14 villes), veaux (8 villes), porcins (14 villes), ovins (14 villes), chevaux, ânes et mulets (12 villes); le nombre des wagons de bestiaux (arrivées et départs) pour 7 villes; enfin, les stocks de viande sur les cinq principaux marchés nationaux, d'après les renseignements fournis par l'administration des abattoirs;

2° Les entrées et sorties de grains, farines, et semences, pour les produits suivants : froment (15 villes), maïs (15 villes), avoines (15 villes), orges (14 villes), seigle (14 villes), semences (6 villes), farines (13 villes), avec indication spéciale des consommations locales, d'après les périodiques de la minoterie et les quantités ayant été entreposées dans les trois principaux ports des Grands Lacs (en distinguant les arrivées par bateau ou par rail);

3° La statistique quantitative de nombreux produits reçus dans ou expédiés de diverses villes (Saint-Louis, Chicago, Cleveeland, Cincinnati, Indianapolis); pour Chicago, par exemple, la statistique porte sur : instruments agricoles, fleurs de maïs, viande de bœuf, charbon, tonnellerie, œufs, fourrages, peaux et fourrures, glace, fer, lard, bois non équarri, farine d'avoine, huile, viande de porc, pommes de terre, sels, semences, sirops de sucre, spiritueux et liqueurs, amidon, suifs, colis variés, objets fabriqués;

4° Une statistique spéciale et détaillée du cabotage sur l'Atlantique Nord (renseignements fournis par les Bourses et Chambres de Commerce de Boston et New-York), en particulier, la statistique empruntée au *Journal du Commerce* de New-York, portant sur douze produits;

5° Une statistique spéciale et détaillée du cabotage sur les grands lacs;

6° Le commerce côtier dans les ports de l'Atlantique Sud et du golfe du Mexique;

7° Le commerce des territoires du Sud (coton, riz, tabac, etc.);

8° Le commerce côtier du Pacifique (63 produits pour San Francisco);

9° Le commerce par batellerie fluviale;

10° Le commerce spécial, pour tout le territoire, en charbon, coke, pétrole et phosphate;

11° L'indication des cours des principaux produits agricoles dans les ports de l'Atlantique (Liverpool, Londres, Glasgow, Hulle, Le Havre, Rotterdam, Brême, Hambourg, Copenhague, Christiania, Stettin, Gênes, Naples, Marseille);

12° Enfin, le tarif des transports pour cent tonnes, sur les principales voies ferrées.

Nous ne citons cet énoncé qu'à titre d'exemple. Mais nous avons tenu à le donner intégralement pour bien montrer quelle importance capitale, pour l'industrie, pour le commerçant, pour le consommateur, aurait un organe qui, en France, centraliserait tous les renseignements analogues et mettrait périodiquement sous les yeux du public un compte rendu synthétique des conditions de la production et de la consommation au moment envisagé.

Sans doute, chez nous, un pareil effort rencontrerait de grandes difficultés. Il est certain qu'aux Etats-Unis, la concentration des produits dans les abattoirs et dans les magasins (elevators) rend la quantification plus aisée. Il est certain aussi que l'inorganisation même de notre commerce et l'absence de certaines obligations de déclarer, qui apparaissent cependant de plus en plus indispensables, imposeront quelque délai avant l'institution d'une statistique vraiment complète. Néanmoins, immédiatement, un Office peut se proposer pour objet la centralisation et la critique d'un grand nombre de renseignements épars et qui permettrait déjà de suivre les variations des prix et des stocks, et d'en découvrir les raisons.

Conditions dans lesquelles un tel Office peut être créé en France. — Dès maintenant, il existe un grand nombre de services ministériels et d'organisations privées dont les efforts peuvent être utilement coordonnés. C'est ainsi qu'actuellement, on possède, par département, la situation des stocks et des mouvements des vins et des alcools, que publie périodiquement l'Administration des Contributions Indirectes.

C'est ainsi encore, que les effets de commerce, dont l'importance peut être appréciée par l'impôt du timbre auquel ils sont astreints, fourniraient, si on parvenait à les décomposer d'après la nature de chaque commerce, une première approximation du volume de transactions, malgré l'importance considérable, accrue encore depuis le début de la guerre, des paiements au comptant et par chèques.

Voici, d'autre part, le ministère de l'Agriculture qui, dans l'enquête sur la production et le commerce agricole publiée en 1906 (production végétale) et en 1907 (production animale), a fourni un certain nombre de données fragmentaires sur l'importance de certains marchés : il s'agirait de reprendre cette recherche d'une façon plus serrée, plus rigoureuse.

De même encore, la statistique de l'industrie minérale, publiée par le ministère de la Reconstitution industrielle et des Mines, fournit, avec une précision rarement obtenue, le tonnage de la production nationale du charbon et du fer.

Enfin, pour poursuivre la série de ces quelques exemples, le contrôle et le regroupement des indications ainsi recueillies par les divers départements ministériels ne pourrait-il pas être obtenu au moyen d'une enquête permanente, ouverte dans les réseaux de chemins de fer, tant d'intérêt général que d'intérêt local, sur l'importance et la nature pour chaque gare des expéditions mensuellement effectuées? Et une enquête analogue ne pourrait-elle pas être entreprise sur les services de la navigation intérieure pour les transports par canaux et par rivières (transports d'ailleurs restreints à quelques marchandises particulièrement lourdes), et par les Directions de mouvement des ports pour la navigation côtière?

Ajoutons qu'à côté des documents émanant des services officiels, il y a encore toute une documentation abondante qui pourrait être recueillie; statistique des associations de producteurs ou de consommateurs; tableaux commerciaux ou financiers, mercuriales, cotes, journaux spéciaux, circulaires de négociants ou de courtiers. C'est toute une masse de renseignements et d'informations qui existent pour chaque marchandise ou pour chaque valeur, mais dont les spécialistes seuls sont au courant.

Le premier rôle d'un Office de statistique du commerce intérieur doit donc être de dépouiller et coordonner tous les documents existants.

A vrai dire, la tâche est délicate. Il appartient au Gouvernement d'examiner dans quelles conditions elle peut être remplie. Qu'il nous soit permis d'attirer l'attention sur deux points importants.

D'une part, un tel service de dépouillement ne peut être fait que par un personnel compétent et exercé. L'imperfection des sources de renseignements dont on dispose, la nécessité de les critiquer intelligemment, exigent un personnel d'une conscience et d'une compétence de tout premier ordre. Il ne faudra rien négliger pour obtenir un excellent recrutement du personnel central.

En second lieu, il nous semblerait important d'avoir, dans les principales régions du territoire national et même dans les principaux pays étrangers, des agents et correspondants recrutés d'une autre manière, choisis souvent parce qu'ils sont, en raison de leurs fonctions ou occupations, bien placés pour l'observation des faits économiques, capables ainsi d'aider, par une expérience directe, à l'intelligence de tous les autres renseignements recueillis.

C'est dans ces conditions que le Gouvernement, s'il répond à notre vœu, devra, dès le début, organiser l'Office de statistique.

Une deuxième question se posera : question d'organisation, qui est encore du ressort du Gouvernement, et sur laquelle il nous sera permis d'exprimer discrètement notre opinion.

Une pareille statistique du commerce intérieur, portant à la fois sur l'observation des prix et sur la quantité des stocks, pourrait être rattachée à divers départements. C'est ainsi que le ministère du Commerce a prévu dans son projet de réorganisation (projet de loi n° 5978 de la présente législation), une Direction de l'Information économique. Mais il sera surtout destiné à « orienter et préciser l'action du Ministère du Commerce ». Et, tout en aidant notre effort, il pourra garder sa destination propre.

A la vérité, de tels Offices de statistique, chargés de suivre et critiquer des mouvements importants au point de vue national, devraient être centralisés et dépendre de la Présidence du Conseil.

Il importerait en effet, qu'il y eût dans notre pays une sorte de département ministériel de la Présidence. Tout naturellement, si cette réforme gouvernementale était accomplie, les grands services de statistiques, tous groupés dans une direction générale, dépendraient de ce département.

Mais, parce que le Conseil supérieur de la Coopération ne saurait rentrer dans ces considérations, parce qu'une telle réforme ne semble pas imminente et parce qu'enfin la réorganisation même des services du Ministère du Commerce ne saurait répondre à notre objet, il nous apparaît que le plus expédient sera de développer l'Office actuel d'observation des prix constitué à la Statistique Générale de la France depuis 1914, et de lui donner tous les moyens de répondre à nos vœux. Il a déjà un personnel exercé qu'il faudra compléter. En outre, la Statistique dépend du ministère du Travail, et c'est par le canal de ce ministère que le Conseil supérieur de la Coopération pourra, comme nous l'indiquions plus haut, donner à l'Office une inspiration ou des suggestions qui lui permettront de répondre vraiment aux besoins publics.

Mais nous souhaitons que l'Office jouisse, à l'intérieur même de la Direction de la Statistique, d'une véritable autonomie, qu'il ne soit pas astreint à se plier à des méthodes définies, qu'il puisse multiplier en tous sens ses enquêtes, entrer en contact étroit avec la vie. Il ne s'agit pas d'établir ici des conclusions scientifiques, mais de coordonner des renseignements d'une manière assez certaine pour qu'ils soient immédiatement utilisés pour l'action.

Nous ne doutons pas, quant à nous, qu'un tel travail poursuivi dans ces conditions ne doive être rapidement fécond.

Le mouvement coopératif français est aujourd'hui suffisamment répandu sur toute la surface du territoire pour contribuer par ses renseignements propres à alimenter en partie l'enquête permanente qu'instituera l'Office. Bien vite, il deviendra manifeste que les informations ainsi recueillies et utilisées aboutiront à l'examen attentif des prix, préserveront des spéculations honteuses et aideront, par l'assainissement du marché national, à la lutte contre la vie chère.

Si un jour, au delà même des querelles d'écoles et des luttes immédiates d'intérêt, les faits doivent imposer une solution au problème de la liberté ou de l'organisation, c'est à la lumière du travail accompli par l'Office de Statistique que ces résultats pourront être obtenus.

Office International. — Mais, l'institution même de l'Office de Statistique est la condition première d'une action plus large. L'Office doit être la cellule d'un organisme plus complexe. Nous voulons parler de l'Office de Statistique international.

Nous rappelions au début de ce rapport les organismes créés entre alliés pour l'achat et pour la répartition soit des céréales, soit de la viande. Ces organismes n'ont pu se procurer les denrées dont ils avaient la charge avec régularité et à des prix équitables, que par les renseignements mêmes dont ils disposaient sur les ressources et les productions des divers pays, sur les disponibilités des divers marchés. De même, ils n'ont pu faire une répartition juste entre les pays consommateurs : France, Italie, Angleterre, que par une connaissance, au moins approximative, des besoins vrais de ces pays.

Or, on peut dire que si le travail des organismes intercalliés a été parfois incomplet, si des à-coups se sont produits, si même à une certaine heure, il a paru difficile de les maintenir avec toute leur autorité, cela tient à ce que les renseignements recueillis sur les besoins des diverses nations ont été insuffisants. Des hommes bien informés soutiennent que si, à une certaine heure après l'armistice, l'entente s'est rompue pour certaines matières, cela tenait sans doute pour une grosse part à la volonté des Américains de revenir à l'entière liberté du commerce, mais aussi, au fait que les administrations françaises, incomplètement informées, mal outillées au point de vue statistique, ou, peut-être aussi, indolentes et présomptueuses, n'ont pas su fournir le programme net des besoins auxquels elles auraient dû songer et dont elles auraient pu demander l'exécution à des alliés qui sentaient encore tout ce qu'ils devaient aux sacrifices français.

Or, il se peut, à l'heure où nous écrivons, que la doctrine généralement admise par tous les gouvernements, soit une confiante doctrine de liberté. On va répétant que les stocks sont insuffisants pour le ravitaillement du monde. On soutient que, même s'il faut subvenir aux besoins des Empires centraux, les quantités de céréales, de viande, de matières premières, dont on dispose, seront suffisantes. Nous en acceptons l'augure. Mais, que ces prévisions optimistes soient vérifiées ou non, nous croyons que l'entente entre les nations ne pourra être un organe efficace que si elle n'est pas un pur organe politique, mais aussi un organe économique.

Les terribles événements de la guerre ont rendu peut-être plus impérieux que jamais les besoins de productivité, d'intense circulation, de juste répartition, qui vont lier les peuples entre eux. Il n'y aura pas de paix durable si, dans le régime même de liberté qu'on prétend maintenir, on n'introduit un peu d'organisation. La Conférence coopérative interalliée l'a bien senti. Elle a demandé, dans un de ses vœux, aux différents gouvernements, la constitution d'un bureau de Statistique international.

Elle demandait :

« 4° La création d'un Office Economique International de statistiques en matière d'alimentation, comme organe de coordination et de direction des Comités interalliés de ravitaillement. Cet Office préparerait, pour après la guerre, par sa connaissance des besoins, des ressources, des conditions de consommation et de production de chaque pays, la coopération économique et la division du travail entre les peuples. »

Déjà, là aussi, des éléments d'information existent, et il appartiendra à notre gouvernement de voir avec précision les propositions qu'il jugera à propos de faire aux gouvernements alliés. D'une part, des institutions internationales d'enquêtes telles que l'Office d'agriculture de Rome, l'Office postal, la Convention des sucres, constituent des instruments d'information opérant sur tous les pays, et que l'Office international de statistique devra utiliser. D'autre part, il existe un Institut international de Statistique, qui peut prendre auprès de lui et étayer l'Office international nouveau qu'il s'agit de créer.

Là encore, c'est au gouvernement qu'il appartiendra d'étudier les modalités. Mais, que le Conseil supérieur de la Coopération se croit autorisé à demander pour tous ces motifs la création d'un Office international de Statistique des prix et des stocks, en un mot, d'un Office international de Statistique du Commerce, qui a sa place marquée dans le cadre des institutions nouvelles, dont les besoins de paix politique et d'activité économique imposent d'envisager la prochaine création.

Vœux. — En conséquence, le Conseil supérieur de la Coopération émet les vœux suivants :

1° Que le gouvernement transforme le Service d'observation des prix en un Office de statistique du commerce intérieur, chargé tout à la fois de l'observation des prix, des stocks et des mouvements des denrées; que cet Office travaille en contact permanent avec le Conseil supérieur de la Coopération, plus qualifié qu'aucun autre organisme pour la défense des consommateurs;

2° Qu'à côté du Secrétariat général de la Société des Nations, soit institué un Office international de Statistique du Commerce, chargé d'étudier les ressources et les besoins des différents pays, d'étudier comment s'accomplit la répartition, pour la plus grande utilité commune.

Rapport sur la Consommation de la Viande

La consommation de la viande à Paris, dans les grandes villes et même dans les campagnes, s'est accentuée très fortement pendant les 30 dernières années, malgré le préjugé dont on avait fait une espèce de superstition, tendant à faire croire que la nourriture carnée était une nourriture inutile.

Cependant, si les estomacs fatigués peuvent difficilement supporter la nourriture carnée, il n'en est pas de même de la grande majorité de la population qui, fournissant un effort physique considérable, a besoin de retrouver un stimulant, qu'elle recherche, dans la plupart des cas, dans l'alcool, quand elle ne le prend pas dans la viande.

La France était un pays de l'Europe où la consommation de la viande était moins grande par tête d'habitant, si l'on en croit, tout au moins, les statistiques officielles, mais peut-être y a-t-il lieu de tenir compte que, dans beaucoup de contrées, jusqu'avant la guerre, la plus grosse partie de la nourriture carnée était fournie en viande de porc, sans que, bien souvent, la statistique de ces animaux, abattus pour la consommation familiale, ait été faite avec précision.

Dans les villes, la tendance générale était une augmentation dans la consommation.

Le cheptel européen, qui était en augmentation relative, en ce qui concerne la race bovine, était en décroissance continue en ce qui concerne la race ovine.

En France, particulièrement de 1840 à 1910, le nombre des bovins avait augmenté de 1/4 sur l'ensemble du territoire, et la production du bétail français, algérien compris, suffisait largement à la consommation nationale; le pays était même devenu exportateur important pour les espèces chevaline et bovine.

Peu de mois après le début des hostilités, l'équilibre était déjà rompu, entre la production des animaux de ferme et l'utilisation de leurs produits.

En ce qui concerne, par contre, la race ovine, de 1840 à 1919, le troupeau ovin avait baissé de 32 millions à 17 millions de têtes; le nombre de porcs avait légèrement augmenté.

Pendant la guerre, la consommation de la viande, dès le début, s'était considérablement accrue par l'augmentation de la ration journalière des mobilisés.

En 1916, après 18 mois de guerre, le nombre des animaux avait passé déjà de 3.222.080 à 2.156.424, soit une diminution de 1.065.656 ou 33 0/0, pour l'espèce chevaline; de 14.787.710 à 12.542.414, soit une diminution de 2.273.296 ou 15 0/0, pour l'ensemble des bovins; de 16.131.390 à 12.379.124, soit une diminution de 3.752.266 ou 23 0/0, pour l'espèce ovine; on enregistrait également une réduction d'environ 30 0/0 sur les porcs.

Il ne semble pas que, de 1916 à 1919, l'état du cheptel se soit amélioré, bien au contraire, et cela malgré l'introduction en France de quantités relativement importantes de viande congelée; peut-être trouvera-t-on, dans les statistiques les plus récentes, que les quantités de têtes de bétail ne seraient pas inférieures au recensement de 1916, mais, par contre, il n'est pas douteux que, si l'on examine l'importance du bétail en poids, on arriverait à une diminution encore plus sensible.

La racine ovine tendait à disparaître à peu près complètement, non seulement en France, mais dans presque tous les pays de l'Europe, en raison de l'exploitation très coûteuse de cet élevage et de l'utilisation de plus en plus grande qui était faite des terres aménagées pour la culture.

D'autre part, la guerre a détruit peut-être encore beaucoup plus le cheptel des pays de l'Europe centrale et de la Belgique;

pour ce dernier pays, selon les rayons, on évalue de 30 à 60 0/0 la disparition du cheptel; 800.000 vaches laitières ont été enlevées par les Allemands, et le cheptel est très long à se reconstituer.

Il faut, en effet, trois ans pour faire un bœuf et un an pour faire un mouton, mais en ce qui concerne cette dernière catégorie, il est peu probable que les éleveurs s'en préoccupent, sauf dans certaines régions des bords de mer particulièrement favorables.

L'augmentation très considérable et, croyait-on passagère du prix du cuir, a amené bien souvent les éleveurs à vendre beaucoup plus tôt qu'ils ne l'auraient dû les animaux de ferme, pour en tirer un bénéfice considérable, mais aussi au détriment de la valeur nutritive et du poids.

Le Marché de la Villette, à Paris, était et est encore non seulement le marché le plus important de la France, mais aussi celui qui servait de base pour l'établissement des mercuriales; il semble dont intéressant de se rendre compte des quantités de viande consommées à Paris et du prix que représentent ces quantités de viande.

La consommation annuelle était de 215.548.343 kilos, en 1913.

Si on suppose la consommation restée stationnaire, quoique ayant plutôt augmenté, on trouvera, en 1919, une dépense de 1.515.112.216 contre 429.763.471 en 1913, ce qui représente pour chaque habitant, par an, une dépense de 538,24 contre 159,39 en 1913.

Ces quelques chiffres montrent la rapidité avec laquelle, depuis la guerre, le prix de la viande a augmenté et comment, de toute urgence, il importe de trouver un remède, si on ne veut pas voir la nourriture carnée disparaître de la consommation ouvrière, au grand détriment de la santé générale, et peut-être au profit d'une augmentation de l'alcoolisme.

Il n'est pas douteux que les conditions mêmes dans lesquelles l'élevage est pratiqué en France, comme d'ailleurs dans presque tous les pays de l'Europe, est tout à fait défavorable au point de vue de l'économie générale; le bétail, élevé dans des fermes dispersées, est amené dans les foires locales ou ramassé par des intermédiaires et expédié, particulièrement sur le Marché de Paris, pour y être abattu. Il n'existe pour ainsi dire pas d'abattoir industriel aux lieux de production, et lorsqu'ils existent, ils ont pour effet immédiat d'augmenter le prix du bétail dans les régions avoisinantes.

Le bétail est donc, dans la plupart des cas, transporté vif, entraînant une augmentation considérable des frais de transport et un encombrement des voies ferrées; il exige, avant d'être abattu, de passer par un nombre de mains assez considérable, et se trouve majoré de primes assez importantes, qui ne semblent pas toujours jouer un rôle prépondérant dans l'établissement des prix, puisque, d'après les chiffres fournis par le directeur des Services agricoles de la Préfecture de la Seine, il semblerait résulter que l'ensemble des frais intermédiaires du producteur au consommateur s'élève à 1,20 par kilo de viande nette de bœuf, 1,26 pour le veau, 1,36 pour le mouton et 1,18 pour le porc; mais il n'est pas douteux que le nombre d'intermédiaires par lequel passe la tête du bétail permet à chacun d'augmenter par la spéculation, en période de hausse constante, le bénéfice restreint qui semble résulter des données que nous avons rappelées ci-dessus.

Des essais d'abattoirs industriels ont, on le sait, été tentés en France, particulièrement au cours de la guerre, mais il n'est pas douteux, qu'à moins de se constituer elles-mêmes éleveurs, les Sociétés d'abattoirs industriels seront à la merci des producteurs, et si, comme le cas s'est produit, ce sont des producteurs eux-mêmes qui s'efforcent de constituer l'abattoir, ce seront alors les consommateurs qui, sans défense, seront obligés d'abandonner la plus grosse partie des économies réalisées par le système, entre les mains des Sociétés d'abattage.

Il y aurait donc, pour le mouvement coopératif, intérêt à constituer un ou plusieurs abattoirs industriels, mais seulement à condition de pouvoir s'entendre avec des producteurs, ou mieux, faire lui-même sa propre production, c'est un très gros problème, ce sont des ressources très considérables qu'il faudrait trouver et, d'autre part, il n'est pas sûr, que même en réalisant une exploitation économique par l'abattage et le traitement des sous-produits, on puisse réellement aboutir à une diminution sensible des prix, si on ne peut pas diminuer les frais de production. Il y a lieu de rechercher si, à côté des abattoirs industriels de la métropole sous la forme coopérative, il ne serait pas préférable de porter le premier effort vers l'organisation d'abattoirs industriels, de parcs d'élevage ou de production dans les pays d'outre-mer (colonies) et d'aboutir ainsi à un prix de revient qui permettrait de satisfaire les besoins des consommateurs aussi économiquement que peuvent le faire les producteurs de viande congelée du Sud de l'Amérique ou de l'Australie.

Il y a, en effet, dans ces pays américains ou australiens, une organisation tout à fait moderne de production de bétail d'abattage et de congélation, et l'introduction en Europe continentale, de la viande congelée, au cours de la guerre, a démontré les avantages réels, tant au point de vue prix, et à qualité égale, de cette catégorie de viande.

Les viandes congelées, dont le marché principal est à Londres, ont subi une augmentation sensible depuis le début de la guerre, cédées par le Gouvernement anglais au Gouvernement français et mises à la disposition des débitants par l'intermédiaire de l'Intendance, les prix de cession qui, au début de la vente de la viande par les organisations coopératives, étaient, en avril 1916, de 1,69 pour le bœuf et 1,63 pour le mouton, sont, au mois d'août 1919, de 2,72 pour le bœuf et 3,52 pour le mouton.

Cette augmentation est due, en partie, à nos mauvaises conditions de change et aussi à la pénurie de la production, le Gouvernement français n'ayant pas obtenu du Parlement, au moment où la question s'est posée, en 1916, l'autorisation de passer des marchés pour une durée de 5 années aux prix de l'époque, le Sénat et la Chambre des députés ayant refusé de prendre l'engagement, demandé par les vendeurs, de suspendre, pendant toute cette période, les droits de douane sur les viandes abattues.

Mais, malgré ces prix élevés, si on les compare aux prix pratiqués sur le marché de Paris, aux abattoirs de la Villette, et qui étaient, au 4 août 1919, de 4,80 le kilo de viande nette pour le bœuf et de 8 fr. pour le mouton, l'économie de la consommation de la viande congelée, apparaît dans toute sa vigueur.

Il y a donc, selon nous, l'intérêt le plus grand à organiser le plus rapidement possible la consommation en grand de la viande congelée et à rechercher les possibilités d'une exploitation rationnelle du bétail exotique sous le contrôle et avec l'aide du gouvernement, en même temps que celui-ci devra faire l'effort nécessaire pour doter le pays d'une flotte frigorifique et d'entrepôts frigorifiques de réception dans tous les ports pour compléter ceux qui existent déjà en tonnage insuffisant.

Quant au bétail indigène, si l'organisation d'abattoirs industriels aux lieux de production ou aux lieux de marchés ou de foires importants peut permettre une économie sensible de l'exploitation, les éleveurs auront toujours la ressource de vendre de la viande fraîche seulement réfrigérée, mais surtout ils pourront s'efforcer de sélectionner leurs espèces et d'utiliser pour la reproduction les produits de cette sélection.

Nous n'avons examiné que le problème de la viande bovine et ovine; en ce qui concerne l'élevage du porc qui était, avant la guerre, une consommation des classes pauvres alors que maintenant le kilo de viande de porc est plus élevé que le kilo du mouton et vaut 8 fr. 80 (marché du 4 août 1919, à La Villette), il n'y a aucune excuse pour que les producteurs n'aboutissent à une augmentation très sensible de ce cheptel étant donné la rapidité de reproduction de cette espèce; mais l'élevage du porc est subordonné quant à son prix de revient au prix des matières servant à l'engraisser, particulièrement les grains et c'est seulement au fur et à mesure d'une disparition de la pénurie des récoltes en blés que l'on pourra voir baisser sensiblement le prix de la viande de porc.

Néanmoins, déjà avant la guerre, l'augmentation du troupeau porcin était, en France, inférieure à l'augmentation du troupeau porcin dans les autres pays et particulièrement en Allemagne, et il y aurait peut-être, pour les organisations coopératives, utilité à se préoccuper de cet élevage qui peut être fait à des prix beaucoup moins élevés que l'élevage du bœuf et du mouton, étant donné le peu d'espace d'herbage nécessaire et la rapidité de la reproduction.

En résumé, le problème de la nourriture carnée se pose :

1° dans la nécessité de donner satisfaction aux besoins croissants de la consommation;

2° en ce qui concerne le bœuf et le mouton, par l'augmentation considérable des introductions de viande congelée et l'effort des éleveurs pour constitution d'un cheptel de reproduction;

3° en ce qui concerne le porc, par une augmentation considérable de la production, même dans notre pays.

Les organisations coopératives ont donc intérêt à pousser à tous traités de commerce permettant l'introduction en franchise des viandes abattues et congelées, à agir sur le gouvernement et sur le Parlement pour l'organisation de l'élevage en grand et la congélation des viandes aux colonies, la création d'une flotte frigorifique et l'installation d'entrepôts et à s'organiser pour la production de la viande de porc qui doit être travaillée dans les charcuteries modernes et industrialisées permettant une utilisation totale des sous-produits et une consommation de viande à meilleur compte.

Gouvernement et Coopératives

*Le Conseil central de la F. N. C. C. a adopté, dans sa séance
du 24 août, le manifeste ci-dessous, qui sera tiré en affiches.
Ces dernières seront livrées aux Fédérations et aux Sociétés aux
prix suivants : 50 exemplaires (non timbrés), 15 fr. 50; 100,
30 fr.; 1.000, 265 fr. Nous passer au plus tôt les commandes.*

Aux Consommateurs,

Le 17 juillet dernier, le Gouvernement, anxieux d'une crise
de vie chère, qui revêtait un caractère d'acuité inouïe, annonça
qu'il allait prendre des mesures. Il annonça, en particulier, qu'il
ferait appel au concours du mouvement coopératif.

« Des facilités spéciales, disait le communiqué du Conseil
des ministres, devront être données aux Sociétés coopératives. »

Pour la première fois, notre œuvre était publiquement men-
tionnée; notre effort escompté dans l'action publique contre
la vie chère.

Forte de l'expérience qu'elle avait acquise pendant le temps
de la guerre, satisfaite de voir enfin l'utilité de son effort officiellement reconnue, notre Fédération répondit à cet appel.

Au risque d'être accusée, une fois de plus, de rechercher et
de recevoir des faveurs gouvernementales, au risque d'être ja-
lousée et attaquée par le commerce privé, au risque même d'as-
sumer des responsabilités qui n'étaient pas les siennes, elle accepta d'aider les Pouvoirs publics dans un effort de régularisation des prix et de juste répartition des denrées, notre Fédération soumit au ministère du Ravitaillement tout un plan de
ravitaillement rationnel et cohérent.

Six semaines se sont écoulées. Où en sommes-nous des engagements gouvernementaux, qui devaient permettre aux Coopératives de remplir tout leur rôle?

Le Gouvernement avait annoncé qu'il s'était rendu acquéreur
des stocks américains et que les Coopératives allaient en recevoir une quantité importante, pour les répartir équitablement
entre les consommateurs. Depuis six semaines, de ministère en
ministère, de sous-secrétariat en sous-secrétariat, nous avons
multiplié les démarches. Nous ne savons pas encore de quoi
se composent les stocks. Nous ne savons pas à quels prix ils
seront livrés. Nous ne savons pas à quelle date.

Le Gouvernement nous avait promis, pour la fabrication du
chocolat, la quantité de sucre nécessaire. De mois en mois, cette
promesse, faite en février, a été retardée. Rien ne nous a été
fourni.

Le Gouvernement avait promis encore que des « restaurants à prix fixe, à bon marché, seraient organisés à Paris et
dans les départements, par les soins du Ravitaillement ». Depuis
le 15 juillet, quel restaurant populaire les Sociétés coopératives
ont-elles été invitées à gérer?

Il est vrai que le Gouvernement a accordé aux Coopératives,
comme aux municipalités et à certains commerçants, le vin dit
du Ravitaillement; mais il ne leur en a accordé que pour une
part qui ne dépasse pas sensiblement celle du commerce. Il
avait promis, en outre, de mettre à la disposition de nos So-

ciétés des wagons-réservoirs prélevés sur le parc de réserve. Nos Sociétés attendent encore le premier des wagons promis. Ils sont bien accordés, mais la crise des transports rend cette attribution stérile. Les fermetures de gares, les fermetures de réseaux, l'embouteillage des lignes et l'insuffisance des moyens de traction, attestent qu'aucune amélioration ne s'est produite.

Aussi, les consommateurs, attirés par les promesses officielles, s'étonnent-ils de voir nos magasins manquer des denrées attendues. Nos administrateurs s'inquiètent. Nos sociétaires s'irritent. La déception est générale. Sur les marchés publics, aux étalages des boutiquiers privés, des Comités de quartiers ont tenté d'exercer une action directe. Ils ont pris des mesures expéditives. Ils ne peuvent avoir illusion sur la durée d'une telle action. En fait, elle ne s'adresse qu'à une catégorie parmi les fauteurs de la vie chère.

La seule action réelle, efficace, durable, c'est celle que nos Sociétés peuvent exercer. Le Gouvernement avait semblé le comprendre. En faisant de nous, selon notre rôle, de véritables organes publics de répartition, il pouvait donner à cette action toute sa fécondité. Il ne l'a pas fait. A chacun ses responsabilités.

Livrés, s'il le faut, à nos propres forces, nous continuerons d'accomplir notre action régulatrice des prix. Nous continuerons, malgré toutes les difficultés, de chercher à ravitailler le public. Si l'absence de contrôle sur la production, si le désordre des transports maritimes ou terrestres, si l'inorganisation des marchés limitent et paralysent cette action, la faute n'en est pas à nous. Nous ne pouvons plus nous en remettre qu'à la volonté, à l'effort réfléchi de chacun. Il est regrettable que le Gouvernement n'ai pas su servir tout de suite l'intérêt public, en utilisant comme il le devait et le promettait, l'œuvre coopérative!

Fédération Nationale des Coopératives de Consommation.

Prix normaux

Le C. C., dans sa séance du 24 août, a rédigé le manifeste suivant. Nous avons cru utile de le porter immédiatement à la connaissance de nos Sociétés, et nous le recommandons tout particulièrement aux délégués coopérateurs siégeant dans les Commissions de « prix normaux » :

« Le Conseil central de la F. N. C. C., en présence de la constitution des Commissions dites des « prix normaux », où les délégués des Coopératives sont appelés à siéger, constate qu'il ne peut être question pour ces commissions d'établir des « prix normaux », étant donnée l'impossibilité où elles sont d'exercer leur action sur un marché autre que celui où elles sont constituées et d'avoir un contrôle quelconque sur les stocks existants, sur les conditions de transport et surtout sur les prix d'origine à la production.

« Il ne peut donc être question que d'établir les bénéfices

normaux des commerçants de détail, en prenant pour base les prix de gros pratiqués dans la région où siègent les commissions.

« Il est indispensable, pour aboutir à des résultats positifs, qu'une Commission nationale soit nommée pour coordonner les efforts des Commissions départementales et permettre au gouvernement, grâce à ses investigations poussées jusqu'aux prix d'origine, de prendre les mesures nécessaires pour réglementer le marché à la production et de fixer les bénéfices normaux de tous les intermédiaires.

« Pour le surplus, le Conseil central rappelle le programme économique de la F. N. C. C., préconisant sur ce point comme seules mesures efficaces : la déclaration des récoltes et des stocks, la taxation, la réquisition, le contrôle de la circulation et de la répartition des produits.

« Le Conseil central de la F. N. C. C. compte sur les délégués coopérateurs pour défendre ce point de vue dans les Commissions où ils sont appelés à siéger. »

EMANCIPATRICE, 8, RUE DE PONDICHÉRY, PARIS (XVe) — 987-1-20